「恩恵の論理」と植民地

アメリカ植民地期フィリピンの教育とその遺制

岡田泰平
Taihei Okada

法政大学
出版局

目次

略 称

ARDE	*Annual Report of the Director of Education*
ARCSB	*Annual Report of Civil Service Bureau*
BIA	Bureau of Insular Affairs
Census	*Census of the Philippine Islands*
CA	*Cablenews American, The*
Cong. Rec.	*Congressional Record*
CIR	Circular, Bureau of Education
GEN	General Instructions, Bureau of Education
COF	Congreso Obrero de Filipinas
Dem	*La Democracia / Ang Democracia*
FD	Filipiniana Division
GPO	Government Printing Office
JEW	James Earl Wood Papers
LAT	*Los Angeles Times*
LV	*La Vanguardia*
MS	Multimedia Section, National Library of the Philippines
MT	*Manila Times, The*
MDB	*Manila Daily Bulletin*
MLQ	Manuel L. Quezon Papers / Manuel L. Quezon
MRPC	Manuscript Report of the Philippine Commission
MS	Multimedia Section
NARA	U.S. National Archives and Records Administration, College Park
NLP	National Library of the Philippines
NYT	*New York Times*
PH	*Philippine Herald, The*
PEM	*Philippine Education Magazine*
PFP	*Philippines Free Press*
PJE	*Philippine Journal of Education*
PNIF	Personal Name Information Files
PNL	Philippine National Library
RG	Record Group
RGGPI	*Report of the Governor-General of the Philippine Islands*
Roster	*Official Rosters of Officers and Employees in the Civil Service of the Philippine Islands*
RPC	*Report of the Philippine Commission*
SMBE	*Service Manual, Bureau of Education*
TR	*Tribune, The*
WEP	*Watsonville Evening Pajaronian*
WP	*Washington Post*
WS	*Washington Star*

「恩恵の論理」と植民地

——アメリカ植民地期フィリピンの教育とその遺制

序　章　アメリカ植民地期フィリピンと植民地教育を問い直す

近代植民地から独立国家へといたる二〇世紀前半期のフィリピン人の経験は、一八九九年のアメリカの侵略戦争から始まった。米西戦争を機にフィリピンを侵略したアメリカは、当時フィリピン人がスペインからの独立を求めて起こしたフィリピン革命を打ち破り、この革命を未完のままで終わらせた。この戦争の結果成立したアメリカ植民地支配下のフィリピン社会は、一九三五年以降のコモンウェルス期を経て、一九四一年の日本によるフィリピン侵略によって実質的な終焉を迎えた。

本書では、このようなアメリカ植民地期フィリピン社会を、教育という営為を中心に描きだす。この歴史叙述には、二一世紀の現代においてもきわめて重要である、世界史上の二つの事象が深く関係している。

ひとつは、越境である。二〇世紀の植民地という空間には、宗主国からのヒト、カネ、モノ、制度、価値観が流れ込んでくる。この点から、近代植民地についての研究では、植民地がどれだけ宗主国に類似した社会になったか、そうならないのであれば、それはなぜか、という問いが立てられてきた。しかし、一方向からの越境のみを捉えることは不十分であろう。植民地から宗主国へという越境、またはこの二つの地域を還流する形での越境にも注目する必要がある。植民地から宗主国へ移動する人々や、植民地から宗主国に戻った人々も植民地の歴史を創りだすうえで重要な役割を果たしてきたからである。したがって、アメリカとフィリピンのあいだを還流する人々や思想を浮かび上がらせ、考察し、さらには移動することの意義を解明することが求められる。また、越境という視点に立つと、植民地を研究するには宗主国と植民地という二つの地域を考察の対象とする必要に迫られる。それゆえに、アメリカ史とフィリピン史を架橋し、その相互作用のなかからの歴史を叙述することとする。

もうひとつは、いわゆる近代植民地主義である。近代植民地主義が甚大な暴力と現地社会の破壊をともなったことは、さまざまな研究で明らかにされている。これらの研究にもかかわらず、近代植民地主義が植民地に「発展」をもたらしたのだという見解が根強く主張される。近代植民地主義は、植民地期当時から現在にいたるまで両極端に振れる歴史認識の対象であり続けている。アメリカ植民地期フィリピンの研究も、当然ながら、この歴史認識の問題から切り離せない。この問題に対しては、なるべく外部の視点を組み込まずに、植民地期当時の錯綜する評価、さらには独立後のフィリピンにおける評価を考察することによって臨みたい。

一　フィリピン植民地研究の意義

二一世紀の視点から

アメリカ植民地支配下のフィリピン社会について考察することは、二一世紀の現在に直結する課題である。その端的な理由は、近代植民地主義の評価が現代世界における重要な問題として浮かび上がっているからである。二〇〇一年八月から九月にかけて、南アフリカのダーバンでおこなわれた国連主催の会議(通称ダーバン会議)では、「人道に対する罪」を奴隷貿易・奴隷制や植民地主義に適用しようとする試みがなされた。(1) また、東アジアでは、二〇一〇年が韓国併合から一〇〇年目ということもあり、日本の植民地主義と近代の関係性があらためて問われている。[2]

ダーバン会議で示されたヨーロッパ植民地主義の責任を問う旧植民地諸国の姿勢や、近年の日本植民地主義に対する他の東アジア諸国からの眼差しと比べると、アメリカ植民地主義に対するフィリピンの向き合い方は大きく違うものである。一言でいうならば、ヨーロッパや日本の植民地主義は、ダーバン会議における旧植民地諸国や韓国を筆頭とする東アジア諸国からその非が追及されている。しかし、アメリカ植民地主義はフィリピンからの声を大にした批判をおおむね免れている。フィリピンにおいては、アメリカ植民地主義がフィリピンの近代に対して積極的意義を持たなかったとする根本的な批判はほとんど見られない。むしろアメリカ植民地主義は肯定的に評価される。ただし、このような対照のなかで、フィリピンと他の旧植民地諸国を比べ、植民地主義批判の有無に対してどのような価値判断を加えるべきかを問うことは、あまり意味がないだろう。むしろアメリカ植民地期フィリピンの研究について問われているのは、植民地主義に対する根本的な批判を許さない歴史構築のプロセスを解明することである。本書を通してこの課題に応えていきたい。

アメリカとの関係性という観点からは、もうひとつのより有意義な比較論も可能である。二〇世紀の日本や韓国といった東アジア諸国は、フィリピンと同様にアメリカの多大な影響を受けてきた。それにもかかわらず、フィリピンと東アジア諸国におけるアメリカの影響の比較史研究は、その緒に就いたばかりである。[3]また、アメリカの影響は東アジアに限られているわけでもない。東アジア史のみならず、世界史におけるアメリカの影響を考察するうえで、アメリカの公式植民地フィリピンの事例は、きわめて重要な位置を占めている。

さらに、アメリカの政治思想や文化の影響は、二一世紀のグローバル化と重なり合う部分も多い。この点については、終章においてアメリカ植民地期のフィリピン社会の歴史的意義を現在のフィリピン社会やその社会を取り巻くグローバル化の視点からあらためて考察する。

いずれにせよ、広範なアメリカの影響を先駆的に受けたフィリピンの場合、近代植民地主義に対する認識は、国民革命を打倒したというその明らかに暴力的な起源にもかかわらず、近代植民地主義を根本的に批判できないという錯綜したものである。この錯綜した認識は植民地期を通して醸成された。まずは、植民地期の歴史認識のひとつの到達点を確認しておきたい。

植民地期の歴史認識

アメリカ連邦政府の承認を受け、一九三五年に独立への準備をする体制、コモンウェルス政府が発足した。一一月一五日のコモンウェルス政府発足の日、初代大統領マヌエル・ケソンが次の就任演説をおこなっている。

［出席しているアメリカ政府の高官や議員に対して］おいでくださったことに私たちは感謝を申し上げます。［中略］ご来席の方々がおいでくださったことによって、アメリカ国民の全体が私たちとともに、フィリピン人を自由にし独立させるというアメリカの誓約が寛大にも果たされたことを喜んでいるように感じております。［中略］独立国家への戸口に入ろうとしているいま、リサールとボニファシオ、そして私たちの神聖な大義のために戦ったすべての英雄たちの愛国的献身と高貴な犠牲に深く感謝し、追悼の意を表すためにここでしばし黙禱いたしましょう。［中略］

コモンウェルスにおいて、私たちの生活は安楽で快適というよりは、むしろ困難と犠牲をともなうものになることでしょう。［中略］人々の意思（popular will）としての法の尊重は、民主主義における出発点です。平和と公的秩序の保持こそが、政府と市民（citizen）の共通の義務なのです。私は人々（people）が良識を持ち、法と構成された権力を尊重することに揺るぎない信念を持っています。社会秩序の混乱と無法が広がれば、立憲主義にもとづく政府は崩壊し、アメリカの介入を招くことになるでしょう。(4)

ケソンの歴史観は三つの要素から成り立っていると言えよう。

第一に、アメリカ植民地主義に対して「感謝」が述べられている。これはケソンの心情を表わしているとも理解できるが、ケソンの演説の前におこなわれた最後のアメリカ人植民地総督(Governor-General)フランク・マーフィーの退任演説を受けたものである。マーフィーは「民主政府には、教育を受け、知識のある市民が必要だったのです」「フィリピン人ほど、教育の恩恵をありがたがる人々は、ほかにはおりません」と述べ、一九〇〇年代初頭に一〇〇〇人ほどのアメリカ人教員が連れてこられ、彼らを教師とした学校教育制度が整備されたことを論じた。そのうえで、道路網の拡張、農産物の増加、食糧事情や衛生環境の向上、健全な財政を具体的な数値を挙げ示した。最後には、政治制度の発展について論じ、フィリピン人が「民主的かつ立憲主義にもとづく政府(democratic and constitutional government)」を支えるに十分な能力を習得したことを強調している。(5)マーフィーはアメリカ植民地主義がフィリピンの独立を可能にした市民性を与えたとし、アメリカに「感謝」するフィリピン人像を描きだしている。このアメリカ人のナラティブに対して、ケソンは「感謝」を示し同意をしている。

第二に、ケソンは、革命期の英雄であるホセ・リサールとアンドレス・ボニファシオに感謝を述べ、スペインからの独立を目指したフィリピン革命を間接的に礼賛している。一九三〇年代前半というこの時代、一方ではケソンらフィリピン人政治エリートがアメリカ人との独立交渉を重ね、独立の約束を勝ち取っていった。他方ではフィリピン革命が広く想起されていた。アメリカ植民地政府が承認する公式のナショナリズム運動においても、革命旗や革命時の組織名を模したものが使われた。(6)この演説から半年前の一九三五年五月には、フィリピン革命と同様の世界観を掲げた、サクダル党がマニラ近郊で蜂起を興し弾圧されている。(7)また、コモンウェルス政府の樹立にあたり、ケソンが最も恐れていたのが、その当時も健在だったフィリピン革命の領袖エミリオ・アギナルドだった。ケソンは、アギナルドの追従者によって暗殺されるのではないか、彼らが反米を基調とした騒擾を起こすのではないかと考えていた。(8) 未完に終わってしまったフィリピン革命の再来を望む意識、つまり「未完の革命」は為政者にとっての脅威であった。ケソンは、サクダル党やアギナルドのような勢力を懐柔する必要があった。そのためにも、革命を礼賛したのである。

第三に、ケソンは、フィリピン民衆およびアメリカ植民地主義に対して両義的な態度を示している。ケソンは、フィリピン人民衆がいまだに「市民」とは言えず、「混乱と無法」が拡がるのではないか、彼らには「法の尊重」が十分には身についていないのではないかとの危惧を顕わにしている。そして、「アメリカの介入」という言辞に見るように、フィリピン人民衆が社会秩序を乱せばフィリピンがアメリカの植民地支配下にふたたび置かれるということを予見している。植民地主義の到達点において、この時代を代表するフィリピン人政治エリートのケソンには、革命の暴力とその革命を挫折させた植民地主義の暴力を想起する十分な根拠があったのである。

つまり、ケソンの演説には、フィリピンのナショナリズムの歴史的な業績であるフィリピン革命の礼賛、そのフィリピン革命を倒したアメリカ植民地主義への「感謝」、そして、アメリカ植民地主義の再来に対する不安が並置している。これらの互いに矛盾する三要素の並置こそが、アメリカ植民地主義の結果として生じたフィリピン人エリートの歴史認識だった。

「市民的理念」と「恩恵の論理」

ケソンの演説に見るように、アメリカ植民地主義による統治は、「市民的理念」と「恩恵の論理」と呼びうる二つの関係しあうナラティブをその存立の根拠としていた。

「市民的理念」とは、独立を可能にし、法の尊重につながる市民性を、教育を介してフィリピン人民衆に植えつけるとする植民地主義の目的のことである。ケソンとマーフィーの演説では、フィリピン人が「市民的理念」を受容することが「民主主義の出発点」であり、また「民主的かつ立憲主義にもとづく政府」を可能にするものだった。この点から、「市民的理念」は「民主」という形容を可能にする民衆の心のあり方とも解釈できよう。

「恩恵の論理」は、マーフィーの論じるアメリカ人の功績とそれに対するケソンの「感謝」という関係性が意図するものである。これは、アメリカ植民地主義はフィリピン人のためであり、植民地教育は「恩恵」の象徴的政策であるという認識に裏打ちされている。この「恩恵」という表現を分析概念としても利用する理由は、「恩恵的同化（benevolent assimilation）」という表現がフィリピン領有の際にアメリカ大統領ウィリアム・マッキンリーによって使われて以降、アメリカ植民地主義はフィリピンに「恩恵」を与えたとする歴史認識が形成されてきたからである。(9) この歴史認識は、アメリカ植民地主義のおかげで、フィリピン人は市民性を得ることができ、独立国家フィリピンを担えるようになったというナラティブに帰着する。このナラティブこそが「恩恵の論理」である。

本書の目的は「市民的理念」と「恩恵の論理」が作りだした歴史を、植民地の民政地域における公立学校教育、すなわち植民地教育を考察することにより描きだすことにある。(10) そのための作業として、越境という観点を重視しつつアメリカ史およびフィリピン史の両側面を検討する。そこで以下では、一九世紀末から二〇世紀初頭のアメリカ史、同時代の東南アジア史、そしてフィリピン史のなかにこの植民地社会を位置づける。

二　アメリカ史から

革新主義時代についての研究

米西戦争から一九三〇年代にかけての時期は、通常、アメリカ史では「革新主義時代」[11]と「戦間期」に含まれる。植民地フィリピン社会は、革新主義時代の只中に形成されていった。

しかし、アメリカによるフィリピン領有は、アメリカ史研究の古典では重要な事件としては位置づけられていない。斎藤眞と古矢旬は、自由と統合という観点から、一貫性の高いアメリカ政治外交史を描きだしている。この著作において、フィリピン領有は、米西戦争勝利によって偶発的に得ることができた中国市場への足がかりであったと捉えているにすぎない。さらには、アメリカには他民族を支配する意思がなかったことが強調されている。[12]

革新主義を中心に扱った研究でも同様である。リチャード・ホーフスタッターは、革新主義時代の特徴を、農村的なプロテスタントの価値観と都市中間層の価値観、反移民意識と移民の生活改善運動、大企業の暴利に対する暴露主義的で改革志向のジャーナリストの精神と成功者への憧憬といった矛盾する側面に見いだしている。この研究でも、フィリピン領有への言及はほぼ皆無である。[13] また、ロバート・ウィービーは一八八〇年代、九〇年代に生じた社会的危機に対する、専門知識を持つ新たな都市中間層が模索した秩序という観点からこの時代を捉えている。彼の著作でも、フィリピン領有は「外交政策」という新たな政策領域の一例として論じられるのみである。[14] さらには、ジョン・ハイアムは、移民の国民統合とネイティビズムの関係からアメリカ史を捉え、その結実を一九二四年制定の移民法ジョンソン・リード法における出身国別移民割り当て制度と包括的なアジア系の排斥に見いだしている。[15] この著作でも、フィリピン領有はほとんど触れられていない。[16] これらの古典的な理解において、フィリピン領有とアメリカの公式帝国化は、アメリカ社会に対して大きな影響を持たなかった。よって、アメリカ社会を描きだす歴史叙述で中心的に取り上げるべき課題ではなかったのである。

フィリピン領有のアメリカ社会への影響の少なさと対照的に、革新主義時代のアメリカはフィリピン植民地社会の形成に多大な影響を及ぼしている。それは、革新主義と呼ばれる「政治思潮」[17] が、植民地政策に間接的でありつつも色濃い影響を残していることと関係している。「市民的理念」は、アメリカ植民地主義がフィリピン領有化を目的として生みだした理念ではなかった。そもそも一九世紀後半から二〇世紀初頭までに東欧・南欧からの大量の移民の流入を受けて、[18] 彼らをアメリカ社会に包摂していく過程で同時代に醸成されていった理念であった。[19] その際に市民として求められることは、衛生環境の改善、[20] 英語教育の受容、[21] アメリカ白人の家庭の模倣、[22] ボス政治の打破、[23] 一夫一妻婚、[24] 家庭生活において世界各地からの物品が溢れる消費文化[25] などが含まれていた。これらの特徴の多くは、植民地フィリピンにおけるアメリカ植民地主義の諸政策、とりわけ植民地教育に影響を及ぼした。

また、革新主義は新たな学知を作りだしていった。西洋思想史の観点から見ると、企業への富の偏重を自由に認めるという「金ぴか時代」の自由主義とは異なり、社会に対する国家の関与を求める思想潮流が、アメリカとヨーロッパの異なる思想家の相互の影響によって展開されていった。[26] 革新主義時代、アメリカの知識人とヨーロッパの知識人との対話によって「社会政策」という新たな実践知が構築されていった。[27] それまではさまざまな思想の混淆として論じられてきた政治に関しても、一九世紀末には「政治学」という学知が誕生した。[28] これらの学知の発展とともに、アメリカの政治社会体制はモデル化され移植されうるものとして理解されていった。

これらの新しい学知に加え、一九世紀末から二〇世紀初頭のアメリカは、行政組織の充実により国家権力が社会により深く浸透していく時代であった。もっとも、国家権力の浸透は革新主義に反するものではなかった。革新主義者が国家を改革の手段として利用した側面があり[29]、この側面に注目するならば国家権力の浸透は革新主義の論理的な帰結だった。セオドア・ローズヴェルトの大統領就任後には、連邦政府が森林管理に積極的に乗りだし一九〇二年に西部の不毛地の開墾と定住を促す開墾法が制定された[30]。一九〇六年には、食糧や薬品に関する公的な検査がおこなわれることが義務づけられた[31]。一九〇八年には国家通貨委員会、一九一三年には連邦準備制度が設立され、銀行制度改革がおこなわれた[32]。一九一四年には連邦取引委員会法とクレイトン反トラスト法が成立し、十分ではなかったが不当な独占的行為に対する歯止めがかけられた[33]。この時期の移民の大量流入を受け、一九〇七年には連邦議会内に移民委員会が作られ、南欧・東欧の移民を「新移民」と位置づけ、彼らを国民に統合する政策が模索されていった[34]。一九〇八年には、後にラディカルな思想を持った外国人や移民を調査することになる連邦調査局が作られた[35]。

国家権力の社会への浸透の一大画期となったのが第一次世界大戦参戦であった。一九一六年の国家防衛法制定および国防委員会創設により、アメリカ政府は金融、産業一般、労働等の諸部門の調整を図り、動員政策を推し進めた[36]。戦時期にこの動員政策を担った戦時産業局の役割は、戦後、連邦取引委員会に引き継がれていった[37]。また、一九一七年に選抜徴兵法が成立し、大小さまざまな徴兵委員会（draft board）がアメリカ各地に設置された[38]。徴兵委員会は「現地主義（localism）と自発性（voluntarism）の具現化」という側面を持っていたが、同時に「拡大する国家官僚制度の最先端に位置する政府機関であったのである」[39]。さらには、急進派や敵国系の住民に対する措置として、一九一七年に防諜法が作られ、その修正法として翌年には扇動罪法が制定された[40]。ヨーロッパでは失業者などへの福祉という形での福祉国家体制ができあがっていったが、アメリカでは、この戦争の前後には、それまでの退役軍人に加え、貧困層の母への公的扶助をおこなう社会保障制度ができていった[41]。国家が社会により深く介入していくという傾向は、一九三〇年代のニュー・ディールへと行き着くものであった[42]。

ステファン・スコウロネックによれば、一九世紀末までは裁判所と政党が主体となり「パッチワークとしての国家建設（Statebuilding as patchwork）」がおこなわれたが、二〇世紀の初めの二〇年間には大統領がより強い権限を持つようになり巨大な行政組織が作りだされた[43]。言いかえれば、国家権力の浸透を推進する統治体制は、アメリカにおいては二〇世紀初頭にできあがっていった新しい方法であった。

そのアメリカによるフィリピン植民地支配は、この「新しさ」を共有していた。一方では、一九世紀末までのアメリカと同様に、アメリカ植民地政府はフィリピンにおいて十分に強力な行政組織を構築できなかった。植民地の政治における中心的関心は、行政組織の拡充よりもアメリカ人とフィリピン人の政治エリートのコンセンサスの構築に向けられた[44]。他方、民衆に対する統治は、白人移民の国民統合の方法を模していた。アメリカ社会へ包摂するために、白人移民に対して主には英語を介して、アメリカ市民としての文化や生活習慣を学ばせつつアメリカの政治体制への忠誠を育もうとした[45]。この教育をおこなった主たる社会的装置として公立学校教育があった[46]。白人移民の国民統合のための教育は、フィリピンの植民地教育と高い親和性を持っていた。フィリピンでも、英語を介し「市民的理念」を習得させ、民衆を植民地政府に恭順させる社会的装置として公立の学校制度が整備された。

アメリカ帝国主義研究と「文化論的転回」

このようにアメリカ社会はフィリピンにおける植民地政策へ多大な影響を与えていたが、アメリカの思想史研究や社会制度史研究は、とくにその影響に言及してきたわけではない。これらの研究よりも、アメリカ史の文脈でフィリピン領有をはるかに重要視してきたものとしてアメリカ帝国主義研究がある。ハイチへの介入、ベネズエラにおけるイギリスとの覇権争い、ハワイ領有化の過程、そして米西戦争とその結末としてのフィリピン領有が論じられる。諸研究のなかでさまざまな見解や異なる解釈はあるものの、アメリカの帝国主義化を可能とした思想的背景については、およそ四つの潮流が示されてきた。アメリカ大陸のフロンティアの消滅にともなう海外進出と領有化、アングロ・サクソン人種に与えられた神からの恩寵として新規領土を理解するキリスト教的な選民意識、国際貿易と海外市場獲得を基調とした海上権力論、そして、アメリカ社会を有機的に捉えた文明興亡論である。(47)

植民地社会研究は、とくに選民意識の前提となっている人種観に関係している。国民国家が少なくとも名目上は構成員の平等を求める体制であることに対して、(48)植民地主義は「種」の差異にもとづく制度を作りだす、(49)「集団間の支配・被支配の関係」(50)だからである。アメリカ史の文脈では、一九世紀末の大衆文化やセオドア・ローズヴェルト米大統領の世界観において、白人性がアメリカ帝国主義を下支えしたことが論じられてきた。(51)また、アメリカ外交において、他者を人種化して見る価値観が大きな役割を果たしたことも明らかにされている。(52)

これらの研究が示しているように、帝国の文化秩序や帝国主義者の世界観のみならず、植民地における具体的な統治においても、人種間の優劣は不可欠だった。しかし、植民地を領有することは、新たに白人以外の人種を大量にアメリカ人という国民共同体に加える可能性を意味してしまう。人種差別の信奉者は白人のみの政体を望むにもかかわらず、白人の優越性への信奉は帝国化を生みだし、白人の政体に非白人を組み込んでしまう。この矛盾について、一方では、エリック・ラブは、それまでのアメリカ帝国主義研究を人種の側面から捉えなおす研究を著している。従来の研究のように人種を世界観の一部として扱うのではなく、為政者の権力行使の側面から位置づけなおす。為政者が人種を膨張主義の根拠に使ったのではなく、むしろ膨張主義に対する阻害要因として認識していたことを明らかにしている。(53)

他方では、エミー・カプランは、それまでのアメリカ史及びアメリカ研究の範疇外に植民地が設定されたことに注目した。(54)文化面における違いを強調することによって、植民地をアメリカでもなく外国でもないという「国内と外国のあいだの曖昧な接触領域」と位置づけた。[55] 人種混交がおこなわれる接触領域を設定することによって、植民地は人種的区分と序列が明確であるとされたアメリカの国民共同体から弁別された。

カプランによって先鞭がつけられた接触領域における「文化論的転回」[56]は、アメリカ史からのフィリピンについての研究における主流となった。すなわち人種の優劣をともなう文化が、宗主国アメリカと植民地フィリピンで異なる役割を果たしつつも、宗主国人と被植民者の関係を構築していったことが明らかにされてきた。アメリカ軍によるフィリピン人の大量死をもたらした比米戦争は、アメリカ本土の人種観と男性性と切り離せない。[57] フィリピンにおけるアメリカ植民地主義の人種観と、アメリカ国内のアジア系住民に対する人種観は連続している。[58] 植民地統治においては、アメリカ人とフィリピン人のあいだの人種の優劣のみならず、フィリピン人のあいだの人種の優劣も利用された。[59]

そのほか、個別の事象についても研究が進んでいる。フィリピンでおこなわれたセンサスはフィリピン諸島の人々を文明の序列に従い分類したが、タガログ語演劇はそのような分類に抗し、ジェンダーの視点から見た過酷な戦争、革命を通した自由への渇望、さらには強力な父系的国家の欠如を示した。[60] フィリピン社会に存在する「奴隷制」は、奴隷解放後のアメリカ人の認識においてはフィリピン人を後進と見る根拠となった。[61] アメリカの大衆雑誌の挿絵・絵本やアメリカ文学における異人種間のロマンスは、視覚や作品のナラティブにおいて、文明と野蛮の二項対立を打ち立てアメリカ白人の先進性とフィリピン人の後進性を強調した。[62] また、一九世紀末のアメリカの村落や町では、キリスト教の倫理観からの社会変革を求める動きが激しさを増していった。[63] 世紀転換期、この文脈から禁酒運動や麻薬、売春に対する撲滅運動がアメリカ本土では高揚したが、飲酒、麻薬使用、売春は比米戦争期またその後のフィリピン社会においては広く受容されていた。接触領域の植民地では宗主国の規範が弛緩し、キリスト教の倫理観から見ると植民地は堕落した社会であった。[64]

二〇〇九年刊行のアルフレッド・マッコイとフランシスコ・スカラノによる大部の編著『植民地というるつ

ぼ』(*Colonial Crucible*)は、この「文化論的転回」のひとつの到達点と言える。巻頭論文では、帝国を直接的な統治また間接的な影響によって他者を支配する「世界統治の形式(a form of global governance)」と規定し、アメリカ合衆国を帝国と位置づけている。(65) そのうえで、この編著は、フィリピンやプエルトリコなどを対象とし、警察、教育、人種的アイデンティティ、公衆衛生、法制度、米軍、環境保護といったテーマを取り上げ、制度や法から集合的意識や文化的表象まで幅広い事象を扱っている。つまり、カプランが先鞭をつけてきた文化史と二一世紀になりアメリカ研究の潮流のひとつを形成してきたアメリカ帝国研究を融合した枠組みのなかで、アメリカ植民地期フィリピンが取り上げられている。

「文化論的転回」から植民地教育へ

植民地教育の研究から見ても、カプランらの「文化論的転回」やラブの研究における人種差別の扱い方からは触発されるものが多い。人種差別への信奉が植民地主義と相容れない傾向にあると言うラブの指摘に反するように、実際のアメリカ人植民地為政者の言辞には人種による序列が明らかである。たとえば、フィリピン初代民政長官を務め、後に陸軍長官を経て、アメリカ大統領になるウィリアム・タフトは、(66) フィリピン人は少なくとも一世代、長ければ三世代経なければ自治をできないと述べている。(67) ただ、植民地教育は、フィリピン人によるアメリカ文化受容の現場だった。文化の力学が働く場では、ラブの言うように人種差別はより微妙な役割を果たしている。植民地教育では、人種間の優劣を絶対視するのではなく、遅れているがフィリピン人も教育により「向上(uplift)」できるというマッキンリー大統領の思想(68)を反映していた。すなわち「温情主義」が形成された。初期に公立学校教育を統括したデービッド・バロウズも、この「温情主義」からアメリカ植民地主義を捉えていた。(69) また、後述するように、タフトも公的な発言においては「温情主義」を是認していた。アメリカ人の人種的優越性が植民地統治の基礎におかれていたとしても、植民地教育という実践においてはフィリピン人もその優越性を習得できるというナラティヴを維持する必要があった。このナラティヴと植民地統治の関係が課題として位置づけられる。

カプランらの研究が示す、文化的事象から見た統治権力の説明も、説得力に富んでいる。しかし、その主たる関心はアメリカ帝国またはアメリカ帝国主義の解明に向けられている。これらの研究によると、植民地にアメリカ人がもたらした文化的事象の背後には、アメリカ人の人種的優越意識があったとする。ただしそのなかでは、文化的事象が被植民者によっても幅広く受容されたことが前提となっている。[70] 主に、統治する側に比重が置かれており、これら文化的事象に対する統治される側のフィリピン人の対応は受動的なものに留まっている。

これに対して、本書では受け手としてのフィリピン側に注目する。文化面におけるフィリピン人のどのような恭順、抵抗、無関心があったのか、そのようなフィリピン人の対応は植民地統治をどのようにゆるがしたのか、あるいは植民地社会の秩序にどのように貢献したのかといった問いが立てられよう。これらの問いに応えるなかで、主には植民地教育という領域において、アメリカ植民地主義の下で形成され、現在のフィリピン社会にまで影響を及ぼしている植民地主義の遺制を明らかにしていきたい。

ただし、この時代のアメリカで生じた、行政組織の拡充をともなう統治、移民統合の理念としての市民性、人種の優劣をともなう文化は、フィリピンという白紙の上に流し込まれたわけではなかった。受け手であるフィリピン社会には固有の歴史があったのである。そこで、同時代のフィリピン社会の特質を浮き彫りにするために、つぎに二〇世紀前半の東南アジア史という枠組みを提示する。

三　東南アジア史から

比較の視座

東南アジアの世紀転換期から一九四〇年代までは、ナショナリズムが形成され脱植民地化を目指す運動が立ち上がっていった時代である。この時代の東南アジアのナショナリズムは、革新主義時代アメリカの国家建設とは根本的に異なる。たとえば、それは蘭領東インドに住み伝統文化も言語も異なる人々が、互いにインドネシア人であること、すなわち同じネーションの構成員であることを確認し、自分たちの国民国家インドネシアの樹立を望んでいくという過程である。[71]つまり、東南アジアのナショナリズムは、ひとつの国民国家の領域がどこまで及ぶのか、同一の国民にどの人々が含まれるのかといった側面も含めて、西洋植民地となったことにより「人工的[72]」に生じたのである。

もっとも、それぞれのナショナリズムの形成は、対象とする植民地やその後成立する国民国家によって大きく異なっている。フィリピンでは、他の東南アジア社会に先んじて、一九世紀末に国民国家樹立のためのナショナリズムが生じ、これが革命運動として結実した。[73]この地域で先駆的なものであったことから、この革命ナショナリズムには先例がなかった。なおかつ、フィリピンにはインドネシア、ビルマ、カンボジアなどと異なり、植民地化以前に伝統的な王朝が成立していたわけでもない。先例も王朝の伝統もないなかで、フィリピン人は支配者スペイン人の宗教であるカトリシズムを自らの革命思想の基盤として用いた。池端雪浦の先駆的な研究によると、カトリシズムの「逆説的位相」や、先例がないなかでの「手作りの変革思想」が、フィリピンの革命ナショナリズムを可能にしたのである。[74]

インドネシアの場合であれば、インドネシア人という民族意識の思想史的な発展過程とこの意識の大衆文化における受容、[75]イスラームと大衆ナショナリズムの関係、[76]共産主義運動とナショナリズムの関係、[77]中国系の人々の文化領域からの排除などが論じられてきた。[78]マレーシア・シンガポールであれば、半島部における民族概念ならびに民族団体の形成や、[79]島嶼部における民族間の連帯を基調とした政治体制の思想的背景が示されてきた。[80]またこれら以外の地域についての研究でも、ベトナム人知識人の日本留学を含む旅とナショナリズム思想の形成、[81]ベトナム少数民族の形成過程、[82]国語とラオ人意識の関係、[83]古代遺跡を利用するフランス植民地主義とその後のカンボジア・ナショナリズム、[84]ビルマの政治エリートの動向とアジア・太平洋戦争下の対日協力からビルマ式社会主義思想への展開など、[85]この時代のナショナリズムの伸長を論じている。

架橋と類型

このように国別・植民地別に分かれたナショナリズムを架橋しようとする試みもおこなわれてきた。近世の中央集権国家による「国家ナショナリズム」が生じたベトナムや、「国家ナショナリズム」を宗教が補強したタイやカンボジアとは異なり、フィリピンとインドネシアでは、スペインやオランダの通商のネットワークから徐々にフィリピン人意識やインドネシア人意識が発展し、植民地支配からの脱却を求める革命運動に結実していった。[86]また、アメリカ植民地期のフィリピンのナショナリズムは、「国民的なまとまりも形成」せず「支配者たる他者とも闘わない」ものであった。[87]すなわち、「国民的なまとまりを形成した」ベトナムやインドネシアのナショナリズム、「支配者たる他者と闘った」一九世紀末のフィリピン革命、二〇世紀中葉のインドネシア独立闘争やベトナム八月革命のナショナリズムとは異なる。[88]

まとめると、類型論的な視点からは、フィリピンの革命ナショナリズムの先駆性とその後のナショナリズムの弱さが強調される。一九世紀末に近代的な革命へといたるフィリピンのナショナリズムは、アメリカ植民地主義の介入によって挫折した。その後、植民地支配下で作り直されたナショナリズムは、十分な国民統合の力を持たなかった。[89]つまり、「市民的理念」をもたらそうとした植民地教育にもかかわらず、東南アジアの他の社会と比べると独立後フィリピンでは、強固な国民意識や、強い中央権力をともなう国民国家は生じなかったのである。

二つの事例研究

フィリピンの場合、なぜ植民地教育は強力なナショナリズムを作りだせなかったのか。この問いこそが、東南アジア史から見たときのアメリカ植民地期フィリピン社会を研究するうえでの中心的な課題である。ここでは、この問いを考察する準備作業として、教育によってナショナリズムが醸成されたジャワとマレー半島の事例研究からフィリピンの特徴を浮き彫りにしておこう。

土屋健治の研究によると、ジャワでは、伝統思想の継承と近代的な教育を組み合わせることによりナショナリズムのための教育が醸成されていった。ジャワの伝統的な王は、宇宙の「主宰者」と交信できる存在で、ジャワ語を介して発せられる王の意思は宇宙の秩序を表わすものだった。[90]タマン・シスワ運動という私立学校運動は、ジャワの伝統的な世界観に共鳴しつつも、難解なジャワ語ではなく、また植民地支配者側の言葉であるオランダ語でもなく、そもそもの交易言語でありジャワ人以外にも理解可能なマレー語を用いるようになった。[91]モンテッソリやタゴールの教育思想を取り入れ、なおかつ実務的な教育をも重要視する概念体系を作りだし、植民地支配下のジャワの状況に適応した教育実践をおこなった。[92]タマン・シスワ学校は、一九二〇年代後半にはジャワ島全域のみならずスマトラ島にも進出し、ジャワ人の他ミナンカバウ人もこの運動に参加していった。[93]これらの人々は、一九二七年のインドネシア国民党の成立や、その翌年一九二八年のインドネシア・ナショナリズム運動の画期となった「青年の誓い」に、「すぐれて積極的に反応した人々であった」[94]。つまり私学教育の理念と実践が脱植民地化ナショナリズムの重要な一要素へと発展していった。

また、左右田直樹は興味深い植民地教育のあり方を論じている。イギリス植民地下のマレー半島では、植民地主義の教育政策と汎マレー主義というナショナリズムが深い関係にあった。英領マラヤにおいてイギリス植民地政府は、民族別に異なった教育政策をおこなった。中国人とインド人の教育には関与せず、マレー人については彼らを「賢い農民」とすべくマレー語での教育を推奨した[95]。そのなかで、マレー人民衆のための教員を養成する機関スルタン・イドリス師範学校が創設された。この学校では、マレー語の出版物や教員と生徒のあいだに生じた同胞意識や歴史教育などからマレー人意識が醸成された。このマレー人意識が、マレーシア人、インドネシア人、フィリピン人、タイ南部の人々を同文化に属するとみなす汎マレー主義へと発展した。汎マレー主義への発展は、イギリス人植民地官僚やマレー人教員によって書かれた同校の教科書と同校の卒業生であり後の汎マレー主義の代表的な提唱者となるイブラヒム・ヤーコブの言論を、典拠や共通概念から分析することにより立証されている。その後ヤーコブの汎マレー主義は、政治概念としては結実を見なかったが、文化的なものとしてマレーシア社会に受容されていった[96]。

タマン・シスワ運動ではジャワ語を介した伝統的な世界観とヨーロッパやインドの新しい教育思想、イギリス植民地支配下のマレー人教育では共通の慣習や文化にもとづく汎民族の概念と植民地主義がもたらした教員養成教育や農業教育が並存している。これらの事例に見るように、東南アジアの同時期の教育においては、「伝統」と近代的な諸要素の融合という形で、ナショナリズムの教育がおこなわれた。そこでの「伝統」とは、前近代の王権思想や、前近代から続くとされる民族概念であり、植民地化以前にすでに存在している要素を取り込み、なおかつ植民地支配者から被植民者を弁別する体系化された思想である[97]。言いかえれば、このナショナリズムの教育は、自らの民族・国民（ネーション）という、植民地支配者から切り離された価値観を強調した。さらには、この弁別性を強調すべく、この教育は後に国民語となっていく言語を通しておこなわれた。[98]

これらの点において、フィリピンにおけるアメリカの植民地教育は明らかに異なっていた。後述するように、アメリカ植民地主義は、フィリピン人の「伝統」を植民地教育のなかで称揚することをしなかった。さらには、植民地教育においては、フィリピン諸語は教えられず、全学年の全教科を英語で教えることが方針とされた。

東南アジアの他の事例から見ると、アメリカの植民地教育がフィリピンのナショナリズムに貢献したと論じることは困難である。「市民的理念」はフィリピン人を市民とし、市民となったフィリピン人に国家を運営させるというナラティブを表わすが、フィリピン諸島に住むさまざまな人々をまとめる、国民（ネーション）という枠組みを提供したわけではない。またフィリピン人の固有性を強調し、彼らをアメリカ人から弁別したわけでもない。さらに、土着のフィリピン諸語はまったく教えられなかった。アメリカ植民地主義は、フィリピン革命時にその輪郭を現わしつつあったナショナリズムを発展させたとは言いがたく、むしろこのナショナリズムの企図であるフィリピン人からなる国民国家の樹立を遅らせたと位置づけられるのである。フィリピン革命をもたらした革命ナショナリズムは打倒されたが、アメリカ植民地教育にはナショナリズムを強化する「伝統」がなかった。したがって、革命時のナショナリズムがアメリカ植民地期を経て弱いナショナリズムとなってしまった、との見取り図が得られる。

しかし、この弱いナショナリズムしか作りだせなかったアメリカ植民地主義は、フィリピン史研究ではむしろ肯定的に評価されている。

四　フィリピン史から見た植民地教育

通史的理解

一部の例外はありつつもフィリピン史の通史的理解では、アメリカ植民地期は平和ながらもドラマチックな出来事の少ない時代として捉えられている。[99] まずは、この時代の前後を簡単に描写してみよう。一九世紀末のフィリピンは、ホセ・リサールやアンドレス・ボニファシオといった、フィリピンのナショナリズムにとって重要な人物を輩出し、宗主国スペインにおける改革運動が、フィリピンにおける反植民地主義となり、国民国家樹立のための運動へと転じた時代だった。この運動が、アメリカの侵略戦争によって挫折する。アメリカ植民地期の次の時代は、アジア・太平洋戦争の時代である。日本の侵略を受け、フィリピンは日本とアメリカのあいだの主戦場のひとつとなった。日米両軍による甚大な破壊がおこなわれ、フィリピン人同士が殺し合った。

ホラシオ・デ・ラ・コスタの『フィリピン史史料』は、一九六〇年代に刊行され、現在でもフィリピンの高校や大学の教材としても使われている。この史料集は、つぎのような章分けを付している。アメリカ植民地期の前は、「革命[100]（Revolution）」の時代とされ、アメリカ植民地期の後は、「試練（Ordeal）」の時代である。[101] それでは、「革命」と「試練」のあいだのアメリカ植民地期がどのように捉えられているかというと、「教育[102]（Tutelage）」の時代とされる。

この「教育」という章分けが示すように、植民地教育はアメリカの植民地主義の象徴であり、なおかつもっとも成功した政策として捉えられている。フィリピン通史において、この評価が確認できる。植民地教育は、多分にアメリカ人の優越意識を反映したものであったとしても、アメリカ人の善意の象徴であった。[103] また、アメリカの文化規範を広めようという目的があったとしつつも、「植民地の為政者にとっての完璧な道具」となったとし、フィリピン人よる肯定的な受容をともなっていた。[104] さらには、「社会的・市民的発展」の重要事例であった。[105] 広く大学の教科書として使われてきた著書によると、アメリカの諸政策のなかで、植民地教育が「フィリピン人の政治的および文化的発展にとってもっとも強力かつ長期にわたる影響を及ぼした」。このことによって、「反米感情が、フィリピン人の心からほぼ完全に消し去られた」。[106] つまり、植民地教育の背景にあったアメリカ人の意図がいかなるものであったとしても、フィリピン人はそれを好意的に受容したと描かれ、植民地教育は植民地主義の「恩恵」として論じられている。

主流研究の諸相

もっともこれらの通史は、より専門的な研究の成果を反映したものである。通史に見る植民地教育を「恩恵」とする見解は、植民地教育を中心においたモノグラフ的な研究を継承している。植民地期には、すでに実証性の高い教育についての研究がなされている。一九三二年刊行の研究によると、スペイン植民地期の問題としては、教員の質の低さ、支配者の言語であるスペイン語を教えないこと、実質的な教育の管理者であったカトリック司祭が持っていた民衆への蔑視意識、学校施設の不適切さ、体罰があった。その反面、アメリカ植民地期には、北はバタネス諸島から南はスルー諸島まで、専門訓練を受けた教員が市民育成を目的とした非宗教的な価値観や実用教育を英語で教える、公立学校制度が整備された。[107] フィリピン人教員給与の低さなどの問題点はあったものの「近代的な民主主義の要求との調和」を達成し、「人口の大部分を効率性の高い市民にするため」の教育がなされた。[108]

アジア・太平洋戦争後にも、植民地教育を「恩恵」とし、この政策がフィリピン人に「市民的理念」を植えつけたとする理解が主流となった。一九四九年刊行の教育法制史研究によると、アメリカ植民地主義は「若者を自由で効率的で幸せな市民へと育成し、国を自由で豊かで民主的にする」ための教育をおこなった。[109] また一九五九年には、アメリカ人教員やフィリピン人教育関係者が残した文章が編纂され発刊されているが、植民地教育を肯定的に捉えている。[110] 植民地初期のアメリカ人教員は異文化のなかで苦労しつつフィリピン人の教育のために尽力した、[111] そのなかにはフィリピンで命を失った人々もいる、[112] フィリピン人の生徒や教員はそのようなアメリカ人教員に「感謝」している、[113] というものである。なお、この編著は、異なるタイトルで一部内容を替えて二〇〇一年に再版されている。[114] 一九五〇年代におこなわれたアメリカ人の元教員やフィリピン人の元生徒に対する聞き取りやアンケート調査にもとづく研究でも、植民地教育はアメリカ人教員の努力とそれに応じてきたフィリピン人生徒によって成立し、なおかつ双方の要望の結節点となったことが強調されている。[115]

これらの研究は、教育政策文書、アメリカ人教員や植民地教育を受けたフィリピン人への聞き取り調査、彼らが残してきた文書に依拠している。資料や証言者の偏りはあるものの、アメリカ植民地主義が近代的な市民の育成に資する公立学校制度を作りあげたという点や、植民地支配した側と支配された側の証言者双方が植民地教育を高く評価したという点は明白に論証されている。

このほかに、より幅広い視点からアメリカ植民地期を捉えている歴史学研究がある。アメリカ植民地期の諸政策のなかで、植民地教育を論じてきたこの種の研究は、植民地教育の肯定的側面を強調してきた。ボニファシオ・サラマンカの研究によると、植民地教育は政治発展に次いで重要な政策であり、なおかつ政治発展のために不可欠なものと位置づけられている。植民地教育は、フィリピン社会の旧来の因習であるところの「カシキズム」というボス政治を打破することが目的であった。この植民地教育をフィリピン人教員も民衆も喜んで享受し、結果的に植民地教育は植民地期ならびに独立後のフィリピンの政治的・社会的発展に多大に寄与した。サラマンカは、フィリピンのボス政治とアメリカの民主政治を対立的に捉え、前者から後者への移行を政治発展とし、政治発展の原動力として植民地教育を位置づけている。[116]

もっとも、植民地教育の効用をより低く評価している研究も提示されてきた。サラマンカの研究とは逆に、グレン・メイの研究は、政治発展が十分ではなかったことを論じている。植民地教育は社会改革をもたらさず、フィリピン人の地方エリートによる実質的な支配が続いた。さらには、それらのエリートがアメリカ人の教育政策に反対する場合でも実現可能な選択肢を提示しなかった。結局、アメリカ植民地主義はフィリピン人による民主的な自治を可能にする社会状況を作りだせなかったと論じる。[117]アメリカ人の差別意識などがあったにしても、民主政治が定着しなかったのはフィリピン史における「フィリピン人性」によるものと結論づけている。そして、アメリカ植民地期をアメリカ人が民主政治を定着させようとした時期とし、フィリピン史における例外と位置づけている。[118]つまり、メイは、アメリカ人がもたらした民主的な価値観が、フィリピン人の基層文化によって拒絶されたとの見解を示している。

植民地期当時の教育研究からサラマンカまでの研究とメイの研究は、民主政治の定着については賛否を異にしている。しかしいずれの場合も、アメリカ植民地主義は先進的な価値観により、遅れたフィリピン社会を改革しようとしたというナラティブに沿っている。違いは、ただこの試みが成功したと見るか、失敗したと見るかである。

これらの研究のほかには、フィリピン史事典に記された植民地教育についての記述や、[119]二〇〇〇年前後に公立学校教育成立百周年を記念してフィリピン共和国教育・文化・スポーツ省が発行したパンフレット[120]ならびに植民地教育を振り返った論集[121]がある。また、フィリピン地方史として植民地教育を論じているものもある。[122]事典の記述やパンフレットは、独立後フィリピンにおける植民地教育の評価を表わす資料としての価値がある。論集の論文や地方史は、個々の具体事例を明らかにした点から評価できる。しかし、いずれの場合も、実証のレベルでも、歴史認識のレベルでも、民主主義をフィリピンに根づかせたとする植民地教育認識、植民地教育に尽力したアメリカ人教員像という従来の研究水準を超えるものにはなっていない[123]。

文化史からの批判

主流研究とは異なり、植民地教育により批判的な研究も提示されてきた。文化に注目したアメリカ史からの研究と同様に、これらの研究も、文化の権力性を問うものになっている。

そのもっともよく知られたものとして、一九六六年に発表されたフィリピン人ナショナリストのレナト・コンスタンティーノのエッセー「フィリピン人の受けたえせ教育[124]」がある。民主主義を植民地教育の結実であると位置づけることは、その結果生じる民主主義的な制度も、宗主国から移植されたものとして存在し続けることを意味する。フィリピン人にとっては、民主主義は結局アメリカ流の民主主義という意味を持ってしまうことから、フィリピン人もアメリカ人と同じ発展の道筋をたどらなければならない。その結果、フィリピン人は後進、アメリカ人は先進という意識が生じ、フィリピンよりもアメリカの方が優れているという価値観が維持される、との論旨である。この見解では、アメリカ植民地主義によって「市民的理念」が教えられたということ自体が、結局はアメリカをモデルとする心理的および社会的構造を生みだすとし、アメリカ植民地主義を「恩恵」と見る同時代のフィリピン人の認識を批判している。

支配手段として植民地教育を理解し、継続する植民地認識を批判するという方法は、フィリピン人文学者ビエンベニード・ルンベラによって継承されている。比米戦争からの一〇〇年を記念して編まれた論集では、フィリピン人の順応と社会上昇を促したアメリカの政策が同時に他のフィリピン人に対する暴力的弾圧と並行的におこなわれたことから、フィリピン人が植民地主義の単なる犠牲者ではなく、むしろ、その協力者であったことを明らかにしている。植民地議会の発足と革命を継続しようとしたマカリオ・サカイに対する弾圧というような事例を並置する。[125]また、比米戦争を論じた編著のなかでは、アメリカ植民地期に持ち込まれた雑誌や映画が、フィリピン人のなかにアメリカを好む意識を作りあげた。アジア・太平洋戦争後のアメリカのテレビ番組やアメリカ音楽の流入とあいまって、結局は比米戦争時のアメリカによる暴力の記憶が薄れていったと論じる。[126]

このほかに、植民地期以降のフィリピン人の認識や文化的嗜好ではなく、植民地期のアメリカ人教員の集合的意識から、植民地教育を捉えなおした論考がある。アメリカ人教員は、名目上はボス支配の打破や、民主的理念の達成や、貧農の解放等の社会的平等を標榜していた。しかし、彼ら自身の手記や手紙によれば、アメリカ人教員は、植民地社会における植民地支配者としての特権を当然視しており、貧農解放を唱えているのに、フィリピン人の農民を蔑視していた。結局、ボス支配の打破や社会的平等といった植民地教育の目標は、アメリカ人教員自身の人種的な特権意識とフィリピン人蔑視によって「決定的にむしばまれた」。[127]

これらの批判的な研究であっても、主流研究と異なる植民地社会像を提供できているわけではない。コンスタンティーノやルンベラが論じるフィリピン人の親米意識は、主流研究が前提としている植民地教育に対するフィリピン人の積極的な受容と肯定的な評価に符合するものである。また、アメリカ人の人種観にしても、主流研究でもメイのそれのようにアメリカ人がフィリピン人に対して差別意識を持っていたことを論じているものもある。主流研究でも批判的研究でも、アメリカ人教員の差別意識にもかかわらず、植民地教育を積極的に受容していったフィリピン人の姿が浮かびあがる。

教育と抵抗の空間

もっともルンベラが論じるように、植民地社会の全体像を捉えようとするのであれば、植民地教育のみに注目することはきわめて不十分であると言えよう。あらゆる研究に方法論的な限界があり、本書は植民地教育を論考の中心に置いているのだが、ここでは教育という自発性をともなう行為に対するアンチテーゼとして植民地主義による暴力の事例に触れておきたい。

表0-1は、一九一五年までの『フィリピン委員会報告』(*Report of the Philippine Commission: RPC*)と一九一六年からの『植民地総督報告』(*Report of the Governor General of the Philippine Islands: RGGPI*)という公的な年次報告書の「平和と秩序(Peace and Order)」や「公的秩序(Public Order)」といった項目に記された内容をまとめたものである。この項目を欠いている年次報告書があることもかんがみると、一九一〇年代半ばから後半にかけて、また一九二〇年代後半には、一時的な平穏が保たれたと言えるかもしれない。そうであるにしても、アメリカ植民地期を通じて、植民地社会は安定していたとは言いがたい。

たとえば、一九一三年のバグサック山の戦いでは、五〇〇人以上のイスラーム教徒が殺されたことが定説になっているが[128]、この事件をはじめミンダナオやスルー諸島では警察軍による殺害が一九〇〇年代から一九三〇年代まで頻繁に生じている。治安の問題はミンダナオやスルー諸島、サマール州といった辺境地域に限られていたわけでもない。とくにストライキや一九三〇年代の蜂起は、マニラやその周辺という植民地の中心地で起きたものである。

これらの反乱や蜂起の背景は複雑かつ多様である。ただ「未完の革命」という歴史認識が一部においてはアメリカ植民地主義に対する反抗の動機づけになったことも先行研究によって明らかにされている。そのような事例として、一九一〇年に拘束されたフェリペ・サルバドールの活動[129]や一九三五年のサクダル党の蜂起がある[130]。また、実際の反乱は起きず治安問題としての記述はなかったが、革命期の将軍アルテミオ・リカルテの支持者が一九一四年のクリスマスにマニラで蜂起を起こすといううわさは、為政者に衝撃を与えた[131]。植民地教育による「市民的理念」の教育にもかかわらず、革命の再来を望み、革命を打倒したアメリカ植民地主義に対抗する意識

1919年	ルソン島北部では、首狩りはほとんどおこなわれていない。バジラン島では、狂信者の影響で、数百人が人頭税の支払いや家畜の焼印を拒絶したが、十日ほどでこの事件は解決した。ミンダナオ島ダバオでは、17人の日本人がバゴボ人に殺害された。ミンダナオやスルー諸島では、無法者の掃討作戦がおこなわれている。マニラのストライキには近隣州からの400人の増援があった。（*RGGPI* 1919, pp. 45-46）
1920年	マニラで、警察軍内の反乱が発生。ミンダナオ島ダバオの反乱では、反乱者5人を殺害。警察軍とミンダナオの民族集団の間で戦闘状態が生じ、女性、子供も含め、民族集団の側で33人死亡。（*RGGPI* 1920, pp. 20-22, 37）
1921年	ミンダナオではイスラーム教徒による反乱が続いている。（*RGGPI* 1921, pp. 26-27）
1923年	カビテ州では、山賊が裁判官を殺害。ミンダナオやスルー諸島では、狂信者や課税反対者による反乱が時折起こっている。また、ミンダナオ島北部では狂信者団体コロルムが生じ、警察軍や公立学校を攻撃した。ミンダナオ島ラナオでは、イスラーム教徒が反乱し、警察軍は54人を殺害。また、スルー諸島では、学校の建設に反対した人々23人を警察軍が殺害。（*RGGPI* 1923, pp. 82-83）
1925年	ルソン島中部のヌエバ・エシハ州では、前科者ペドロ・カボラがサン・ホセの町政府の打倒を目的としていた団体を結成したが、カボラは警察軍に殺害された。サマール州では、新たな秘密組織が発覚した。（*RGGPI* 1925, pp. 254, 262）
1926年～1929年	項目そのものがなし。
1930年	ルソン島中部やマニラでボルシェビキの活動が活発である。しかし、人心を掌握しているとは言いがたい。（*RGGPI* 1930, 15）
1931年	ルソン島中部パンガシナン州タユッグにて、70人ほどが蜂起。警察軍に5人の死者。（*RGGPI* 1931, 12-13）
1932年	ホロ島では、警察軍が襲撃され、13人死亡。また、ルソン島中部では、共産主義勢力が伸張。（*RGGPI* 1932, 24）
1933年	マニラではストライキが多発。ルソン島中部では小作人が組織化され、争議が多発。クリサント・エバンヘリスタなどの共産主義者を逮捕し、共産主義を封じ込めようとしている。スルー諸島では、無法者11人を殺害。（*RGGPI* 1933, 111）
1934年	項目そのものがなし。
1935年	マニラ近郊のブラカン、カビテ、ラグナの各州にて、サクダル党が一斉蜂起。1000人の党員と警察軍が交戦し、サクダル党側59人、警察軍側4人が死亡。また、ラグナ州、タヤバス州においては、元警察署長らを指導者とする山賊団が強盗や殺人をおこなっていたが、これらの無法者は殺害または拘束された。（*RGGPI* 1935, 20-21）

* Bureau of Insular Affairs, War Department, *Reports of the Philippine Commission, The Civil Governor and the Heads of the Executive Departments of the Civil Government of the Philippine Islands (1900-1903)*, Washington: Government Printing Office, 1904, Vol. 142, 150/58/18/4, Entry 95, RG350, NARA.

表0-1「平和と秩序」

1902 年	いまだに反乱が多くの州でおこなわれている。特にマニラの南に位置するカビテ州においては、反乱が激しい。(*RPC* 1901/1902 (3rd), vol. 4, pp. 179-223)
1903 年	マニラ近郊のリサール州とブラカン州では、山賊団が略奪をおこなっている。彼らの勢力は大きく、警察軍を凌駕している。また、セブ島ではプラハンと呼ばれる狂信者団体が活動している。(*RPC* 1901-1903, pp. 483-491*)
1904 年	サマール州では、狂信者団体が発生している。マニラでは、香港亡命政府が新たな蜂起を起こそうとしている。ミンダナオ島ラナオやスルー諸島では反乱が続いている。(*RPC* 1903/1904, part 1, pp. 1-14)
1905 年	サマール州では狂信者団体が活動している。カビテ州では、革命の残党サカイの一派による反乱が継続している。(*RPC* 1904/1905, vol. 11, part 2, pp. 47-59)
1906 年	マニラ近郊の州では、不法者が活動している。ルソン島中部では、フェリペ・サルバドールが狂信者団体を率いている。(*RPC* 1905/1906, part 1, pp. 30-40)
1908 年	ルソン島中部、セブ島、イロイロ島では、山賊団は弱体化している。タヤバス州とアンボス・カマリネス州ではいまだに山賊の指導者が捕まっていない。(*RPC* 1907/1908, part 1, pp. 43-44)
1909 年	マニラの北では狂信者団体の指導者がいまだに拘束されていない。サマール州の治安は回復していない。ミンダナオでは、警察軍内での反乱があり、アメリカ人の入植者 1 人が殺された。(*RPC* 1908/1909, pp. 41-42, 58-59)
1910 年	ミンダナオの山地では、狂信者団体スバノスが復活し、数千人が活動している。ルソン島中部ではサルバドールが拘束された。北イロコス州では、アグリパイ派の一部が狂信者団体を立ち上げ、ヌエバ・ヴィズカヤ州の町を襲撃したが、イフガオ人からなる警察軍の部隊に鎮圧された。(*RPC* 1909/1910, pp. 8-10)
1911 年	山賊法制定の影響もあり、全体的に治安が回復した。(*RPC* 1910/1911, p. 6)
1912 年	サマール州における最後の山賊オトイが殺害された。ホロ島では、イスラーム教の狂信者フラメンタドが発生した。ルソン島山岳部では、首狩りの慣習はほとんどおこなわれていない。(*RPC* 1911/1912, pp. 20-21, 144-145)
1913 年	ミンダナオのバグサック山では警察軍との激しい交戦がおこなわれた。ルソン島中部では、組織化された山賊活動はおこなわれていない。サマール州では、400 人の信者からなる新たな狂信者団体が生じたが、指導者を拘束したため、反乱は防ぐことができた。(*RPC* 1912/1913, pp. 15, 176)
1914 年～1916 年	項目そのものがなし。
1917 年	ミンダナオ各地では、狂信者団体の活動が活発である。それ以外の治安は保たれている。(*RGGPI* 1917, pp. 30-31)
1918 年	治安状態は良い。ザンバレス州でネグリートの反乱があった。(*RGGPI* 1918, pp. 36)

は、植民地社会の一部には残り続けた。そして、そのような革命の再来をもたらそうとする「下から」の挑戦は、植民地主義によるさらなる弾圧を招いたのである。

五　本書の視角

課題の確認

以上、アメリカ史、東南アジア史、フィリピン史のなかに、アメリカ植民地期の植民地教育を位置づけてきた。その結果、二つの大きな課題が明らかになった。第一は植民地主義とナショナリズムのあいだに生じた価値の逆転についてであり、第二は歴史認識の対立の場としての植民地社会についてである。

二〇世紀初頭は、アメリカでは革新主義の時代であり、東南アジアではナショナリズムが萌芽した時代だった。フィリピンは東南アジアのなかでの先駆者であり、脱植民地化のナショナリズムがすでに存立していた。また、アメリカ帝国の文化編制は人種間の序列を強調しており、アメリカ植民地主義は人種の優劣を基礎とした制度だった。しかし、植民地主義によるフィリピン革命の打倒や人種差別にもかかわらず、多くのフィリピン人はアメリカ植民地主義を「恩恵」として理解した。この理解を可能にした要因には、二〇世紀初頭という時代背景があった。革新主義時代アメリカから植民地主義がもたらしたとする「市民的理念」は、フィリピン共和国樹立にいたるナショナリズムへの貢献と位置づけられた。課題となるのは、そもそも植民地主義に付随した「市民的理念」がどのようなフィリピン人によって、どのような過程を経てナショナリズムへの貢献という逆転した価値を帯びるようになったのか、この価値がどれほどフィリピン社会に広まったのか、そして、その結果、植民地主義が意図するようにフィリピン社会の変革はおこなわれたのか、という点である。これが第一の課題である。

もうひとつの課題は歴史認識の問題に関っている。ケソンやマーフィーの演説に見るように、植民地教育は「恩恵」を表わす象徴的な政策として維持され続けた。植民地主義にとって、植民地教育は表面的には素晴らしい成功だった。しかし、同時に植民地教育は思想的な抵抗を受けていた。フィリピン人にとってアメリカ植民地期は敗戦後だった。[132]多くのフィリピン人には、自らの革命を打倒したアメリカ人によって不当に統治されているという意識は残り続けた。[133]植民地社会は、遅れたフィリピン人をアメリカ人が「向上」させるという植民地教育の思想とアメリカ植民地主義は革命を不当に打ち負かしたという「未完の革命」の思想がせめぎ合う空間だった。第二の課題として、このせめぎ合いの過程を描きだし、その結果、なぜ弱いナショナリズムが生じたのかを明らかにしたい。

ここまで見てきたようにフィリピンにおける植民地教育は、歴史認識の問題に深く根ざしており、同時に複雑で多様な側面を持つ事象だった。実証的な歴史叙述のみでは評価しきれず、かつその多様で遠大な影響の全体像を描きだすことも困難である。そこで本書では、「市民的理念」を植えつけようとする政策の側面と、植民地という状況でこの教育と矛盾する側面に注目し、幾つかのテーマに絞り込んだ。[134]以下、時系列ではなく、テーマ別に第一章から第七章まで構成した。

章の構成

植民地教育は「上から」の政策だった。植民地教育を論じるにあたり、前半の第一章〜第四章では政策としての展開とその限界を論じる。

第一章では、そもそも英語がなぜ植民地教育を担う言語となり、この初期の方針がなぜ継続したのかを問う。教育に英語を用いることこそが、アメリカ人を教員とし、アメリカの価値観をフィリピン人生徒に直接受容させる必要な条件だった。英語による教育は比米戦争下で平定作戦の一部として導入され、そのまま定着していく。一九〇〇年代以降、英語以外の言語を植民地教育に導入しようという運動が生じる。しかし、フィリピンの非常に多くの言語が使用される状況では、英語に代わる言語はなく、英語に抗して国民語を構築しようとする運動も弱かった。同様に、初期の方針を覆すほどの強力な言語思想も誕生せず、植民地末期まで英語のみを用いる教育が続いていく。

第二章では、農村社会であったフィリピンにおける、植民地教育の制度上の限界と特徴に注目する。植民地教育は発足時から中央集権的な性格を持っていた。しかし、学校建設や教員養成において十分な財政の裏づけがなく、学校や教員の配置は常に不十分だった。それにもかかわらず中央集権的な性格は維持され続けた。この性格の維持の背景には、植民地という状況に適するような、革新主義時代の教育運動「進歩主義教育」の恣意的な移植と移植の過程で作りだされた新たな制度上の特徴があった。

第三章では、アメリカ人教員とフィリピン人教員のあいだの差異と彼らの越境を論じる。植民地教育も植民地主義に本質的に付随した人種間の優劣を反映していた。アメリカ人教員とフィリピン人教員のあいだに著しい待遇格差が作られていった。この待遇格差は解消されることがなかったが、植民地教育の運営上の問題とはならなかった。その理由は、能力主義的で昇進を可能にしたフィリピン人教員の雇用根拠や、越境体験を通してアメリカ人教員とフィリピン人エリート教員が植民地教育を肯定的に捉えたことにあった。

第四章では、非エリート教員の体験と教育実践から植民地教育を維持した内在的要因を考察する。その一環として「市民的理念」の教育実践「市民教育（civic education）」を取り上げる。「市民的理念」は、その抽象度の高さゆえに、植民地においても国民国家においても、同様に必要とされるものと認識された。この「市民的理念」の教育を積極的に推進したのが、非エリートのフィリピン人教員だった。フィリピン各地からやってきた彼らは、学校の外に「市民的理念」を普及しようとする。しかし、彼らの努力は住民の意識を変えるものでも、フィリピン社会に変革をもたらすものでもなかった。

第五章から第七章までは、植民地教育やこの政策に象徴される「恩恵の論理」とは矛盾してしまう事象やそのような事象とともに生じた思想の断片に注目したい。

第五章では、植民地教育の内と外でのフィリピン革命理解を論じる。植民地教育における地理・歴史教育は、「人種史」と呼ばれるヨーロッパ外への白人の拡散と彼らの政治組織の移植の過程を強調するものだった。「フィリピン史」教育も基本的に「人種史」の枠組みで理解されていた。しかし、結局はこの地理・歴史教育の影響力は小さく、むしろ本質主義的なナショナリズムにもとづく革命理解が、フィリピン社会で受容され続けた。

第六章では、一九三〇年にマニラで生じた事件を取り上げる。アメリカ人教員の差別発言に端を発し、マニラの高校生数千人が学校を出て抗議行動をおこなった。しかし、恭順を求める教育局の圧力に、多くの高校生は屈してしまう。この植民地教育の危機に際し、植民地主義が自らの「恩恵」を守るべく取った方法が、この事件に対する歴史認識を作り上げてきた。

第七章では、植民地教育が持つ「恩恵」という象徴性に目を向ける。独立交渉においても、フィリピン人政治エリートはアメリカ植民地主義を「恩恵」と認識しなければならなかった。そうしなければコモンウェルス政府樹立という独立への一里塚を築くことができなかったからだ。その結果、同時期に起きていた在米フィリピン人に対する差別や暴力は、独立交渉のなかでは看過され「恩恵の論理」は保たれた。しかし、その背後には鬱屈しながらも同胞を気遣う政治エリートの意識や差別からの解放と独立への希求を重ね合わせる在米フィリピン人の意識があった。

終章では、ポストコロニアル社会として現在のフィリピンを理解し、二一世紀のグローバル化から、アメリカ植民地主義の遺制を論じる。

資料

最後に使用した資料を示しておきたい。調査の中心としたのが、米国国立公文書館所蔵（National Archives and Records Administration: NARA）の島嶼局資料（Bureau of Insular Affairs Records: BIA Records, RG 350）である。これは、植民地フィリピンを管轄した陸軍省島嶼局に保管されていた資料である。公刊された行政文書、教育局内の回覧文書、また島嶼局に送られてきたさまざまな書簡とそれに対する返信、および一九一四年以降は個人名別に保存されている資料など非常に充実している。とくに「個人名別資料」（Personal Name Information Files: PNIF）は、全部で七二三箱ある。個人名別に整理されたファイルから構成され、手紙や、業務記録などその人物に関する異なった種類の資料が含まれている。[135]この資料は、教員の足跡や事件の詳細を調べるのに非常に役に立った。

アメリカ植民地期の公立学校教育を知るうえでの重要な資料として、ほぼ毎年発行された『フィリピン委員会報告』（*RPC*）と『教育局長年次報告』（*Annual Report of the Director of Education: ARDE*）がある。[136]また、一九一六年から発行された『フィリピン諸島総督報告』（*RGGPI*）や『人事局年次報告』（*Annual Report of Civil Service Bureau: ARCSB*）も必要に応じて使用した。

『フィリピン委員会報告』（*RPC*）は一九〇〇年代半ばまでは充実している。『教育局長年次報告』（*ARDE*）は一九三七年までは記述が充実しているが、一九三八年以降は、教育の内情を知りえる内容とはなっていない。教育局とは公立学校制度を統括していた部局である。

また、このほかに、教育局発行の『職員手帳』（*Service Manual, Bureau of Education: SMBE*）がある。この手帳は一九一一年、一九一七年、一九二七年と三回発行されている。アメリカ人教員のみならず、フィリピン人教員も含めた公立学校制度におけるすべての教員および職員が従うべき規則を示している。そのほかには、教育局内の回覧文書（Circulars, General Instructions）や冊子（Bulletins）も広範に利用した。

その他の公文書として、『フィリピン諸島官僚制度幹部職員・一般職員名簿』（『名簿』*Official Rosters of Officers and Employees in the Civil Service of the Philippine Islands: Roster*）は刊行されていると思われるものすべてを利用した。これを基本的なデータとして使用し、「個人名別資料」（PNIF）などと組み合わせ、「氏名連関データベース」と呼ぶ教員のプロソポグラフィを作成した。[137]

また、新聞・雑誌資料としては、『フィリピン教育ジャーナル』（*Journal of Philippine Education: JPE*）と『フィリピン教育雑誌』（*Philippine Educational Magazine: PEM*）という教員向けの専門誌を広範に利用した。このほかには、新聞としては、『ケーブルニュース・アメリカン』（*The Cablenews American*）、『フィリピン・ヘラルド』（*The Philippine Herald*）、『ラ・ヴァンガルディア』（*La Vanguardia*）、『マニラ・タイムズ』（*Manila Times*）、『フィリピン・デイリー・ブリテン』（*Philippine Daily Bulletin*）などを適宜使用した。週刊誌に関しては、『フィリピンズ・フリー・プレス』（*Philippines Free Press*）を一九〇七年から一九四一年まで閲覧した。

さらに、主だった未刊行資料としては、幾つかの学位論文や、前述したアメリカ国立公文書館島嶼局資料の他、ミシガン大学ベントレー図書館に所蔵の個人名別ファイル、フィリピン国立図書館のマヌエル・ケソン文書、さらには、個人所有であるがヒル・ウマリ文書を利用した。

註

（1）永原陽子「序『植民地責任』論とは何か」永原陽子編『「植民地責任」論――脱植民地化の比較史』青木書店、二〇〇九年、九―一一頁。

（2）たとえば、「『韓国併合』100年を問う」『思想』一〇二九号、二〇一〇年一月、歴史学研究会編『「韓国併合」100年と日本の歴史学――「植民地責任」論の視座から』青木書店、二〇一一年。

（3）藤原帰一、永野善子編著『アメリカの影のもとで――日本とフィリピン』法政大学出版局、二〇一一年；Kiichi Fujiwara and Yoshiko Nagano, *The Philippines and Japan in America's Shadow*, Singapore: NUS Press, 2011.

（4）*Blue Book of the Inauguration of the Commonwealth of the Philippines*, Manila: Bureau of Printing, 1935, pp. 35-42. このケソンの演説の一部は、中野聡によって日本語訳にされている（歴史学研究会編『世界史史料10――二〇世紀の世界I　ふたつの世界大戦』岩波書店、二〇〇六年、二八八頁）。中野訳を適宜修正し、また追加の訳出をおこなった。

（5）*Blue Book of the Inauguration of the Commonwealth of the Philippines*, pp. 67-83.

（6）革命旗は以下の映像に映し出されている。Motion Picture Films, D-5, Joseph Ralston Hayden Papers, Bentley Historical Library, University of Michigan. 一九三〇年にはマヌエル・ロハスが「新カティプーナン（Ang Bagong Katipunan）」という組織を立ち上げている（Joseph Ralston Hayden, *The Philippines, A Study in National Development*, New York: The Macmillan Company, 1955, p. 349; First Edition Published in 1942）。この名称はフィリピン革命を初期に指導した秘密結社「カティプーナン（Katipunan）」から得ている。

（7）Motoe Terami-Wada, "The Sakdal Movement, 1930-34," *Philippine Studies*, vol. 36, no. 2 (1988): pp. 131-150; Motoe Terami-Wada, "Ang Kilusan Sakdal, 1930-1945," Ph. D diss., Dalubhasaan ng Agham at Pilosopia, Pamantasan ng Pilipinas, 1992.

（8）Alfred W. McCoy, *Policing America's Empire: the United States, the Philippines, and the Rise of the Surveillance State*, Madison: University of Wisconsin Press, 2009, pp. 349-350, 360-361.

（9）この点の指摘については、中野聡『歴史経験としてのアメリカ帝国――米比関係史の群像』岩波書店、二〇〇七年、三七頁を参照のこと。原典はJames H. Blount, *The American Occupation of the Philippines, 1898-1912*, New York: G. P. Putnam's Sons, 1913, pp. 149-150である。「恩恵的同化」という訳出は、永野善子『フィリピン銀行史研究――植民地体制と金融』御茶の水書房、二〇〇三年、三四頁などに見られる。なお、"benevolent assimilation"は「慈悲深い同化」とも訳されている（中野『歴史経験としてのアメリカ帝国』三七頁）。

（10）ルソン島山岳地域、ミンダナオ島、スルー諸島は、一九一〇年代半ばまで軍政下におかれ続けた（Patricio N. Abinales and Donna J. Amoroso, *State and Society in the Philippines*, Pasig Ciry: Anvil Publishing, 2005, p. 140; Paul A. Kramer, *The Blood of Government:*

Race, Empire, the United States, and the Philippines, Chapel Hill: University of North Carolina Press, 2006, pp. 214-220, 379-380）。軍政地域における学校教育については、考察の対象外としたい。

（11）「革新主義（Progressivism）」概念の複雑さについては、Daniel T. Rodgers, "In Search of Progressivism," *Reviews in American History*, vol. 10, no. 4 (1982): pp. 112-132を参照のこと。このような複雑さにともない、革新主義時代がいつからいつまでを指すのかについても揺れている。革新主義時代を含む時代区分を最近出されたアメリカ史研究の総説では一八七七年から一九一七年、ウィービーは一八七七年から一九二〇年ごろとしている（Eric Foner and Lisa McGirr, eds., *American History Now*, Philadelphia: Temple University Press, 2011, pp. 98-99; Robert Wiebe, *The Search of Order, 1877-1920*, New York: Hill and Wang, 1967, pp. 1-10, 286-302）。ホーフスタッターは、ニュー・ディールまでを革新主義と同じく「改革の時代」として捉えているし、コーヘンは、逆に南北戦争後の思想状況を革新主義の先駆けとして論じている（Richard Hofstadter, *The Age of Reform: From Bryan To F. D. R.*, New York: Knopf, 1955, pp. 316-328〔リチャード・ホーフスタッター著、清水知久ほか訳『改革の時代――農民神話からニューディールへ』みすず書房、一九九八年、二七八―二九〇頁〕; Nancy Cohen, *The Reconstruction of American Liberalism, 1865-1914*, Chapel Hill: University of North Carolina Press, 2002）。コノリーは、一九二〇年代の人種差別の激化とエスニック・アイデンティティの政治化が、一九一〇年代以前にすでに始まっていたとの見解を示している（James J. Connolly, *The Triumph of Ethnic Progressivism: Urban Political Culture in Boston, 1900-1925*, Cambridge: Harvard University Press, 1998）。なお、日本語でのアメリカ史研究の場合、革新主義時代をより厳密に捉える傾向にある。有賀夏紀は、一九〇〇年代〜一九一〇年代としている（有賀夏紀『アメリカの20世紀（上）１８９０年〜１９４５年』中央公論新社、二〇〇二年、六三―一〇二頁）。また、斎藤眞は、ホーフスタッターの『改革の時代』の「あとがき」で、ポピュリズム、革新主義、ニュー・ディールを「三大改革運動」とし、それぞれの関係を論じている（斎藤眞「あとがき」ホーフスタッター『改革の時代』二九四頁）。つまり、それぞれを個別の概念として扱い、そのうえで、連続性の有無や相違点を論じている。

（12）斎藤眞、古矢旬『アメリカ政治外交史　第二版』東京大学出版会、二〇一二年、一四七―一四九頁、第一版、一九七五年。ただし、最近は、フィリピン領有とアメリカの帝国化が通史にも組み込まれるようになってきている（有賀『アメリカの20世紀（上）』五七―五九頁）。いずれにせよ、フィリピン領有がアメリカ社会に及ぼした影響についての研究は、今後の課題と言えよう。

（13）フィリピンについては二箇所でのみ触れている（Hofstadter, *The Age of Reform*, pp. 85, 273.〔ホーフスタッター、『改革の時代』、八〇、二三八頁〕

(14) Wiebe, *Search for Order.* フィリピンについては二五八―二五九頁を参照のこと。

(15) 第七章で見るように、フィリピン人は一九二四年施行のジョンソン・リード法のアジア系移民排斥の対象とならなかった。

(16) ネイティビズムに対する微小な問題として、半ページにわたり論じられているのみである（John Higham, *Strangers in the Land: Patterns of American Nativism, 1860-1925*, New York: Atheneum, 1963, p. 146）。

(17) 「革新主義」は、この時代の「独特の政治思潮」であるが、「特定できるひとつのイデオロギーによって牽引されたものではなく」「異質な面を持った複数の政治勢力、社会運動あるいは経済諸階層が」「各々の要求を複合的に組み合わせて実現していった結果であった」と描写されている（紀平英作「革新主義的政治統合の軌跡」新川健三郎、高橋均編集担当『南北アメリカの500年　第4巻――危機と改革』青木書店、一九九三年、一六〇―一九〇頁）。

(18) 一八二〇年以降、一九二〇年までに三三六六万人、そのうち、一九〇五～一九一四年のあいだに一〇一二万人が入国した。一九世紀末から二〇世紀初頭には、移民の多くが、東欧や南欧の出身だった。一八八一～一九二〇年の期間、イタリアから四一二万人、オーストリア＝ハンガリーから三九九万人、ロシアから三二四万人が入国した。このうちの一大エスニック集団であったのが、東欧系ユダヤ人だった（野村達朗「ユダヤ移民とアメリカ社会」樺山紘一編『岩波講座　世界歴史19　移動と移民――地域を結ぶダイナミズム』岩波書店、一九九九年、六五―八六頁）。

(19) 革新主義時代は、民族や文化の多様性とアメリカ市民概念が広く議論された時代だった。ハーバート・クローリーのような中道派の革新主義者は、アングロ・サクソン的な個人主義こそがアメリカ民主主義を支えるものと考えていた。これに対し、ジョン・デューイのような左派の革新主義者は、移民が民族的なアイデンティティを保ちながらも、市民として民主主義に参加できる道を模索していた。よりラディカルなホレス・カレンやランドルフ・ボーンはアメリカの市民性を世界に開かれた概念と認識していた（Rogers M. Smith, *Civic Ideals: Conflicting Visions of Citizenship in U.S. History*, New Haven: Yale University Press, 1997, pp. 413-423）。遠藤泰生は、革新主義時代の市民構想についても、よくまとまった言及をおこなっている（遠藤泰生「多文化主義とアメリカの過去」油井大三郎、遠藤泰生編『多文化主義のアメリカ――揺らぐナショナル・アイデンティティ』東京大学出版会、一九九九年、二一―五八頁）。なお、フィリピンの植民地教育に見られる有色人種に教育を与え、市民性を植えつけるという発想自体は、クローリーの市民概念に見られる（Smith, *Civic Ideals*, p. 416）。

(20) たとえば、ニューヨークのユダヤ系のコミュニティにおいては、住民と市政双方からの共同賃借住宅テナメントの改善運動があった（野村達朗『ユダヤ移民のニューヨーク――移民の生活と労働の世界』山川出版社、一九九五年、九三―一一八頁）。また、シカゴのハル・ハウスでは、さまざまな教育プログラムとともに、公衆浴場や洗濯場の提供が事業の重要な一環をなしていた（Victoria B. Brown, *The Education of Jane Addams*, Philadelphia: University of Pennsylvania Press, 2004, p. 238）。

（21）Higham, *Strangers in the Land*, pp. 247-250; 野村『ユダヤ移民のニューヨーク』一二八―一三〇頁。

（22）松本悠子『創られるアメリカ国民と「他者」――「アメリカ化」時代のシティズンシップ』東京大学出版会、二〇〇七年、四二―五四頁。

（23）岩野一郎「都市政治と移民」阿部斉、有賀弘、本間長世、五十嵐武士編『世紀転換期のアメリカ――伝統と革新』東京大学出版会、一九八二年、九一―一二八頁。もっとも、都市中産層が政治改革を進め「新移民」がボス政治に固執したという従来の説明に対しては、都市史から疑義が提示されている（Connolly, *The Triumph of Ethnic Progressivism*, pp. 56-76）。

（24）Nancy F. Cott, *Public Vows: A History of Marriage and the Nation*, Cambridge: Harvard University Press, 2000. とくに第六章および第七章を参照のこと。

（25）Kristin L. Hoganson, *Consumers' Imperium: The Global Production of American Domesticity, 1865-1920*, Chapel Hill: University of North Carolina Press, 2007. とくに第1章を参照のこと。

（26）James T. Kloppenberg, *Uncertain Victory: Social Democracy and Progressivism in European and American Thought, 1870-1920*, New York: Oxford University Press, 1986. もっとも、一九世紀中期に生まれた思想家が革新主義思想を先取りしていたとの議論もある（Cohen, *The Reconstruction of American Liberalism*, pp.1-19）。

（27）Daniel T. Rodgers, *Atlantic Crossings: Social Politics in a Progressive Age*, Cambridge: Belknap Press of Harvard University Press, 1998. とくに二〇―三二頁を参照のこと。"Social Politics" の訳として、「社会政治」という語は日本語に馴染まないので「社会政策」とした。

（28）Daniel T. Rodgers, *Contested Truths: Keywords in American Politics Since Independence*, New York: Basic Books, 1987, pp. 14-15, 146-147, 156-168.

（29）Walter T. K. Nugent, *Progressivism: A very short introduction*, New York: Oxford University Press, 2010, p. 126. 第一次大戦下の国家権力の伸長には、革新主義者の一部も賛同した（紀平英作「自由の危機と革新主義者たち」今津晃編『第一次大戦下のアメリカ――市民的自由の危機』柳原書店、一九八一年、一五五―一九五頁）。

（30）Brian Balogh, *A Government out of Sight: The Mystery of National Authority in Nineteenth-Century America*, New York: Cambridge University Press, 2009, p. 385; 高橋章「ローズヴェルト大統領の革新主義政治」関西アメリカ史研究会編『アメリカ革新主義史論』小川出版、一九七三年、七八頁。

(31) Balogh, *Government out of Sight*, p. 385; 長沼秀世、新川健三郎『アメリカ現代史』岩波書店、一九九一年、二八四―二八五頁。
(32) Balogh, *Government out of Sight*, p. 387; 長沼、新川『アメリカ現代史』二八六―二九〇頁。
(33) 新川健三郎「革新主義より『フーヴァー体制』へ――政府の企業規制と実業界」阿部ほか編『世紀転換期のアメリカ』二五九―二八八頁；長沼、新川『アメリカ現代史』二九二頁；池本幸三「ウィルソン大統領の革新主義政治」関西アメリカ史研究会編『アメリカ革新主義史論』九九―一〇二頁；青山すみ子「革新主義時代の反トラスト政策」関西アメリカ史研究会編『アメリカ革新主義史論』一三一―一四二頁。
(34) 岩野「都市政治と移民」九六頁；Smith, *Civic Ideals*, p. 442.
(35) Wiebe, *The Search for Order*, p. 295; Christopher Joseph Nicodemus Capozzola, *Uncle Sam Wants You: World War I and the Making of the Modern American Citizen*, New York: Oxford University Press, 2008, pp. 16, 53, 174; Gary Gerstle, *American Crucible: Race and Nation in the Twentieth Century*, Princeton: Princeton University Press, 2001, p. 92.
(36) 新川「革新主義より『フーヴァー体制』へ」二六七―二六八頁。
(37) 同前、二七一―二七二頁。
(38) Capozzola, *Uncle Sam Wants You*, pp. 21-54.
(39) *Ibid.*, p. 37.
(40) 高橋章『アメリカ帝国主義成立史の研究』名古屋大学出版会、一九九九年、二六一頁；島田真杉「ウィルソン政権と市民的自由」今津編『第一次大戦下のアメリカ』七一―一一三頁。
(41) Theda Skocpol, *Protecting Soldiers and Mothers: The Political Origins of Social Policy in the United States*, Cambridge: Belknap Press of Harvard University Press, 1992. とくに四二四―四六五頁を参照のこと。
(42) Hofstadter, *The Age of Reform*, pp. 272-328.
(43) Stephen Skowronek, *Building a New American State: The Expansion of National Administrative Capacities, 1877-1920*, New York: Cambridge University Press, 1982.
(44) 二〇世紀を通してフィリピンでは、行政組織を整備するよりも、議会におけるエリート間の闘争の政治が優先されてきた（藤原帰一「政治変動の諸様相」矢野暢編『講座　東南アジア学七　東南アジアの政治』弘文堂、一九九二年、二二五頁）。また、アメリカ植民地期のフィリピン政治は、マシーンと呼ばれる集票組織をともなう一九世紀末期のアメリカの都市のボス政治と類似する構造を持っていた（Patricio N. Abinales, "Progressive-Machine Conflict in Early-Twentieth-Century U.S. Politics and Colonial-

State Building in the Philippines," *The American Colonial State in the Philippines: Global Perspectives*, edited by Julian Go and Anne L. Foster, Durham: Duke University Press, 2003, pp. 150-151）。アメリカからやってきた植民地官僚は党派的な忠誠心によって任命されたし、フィリピン議会（植民地議会）には地方に権力基盤を置くフィリピン人エリートが選出された（Abinales and Amoroso, *State and Society in the Philippine*, pp. 134-141）。アメリカ植民地期の政治とは、統治機構や議会において、アメリカ人とフィリピン人の政治エリート、さらにはフィリピン人政治エリート同士が対立と妥協を繰り返し、「アメリカの監督保護下でフィリピン自治を促進する」ための「植民地型民主主義」だった（永野『フィリピン銀行史研究』四一頁）。

（45）竹田有「合衆国メトロポリスとエスニシティ、人種、階級」野村達朗、松下洋編『南北アメリカの５００年　第3巻　19世紀民衆の世界』青木書店、一九九三年、二〇九―二三六頁。第一次世界大戦期にはこの傾向が顕著となった（Higham, *Strangers in the Land*, pp. 242-250）。ロサンゼルスの事例については、松本『創られるアメリカ国民と「他者」』、三四―三五頁を参照のこと。もっとも、東欧・南欧からの移民集団では、民族語の教育や、アメリカ人としてのアイデンティティと民族的なアイデンティティの両立の模索が可能であったとの指摘もある（Kotaro Nakano, "Preserving Distinctiveness: Language Loyalty and Americanization in Early Twentieth Century Chicago," *Proceedings of the Kyoto American Studies Summer Seminar 2000*, pp. 113-124; 山田史郎「移民のための教育、地域のための学校」谷川稔編『規範としての文化――文化統合の近代史』ミネルヴァ書房、二〇〇三年、三〇九―三三一頁；中野耕太郎「パブリック・スクールにおける移民の母語教育運動――20世紀初頭のシカゴ」『アメリカ史研究』第二三巻、二〇〇〇年、二七―四二頁）。いずれにしても、フィリピンにおける植民地教育では、現地語を介しての多重的なアイデンティティの模索はおこなわれなかった。

（46）Higham, *Strangers in the Land*, pp. 247-248; 野村『ユダヤ移民のニューヨーク』一二八―一三〇頁；関西アメリカ史研究会『アメリカの歴史――統合を求めて（下）』柳原書店、一九八二年、五八―五九頁。

（47）Anders Stephanson, *Manifest Destiny: American Expansionism and the Empire of Right*, New York: Hill and Wang, 1995, pp. xi-xiv, 66-111; William Appleman Williams, *The Tragedy of American Diplomacy*, Cleveland: World Pub. Co., 1959, pp. 23-60〔ウィリアム・A・ウィリアムズ著、高橋章、松田武、有賀貞訳『アメリカ外交の悲劇』御茶の水書房、一九八六年、二七―一一五頁〕; Walter LaFeber, *The New Empire, An Interpretation of American Expansion, 1860-1898*, Ithaca: Cornell University Press, 1963; Julius William Pratt, *Expansionists of 1898: the Acquisition of Hawaii and the Spanish Islands*, Chicago: Quadrangle Books, 1964; Originally published by Baltimore: Johns Hopkins Press, 1936; 高橋章『アメリカ帝国主義成立史の研究』名古屋大学出版会、一九九九年。

（48）Connor, Walker. *Ethnonationalism: The Quest for Understanding*, Princeton: Princeton University Press, 1994, p. 23; 萱野稔人『国家と

はなにか』以文社、二〇〇五年、一九八―一九九頁。

(49) 駒込武『植民地帝国日本の文化統合』岩波書店、一九九六年、四頁。

(50) ユルゲン・オースタハメル著、石井良訳『植民地主義とは何か』論創社、二〇〇五年、三七頁。

(51) Robert Neelly Bellah, *The Broken Covenant: American Civil Religion in Time of Trial,* Chicago: University of Chicago Press, 1992, pp. 36-60〔ロバート・ニーリー・ベラー著、松本滋、中川徹子訳『破られた契約――アメリカ宗教思想の伝統と試練』未來社、一九九八年、八二―一二三頁〕; 清水知久「帝国主義形成期の階級と民族」阿部ほか編『世紀転換期のアメリカ』六一―九〇頁。このような白人性のフィリピンへの越境については、たとえば中野『歴史経験』一三五―一三九頁を参照のこと。

(52) Michael H. Hunt, *Ideology and U.S. Foreign Policy,* New Haven: Yale University Press, 1987, pp. 46-91.

(53) Eric Tyrone Lowery Love, *Race over Empire: Racism and U.S. Imperialism, 1865-1900,* Chapel Hill: University of North Carolina Press, 2004. とくに第1章を参照のこと。

(54) Amy Kaplan, "'Left Alone With America': The Absence of Empire in The Study of American Culture," *Cultures of United States Imperialism,* edited by Amy Kaplan and Donald E. Pease, Durham: Duke University Press, 1993, pp. 3-21.

(55) Amy Kaplan, *The Anarchy of Empire in the Making of U.S. Culture,* Cambridge: Harvard University Press, 2002, p. 7.〔エイミー・カプラン著、増田久美子、鈴木俊弘訳『帝国というアナーキー――アメリカ文化の起源』青土社、二〇〇九年、一八頁〕なお、引用部分の訳出は筆者による。

(56)「文化論的転回」については、Lawrence B. Glickman, "The 'Cultural Turn'," *American History Now,* edited by Eric Foner and Lisa McGirr, Philadelphia: Temple University Press, 2011, pp. 221-241を参照のこと。

(57) Kristin L. Hoganson, *Fighting For American Manhood: How Gender Politics Provoked the Spanish-American and Philippine-American Wars,* New Haven: Yale University Press, 1998, pp. 133-199.

(58) Kimberly A. Alidio, "Between Civilizing Mission and Ethnic Assimilation: Racial Discourse, U.S. Colonial Education and Filipino Ethnicity, 1901-1946," Ph.D diss., University of Michigan, 2001, Chapters 3, 4 and 5.

(59) Kramer, *The Blood of Government,* Chapters 3 and 5.

(60) Vicente L. Rafael, "White Love: Census and Melodrama in the U.S. Colonization of the Philippines," *White Love and Other Events in Filipino History,* Quezon City: Ateneo de Manila Unversity Press, 2000, pp. 19-51.〔ビセンテ・L・ラファエル著、辰巳頼子訳「白人の愛――アメリカのフィリピン植民地化とセンサス」永野善子編『フィリピン歴史研究と植民地言説』めこん、二〇〇四年、一

二七―一六〇頁〕

（61） Michael Salman, *The Embarrassment of Slavery: Controversies over Bondage and Nationalism in the American Colonial Philippines*, Quezon City: Ateneo de Manila University Press, 2001.

（62） Meg Wesling, *Empire's Proxy: American Literature and U.S. Imperialism in the Philippines*, New York: New York University Press, 2011, Chapters 1-3; Sharon Delmendo, *The Star-Entangled Banner: One Hundred Years of America in the Philippines*, New Brunswick: Rutgers University Press, 2004, Chapter 2.

（63） Balogh, *Government out of Sight*, pp. 365-366; Kloppenberg, *Uncertain Victory*, pp. 264-267.

（64） Ian R. Tyrrell, *Reforming the World: The Creation of America's Moral Empire*, Princeton: Princeton University Press, 2010, pp. 123-165.

（65） Alfred W. McCoy, Francisco A. Scarano, and Courtney Johnson, "On the Tropic of Cancer: Transitions and Transformations in the U.S. Imperial State," *The Colonial Crucible: Empire in the Making of the Modern American State*, edited by Alfred W. McCoy and Francisco A. Scarano, Madison: University of Wisconsin Press, 2009, p. 4.

（66） タフトの足跡とフィリピン政治における影響力については、永野『フィリピン銀行史研究』三七―三八頁を参照のこと。

（67） Glenn Anthony May, *Social Engineering in the Philippines: The Aims, Execution, and Impact of American Colonial Policy, 1900-1913*, Westport, Conn.: Greenwood Press, 1980, p. 15.

（68） "Remarks to Methodist Delegation, President William McKinley," Daniel B. Schirmer, and Stephen Rosskamm Shalom, *The Philippines Reader: A History of Colonialism, Neocolonialism, Dictatorship, and Resistance*, Cambridge: South End Press, 1987, pp. 22-23.

（69） Kenton J. Clymer, "Humanitarian Imperialism: David Prescott Barrows and the White Man's Burden in the Philippines," *Pacific Historical Review*, vol. 45, no. 4 (1976): pp. 495-517.

（70） 世紀転換期においても、自由主義と消費文化を柱としたアメリカ的な価値観が広く世界の人々を魅了してきたことが論じられている（Emily S. Rosenberg, *Spreading the American Dream: American Economic and Cultural Expansion, 1890-1945*, New York: Hill and Wang, 1982, pp. 1-63）。「文化論的転回」に根差したフィリピンに関する研究でも、アメリカ人のもたらした文化実践がフィリピン人による広範な受容を伴っていたことを前提としている。

（71） このようなナショナリズムの定義は、研究史的にはナショナリズムを「政治的な単位と民族的な単位とが一致しなければならないと主張するひとつの政治的原理」と定義した、アーネスト・ゲルナーの研究に依っている（Ernest Gellner, *Nations and Nationalism*, Ithaca: Cornell University Press, 1983, p. 1.［アーネスト・ゲルナー著、加藤節監訳『民族とナショナリズム』岩波書店、二〇〇〇年、一頁〕)。
(72) 矢野暢「総説『地域』像を求めて」矢野暢編『講座　東南アジア学一　東南アジア学の手法』弘文堂、一九九〇年、二〇—二三頁。
(73) Benedict R. O'G. Anderson, "The First Filipino," *The Spectre of Comparisons: Nationalism, Southeast Asia, and the World*, New York: Verso: 1998, p. 227.〔ベネディクト・アンダーソン著、荒井幸康訳「最初のフィリピン人」糟谷啓介、高地薫ほか訳『比較の亡霊——ナショナリズム・東南アジア・世界』作品社、二〇〇五年、三六〇頁〕
(74) 池端雪浦『フィリピン革命とカトリシズム』勁草書房、一九八七年、一一一—一二六、二五二—二五七頁。
(75) 土屋健治『カルティニの風景』めこん、一九九一年。
(76) 永積昭『インドネシア民族意識の形成』東京大学出版会、一九八〇年。
(77) Takashi Shiraishi, *An Age in Motion: Popular Radicalism in Java, 1912-1926*, Ithaca: Cornell University Press, 1990.
(78) 山本信人「インドネシアのナショナリズム——ムラユ語・出版市場・政治」池端雪浦編『岩波講座　東南アジア史7　植民地抵抗運動とナショナリズムの展開』岩波書店、二〇〇二年、一六一—一八七頁。
(79) 坪井祐司「英領期マラヤにおける『マレー人』枠組みの形成と移民の位置づけ——スランゴル州のプンフルを事例に」『東南アジア——歴史と文化』第三三巻、二〇〇四年、三—二五頁;篠崎香織「シンガポールの海峡華人と『追放令』——植民地秩序の構築と現地コミュニティの対応に関する一考察」『東南アジア——歴史と文化』第三〇巻、二〇〇一年、七二—九七頁;篠崎香織「ペナン華人商業会議所の設立(1903年)とその背景——前国民国家期における越境する人々と国家との関係」『アジア経済』四六巻四号、二〇〇五年、二—二〇頁。
(80) 山本博之『脱植民地化とナショナリズム——英領北ボルネオにおける民族形成』東京大学出版会、二〇〇六年。
(81) 白石昌也『ベトナム民族運動と日本・アジア——ファン・ボイ・チャウの革命思想と対外認識』厳南堂出版社、一九九三年。
(82) 伊藤正子『エスニシティ「創生」と国民国家ベトナム——中越国境地域タイー族・ヌン族の近代』三元社、二〇〇三年、四一—一三五頁。
(83) 矢野順子『国民語の形成と国家建設——内戦期ラオスの言語ナショナリズム』風響社、二〇一三年、第二章、第三章;矢野順子『国民語が「つくられる」とき——ラオスの言語ナショナリズムとタイ語』風響社、二〇〇八年;菊地陽子「ラオスの国民国家形成——一九四〇年代を中心に」後藤乾一編『岩波講座　東南アジア史8　国民国家形成の時代』岩波書店、二〇〇二年、一四九—一七一頁;菊地陽子「フランス植民地期、ラオス語正書法の確定——ラオスナショナリズムの一底流」『史滴』一九巻、一九九七年、七八―九一頁。

（84）笹川秀夫『アンコールの近代――植民地カンボジアにおける文化と政治』中央公論新社、二〇〇六年。

（85）根本敬『抵抗と協力のはざま――近代ビルマ史のなかのイギリスと日本』岩波書店、二〇一〇年；根本敬「ビルマのナショナリズム――中間層ナショナリスト・エリートたちの軌跡」池端編『岩波講座　東南アジア史7』二一三―二四〇頁；根本敬「ビルマの独立――日本占領期からウー・ヌ時代まで」後藤編『岩波講座　東南アジア史8』一七三―二〇二頁。

（86）Anthony Reid, *Imperial Alchemy: Nationalism and Political Identity in Southeast Asia*, Cambridge: Cambridge University Press, 2010, pp. 7-8, 43-45.

（87）西芳実「東南アジアにおけるナショナリズム研究の課題と現状」『東南アジア――歴史と文化』第三二巻、二〇〇三年、一二四―一二六頁。当該箇所で中野聡「米国植民地下のフィリピン国民国家形成」池端編『岩波講座　東南アジア史7』一三五―一五九頁と中野聡「日本占領の歴史的衝撃とフィリピン」後藤編『岩波講座　東南アジア史8』五七―八二頁を論評している。

（88）西「東南アジアにおけるナショナリズム研究の課題と現状」、一二七頁。

（89）植民地下での弱いナショナリズムについては、植民地副総督を務め、アメリカ植民地期フィリピンについての浩瀚な政治研究を残しているアメリカ人ジョセフ・ヘイドンの評価がある。サクダル党のような下からの挑戦とコモンウェルス期のケソンの一党支配について、いずれもが民主主義からの逸脱であり、アメリカ人の政治教育にもかかわらず生じてしまった、フィリピン人の特性として論じている（Patricio N. Abinales, "American Rule and the Formation of Filipino 'Colonial Nationalism,'"『東南アジア研究』vol. 39, no. 4 (2002): pp. 604-621）。つまり、一方では民衆の承認を受けておらず、他方では権威主義によっても民衆を統制できない、弱い中央権力を描きだしている。

（90）土屋健治『インドネシア民族主義研究――タマン・シスワの成立と展開』創文社、一九八二年、三八―四三頁。

（91）一九二〇年代初頭のジョクジャカルタ校では、インドネシア語（マレー語）のほかに、ジャワ語やオランダ語が教えられている。一九三〇年の全国大会後は、綱領等の文書においてインドネシア語が意識的に用いられるようになった（土屋『インドネシア民族主義研究』一八三―一八五、二二六―二二七頁）。

（92）同前、一四四―一五一、一八四頁。

（93）同前、一九六―一九七頁。

（94）同前、二二〇―二二一頁。

（95）Naoki Soda, "Indigenizing Colonial Knowledge: The Formation of Pan-Malayan Identity in British Malaya," Ph.D diss., Graduate School of Asian and African Area Studies, Kyoto University, 2008, pp. 25-28; 左右田直規「植民地教育とマレー民族意識の形成――戦前期の英領マラヤにおける師範学校教育に関する一考察」『東南アジア――歴史と文化』第三四巻、二〇〇五年、八頁。

（96）Soda, "Indigenizing Colonial Knowledge," pp. 92-98, 123-124, 164-169; Naoki Soda, "The Malay World in Textbooks: The Transmission of Colonial Knowledge in British Malaya," *Southeast Asian Studies*, vol. 39, no. 2 (2001): pp. 229-230; 左右田直規「植民地教育とマレー民族意識の形成」一一―一六頁。

（97）ここで論じる「伝統」とは、文化的共同体の持続性に注目した「エスニー」に準じるものである（アントニー・D・スミス著、高柳先男訳『ナショナリズムの生命力』晶文社、一九九八年、四九―六四頁）。植民地主義とともに持ち込まれた儀式や慣習がネーションの伝統になると論じた「創られた伝統」論の「伝統」ではない（テレンス・レンジャー著、中林伸浩、亀井哲也訳「植民地下のアフリカにおける創り出された伝統」エリック・ホブズボウム、テレンス・レンジャー編、前川啓治ほか訳『創られた伝統』紀伊國屋書店、一九九二年、三二三―四〇六頁）。

（98）この概念については第一章註（1）を参照のこと。

（99）この見解に対してもっとも明白な反論を提示しているのが、コンスタンティーノの通史である。フィリピン史を民衆闘争史として描いている。多様な民衆反乱がフィリピン革命において国民革命になったが、これを打倒したアメリカ植民地主義も、独立後のフィリピン共和国におけるエリート支配も正当性を持ちえず、民衆反乱が起き続けたことを強調する（Renato Constantino, *The Philippines: A Past Revisited*, Quezon City: Private, 1975.〔レナト・コンスタンティーノ著、池端雪浦、永野善子（第一巻）、鶴見良行ほか（第二巻）訳『フィリピン民衆の歴史　往事再訪』（全三巻）井村文化事業社、一九七八年〕）。

（100）Horacio De la Costa, *Readings in Philippine History*, Makati City: Bookmark, 1965, Chapter 14.

（101）*Ibid.*, Chapter 16.

（102）*Ibid.*, Chapter 15.

（103）H.W. Brands, *Bound to Empire: The United States and the Philippines*, New York: Oxford University Press, 1992, pp. 67-72.

（104）Luis H. Francia, *A History of the Philippines: From Indios Bravos to Filipinos*, New York: Overlook Press, 2010, p. 165.

（105）Rosario Mendoza Cortes, Celestina Puyal Boncan and Ricardo Trota Jose, *The Filipino Saga: History as Social Change*, Quezon City: New Day Publishers, 2000, pp. 314-317.

（106）Teodoro A. Agoncillo and Milagros C. Guerrero, *History of the Filipino People*, 7th Edition, Quezon City: R. P. Garcia Pub. Co., 1986, p. 305; First Edition Published in 1960.

（107）アメリカ植民地教育の問題点として、一九〇〇年代のアメリカ人教員とフィリピン人教員の給与格差、一九二〇年代の教育財政の圧迫、フィリピン社会における英語習得の全体的な低調を指摘している（Encarnacion Alzona, *A History of Education in the Philippines, 1565-1930*, Manila: University of the Philippines Press, 1932, pp. 76-105）。

（108）Alzona, *A History of Education*, pp. 198, 225.

（109）Antonio Isidro, *The Philippine Educational System*, Manila: Bookman, 1949, p. 33. 引用部分は、一九二六年のフィリピン議会（植民地議会）の報告書から。

（110）Geronima T. Pecson and Mary Racelis, *Tales of the American Teachers in the Philippines*, Manila: Carmelo and Bauermann, 1959.

（111）Frederic S. Marquardt, "Life with the Early American Teachers," *Tales of the American Teachers in the Philippines*, edited by Geronima T. Pecson and Maria Racelis, Manila: Carmelo and Bauermann, 1959, pp. 1-6.

（112）Gilbert S. Perez, "From the Transport Thomas To Sto. Tomas," *Tales of the American Teachers in the Philippines*, pp. 22-43.

（113）Cf. "President Quirino's Tribute to the Pioneer American Teachers," *Tales of the American Teachers in the Philippines*, pp. 180-181.

（114）Mary Racelis and Judy Celine Ick, *Bearers of Benevolence: The Thomasites and Public Education in the Philippines*. Pasig City: Anvil Pub., 2001.

（115）Amparo S. Lardizabal, *American Teachers and Philippine Education*, Quezon City: Phoenix Publishing House, 1991.

（116）Bonifacio S. Salamanca *The Filipino Reaction to American Rule, 1901-1913*, Quezon City: New Day Publisher, 1984, Chapter 5; First Edition Published by Hamden: Shoe String Press, 1968.

（117）May, *Social Engineering*, p. 180.

（118）*Ibid.*, pp. 182-183.

（119）Carlos Quirino, "A Shipful of Teachers," *Filipino Heritage: The Making of a Nation, Volume 9, the American Period (1900-1941)*, *Under the School Bell*, edited by Carlos Romulo et al., Manila?: Lahing Pilipino Publishing Inc, 1978, pp. 2274-2277.

（120）*The Thomasites: A Century of Education for All*, National Commission for Culture and the Arts, The Department of Education, Culture and Sports, Philippine American Educational Foundation, circa 2000.

（121）*A Century of Education in the Philippines, Journal of history*, vol. 48, no. 1-2 (January - December 2002); Corazon D. Villareal, Thelma E. Arambulo, et al., eds., *Back to the Future: Perspectives on the Thomasite Legacy to Philippine Education*, Manila: American Studies Association of the Philippines, 2003.

（122）パンパンガ州の研究では、アメリカ人教員は教育のみならずコミュニティの生活にも貢献したが、絶対的に数が少なかった。授業をおこなうのではなく、すぐに教育行政業務に忙殺されるようになり、大きな影響を残せなかった（John A. Larkin, *The Pampangans: Colonial Society in A Philippine Province*, Quezon City: New Day Publishers, 1993, pp. 145-157; First Edition Published by Berkeley: University of California Press, 1972）。タルラック州についての研究では、教育局長にまで上り詰めるものの病死してしまう、アメリカ人教員フランク・ホワイトの業績を中心に論じている（Lino L. Dizon, *Mr. White: A 'Thomasite' History of Tarlac Province, 1901-1913*, Angeles City: Center For Tarlaqueño Studies and JDN Center for Kapampangan Studies, 2002）。ビコル州の研究では、アメリカ植民地期に教育を受け、後に有力者となっていった人物について論じている（Stephen Henry S. Totanes, "American-Sponsored Public Schools in Colonial Kabikolan, 1901-1921," *Journal of History*, vol. 48, nos. 1-2 (2002): pp. 63-82）。また、タガログ語で書かれたカビテ州についての研究では、学校が設置されていく過程、教員の配置、カリキュラムなどを詳細に論じている（Emmanuel Franco Calairo, *Edukasyong Pampubliko: Ang Karanasan ng Kabite, 1898-1913*, Cavite: Cavite Historical Society, 2005）。

（123）もっとも例外的に少数の批判的な論考が論集等に掲載されているが、これらにしても後述するコンスタンティーノやルンベラを越えるものにはなっていない。Cf. Judy Celine Ick, "La Escuela del Diablo, Iskul ng Tao, Revisiting Colonial Public Education," *Bearers of Benevolence: The Thomasites and Public Education in the Philippines*, edited by Mary Racelis and Judy Celine Ick, Pasig City: Anvil Pub., 2001, pp. 261-269; Theodore De Laguna, "Education in the Philippines," *Bearers of Benevolence: The Thomasites and Public Education in the Philippines*, edited by Mary Racelis and Judy Celine A. Ick, Pasig City: Anvil Pub., 2001, pp. 145-154.

（124）Renato Constantino, "The Mis-Education of the Filipino," *Tribute to Renato Constantino*, edited by Peter Limqueco, Manila: Journal of Contemporary Asia Publisher, 2000, pp. 138-154.〔レナト・コンスタンティーノ著「フィリピン人の受けたえせ教育」鶴見良行監訳『フィリピン・ナショナリズム論』井村文化事業社、一九七七年、七八―一〇九頁〕このエッセーは一九六六年六月八日付の*Graphic* 誌に初めて掲載された（Rosalinda Pineda-Ofeneo, *Renato Constantino: A Life Revisited*, Quezon City: Foundation for Nationalist Studies, 2001, pp. 158-159）。コンスタンティーノの評価については、永野善子「抵抗の歴史としての反米ナショナリズム――レナト・コンスタンティーノを読む」永野善子編『植民地近代性の国際比較――アジア・アフリカ・ラテンアメリカの歴史経験』御茶の水書房、二〇一三年、七七―一〇二頁を参照。

（125）Bienvenido Lumbera, "Ang Sentenaryo ng Imperyalismong U.S. sa Pilipinas: Sanhi at Bunga ng Mahabang Pagkaalipin," Special Issue "Philippine-American War," *Philippine Social Sciences Review*, (January-December 1999): pp. 3-9.

（126）Bienvenido Lumbera, "From Colonizer to Liberator," *Vestiges of War: The Philippine-American War and the Aftermath of an Imperial Dream*,

1899-1999, edited by Angel Velasco Shaw and Luis H. Francia, New York: New York University Press, 2002, pp. 193-203.

(127) Jane A. Margold, "Egalitarian Ideals and Exclusionary Practices: U.S. Pedagogy in the Colonial Philippines," *Journal of Historical Sociology*, vol. 8, no. 4 (1995): pp. 375-394.

(128) Patricio N. Abinales, *Making Mindanao: Cotabato and Davao in the Formation of the Philippine Nation-State*, Quezon City: Ateneo de Manila University Press, 2000, p. 29.

(129) Reynaldo Clemeña Ileto, *Pasyon and Revolution: Popular Movements in the Philippines, 1840-1910*, Quezon City: Ateneo de Manila University Press, 1979, Chapter 6.〔レイナルド・C・イレート著、清水展、永野善子監修『キリスト受難詩と革命――1840～1910年のフィリピン民衆運動』法政大学出版局、二〇〇五年、第六章〕

(130) Motoe Terami-Wada, "The Sakdal Movement, 1930-34," *Philippine Studies*, vol. 36, no. 2 (1988): pp. 131-150.

(131) Reynaldo Clemeña Ileto, "Orators and the Crowd: Independence Politics, 1910-1914," *Filipinos and Their Revolution: Event, Discourse, and Historiography*, Quezon City: Ateneo de Manila University Press, 1998, pp. 135-163.

(132) 中野『歴史経験』、一〇五―一六〇頁。

(133) たとえば、Delmendo, *The Star-Entangled Banner*, Chapter 4を参照。

(134) もっとも、「市民的理念」の歴史的意義が本書で扱うテーマよって網羅的に論じられうるわけでもないことは明らかであろう。たとえば、インディアンをアメリカ市民権との関係で論じた研究がある（水野由美子『〈インディアン〉と〈市民〉のはざまで――合衆国南西部における先住社会の再編過程』名古屋大学出版会、二〇〇七年）。本書の枠組みからでは、教育政策や教育実践についてインディアンとフィリピン人双方の教育を十分に論じることは困難である。このような比較は今後の課題としたい。

(135) ただしこの資料は一九一四年に作られており、それ以前にフィリピン官僚職から離れ一九一四年以降に島嶼局とのやり取りがなかった者は含まれていない。

(136) これら二資料は数十頁から一〇〇頁ほどの本文、数十頁から二〇〇頁ほどの統計などの添付資料から構成されている。ただし、対象期間は一貫していない。年ごと（一月一日～一二月三一日）の場合も、年度ごと（およそ七月から六月）の場合も、またその他の日を対象開始日と対象最終日としている場合もある。そこで、対象開始日と対象最終日が異なる年の報告書についてはそれぞれの年を記載した。たとえば*RPC*, 1911/1912。また『フィリピン委員会報告』（*RPC*）の二報告書と『教育局長年次報告』（*ARDE*）の全報告書には報告書番号が付されており、括弧の中に記載した。たとえば、*ARDE*, 1909/1910 (10th)。対象開始日と対象最終日が同年の場合は、単年を示している。たとえば、*ARDE*, 1923 (24th)。また、一九〇一年、一九一三年、一九三九年については半年を対象とした報告書が発行されているので、*RPC*, 1900/1901; *RPC*, 1901, vol. 2; *RPC*, 1912/1913; *RPC*, 1913; *ARDE*, 1939 (40th); *ARDE*, 1939/1940 (41st) と記している。

(137) 「氏名連関データベース」では、フィリピン人教員および職員七六五六人、アメリカ人教員および職員三八〇七人の足跡を収集した。そのうち、二〇三九名に関しては「個人名別資料」(PNIF)からも情報を得ている。その大部分はアメリカ人である。

第一章　アメリカ植民地主義と言語

フィリピンにおける植民地教育では、一九四〇年以降の最末期を除き、規則上はすべての学年のすべての科目が英語によって教えられた。コモンウェルス政府樹立の一九三五年には国民語の制定が決定され、一九四〇年には「国民語」という科目が国民語で教えられるようになる（以下、科目名は「　」に入れる）。しかし、独立後も小学校から大学まで内容科目の一部を英語で教えるという言語編制は残り続けた。独立後、英語で教えられる科目は限定されるようになったものの、全学年を通して英語は教授言語として維持され続けている。教授言語としての英語は、植民地教育の主たる遺制と位置づけられる。この遺制の起源は、アメリカ植民地期の最初期にまでさかのぼる。

ここで、本章で扱う社会言語学的な用語について論じておきたい。アメリカ植民地期から現在までのフィリピンにおいて論争の対象となってきた概念としては、教授言語、国民語、公用語がある。教授言語とは、公教育の授業を教える際に使われるべき言語である。国民語は「政治的社会的文化的実体を持つ言語」で、公用語は「政府の事業——立法、行政、司法——で使われる言語」とユネスコは規定している。[2] フィリピンでは、国民語も公用語も作為的な方法によって選ばれてきたと言える。つまり、教授言語が単一かつフィリピン人共通の国民語とともに公文書で使われる公用語を作りだすという理念が強く、教授言語を何語にするのかが言語論争の主要な焦点となった。もっとも、以下に見ていくように、アメリカ植民地期初期には概念としての国民語も公用語も使われておらず、植民地支配下のナショナリズム運動のなかでこれらの概念が政治的な意味を持つようになった。

一 英語教育の導入

英語使用の実態

英語を植民地教育で使用することは初期の法令によって定められている。一九〇一年一月二一日には、フィリピン委員会法令七四号が施行された。この法令がフィリピンにおける植民地教育を組織した。この法令は二七条からなり、その第一四条では英語が「可能な限り早急に、すべての公立教育の基礎におかれる」と述べられている[3]。この条項を受け、法令上はすべてが英語で教えられる教育制度ができあがる。

もっとも、このような政策がフィリピン社会全体に英語使用を広めたわけではなかった。学校外では多様な言語が使われ続けた。それまでの宗主国の言語であったスペイン語も使用され続けた。裁判の言語はアメリカ植民地期を通してスペイン語であったし、一九三〇年代になってもスペイン語の新聞は、メディアの重要な一翼を担っていた[4]。さらには、一六八あると言われるフィリピン諸語のうち[5]、いくつかの言語は、メディアや社会生活において重要な言語であり続けた。これは、一九三九年のセンサスからも明らかである。どの言語を話すことができるかという質問項目では、タガログ語二五・四パーセント、英語二六・五パーセント、スペイン語二・六パーセント、セブアノ語二二・六パーセントを含むビザヤ諸語四四・四パーセント、イロカノ語一四・七パーセント、ビコル語八・一パーセントなどとなっている[6]。この時代を生きた英語作家に対するインタビュー記録を見ても、日常生活を英語でおこなうような状況はなかった。むしろ英語は主に執筆の言語であり、日常生活においては母語やその地域の共通語を使用した。(7)

言いかえると、英語を教授言語と定めることは、フィリピン社会の言語使用を多言語から単一言語へと変化させたわけではなかった。さらには、植民地教育の外で英語の使用が積極的に追求されたわけでもなかった。教授言語は定められたが、公用語は一九三五年の憲法制定まで定められなかった。(8) また、出版物に対して特定の言語の使用を義務づけるような言語規制もなかった。日常生活においても英語使用を強要しようとする圧力は概して少なかった。そうだとするならば、なぜ公立の学校教育においてすべてを英語で教えなければならないというような強力な言語規制が設けられたのか。

平定作戦としての教育

フィリピンの教育における英語の使用は比米戦争期にまで遡る。比米戦争はフィリピン社会に甚大な損害をもたらした。フィリピン人死者数だけをとっても「二〇万人から七〇万人（その当時の総人口の一〇パーセント）(9)」という数字が示され、さらには広範に住民虐殺や性暴力、拷問や焼き払いがおこなわれた。(10) さらに戦争は長期に及んだ。一八九九年二月の開戦後、一九〇二年七月にアメリカ大統領セオドア・ローズヴェルトは平定宣言を出すものの、ゲリラ戦はその後も長くおこなわれた。フィリピン革命を継承し「タガログ共和国」を立ち上げたマカリオ・サカイが投降したのが一九〇六年のことである。(11) このようななかで、教育は平定作戦の一環としておこなわれた。比米戦争開始以前の一八九八年にアメリカ軍とフィリピン軍の共同管理下に置かれたマニラにおいて、アメリカ人軍属牧師がアメリカ軍兵士におこなわせた英語教育が軍関係者による英語教育の嚆矢となった。就学者数は伸び、英語の教育は歓迎された。(12) アメリカ軍司令官であったアーサー・マッカーサーによれば、占領地においてア

出典：Ignacio et al., *The Forbidden Book*, p. 67.（初出：*Puck*, 20 November 1901）

図版1-1「彼ら次第だ！」

メリカ人兵士が英語を用いておこなっていた教育は「軍事状況の重要な要素」であるとともに、フィリピン人とアメリカ人の要求が「完全に調和した焦点」であった。また、学校制度の設立は「行政部門が平定作戦のために貢献できる」もっとも効果的な施策であり、「軍事に対する補助であった」[13]。マッカーサーの言辞は、アメリカ人を教師とした英語による教育が平定後に整備されたなどという副次的なものではなく、まさに軍事の重要な一部分であったことを示している。

フィリピン人がアメリカの教育を受けるということは、それはアメリカ植民地主義に恭順し、アメリカの軍事の対象とはならないことを意味した。比米戦争時のアメリカの大衆雑誌に掲載された挿絵「彼らしだいだ！（It's 'up to' them!）」（図版1－1）は、暴力と教育の相互関係を明白に表わしている。アメリカは、白人の女性教員の価値観を受け入れるか、屈強な白人男性兵士の暴力にさらされるかという選択を提示している。そして、その選択をおこなうのが「彼ら」フィリピン人である。

戦時下の英語受容

しかし、英語教育が軍事にともなっていたとするなら、軍事のもたらす直接的な暴力と教育という学習者の自発をともなう営為は、いかにして並存することができたのだろうか。この点を説明するものとして、アメリカ人教育官僚による公文書がある。彼らは英語教育をフィリピン人が望んでいるという論法を利用した。すでに一九〇〇年の軍政長官の報告には、各地に駐屯している部隊からの報告事項として英語の教育をフィリピン人が求めていることが述べられている。[14]

また、一九〇三年の報告書には学区から送られてくる報告の抜粋を載せている。この時期には、ゲリラ戦は続いているが、アメリカ人教員が連れてこられており、占領地における親米的な町では、彼らがフィリピン人教員やフィリピン人生徒に英語を教えている。そこではフィリピン人教員がアメリカ人教員に対して「感謝」していること、地域の有力者がアメリカ人教員を自分達の町に招聘するために校舎を新たに建築したことなどが記されている。[15]

さらには、フィリピン人教員や児童が非常に速く英語を習得しているという記述が散見される。センサス掲載のマニラからの報告によると、フィリピン人教員が非常に素早く能力を伸ばしている。[16] また、『フィリピン委員会報告』(*Report of the Philippine Commission: RPC*)には、一九〇二年の時点で多くの町でスペイン語より英語のほうがよく話されていることが述べられている。[17] さらに、一九〇四年には、つぎのように報告されている。小学校での教育はほぼ完全に英語でおこなわれており、日々の授業は英語の発音と文法を学んだフィリピン人教員が担っている。アメリカ人教員が各学級をおとずれるのはごくわずかなあいだである。それにもかかわらず、児童は「驚くべきほど」によく英語が話せる、と。[18] 初期の報告書では、フィリピン人が英語による教育を望んでおり、しかも英語を素早く習得していると記されている。このような感想は、後述するように、必ずしも実態を表わすものではなかったが、英語を直接法で教えていく方針を後押ししたと言えよう。[19]

しかし、英語に対するフィリピン人の当初の態度は、たとえそれが同調だったにせよ、軍事と併存していたことを考慮すれば字義通りには受け取れない。英語は圧倒的な暴力を行使する支配者の言語であり、暴力の下での生存のためにも、被支配者はその言語を学びたがることにより支配者への恭順を示そうとしたと考えられるからである。言いかえれば、フィリピン人の本当の要望は知りようがないのである。

二　公式化する英語認識

要望を喚起する植民地主義

この視点から見ると、アメリカ人教育官僚の思考には倒錯した論理がある。英語教育を望むフィリピン人像が強調されているが、この強調においては英語の教育はフィリピン人の自発性にもとづき、アメリカ人教員はフィリピン人の要望に応えた人々と位置づけられる。つまり、アメリカ人教員は侵略者の一員としてではなく、フィリピン人に彼らが望むより有益な言語を与えた者として論じられるのである。

フィリピン人の自発性の言説を反映するかたちで、英語は唯一の教授言語として学校教育に導入されていく。その過程では、アメリカ植民地主義の意図はなるべく弱められ、英語教育の導入は本論からは演繹されない補論として提示される。英語教育が軍事作戦を補助しているという前述のマッカーサーの言辞の背後には、軍属牧師や兵士によって始められた教育が思わぬ歓迎を受けたとアメリカ軍が認識したことにある。つまり、英語教育は周到に準備された計画というよりも、軍関係者によっておこなわれた善意の予期せぬ成果であった。

このような背景に呼応するように、軍政期の教育官僚の文書には英語の導入に関連して、状況に依存した要素が多分に見られる。一九〇〇年三月布告の軍令第四一号では英語の読み書きを教えることの重要性を示しているが、そこではスペイン語または現地語を介して英語を教えられるべきと述べられている。[20]

同年六月には民事政府樹立のために、第二次フィリピン委員会がフィリピンに送り込まれるが、この委員会に対する陸軍長官エリヒュー・ルート起草の指令文書にも言語についての言及がある。「当初は、現地の人々の言語によって各地方の教育がおこなわれるべき」とされていたが、多様な言語があることから、「同一のコミュニケーション手段の確立は非常に重要」であり「その手段は英語であることが当然（obviously）望ましい」と記されている。[21] ここでは英語を教える際の教授言語は明示されていないが、「現地の人々の言語」に「同一のコミュニケーション手段」の英語が対置されていることから、英語を教授言語とした英語教育が意図されていると言えるだろう。もっとも、「当然」という表現ゆえになぜ英語を使うべきなのかという点についての説明はなされていない。

同年八月にマッカーサーに出された教育案では「初歩的な英語を教えるための包括的な近代学校制度」の確立が論じられ、その学校は「可能な限り、英語で運営すること。スペイン語および現地語は過渡期に限ること」と述べられている。[22] ここでもなぜ英語を教授言語とすべきなのかは論じられていない。

時系列に沿ってまとめると、〈スペイン語または現地語を介しての英語教育〉が〈「当初は」現地語を介してだが、いずれは英語を介した直接法で教えられる英語教育〉となり、その後〈「可能な限り」英語を介しての英語教育〉となる。このような付帯条件が法令七四号第一四条の「可能な限り早急に」という表現につながっていく。英語を教授言語とすべきと論じる文書であっても、状況に配慮した付帯条件が残り続け、英語で授業をするべき論拠は明示されない。つまり、これらの文章には英語で教えなければならないという強烈な理念は見て取れないのである。軍政下の文章からは、アメリカ人軍関係者がおこなった英語教育が平定作戦上の効力を持つと認識され、この不確かな認識により教授言語を英語とすることが植民地教育を組織した法令に組み込まれていった、と言えるのである。

この英語が教育に導入されていく状況のなかでの、英語導入にともなう付帯条件は、フィリピン人が自発的に英語による教育を望んでいるという言説に符合するものだった。特段、理念的な強制がないのだから、英語を望んだのは学習者フィリピン人である、という論理が見られる。フィリピンの事例は、言語に関わる自発的同意[23]そのものを支配者側が構築できることを示している。しかし、侵略戦争の後に植民地社会が構築される段階では、軍事だけでは統治しきれない。英語による教育を成立させ続けるためには、支配者側の言説のみならず、よりフィリピン人の感情に則した形での自発的同意が必要となる。

社会言語学者の糟谷啓介は「自発的同意があれば、そこには不平等や支配関係は存在しないという考えは、あまりにも素朴な［中略］見解である」と述べている。[24]この糟谷の見解を援用すると、それでは、フィリピンの状況における自発的同意はどのような権力関係をともなっていたのかという問いが立てられよう。その際に利用された概念の操作が「文明」と英語使用を繋ぎ合わせるという方法だった。

「文化」と「文明」

前述のルート起草の指令文書は、小学校制度[25]について「人々が市民としての義務遂行や、文明化された社会での普通の仕事ができるようになるため」に必要であると説明している。[26]「文化」が民族に固有の価値観の総体であり、「文明」が普遍的な人類の進歩の道筋であるという典型的な枠組みを使うのであれば、[27]ルートは植民地主義をアメリカ人とフィリピン人の「文化」における相違ではなく、「文明化」したアメリカ人と「文明化」されていないフィリピン人の対立であると理解している。言いかえれば、フィリピン人が英語を学ぶべき理由は、英語が「文明化」のために資する言語であり、それがアメリカ人の言語だからではない。

ところが、フィリピン人にとってみれば、英語を学ばなければならない状況が生じたのは、アメリカ軍が革命軍を打ち破ったからであった。彼らにとって英語という言語はアメリカ人という出どころから切り離せなかった。しかし、アメリカの言語の強制という観点は、当時のフィリピン人エリートのアメリカ認識によって中和されている。

この点は、トリニダッド・パルド・デ・タベラから、アーサー・マッカーサーへの手紙に見ることができる。パルド・デ・タベラは、アメリカ軍への賛同を示したスペイン系フィリピン人の知識人である。

平和になった後には、私たちは自らをアメリカ化（Americanize ourselves）するためにすべての努力を払うでしょう。フィリピンにおいて英語の知識が拡がり、一般的になることを促し、アメリカ精神（American spirit）がその使いを通じて、私たちを虜にし、私たちがアメリカの理念、その政治慣習、そしてその特殊な文明（its peculiar civilization）を受け入れることにより、私たちの救済が完全かつ根本的（radical）になるまでということです。[28]

パルド・デ・タベラが親米的であることは明らかであるが、ここでの関心は彼のアメリカに対する視線にある。フィリピンがアメリカの植民地となることは、フィリピン人がアメリカの「特殊な文明」に同化することであると論じている。前述の枠組みに従えば、「文明」は普遍的であり、「特殊な文明」という表現は形容矛盾である。しかし、その前の文によれば、「アメリカ精神」がフィリピン人を変革するわけであり、そのことがフィリピン人の「救済」であると論じている。アメリカを普遍性を持つ「文明」と見るか、固有の価値観を持つ「文化」と見るかという対立は、アメリカ「文化」は普遍性を具現している「特殊な文明」である、という論理をフィリピン人が受け入れることにより昇華された。

この後、軍政から民政に移っていく。そのなかで重視されたのが、「文明」の序列を反映し、英語と現地語を優劣で区分し、英語の方が現地語よりもフィリピン社会に貢献できるとする思考だった。

言語に関する公式見解

初期の植民地教育関連文書のなかで、英語で教えるべき理由が示された文書を、デービッド・バロウズが残している。バロウズは一八九七年にシカゴ大学で人類学の博士号を取得し、その後、フィリピン植民地政府の官僚になった。少数民族を担当する部局に勤めた後、教育局に異動し、一九〇三年から一九〇九年まで公立学校教育の責任者であった。フィリピンの官僚職を退いた後にはカリフォルニア大学で教え、一九一九年から一九二三年には同学の学長の職に就いている。[29]

バロウズが一九〇三年に公表した「フィリピンにおける初等教育の目的」[30]は、アメリカ植民地期を通して保たれる教育理念を表わしている。そのなかで英語導入の理由としては、(一)英語は国際的なビジネスの言語である、(二)フィリピンにおいては、英語が異なる母語を持つ人々の共通語になる、(三)英語がフィリピン諸語に比べて発達している、という点を挙げている。(一)は二〇世紀初頭においては妥当な認識であろう。バロウズは、(二)に関してはフィリピン諸民族の異なる言語は今まで統一されていないのだから今後も統一される見込みがない、(三)についてはフィリピン諸語で最も発達したタガログ語でさえ文学に値するものを作りだしてきていないと論じる。つまり、フィリピン諸語は未発達ゆえに、教授言語として使用できず、教える価値もない、とバロウズは理解している。

さらに興味深い理由として、バロウズは（四）英語の知識がフィリピン農村社会に根づいている階級構造を変革する手段であると認識している。小作人は地主に騙されてしまうので、少しの土地や英語の知識があり、読み書きと算術ができれば、自作農になると論じている。(31)

植民地の教育官僚にとっては、アメリカ―フィリピンという「文明」の秩序に並行し、英語―フィリピン諸語という序列も確固たるものだった。この点から、言語もまた「文明」の序列の一部だった。この認識にもとづき、バロウズは、英語導入の理由を述べているのである。

三　多言語主義と階級性

帝国の言語と民族の言語

以上で述べてきたように、植民地社会のフィリピン人は、英語を介して自らの「文化」を普遍的な「文明」と捉えるアメリカの影響を受け続けることを意味した。そして、アメリカ人教育官僚にとって、フィリピン諸語は教えるに値しない劣った言語だった。

このような言語認識・言語編制が、植民地社会にさまざまな軋轢を生むことはよく知られている。ケニア人の作家グギ・ワ・ジオンゴは、植民地アフリカにおけるヨーロッパの言語の教育がヨーロッパ文化を優位にみる価値観から切り離せないものであることを論じている。ヨーロッパの言語を学ぶことは、ヨーロッパの文学や歴史をモデルとしてアフリカを観察することにほかならないし、ヨーロッパの文学によって世界を解釈することは、学習者がアフリカに根づいた口承文学の伝統から切り離されてしまうことを意味すると主張する。また英語を読めないアフリカの農民が、英語によって書かれた文学作品や思想に触れられないことを問題とし、ジオンゴ自身が英語で文学作品を執筆することをやめ、彼の母語であり、コミュニティの言語であるギクユ語で文学の創作をおこなうようになる。ギクユ語で書くにあたりヨーロッパ人によって作られた正書法を変えることや、農民に読書習慣を持たせることや、本の流通を確保することなどの困難が描きだされている。ジオンゴは思想や文学の伝播が、世界語また民族間での共通語としての英語に依拠するのではなく、翻訳や他のアフリカの言語を学ぶという実践によって可能となることが望ましいと考えている。[32]

もっとも、植民地出身の知識人として、例外的にジオンゴは言語が持つ権力性を自覚し、そしてまた英語の権力性に抗する実践をおこなっていると言えよう。社会言語学者の田中克彦は、植民地に見られる帝国の言語と民族の言語のあいだに生じる権力性と、植民地知識人の傾向を、つぎのように定立している。帝国の言語は、自らが属す民族の言語（以下民族語）よりも近代的で普遍的なものとして現われる。知識人は民族語からこのような特徴を持つ帝国の言語に移行しようとする。その結果、それまで民族間の相違を表わすものであった言語が、劣等の民族語しか話せない民衆と近代的で普遍的な帝国の言語を操れる植民地エリートという形での階級性を表わすようになる。[33]

アメリカ植民地期のフィリピンにも、この普遍的で近代的な帝国の言語を選択していく植民地知識人のあり方や、言語が階級性の指標となることが見られる。これらの特徴は、つぎに見ていくように、言語に関するフィリピン人からの公的な要望や、多言語状況が持つ困難から浮き彫りにされている。

英語に対する異議

まずは植民地教育における英語を教授言語とする方針をめぐって、提起されたさまざまな動きを確認しておこう。一九〇七年にフィリピン議会（植民地議会）が発足して以降、教授言語を改定しようとする法案は、植民地から独立準備政府へと移行する一九三五年までに繰り返し提出されている。その初発である一九〇七年の法案三一号については法案の提出理由が明らかにされている。この法案では州や町ごとに「その地方でもっとも広範に使われている方言（el dialecto más generalizado en la región）」を英語に並び教授言語として選択できるように法令七四号一四条の改正を求めている。趣旨説明において、つぎのような論拠を挙げている。ごく少数の者しか小学校低学年より上へ進級せず、多くの者は農民であり続ける。英語を使用する機会などないのだから、英語のみで教えることは無駄である。アメリカは、フィリピン人を手助けするためにフィリピンに来ているのだから英語を強要すべきではない。さらには、現地語に蓄積された知識を世代間で伝承するためにも、現地語で読み書きをおこなうためにも、英語のみを教える学校は役に立たない、と説明している。[34]

この時期には英語教育は「フィリピン人の魂」に危機をもたらし、フィリピン人を「サクソン化（saxonize）」するものだというような主張[35]や、マニラ周辺の州では自らの「方言」つまりタガログ語を教授言語として使用せよとの要求があった。[36] これらは民族語の公的領域における使用を求めるという典型的な言語ナショナリズムの主張と言えよう。

しかし、法案三一号が示す思想は、州や町が独自に教授言語を採用できるという点に見るように、この言語ナショナリズムとは一線を画している。むしろ、コミュニティにおける知識の伝承や生活上役に立つ現地語での読み書き能力の向上といったことを学校教育が保証すべきとの主張である。

このような言語ナショナリズムと知識伝承のための地域言語教育という対立は、一九二〇年代から三〇年代にかけての法案にも見て取れる。一九二〇年代半ばにはタガログ語を教授言語として使用することを求める法案が出されるが、[37] 翌年にはフィリピンで使われるさまざまな言語を教授言語として採用することを求める法案が出されている。[38] 英語を使うことは教育上好ましくないが、特定のフィリピンの言語を使うことは他の言語の使用者の教育上の阻害要因となってしまうのである。[39] この問題は植民地末期に興隆してきた共通の国民語を作りだす運動においても残り続ける。

コモンウェルス政府樹立時には、国民語の策定をめぐる論争が生じた。そこでは、タガログ語を含む複数の地方言語を融合し新しい言語を創り国民語として認定することを求める派と、タガログ語を発展させ国民語とする派があった。[40] このような二派の対立は、潜在的にはコモンウェルス政府樹立以前のアメリカ植民地期を通して醸成されてきたと言えよう。このような言語をめぐる問題は、一九二〇年代にはすでに洗練された論考の対象となっている。

多言語主義の蹉跌

フィリピンの複雑な言語状況を明晰に分析したものとしてシリア系アメリカ人ナジーブ・サリービーが一九二四年に書いたパンフレットがある。[41] サリービーによれば、人は人生において三つの言語によって学び続ける。学校に通う前に母語で学び、学校では教授言語で学び、卒業後はコミュニティの言語で学ぶ。もっとも好ましいのはこの三つが同一の言語である場合である。このような前提を示したうえで、前述のバロウズが示した（一）フィリピンの共通語、（二）より優れた言語、（三）小作人解放の言語という三つの英語擁護の論拠を論駁している。（一）に対しては、アメリカ人教員の不足や、未就学児童の多さ、さらにはフィリピン人教員が十分に英語を学べないことから英語は共通語となっていない。（三）に対しては、英語が現地語（vernacular）より学術的に優れているのは事実だが、だからこそ現地語を使用することによって、学術用語の現地語への導入を促す必要がある。（四）に対しては、つぎのような議論を展開する。小学校では英語による英語教育に労力と時間を費やすよりも、現地語での科目教育に集中することが好ましい。というのも、生活に役立つ科目教育を通して、学校がコミュニティの発展のために貢献できるからである、と。

言語と階級性で問題になるのは、（四）をめぐってであろう。バロウズにおいては、英語による教育は小作人が騙されないための知識と言語を与え、自作農への移行を促すものだった。ただし、この考察では、フィリピンでは英語は学校教育を介さなければ学べないので、英語を習得するに十分な期間を学校に通うことが前提となる。しかし、中途退学者や未就学児童は大きな問題として残り続け、多くの農民の子供は十分な期間学校に通えなかった。つまり、フィリピンの学校制度は農民にバロウズが前提とする就学機会を与えられない。そこでサリービーは限られた就学機会を有効に使うためにも現地語での教育を求めるのである。

言いかえれば、サリービーの論旨は、階級によって就学機会が大きく影響され、就学機会によって英語の習熟度が大きく異なるという階級と言語の相関性を批判しているとも言えよう。田中の論じるように、フィリピンの状況でも帝国の言語は、言語を標識とした階級性を作りだしている。さらに、言語が示す階級性は、同時代の教授言語英語に対する批判のなかですでに論じられていたのである。

植民地教育の教授言語を英語とする方針は、軍政下に始まり、民政下に引き継がれたわけであり、周到な計画のうえで策定されたのではなかった。その意味では、英語を教授言語とすることは、緻密な思想から演繹されて生じたわけではない。だからこそ、バロウズは農民の解放を求めながら、英語での教育をおこなうという矛盾した方針を策定し、なおかつその矛盾を看過したのである。

計画や思想の欠如にもかかわらず、英語を教授言語としたことの影響は多大であったと言えよう。英語を教授言語としたことはアメリカの価値観をアメリカ人がフィリピン人に直接教えることを可能にした。この学校教育の結果、英語を話すフィリピン人官僚が大量に排出された。[42]その反面、学校内では英語、学校外では現地語が使用されたという状況は、学校の内外における文化の違いを生みだしてきた。また、学校教育が英語によってなされたので、学校教育を介してフィリピン諸語のひとつが他地域に広まり、共通の国民語となることはなかった。言語が示す階級性、学校内外の文化の差異、言語による国民統一の欠落といった諸特徴はそのまま独立後フィリピンにも引き継がれていくのである。この点を確認するために、独立後の言語問題を論じておこう。

四　継続する言語問題

国民語と公用語

アメリカ植民地期の学校教育での言語使用を巡って、英語、タガログ語、地域言語を重視するそれぞれの言語運動は、独立後においても継承されていく。ただし、タガログ語使用重視の運動が、諸言語を融合した国民語の使用を求める言語ナショナリズム運動に変わっていった。

独立後のフィリピンおいては、国民語（national language, wikang pambansa）と公用語（official language）という二つの概念が、言語論争のなかで大きな意味を持った。フィリピンにおいて国民語という概念は、国民を表わすシンボルという意味のほかに、フィリピンの諸言語集団が共通言語として使用すべき言語で、その目的のために学校教育のなかで教えられる言語という意味を持っている。国民語に関しては、法文上と実質上という二つのレベルで捉え

	法制上の国民語	実質的な国民語	公用語
1935年憲法体制	タガログ語を基礎とする言語	マニラ周辺で話されるタガログ語とその表記	英語とスペイン語
1973年憲法体制	フィリピン諸語を融合させ、いずれできあがる言語	マニラ周辺で話されるタガログ語とその表記	英語と国民語
1987年憲法体制	フィリピン諸語を融合させた「フィリピノ語」	マニラ周辺で話されるタガログ語とその表記	英語と「フィリピノ語」

表1-1　国民語と公用語

る必要がある。

法文上の展開はつぎのようなものである。コモンウェルス政府発足にともない、発布されたフィリピン共和国憲法では、国民語を制定することが定められた。[43]その結果、一九三七年一二月にタガログ語を基礎とした国民語が法文上制定され、二年後にこの言語が発効することが述べられた。[44]一九五九年の教育省長官が国民語を「ピリピノ語（Pilipino）」と命名したが、結局、ピリピノ語はタガログ語と変わらないという批判が一九六〇年代に高揚した。[45]そのため、一九七三年憲法ではさまざまな言語にもとづく「フィリピノ語（Filipino）」と称する共通の国民語を発展させることが述べられ、一九八七年憲法で国民語が「フィリピノ語」と定められた。[46]しかし、実質上、話しことばとしての国民語は、「ピリピノ語」や「フィリピノ語」と呼ばれようとも、マニラ周辺で話されるタガログ語である。

公用語に関しては、一九三五年憲法では英語とスペイン語、一九七三年憲法では英語と国民語、そして一九八七年憲法では英語と「フィリピノ語」とされた。このような編制は**表1-1**のようにまとめられる。

教授言語の問題

国民語と公用語の概念を受け、もっとも熱心に論じられてきたのが、教授言語の問題である。一九三九年の国民語策定方針を受け、「国民語」という科目が小学校および高校に設置された。また、教育的配慮から「各地の方言（local dialect）」が小学校一～四年の教授補助言語に定められた。[47]

一九五七年の改訂教育計画では母語教育の思想が色濃く反映している。小学校六年、高校四年の学制のなかで、小学校一、二年は母語（native language）、小学校三年～高校四年は英語が教授言語と定められた。そのほかに、小学校一年～四年は現地語（vernacular）、小学校五年～高校四年は国民語が教授補助言語と定められた。また、教科としての国民語は学年が上がるにつれ、より多く教えられると述べられている。[48]

そして、一九七四年にバイリンガル言語政策が策定された。そこでは、小学校一年から高校四年までの公立学校教育においては、「社会科」／「社会科学」、「人格教育」、「労働教育」、「保健」、「体育」、教科としての「国民語」の授業は国民語でおこない、それ以外の科目は英語でおこなうと定められた。実質的に英語で教えられるのは、「自然科学」、「数学（算数）」、科目としての「英語」だった。その他、地域語（regional language）は教授補助言語として小学校一、二年のあいだは使用できるとした。[49] 同政策は一九八七年にほぼ同内容で更新された。[50] 言語科目としては、英語は一九〇一年から、国民語は一九四〇年から教えられているが、国民語以外の現地語は教えられていない。科目としての「国民語」および「英語」においてはそれぞれの言語で教えることが含意されている。法令で制定された教授言語、教授補助言語を言語別に見ると**表１‐２**のようにまとめられる。

バイリンガル教育政策

一九七四年のバイリンガル教育政策において起きた大きな変化は、第一にフィリピン公教育史上初めて国民語が「国民語」科目以外の教授言語として認められたこと、第二に「国民語」科目を除き、それまでは英語が全教科の教授言語だったが、そうではなくなったこと、第三に小学校一年および二年の教育言語であった母語の役割

	国民語	英　語	「方言」・現地語 地域言語	母　語
1901年～ 1940年	—	全学年、全教科の教授言語	—	—
1940年～ 1957年*	国民語科目の教授言語	国民語科目を除いた、全学年、全教科の教授言語	小学校4年までの教授補助言語	—
1957年～ 1974年	小学校3年以上の国民語科目の教授言語、小学校5年以上の教授補助言語	国民語科目を除いた小学校3年以上の全教科の教授言語	小学校4年までの教授補助言語	小学校1年および2年の教授言語
1974年～	全学年において社会科／社会科学、人格教育、労働教育、保健、体育、国民語科目の教授言語	全学年において数学、自然科学、英語科目の教授言語	小学校2年までの教授補助言語	—

* 日本占領期を除く

表1-2　教科と教授言語

がなくなり、地域語の役割が削られ、国民語と英語が小学校一年および二年でも教授言語となったことである。

このような長期的変遷のなかで、バイリンガル教育政策はつぎの点で画期となった。国民語の使用を推進する言語ナショナリズム運動は、国民語を教授言語とすることにより一定の成果を勝ち得た。また英語と国民語を主要な教授言語とすることは、母語という概念を政策からなくし、国民語すなわちタガログ語以外の現地語による教育の縮小をもたらしたが、それでも地域言語はなお教授補助言語として残された。

このような複雑な言語政策が策定された背景には、フィリピンでは非常に多くの言語が使われていることがある。ある人は実質的な国民語であるところのタガログ語が母語だが、ある人はセブアノ語やイロカノ語のような地域言語、またある人はフィリピンに一六八あると言われる言語の大多数である少数言語を母語としている。少数言語が母語の場合、バイリンガル教育政策下では、小学校一年から国民語および英語を学ばなければならない。そしてタガログ語を使用しない地域であれば、地域言語も学ぶことが求められる。つまり、このような地域では、少数言語話者は、小学校一年生の授業を理解するために母語以外の三言語を理解することが課せられるのである。逆に同政策下、母語と英語の二言語のみの習得で済むのはタガログ語使用地域在住のタガログ語母語話者だけである。

植民地期と独立以後の類似性

別稿において一九七四年バイリンガル教育政策を支えた法律上の規定とその背後にある学派およびその言論を分析した。[51] 学派としては、(一) 英語の使用を継続させようとする社会言語学者、(二) フィリピン諸言語の融合から国民語の内容を充実させようとする言語ナショナリスト、(三) コミュニティの言語での教育を進める教育者と三つのグループを明らかにした。社会言語学者は多様な言語調査をおこない、言語意識の側面から生徒の親が子供の教育に英語の使用が望んでいるということを論証し、そのうえですでに豊富な科学的語彙を有している英語の使用こそが望ましいという理論構築をおこなった。言語ナショナリストは、フィリピン諸語に共通している同語源の語を選定することにより、さまざまな諸語の話者でも理解し、使用できるリンガ・フランカ (共通語) を作りだそうとしている。そして、教育者のグループはフィリピンのさまざまなコミュニティの生活や小学校の授業を参与観察することにより、学校内では言語規定にもかかわらずコミュニティの言語が多用されていることを描きだしている。そのうえで、英語を教授言語として使おうとすること自体が、記憶中心の授業となり、教育上の障害となっていることを訴えている。

これらの多様な主張は、アメリカ植民地期の見解に見事に対応している。(一) の社会言語学者は、植民地期の教育官僚のように、学習者が英語の教育を望んでいることと英語の方が「優れた」言語であることを根拠に、教授言語としての英語の使用を主張した。(二)の言語ナショナリストは、アメリカ植民地期にすでに計画されている、諸言語の融合からなる共通の国民語を作りだし普及する努力を続けている。(三)の教育者は、サリービーのように就学機会の不均衡から生じる言語を指標とする階級性を少しでも是正すべく、コミュニティの生活に資する現地語による教育を求めている。

つまり、アメリカ植民地期に生じていた議論が独立後も繰り返されているのである。植民地期と同様の議論や努力が繰り返される背景には、独立後であっても英語が教授言語として使われ続けていることや、学校教育が十分に拡がらないことがある。またアメリカ植民地期であっても独立後であっても、フィリピンでは非常に多数の言語が使われている。

フィリピンは多言語社会である。しかも、フィリピンにはインドネシアのムラユ語[52]のような、植民地為政者の言語でもなく、どの民族の言語でもないが、広く交易言語として使用されていた言語はなかった。つまり、多民族からなるナショナリズムを代表しえるような、土着のリンガ・フランカが存在しなかった[53]。バロウズが論じているように、英語での学校教育をおこなうとした植民地教育では英語を共通語にすることが意図されていた。しかし、植民地教育を中心とした言語政策は、英語の使用能力が指し示す階級性を作りあげてしまい、階級を縦断する共通語を作りだすことはできなかった[54]。教育を受けた人々のあいだでは、英語が共通語となった。その反面、大多数の人々はそれぞれの現地語の世界で生きていた。このような、言語編制の下では、共通の国民語によってナショナリズムを強化していくという状況は生じえなかった。

植民地教育は、所期の目的であった、共通語を作りだすことにも、言語教育により貧農を解放することにも失敗している。しかし、これらの失敗は植民地教育に限られたものではなく、むしろ今日まで続くフィリピンの教育上の問題でもあり続けている。アメリカ植民地期の問題が現在の問題でもあるがゆえに、逆にアメリカ植民地期の言語政策の是非が過去の問題として論じられないのである。よって、アメリカ植民地主義特有の問題として、教授言語としての英語が批判の対象となることはない。

先行研究による高い評価にもかかわらず、アメリカの植民地教育はさまざまな問題を抱えていた。教授言語の問題はそのうちのひとつである。この教授言語の問題と同様に根源的なものとして、学校制度を十分に拡充できないという問題があった。

註

（1）本書において、「国民語」とは"National Language"またはタガログ語の"Wikang Pambansa"の訳として使っている。多言語社会の歴史的・社会的文脈において"National Language"の持つ意味を適切に理解するためは、この概念を日本の文脈での日本語である「国語」が持つイメージから弁別する必要があるからである。日本の「国語」については、たとえば、イ・ヨンスク『「国語」という思想——近代日本の言語認識』岩波書店、一九九六年を参照のこと。

（2）ロバート・フィリプソン著、平田雅博ほか訳『言語帝国主義——英語支配と英語教育』三元社、二〇一三年、四五頁。

（3）原文は *Public Laws and Resolutions passed by the United States Philippine Commission (PLPC)*, vol. 1 (-28 Feb. 1901), pp. 364-372 から入手。

（4）Andrew B. Gonzalez, *Language and Nationalism: The Philippine Experience Thus Far*, Quezon City: Ateneo de Manila University Press, 1980, p. 31; 内山史子「フィリピンの国民形成についての一考察——一九三四年憲法制定議会における国語制定議論」『東南アジア——歴史と文化』二九号、二〇〇〇年、八一—一〇四頁。

（5）Barbara F. Grimes, ed., "Areas: Asia: Philippines," *Ethnologue: Languages of the World*, Fourteenth Edition, SIL International, 2000. www.sil.org/ethnologue/countries/phil.html（二〇〇一年一月二〇日アクセス。現在でもこのホームページは存在するが、新規の内容に変わっているので、調査時点の情報を掲載した。）

（6）百分率は総人口に対する話者数の割合である。Gonzalez, *Language and Nationalism*, p. 62 および内山「フィリピンの国民形成についての一考察」。

(7) たとえばシナイ・ハマダという、イバロイと日系の両親を持つフィリピン人の作家の場合、英語は学校でのみ使われる言語だった(Edilberto N. Alegre and Doreen G. Fernandez, *Writers and Their Milieu: An Oral History of Second Generation Writers in English*, Manila: De La Salle University Press, 1987, pp. 244-245)。

(8) 内山「フィリピンの国民形成についての一考察」。

(9) Resil B. Mojares, *The War Against the Americans: Resistance and Collaboration in Cebu, 1899-1906*, Quezon City: Ateneo de Manila University Press, 1999, p. 231.

(10) Stuart Creighton Miller, *'Benevolent Assimilation' : The American Conquest of the Philippines, 1899-1903*, New Haven: Yale University Press, 1982, pp. 94-95; Reynaldo Clemeña Ileto, "The Philippine-American War: Friendship and Forgetting," *Vestiges of War: The Philippine-American War and the Aftermath of an Imperial Dream, 1899-1999*, edited by Angel Velasco Shaw and Luis H. Francia, New York: New York University Press, 2002, pp. 3-21; Kristin L. Hoganson, *Fighting For American Manhood: How Gender Politics Provoked the Spanish-American and Philippine-American Wars*, New Haven: Yale University Press, 1998, pp. 186-187; Brian McAllister Linn, *The Philippine War, 1899-1902*, Lawrence: University Press of Kansas, 2000, p. 309; Russell Roth, *Muddy Glory: America's 'Indian Wars' in the Philippines, 1899-1935*, West Hanover: The Christopher Publishing House, 1981, pp. 81-95.

(11) Onofre D. Corpuz, *The Roots of the Filipino Nation*, Quezon City: University of the Philippines Press, 2005, vol. II, pp. 567, 587-588; Reynaldo Clemeña Ileto, *Pasyon and Revolution: Popular Movements in the Philippines, 1840-1910*, Quezon City: Ateneo de Manila University Press, 1979, pp. 173-186, 192-197〔レイナルド・C・イレート著、清水展、永野善子監修『キリスト受難詩と革命――1840～1910年のフィリピン民衆運動』法政大学出版局、二〇〇五年、二八一―三〇〇、三一〇―三一八頁〕

(12) *Report of the Philippine Commission (RPC)* 1900, p. 34.

(13) John Morgan Gates, *Schoolbooks and Krags: The United States Army in the Philippines, 1898-1902*, Westport: Greenwood Press, 1973, pp. 143, 199.

(14) *The Philippine Islands, Military Governor Annual Report*, 1900/1901, Washington, DC: Printing Office, pp. 9-15.

(15) *RPC*, 1902/1903 (4th), vol. 3, pp. 708-711.

(16) *Census of the Philippine Islands (Census)*, 1903, vol. 3, p. 657

(17) *RPC*, 1902/1903 (4th), vol. 3, pp. 674-675.

(18) *RPC*, 1903/1904, vol. 3, p. 856.

(19) ここでは英語以外の言語を用いずに英語を教える教授法のこと。この教授法には、英語以外の言語が劣った言語である、英語が使われる生活世界の方が優れているなどのイデオロギーを持つとの批判がある(フィリプソン『言語帝国主義』、二〇四―二一三頁)。

(20) Emma J. Fonacier Bernabe, *Language Policy Formulation, Programming, Implementation, and Evaluation in Philippine Education, 1565-1974*, Manila: Linguistic Society of the Philippines, 1987, p. 25.

(21) Bonifacio S. Salamanca *The Filipino Reaction to American Rule, 1901-1913*, Quezon City: New Day Publisher, 1984, Appendix, pp. 237-245; First Edition Published by Hamden: Shoe String Press, 1968; Horacio de la Costa, *Readings in Philippine History*, Makati City: Bookmark, 1962, p. 221.

(22) Jo Anne Barker Maniago, "The First Peace Corps: The Work of the American Teachers in the Philippines, 1900-1910," Ph. D diss., Boston University, 1971, pp. 51-52.

(23) 糟谷啓介「言語へゲモニー――〈自発的同意〉を組織する権力」三浦信孝、糟谷啓介編『言語帝国主義とは何か』藤原書店、二〇〇〇年、二七五―二九二頁。

(24) 同前、二七八頁。

(25) "Primary School"と記されており、これは小学校低学年のことである(第二章第一節)。

(26) Salamanca, *The Filipino Reaction to American Rule*, p. 244.

(27) 「文明」と植民地支配の論理は典型的には一九世紀のヨーロッパに現われる(ユルゲン・オースタハメル著、石井良訳『植民地主義とは何か』創論社、二〇〇五年、九四頁)。「文明」と「野蛮」の対立よりも、「文化」間の相違のほうが共存につながるという視点については、フィヒテの「ドイツ国民に告ぐ」第一三講演が思想史的な先駆と言えるだろう(ヨハン・ゴットリープ・フィヒテ著、細見和之、上野成利訳「ドイツ国民に告ぐ」、エルネスト・ルナン、ヨハン・ゴットリープ・フィヒテ、エチエンヌ・バリバール、ジョエル・ロマン、鵜飼哲著、鵜飼哲ほか訳『国民とは何か』インスクリプト、一九九七年、一四九―一七五頁)。

(28) 一九〇一年五月一四日付のトリニダッド・パルド・デ・タベラからアーサー・マッカーサーへの書簡, File 364-23, BIA Records, RG 350, NARA. Glenn Anthony May, "America in the Philippines: The Shaping of Colonial Policy, 1898-1913," Ph.D diss., Yale University, 1975, p. 80から引用。

（29） File "Biographical Sketches and Obituaries," Carton 1 "Biographical Sketches, etc., Diaries and Notebooks, v .1-11," David P. Barrows Papers, Bancroft Library, University of California at Berkeley.

（30） *RPC*, 1902/1903 (4th), vol. 3, pp. 694-705.

（31） この論文でバロウズが読み書きと言うとき、何語での読み書きを論じているのかが、判然としない。しかし、バロウズが英語の使用の重要性を強調し、すでに英語のみによる教育がおこなわれている背景を考えれば、英語での読み書きと理解するのが妥当であろう。

（32） Ngugi Wa Thiong'o, *Decolonising the Mind: The Politics of Language in African Literature*, Portsmouth: Heinemann, 1986〔グギ・ワ・ジオンゴ著、宮本正興、楠瀬佳子訳『精神の非植民地化――アフリカのことばと文学のために』第三書館、一九八七年〕; Ngugi Wa Thiong'o, "Foreword," *Black Linguistics: Language, Society, and Politics in Africa and the Americas*, edited by Sinfree Makoni, London: Routledge, 2003, pp. xi-xii.

（33） 田中克彦「言語と民族は切り離しえるという、言語帝国主義を支える言語理論」三浦、糟谷編『言語帝国主義とは何か』三九―五一頁。

（34） *Diario de Sesiones de la Primera Asamblea Filipina*, Del 16 de Octubre de 1907 al 1 de Febrero de 1908, p. 288.

（35） *Annual Report of the Director of Education* (*ARDE*), 1905/1906 (6th), p. 17.

（36） *RPC*, 1907/1908, vol. 2, p. 805.

（37） Gonzalez, *Language and Nationalism*, p. 36.

（38） *Philippine Journal of Education* (*PJE*), September 1928, pp. 114-115.

（39） この問題を取り上げた論文として、植民地副総督が言語問題について論じたパンフレットが挙げられよう（George C. Butte, *Shall the Philippines Have a Common Language?*, Manila: Bureau of Printing, 1931）。

（40） 内山「フィリピンの国民形成についての一考察」。

（41） Najeeb Mitry Saleeby, *The Language of Education of the Philippine Islands*, Manila: By the author, 1924. この文献についてはコンスタンティーノが言及している（Renato Constantino, "The Mis-Education of the Filipino," *Tribute to Renato Constantino*, edited by Peter Limqueco, Manila: Journal of Contemporary Asia Publisher, 2000, pp. 138-154; Originally Published in *Graphic*, 8 June 1966.〔レナト・コンスタンティーノ著「フィリピン人の受けたえせ教育」鶴見良行監訳『フィリピン・ナショナリズム論』井村文化事業社、一九七七年、七八―一〇九頁〕）。

(42) Onofre D. Corpuz, *The Bureaucracy in the Philippines*, Quezon City: Institute of Public Administration, University of the Philippines, 1957, pp. 181-184.

(43) Leopoldo Y. Yabes, *Let's Study the New Constitution: The Language Provision*, Quezon City: University of the Philippines, 1973, p. 2.

(44) 一九三七年一二月三〇日付大統領令一三四号。国民語はタガログ語を基礎とすることを宣言。二年後に発効すると規定されている。

(45) Gonzalez, *Language and Nationalism*, pp. 102, 107-109.

(46) Komisyon sa Wikang Filipino, *Dokumentasyon ng mga Batas Panguika, Komisyon sa Wikang Filipino at iba pang Kaugnay ng Batas*. Manila: Komisyon sa Wikang Filipino, 2001, pp. 215, 488-489.

(47) 一九四〇年四月一日付大統領令二六三号；一九三九年一二月五日付教育局回覧七一号。

(48) 一九五七年一月一七日付教育省令一号；Clemencia Espiritu, "Filipino Language in the Curriculum," National Commission for Culture and the Arts. http://www.ncca.gov.ph/about-culture-and-arts/articles-on-c-n-a/article.php?igm=3&i=216（二〇一四年八月一日にアクセス）。

(49) これら言語政策の変遷については、（一）一九〇一年二月二一日付フィリピン委員会法令七四号第一四条、（二）一九三七年一二月三〇日付大統領令一三四号、（三）一九四〇年四月一日付大統領令二六三号、（四）一九三九年一二月五日付教育局回覧七一号、（五）一九五七年一月一七日付教育省令一号、（六）一九七四年六月一九日教育文化省令二五号、（七）一九八七年五月二一日付教育文化スポーツ省令五二号および同二七日付教育文化スポーツ省令五四号から作成した。（一）については、本章註（3）を参照のこと。（二）、（三）、（六）、（七）および憲法上の規定については、Komisyon sa Wikang Filipino. *Dokumentasyon ng mga Batas Panguika, Komisyon sa Wikang Filipino at iba pang Kaugnay ng Batas*, Manila: Komisyon sa Wikang Filipino, 2001 を参照。（四）、（五）についてはフィリピン共和国教育・文化・スポーツ省の資料室から原文のコピーを入手した。小野原信善『フィリピンの言語政策と英語』窓映社、一九九八年、第三章―第七章も参照した。

(50) なお、バイリンガル教育政策に対する実質的な見直しは一九九八年の大統領令四六号によって設立した大統領教育改正委員会（Presidential Commission on Educational Reform）によりおこなわれた。その見直し案が二〇〇〇年四月に大統領に提出されたが、同案ではバイリンガル教育政策を保持しつつも、一定の条件の下、教授言語として地域語を使用できることを提案している（Philippine Commission on Educational Reform, "PCER Emerges With Nine Doable Reform Proposals," 2004. http://members.tripod.com/pcer_ph/id19_m.htm.〔二〇〇四年一一月一一日アクセス〕）。また、一九九九年から、小学校一年生の教授言語としてタガログ語、セブアノ語、イロカノ語のいずれかの言語を学校ごとに選び、その言語を使用する実験もおこなわれたが、二〇〇四年時点で予算がつかず中止しているとのことである（金美兒「フィリピンの教授用語政策――多言語国家における効果的な教授用語に関する一考察」『国際開発研究フォーラム』二五巻、二〇〇四年、九九―一一二頁）。

(51) 岡田泰平「多言語主義教授言語政策をめぐる学術形成問題――フィリピンのバイリンガル教育政策と言語社会思想」『ことばと社会』八号、二〇〇四年、一五三―一七四頁。

(52) 西尾寛治「ムラユ語史料」池端雪浦ほか編『岩波講座　東南アジア史別巻　東南アジア史研究案内』岩波書店、二〇〇三年、一五〇頁；山本信人「インドネシアのナショナリズム――ムラユ語・出版市場・政治」池端雪浦編『岩波講座　東南アジア史7　植民地抵抗運動とナショナリズムの展開』岩波書店、二〇〇二年、一六一―一八七頁。

(53) たとえば、ルイ＝ジャン・カルヴェ著、西山教行訳『言語政策とは何か』白水社、二〇〇〇年、一〇九―一一三頁を参照。

(54) この点を、コンスタンティーノは厳しく批判している。Renato Constantino, "The Mis-Education of the Filipino," *Tribute to Renato Constantino*, edited by Peter Limqueco, Manila: Journal of Contemporary Asia Publishers, 2000, p. 149.〔コンスタンティーノ「フィリピン人の受けたえせ教育」鶴見監訳『フィリピン・ナショナリズム論』九八―一〇〇頁〕

第二章　制度としての「恩恵」

植民地教育では「市民的理念」をフィリピン社会にもたらし、フィリピン人全体を近代的な市民に変えることが企図されていた。逆の言い方をすれば、この教育の成立する要件としては、アメリカ植民地主義がやってくるまで、フィリピン社会には近代的な市民性が育つ土壌がなかったことが立証されなければならなかった。一九〇〇年代のアメリカ人の官僚や為政者はフィリピン社会像を論じ、そのなかでスペイン植民地下のフィリピン社会では市民性に抗する在地の政治制度があることを主張した。その政治制度の中心に位置づけられたのが「カシキズム」という農村のボス政治だった。

一　制度構築の根拠と展開

「カシキズム」からの救済

バロウズは、英語使用の理由のみならず、フィリピン社会の改革に関する展望をも「フィリピンにおける初等教育の目的」で示している。[1] そのなかで、フィリピン人は後進の状態に留まっているが、植民地教育によって「向上」できるという「温情主義」を典型的に表わしている。軍政下では兵士が学校を開き、その後の民事政府が学校制度を整備してきたことに関して、「公立学校制度を重要視するこの態度は、この制度がアメリカ文明において果たしてきた大きな役割から生じており、フィリピン人を含む向上心に燃えるすべての人々にとって、国家により管理、支援される民主的で、世俗で、無償の学校制度が必要であるという確信をアメリカ人が持っていることによる」と論じる。そのうえで、この「近代的」な教育制度を与えることは、アメリカ植民地主義がフィリピン人に約束したことであり、さらには、植民地教育は、フィリピン人が世俗の無償教育による英語と近代知識の基礎を学ぶことを望んだから可能であったとし、アメリカ人とフィリピン人双方の要望の結果であったことを強調する。

この民主的な教育が果たすべき役割は、具体的な社会改革の方法として想定されている。そこで登場するのが「カシキズム」である。バロウズによると、フィリピン社会は「開明層（gente ilustrada）」と「大衆（tao）」に峻別された二層社会であり、大衆はボスに対する盲従と富裕層の抑圧を甘んじる態度、つまり「カシキズム（caciquismo）」に囚われている。大衆に少しの土地を与えれば喜んで農業をおこなうだろうと述べ、教育の目的は「プロレタリアートではなく自作農（peasant-proprietor）」を作りだすことにあると論じる。バロウズはフィリピン社会の大多数である小作農こそに教育が与えられるべきであり、彼らへの教育が社会改革をもたらすと信じていたのである。

ジェームズ・ルロイは、初期のフィリピン委員会委員の秘書であり、バロウズの盟友であった。ルロイは、「カシキズム」をより明確に説明している。「カシキズム」とは、もともとのマレー文化にあったものだが、スペイン植民地期に、より悪化したボス支配である、と規定する。そもそもは、半封建社会におけるもっとも抑圧的なボス政治であり、部族間の抗争や部族内の族長争いに使われ、族長が部下を無力の状態に留めておく制度であった。スペイン植民地期には、ボスであるところの「カシケ（cacique）」が、町の役職を担うようになった。カシケは、修道士に協力し、人々を教会に集め、税金の徴収をおこなうことにより、スペイン植民地期のカトリックによる支配の一翼を担ったと説明する。[2] 言いかえれば、フィリピン全土に広がった小規模なボス支配の集合がフィリピンの政治制度であったと理解している。そのうえで、この「カシキズム」を打破するために、バロウズと同様に学校教育による大衆の意識の変革を訴える。[3]

ウィリアム・タフトも一九〇五年に「フィリピンにおけるアメリカの教育」という論文を書いている。[4] そのなかでは、「カシキズム」という表現そのものは使っていないが、つぎのように教育の目的を論じている。まず、アメリカ植民地主義は他の西洋植民地主義と異なり、「人民による自治政府（popular self-government）」をフィリピン人に与えることを目的としている。しかし、フィリピン人は、政府が自分たちを代表しているとも、自らが政府に対して何らかの責任を負っているとも認識していない。よって法や政策に対する意識も希薄であり、自らが持っている権利を行使しようともしない。この意識を変革することこそが教育の役割である。教育の結果、「知的な世論（intelligent public opinion）」が形成され、自治政府の樹立が可能になると主張する。[5]

このような言論空間のなかで、バロウズは、カシキズムを温存してきたスペイン植民地期の教育とは根本から異なるものであるとアメリカの植民地教育を認識している。スペイン植民地期の教育が、現地語を用い、町の司祭が教育の監督権を持ち、カトリックの教義を記憶中心に教えたのに対し、アメリカの教育は英語を用い、教育局が監督権を持ち、近代的な市民性と実業教育を与える、と論じる。そのうえで、スペイン植民地期の教育の質のみならず、教育の規模についても指摘している。スペイン植民地期には町の中心にしか学校が建設されず、周辺に点在するバリオの住民には教育がなされなかった。バリオの教育の欠如こそが農民の無気力とボス追従の態度を作りだしたと批判する。そして、アメリカ植民地主義はバリオにこそ学校を建設していくことを言明する。[6]

この規模の重視は、蔓延する小規模なボス支配に対するルロイの批判に応えるものであるし、タフトの求める「世論」の形成にも寄与するものであった。エリートや中間層に教育を与えるのでは、民衆を変革主体とすることもできず、教育の格差によってボス支配を強めてしまう。したがって、十分な数のフィリピン人民衆に教育を与え、「市民的理念」を植えつける。そうすることにより、「世論」を形成させ、ボス支配を下から改革させる。このように植民地教育が「市民的理念」を定着させ、フィリピン社会の改革をおこなうためには、学校制度の規模の拡大が求められたのである。

学校制度の概要

しかし、規模に関する到達目標が具体的に設定されることはなかった。近代的な学校教育における目標として、ある一定年齢層の人々すべてに教育を与えること、つまり全学童を対象とした義務教育の制定がある。学校教育を管轄した教育局の報告書においても、義務教育の制定が数度模索されているが、一九〇九年から一九一〇年にかけて結局十分な学校数を維持できないとの理由であきらめられている。(7) つまり、植民地教育が目的とした社会改革をおこなうためには、学校が足りない。このことがアメリカ植民地期の公立学校制度の実態だった。まずは、設立された公立学校制度の概観を明らかにしておこう。

大学より下位の教育機関は、おおむね小学校（elementary school）と高校（secondary school）に分けられる。小学校は低学年（primary school）と高学年（intermediate school）から構成された。小学校低学年（または低学年小学校。とくに指定しない場合、小学校は低学年と高学年を含む）は一九〇四年に三年と定められ、一九〇九年から一九四〇年まで四年とされた。また、植民地期を通して、小学校高学年（または高学年小学校）は三年、高校は通常四年とされた。(8) 小学校と高校の学齢は正式に定められることはなかったが、目安は記されている。時期によりばらつきがあるが、一九〇九年には五歳から一八歳とされており、一九三七年の報告によると一九一八年のセンサス以降は七

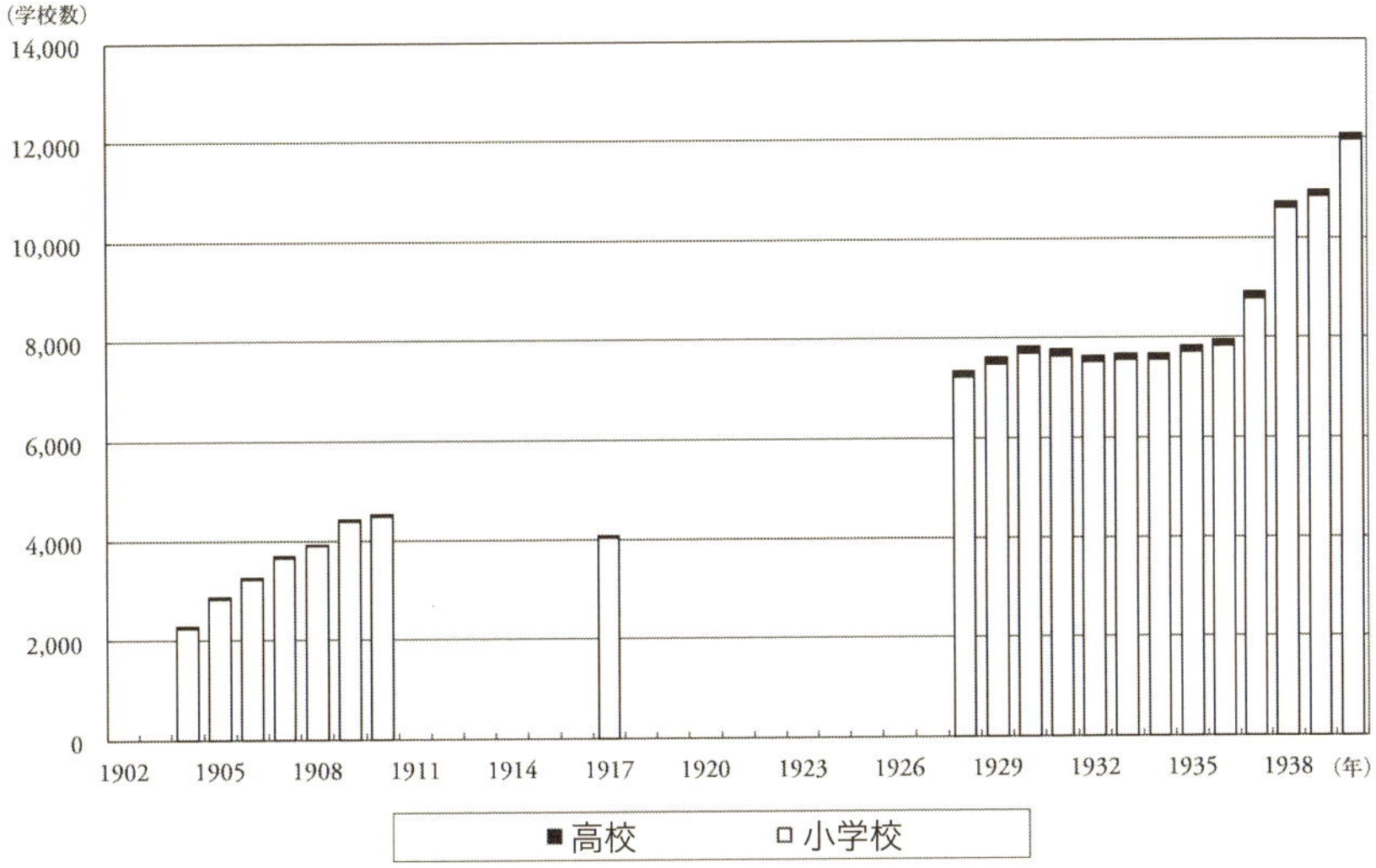

図2-1　学校数

歳から一七歳とされていた。[9] 年度はおおむね六月末から七月初頭に始まり、三月末から四月初頭に終了した。[10]

拡大と停滞

学校数、生徒数[11]および低学年の就学人口（低学年生徒数／低学年推定学齢人口）[12]の変遷を一九四〇年まで見てみよう（図２‐1、２‐２）。学校および生徒は、小学校低学年に集中している。

学校数、生徒数から見ると全体的な傾向として学校教育は拡大しているが、一九一〇年から一四年および一九三〇年代前半に縮小に転じている。一九一〇年代初頭では小学校数および小学校低学年の生徒数が縮小に転じた。このときの教育長であったフランク・ホワイトが教育に対する要望と比べ予算の割り当てが増えないことを根拠に、低学年小学校の縮小をおこなったことによる。この決定は、当時植民地総督であったキャメロン・フォーブスがアメリカから帰ってくると覆され、これらの数はふたたび増加しはじめる。[13] 一九二〇年代中ごろの小学校低学年生徒数の減少は、後述するように、低学年小学校よりも高学年を備えた

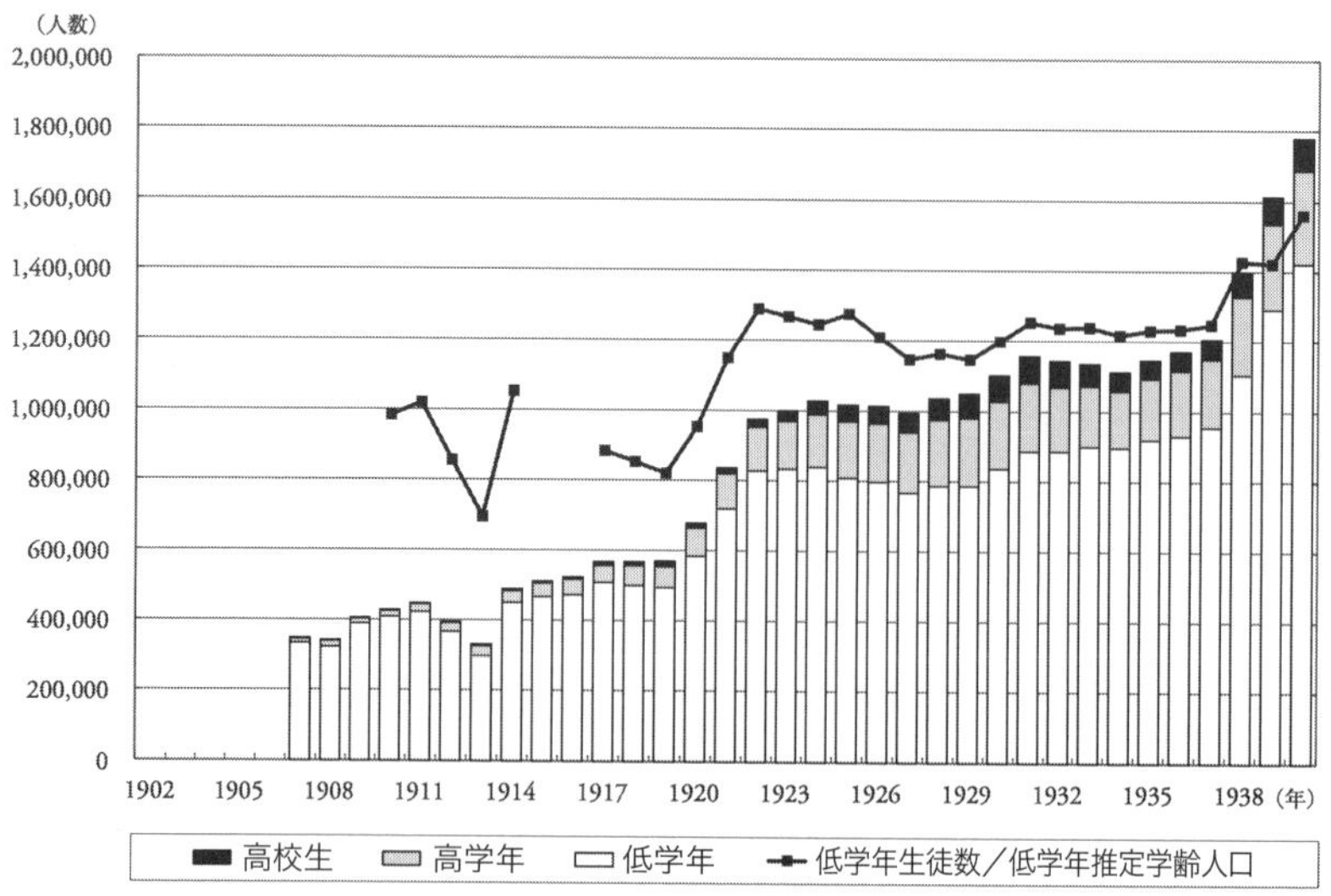

図2-2　生徒数

小学校をより重視していったことによる。一九三〇年代前半の状況を見ると、それまで微増を続けてきた生徒数全体のみならず、学校数全体も減少している。この減少は、一九三一年には経済状況の悪化を理由に、一部の小学校の維持を諦め、午前と午後に異なった学年を教える二部制がおこなわれはじめたことによる。[14]

さらに、総人口から見た学齢人口と実際の小学校低学年の生徒数の比率から就学率を調べた。一九一〇年代が四〇パーセント～五〇パーセントであるのに対し、一九二〇年代から一九三七年までは五〇パーセント台後半～六〇パーセント台前半で推移している。一九三〇年代後半の高い伸び率を除けば、小学校低学年であっても就学率は多く見積もって六〇パーセント台前半以上には上がらず、全学童教育が達成されたとは到底言えない。[15]また、中途退学者も大きな問題であり続けた。[16]ただし、小学校の就学率は植民地期を通じて上昇傾向にあり、学校制度が拡大し、学齢人口のなかでより高い比率の人々が小学校教育を受けるようになっていった。つまり、バロウズが求めていたような十分な規模をともなった学校制度はアメリカ植民地期を通して構築されなかったが、学校教育は確実に拡がり続けたのである。

バロウズの前述の論文と比べると、実際の教育において大きな問題となったのは、「無償」と「民主」だった。まずは、財政的な限界から、そもそも予定されていた形での「無償」の学校教育が結局達成されなかったことを確認しておこう。

二　教育財政の展開

財政の構造

学校制度の拡大を支えるものとして、より規模の大きい財政が必要だった。公立学校教育に関する財政制度は三重の構造を持っていた。この三重の構造は、教育制度の基礎を定めたフィリピン委員会の法令七四号、町政府の設立を定めた法令八二号、州政府の設立を定めた法令八三号に対応していた。一九〇三年のセンサスがこの構造を象徴的に表わしている。島嶼財政（insular treasury）からはアメリカ人教員および管理職の給与、学区督学官の事務所代、これらの人々および物品の各町への移動・運送費用、高校教員の給与および高校の教科書代、州財政（provincial treasury）からは高校校舎の建設費・維持費・設備費、町財政（municipal treasury）からはフィリピン人教員の給与、ならびに小学校校舎の建設費・維持費・設備費が支払われる。[17] ただし、教員の給与源泉についてはその後変更された。すでに一九〇四年にはフィリピン人教員の一部が島嶼財政または州財政から給与を得ていることが述べられている。[18] アメリカ人教員は一九三〇年代の少数の例外を除き、島嶼財政から給与を得ていたことに対し、フィリピン人教員は島嶼財政、州財政、町財政から給与が支払われる構造ができており、それぞれ島嶼教員（insular teachers）、州教員（provincial teachers）、町教員（municipal teachers）と呼ばれた。[19] つまり、給与や校舎関連費用は、以下の財政構造にもとづいていた。ここで言う「島嶼」とは全植民地レベルという意味であり、最大の地理区分を指している。

島嶼財政――アメリカ人教員およびフィリピン人島嶼教員の給与、教育局本部付き職員の給与
州財政――フィリピン人州教員（主に高校教師）の給与、高校校舎の建設費・維持費・設備費
町財政――フィリピン人町教員の給与、小学校校舎の建設費・維持費・設備費

このような財政構造のなかで、町財政には学校基金（school fund）が設けられた。学校基金の財源には一九〇二年には土地や建物の評価額の〇・二五パーセントとした土地建物税（land tax）、さらには一九〇四年には内国歳入（internal revenue）の五パーセントが充てられた。[20] しかしながら、これらの税収では学校基金は十分とならず、学校運営は島嶼財政からの補助金（insular aid）、授業料、私人からの寄付（voluntary contributions）に頼り続けることになる。

財政問題の軌跡

『フィリピン委員会報告』（*Report of the Philippine Commission: RPC*）、『教育局長年次報告』（*Annual Report of the Director of Education: ARDE*）、および回覧文書には、財政や学校制度の規模に関する問題が多数示されている（表2‐1）。

	理　念	問　題	措　置
1902年〜1907年	学校教育無償化。	町の土地建物に対する税のみでは学校を維持できないことが明らかに。	内国歳入からの学校関連支出。町財政では一般・学校という予算区分を越えた資金の流用。
1908年〜1913年	十分な学校が開設できないとし義務教育を断念。	バリオ学校は、全体的に不足しており、なおかつ十分な学年を提供できていない。	島嶼財政におけるバリオ学校建設予算の計上。寄付への依存。小学校高学年・高校の実質的な有償化。
1914年〜1920年	小学校低学年教育の無償化維持と重点化。小学校高学年・高校の有償化については矛盾した対応。	—	小学校高学年・高校での授業料徴収を容認。さらなる島嶼財政からの予算措置。寄付金の制度化。
1921年〜1928年	バリオ学校よりもポブラシオーンの学校への予算の重点配分。	財政問題の恒常化。寄付金の不正使用。予算不執行等による大量の学校閉鎖。	使用目的を限定しつつ寄付金への依拠。授業料徴集の常態化。
1929年〜1939年	—	バリオ学校は、十分な学年を提供できていない。	寄付金の使用範囲の拡大と授業料徴集のさらなる常態化。

出典：*RPC, 1902-1906*, *ARDE*, *1906-1941*, CIR, GEN から財政に関する部分を抽出し分析した。Cf. *RPC*, 1902/1903, vol. 3, pp. 756, 763, 770, 804; *ARDE*, 1905/1906, p. 6; CIR no. 14, 1917; GEN, no. 9, 1925.

表2-1　学校制度と財政措置

A　学校関連税制

財政を島嶼・州・町と区分したことにより、町財政が学校制度の拡大の大部分を負うことになった。小学校低学年が生徒人口の大部分を占め、低学年の小学校の数がもっとも顕著に増大したからである。しかし、一九〇二年に定められた学校基金目的の土地建物税では[21]、翌年には早くも学校維持に十分な税収を得ることができなくなった[22]。学校基金に十分な資金が集まらないということは、学校を閉鎖せざるをえないことを意味した。一九〇四年に設置された内国歳入でも足りず、財政難による学校閉鎖を避けるために、一九〇六年ごろには島嶼財政からの補助金制度ができた。さらには、その後、島嶼財政からの補助金支給を定めた個別の法律が定められた。一九〇八年にはガバルドン法、一九一四年にはバリオ学校建設目的の特別法、一九一八年には五年間補助金を提供する三〇〇〇万ペソ法が制定された。[23] これらの措置は、学校不足の問題を解決するはずだった。しかし、財政措置としては不十分であったり、そもそも財政出動できるほどの裏づけがなかった。三〇〇〇万ペソ法の場合、制定されたにもかかわらず計画通りには補助金が支給されなかった。[24]

B　寄付

税収とともに、学校制度を支えた財源として寄付があった。一九〇五年や一九一八年には寄付や労働供与が住民の公教育制度への信頼を示すとし、肯定的に評価されている。しかし、寄付とは一般的にはより豊かな人々がより多くできるものであるので、教育現場においてもより豊かな人々の子供が優遇される危険性をはらんでしまう。また、歳入としても不定期であり、その額も不安定である。さらには、個人や個別の学校に対しておこなわれるので、えこひいきや腐敗の温床にもなりえる。このような問題点は一九二一年および一九二五年には明らかになった。[25] しかし、財政難から、寄付金の徴収は一九二〇年代末、三〇年代には常態化している。[26] また、寄付金は、一九一〇年代と二〇年代には、主に図書館や体育競技会などの補助的な学校活動のための資金であったが、三〇年代には学校維持そのもののために使われている。[27]

C　授業料徴収

寄付と同様に授業料徴収も町や州レベルでの必要に応じておこなわれた。バロウズやタフトの教育理念では、貧農にこそ教育が優先して与えられなければならなかった。一九〇一年から一九〇二年の教育関連法では、小学校低学年や高校の無償教育が謳われている。[28] また、一九〇六年には、公立学校では授業料は取らないとされている。[29] 名目上無償であることは、慢性的な資金不足を招き、結局は全学童に教育を与えられるほどには、学校制度を拡げることができなかった。[30]

ところが一九一〇年代になると、学校制度を維持するために、小学校高学年と高校での授業料徴収が実質的に定着していく。一九一七年には教育局は小学校低学年から高校までの無償化を求めているのだが、[31] その反面、教育局の認可によって、[32] 高校はもとより四二〇以上の高学年小学校で授業料が徴収されている。[33] 授業料を取ることは貧困層の教育機会を奪うので、一九一八年には授業料の徴収が「非民主的」であるという批判が挙がった。[34] しかし、財政難を理由に一九一〇年代末からは授業料徴収は常態化し、一九二〇年代にはその額はより大きくなった。[35] 植民地教育において無償教育が維持できたのは、小学校低学年のみであった。ただし、費用対効果が低いとして、一九二〇年代中ごろには小学校低学年の拡充はなおざりにされていく。[36]

一九二七年の報告書によれば、学校を支える財政の不備が「もっとも重要でもっとも気に障る問題のひとつ」であり、毎年「経済的危機」が起きている。[37] また、一九二六年から一九三八年までの『教育局長年次報告』(*ARDE*)では、ほぼ毎年、税制度改革を含めた学校基金への増収方法を具体的に提言している。[38] 植民地教育によって、「市民的理念」をフィリピンに定着させるということは、全学童が無償の教育を受けることを前提としていた。当初に想定されていた学校基金への税収の割り当てや、その後に出てきた島嶼基金からの補助金では、学校制度を拡大し維持するためには十分ではなかった。この状況のなかで、なし崩し的に寄付に頼り、授業料が徴収されていったと言えよう。

中程度の失敗

この傾向の決定的な理由は、中央官庁である教育局が立てた計画に従い全学童を対象とした無償の学校制度を構築し維持するには、社会が貧困であり十分な税収を上げることができなかったことにある。[39] 一九二〇年代半ばにコロンビア大学の著名な教育学者ポール・モンローが中心となり教育調査をおこなったが（以下モンロー調査）、その調査結果もこの点を指摘している。一九二三年の植民地政府の全歳入は一億八〇〇〇万ペソであり、そのうちの二三パーセントである二四〇〇万ペソが教育に充てられた。全学童教育にするほどに小学校を充実しようとするのであれば、少なくとも年間二〇〇〇万ペソの予算増が必要である。また、一九一三年と比べると、教育関連外の総支出の伸びが七七パーセントであるのに対して、教育関連の支出の伸びは二三〇パーセントであったことを明らかにしている。[40] モンロー調査は、中央政府による一律の徴税制度も、教育局本部の教育業務負担も過大であると論じる。そのうえで中央集権型の学校制度を維持することは、非常に困難であると結論づけている。[41]

植民地社会との関係から学校制度の展開を見ていくと、その財政的限界によって学校制度が不十分であり続けたことがわかる。また、無償の学校制度ができなかったことも明らかである。貧困な小作農の子供に教育を与えるには、彼らが通える無償の学校が整備される必要があったが、そのような小学校は十分には作られず、さらには、無償であるのは小学校低学年に限られていた。当初の目標と比べると、植民地教育は中程度の失敗が運命づけられていた。

三　バリオ学校問題

フィリピンの町

　このように学校制度が十分に拡がらないということは、バロウズが批判したスペイン植民地期と同様に、富のある者が公教育を受けることができ、貧困な者はその教育から排除されることを意味した。この貧困者の教育からの排除は、バリオ学校問題として植民地期を通して残り続けた[42]。また、財政が緊縮した時期には、バリオ学校の大量閉鎖が生じた[43]。

　このバリオ学校問題を明確にするために、当時の行政区分について触れておこう。そもそも、アメリカ植民地主義が統治しようとした世紀転換期のフィリピン社会はどのようなものだったのだろうか。一九世紀末のスペイン植民地期末期には、マニラ政庁を中心とした行政組織があり、その末端には町（「プエブロ」）があった。町では多くの場合、その町の唯一のスペイン人であった司祭が、町の行政を担っていたプリンシパーリア（地方有力者層）や住民に対して絶大な監督権を持っていた。町の中心は「ポブラシオーン（población）」と呼ばれ、そこには、教会、町役場、「プラサ」（広場）があった。「ポブラシオーン」は町の一部分を表わすものであって、町の行政区域内には『自然発生的に』形成された」「バランガイ（barangay）」、「バリオ（barrio）」、「シティオ（sitio）」と呼ばれる村落が点在していた。賦役や日曜のミサや聖人の祝祭のためにバリオの住人はたびたびポブラシオーンにやってきた[44]。つまり、「町」は「ポブラシオーン」とその周辺に点在した村落（以下バリオ）から構成された行政区分だった。

アメリカ植民地期のフィリピンでは、バリオ－ポブラシオーン－州都という出身地域の相違が貧困な人々からより豊かな人々へという社会階層に一定程度準じていたと言えよう。基本的には、貧困な小作農はバリオに住んでおり、逆にポブラシオーンに住んでいる住民は一定の財を有していたということになる。一九〇五年には全人口の八二パーセントがバリオに住んでいたと報告されている。(45) また、一九二五年には小学校三年以下の学童の七五パーセントがバリオ学校に通っている。(46) 前述のように、バロウズは農村における小作農の解放を目指したが、このことは具体的にはバリオに学校を作り、バリオ住民に教育を与えることを目的としていた。

バリオ学校の建設、維持、閉鎖

バリオに学校を建設し維持することは、植民地期当初から難しい問題であり続けた。マスバテ州では、一一六あるバリオのうち学校があるものは一七しかない。(47) 一九〇三年の報告では東ネグロス州で一〇のバリオ学校が運営されている。またパンパンガ州とバターン州では両州合わせて小学校が六七校しかなく、そのうちの一五校が新たに開設されたバリオ学校だった。(48) しかし、これらのバリオ学校数は総バリオ数には遠く及ばない。一九〇三年のセンサスによると、東ネグロス州では四一八、パンパンガ州では三四三、バターン州では四四のバリオが存在している。(49) 一九二〇年代には『教育局長年次報告』(*ARDE*) にバリオ学校数が記されているので、東ネグロス、パンパンガ、バターンの三州のバリオ学校を見てみる。それぞれ一九二一年には、一四二校、九五校、二二校、一九二四年には、一二〇校、一一二校、一九校のバリオ学校がある。(50) これら三州の事例からは、植民地統治が始まってから二〇年経っても、一九〇三年当時のバリオ数の半分程度にしか、バリオ学校数は増えていない。これらの統計においても、学校制度が不十分だったことが確認できる。バリオ学校をある程度増やすことには成功したが、すべてのバリオに学校を作るにはほど遠かった。

一九二〇年代半ば以降の報告書においては、学校閉鎖の問題が、とくに「バリオ学校（barrio schools）」特有の問題と明記されるようになった。バリオ学校にはつぎのような問題があった。島嶼財政の補助金は、一定の学校基金があることを支給要件としていた。税収はこの要件を満たすのには十分でなかったため、小学校建設は町の一般財政からの支出や住民からの寄付を基本の財源にしなければならなかった。つまり、一般財政からの流用または寄付をおこなうほどに、町の人々がバリオに学校を建設したいという意欲を持つ必要があった。一九〇八年制定のガバルドン法や一九一一年制定の特別法は、バリオ学校の校舎建設に特化した補助金制度だった。また、一九一八年制定の三〇〇〇万ペソ法もバリオ学校の建設を主要な目的としていた。しかし、これらの補助金はバリオ学校の建設を著しく推進したわけでもなかった。その理由のひとつとしては、補助金がポブラシオーンの学校建設に流用されたことがあった。バリオ学校の数が十分でないにもかかわらず、ポブラシオーンには島嶼補助金によってコンクリート造りの校舎が建てられ続けた。[51]

このような補助金の不適切使用の背景には、バリオ教育の重要性が受け入れられない構造的な理由があった。一九〇〇年代の早い時期からアメリカ人教員の多くは、各学校を廻る監督教員や州都や人口が多いポブラシオーンの小学校の高学年の教員になった。フィリピン人教員は、州都や大きな町のポブラシオーンの小学校に赴任すれば、アメリカ人教員に接する機会も比較的多くあったであろうが、バリオ学校ではそのような機会がほとんどなかった。バリオ学校のフィリピン人教員は、英語で教えなければならないのにもかかわらず、アメリカ人から英語を学ぶことが困難だった。アメリカ人監督教員がバリオ学校を訪れる頻度は、監督区の広さと学校数によって異なったが、少ない場合は月に一度もなかった。[52] フィリピン人教員はアメリカ人教員から教育を受けるためにポブラシオーンや州都まで赴く必要があった。午前中はバリオ学校で教え、午後はポブラシオーンの学校に行く事例や、[53] 金曜日にはバリオ学校を休みにし、フィリピン人教員は金曜日終日をアメリカ人教員の下での英語学習に費やした事例が示されている。[54]

また、バリオ学校において教育の質を保つことは困難だった。一九二五年には、バリオ学校は十分な監督を受けていないため、教育の質が低くバリオ学校での中途退学者の割合が非常に高くなっていることが指摘されている。[55] 結局、バリオには、外来の価値観や言語や教育法がなかなか行き着かなかった。

さらに、バリオ学校の普及を困難にしたのは、フィリピンのバリオの多様性であった。たとえば、一九一八年の三〇〇〇万ペソ法案の説明では、四種類のコミュニティとそれぞれに対応したバリオ学校が想定されている。第一には、移住農民を対象としたものである。一九一〇年に始まったセツルメント農園学校の建設によって、学校周辺への定住を促す。第二には、人口密度が低いコミュニティである。工芸や農業を教える学校を設ける。その学校には寮を付設し、通学の必要のない措置を取る。第三には、逆にバリオ中心部の人口密度が高いコミュニティである。午前中は一般教育の授業をおこない、午後は家で実業をおこなわせる。家での実業は教員の監督の下、農業と工芸を中心におこなう。第四の普通の農業コミュニティでは、学校で給食を出し、生徒が一日中学校で学んだ後に、夕方に家に帰るようにする。[56] このように多彩な学校を用意することは、多様なカリキュラム[57]とより複雑な監督業務と教員訓練を必要とした。

バリオ教育に対する諦め

このような状況のなかで、バリオ教育の充実は、一九二〇年代には優先的課題ではなくなっていく。一九二三年には、不景気のため、それまで教育を受けていない新規の児童に授業をおこなうよりも、旧来からの児童に教育を与え続けることを優先する方針が採られている。[58] この時期には、低学年のみの小学校が減少し、逆に高学年を備えた小学校が増加している。[59] 低学年小学校閉鎖の理由として、出席率が低く、人々の学校に対する関心が低いことが挙げられている。[60]

一九二六年には、運営目的の寄付金を禁止したこともあり、小学校が減少し、教員一人のみのバリオ学校が閉鎖している。これを是認する理由として、バリオ学校に比べるとポブラシオーンの学校に資金を投入したほうが、より多くの学校においてより長い年数の教育を提供できるからだと述べられている。[61] このようなバリオ学校に対する低い評価に拍車を掛けたのが、モンロー調査以降、盛んにおこなわれるようになった教育調査だった。教育局の調査でポブラシオーンとバリオの児童の学力が測られるようになる。一九二七年の調査では、ポブラシオーンの学校の生徒と比べバリオ学校の生徒は、生業に役立つ技能も上位の学校で求められる学力も身につけていないことが示された。[62] つまり、バリオに学校を作るよりも、人口密度の高いポブラシオーンの学校の質を高めた方が、費用対効果が良いという理由から、ポブラシオーンの学校により大きな投資がなされていったのである。

これとは異なる側面からの問題として、バリオ学校に設置された学年数の不足があった。一九一〇年代には、バリオ学校はほぼ例外なく低学年のみを提供する小学校であった。[63] その後の就学率が向上した状況にあっても、この問題は改善するどころか悪化している。一九三一年にはバリオ学校の多くは第一学年または第二学年しか提供しておらず、より高い学年に上がろうとすると他の学校に移らなければならないという問題が指摘されている。[64] 一九三九年になってもほとんどのバリオ学校は低学年しか提供できていないことが報告されている。[65] アメリカ植民地期を通して、期待されている学年数が設置されているバリオ学校は非常に稀だったのである。

アメリカ植民地期フィリピンは、人口密度が低くなおかつ交通が発達していない社会であった。そのような社会において、均一的な学校制度を維持すること自体が著しく困難であった。基本的には、税収が慢性的に不足していることにより、全学童教育を可能にするほどに、学校を建設し教員を配置することができなかった。また、フィリピン人にとっての第二言語である英語で教えることは、フィリピン人教員が英語を習得しなければならないことを意味した。初期にはアメリカ人教員の指導が必要だったし、その後も教員向けの英語の教育は求められた。[66] そのためにも、アメリカ人教員や英語の達者なフィリピン人教員との接触は欠かせず、州都やポブラシオーンに住む必要は大きかった。このことは、州都やポブラシオーンの学校とバリオの学校の教育の質の差を拡げることに加担した。

その結果、一九二〇年代にはバリオ学校の教育の質の低さが際立ってしまい、限られた財源と人的資源のなかで効率的に学校制度を運営するために、バリオの教育をなおざりにする政策を採らざるをえなくなった。『教育局長年次報告』(*ARDE*)には、バリオに住んでいる学齢児童のどれくらいの比率が学校に通っていたかを、長期にわたり追っている記述も統計もない。いずれにせよ、教育によってバリオの小作農を自作農に変える、またバリオ住民も含んだフィリピン人全体に教育を与え「知的な世論」を形成させるとしたバロウズやタフトの計画の頓挫は必然だった。

それでは、なぜ教育局が過大な権限を持つ中央集権的な教育行政が保たれ続けたのか。より大きな権限を町政府に与え、町政府の責任において学校制度を発展させる道もあったのではないか。このような問いを立てられよう。モンロー調査も、町政府への権限委譲により、フィリピン人民衆が町の学校教育を身近な問題として考えるようになり、結果として教育が振興することを示唆している。(67) しかし、アメリカ植民地期を通じて、教育行政の分権化はなされなかった。その背景には、植民地特有の事情とともに、アメリカ革新主義時代の教育運動の偏った適用があったのである。

四　移植される教育行政

「民主」・「近代」・アメリカ

植民地教育の理念を作り上げたバロウズやルロイやタフトは、革新主義時代のアメリカの申し子だった。彼らはフィリピンの政治制度を分析し社会改革の方向性を定めている。そのうえで、行政が計画を立て、その計画に従った改革の実行を求めた。彼らの思想には、政治学や社会政策の発想が見られるのである。フィリピンに来る前のルロイはデトロイトの政治担当の新聞記者であったし、[68] バロウズは後にカリフォルニア大学で政治学や教育学を教えることになる。[69] 一九〇九年から一九一三年までアメリカ大統領を務めたタフトは、セオドア・ローズヴェルトが始めた革新主義的政策をさらに推し進めた。[70] 彼らは植民地フィリピンにおける社会政策の中心に植民地教育を位置づけた。この文脈で、国家権力の社会への浸透を行政組織の拡充によって達成するという革新主義時代アメリカの統治方法を模倣した。アメリカにおいては公衆衛生研究所[71]や徴兵委員会、開墾局など、[72] さまざまな行政組織ができあがっていったが、フィリピンではこれらの多様な組織にあたるものとして公立学校が位置づけられた。しかし、その公立学校すら十分には設置されなかった。

すでに見てきたように、バロウズは「フィリピンにおける初等教育の目的」[73]のなかで、植民地教育の起源は、「国家（the State）により管理、支援される」学校制度がフィリピン人の発展に不可欠であるとの確信をアメリカ人が持っていたからだと論じている。この文章を読み続けると、その後に作り上げられてきた公立学校制度は「典型的なアメリカの制度」で「完全に近代的」であるとの見解を明らかにしている。

つまりこのような構想から作られた教育制度は、バロウズにとって「民主的」で「近代的」で、アメリカ的であった。近代の大きな流れが宗教から世俗へというものだとすると、カトリックの教養教育が中心だったスペイン植民地期の学校制度と比べ、たしかにアメリカ植民地主義の公立学校制度は「近代的」と言えるだろう。また、カトリックのヒエラルキーが民衆にまで浸透していた社会に比べれば、ボス支配改革というより平等で「民主的」な社会の構築を目指していたと言えよう。さらにはスペイン語を教えなかったスペイン植民地期に比べ、支配者のことばである英語を民衆に教えたという点でアメリカ植民地主義はより「民主的」とも言えるかもしれない。

しかし、「アメリカ文明」において大きな役割を果たしてきたとされる公立学校制度がそのままフィリピンに移植されたわけでもないこともまた指摘されるべきだろう。端的には「典型的なアメリカの制度」であるにもかかわらず、「国家によって管理、支援される」学校制度はアメリカ本国にはなく、植民地教育で生じた新たな特徴であった。この特徴の意義は、フィリピンの教育行政のあり方と深く関連していた。より重要な点として、このアメリカとフィリピンの制度の違いは、植民地教育における「民主」の意味をあらためて問うものだったのである。

教育政策の決定者

法令七四号によって規定された教育行政は、その後大きな変更もなく植民地末期まで維持された。第一条で公教育庁、第三条で総督学官（General Superintendent）、第五条、第六条、第九条で督学官（Superintendents）の職を置くこととそれぞれの職務内容が示されている。

総督学官はフィリピン委員会によって任命され、学校教育全体に関する統括責任を負う。学校設置に関しては、広域の学区を設置し、すべての町（pueblo）に学校を建設するための計画を立て、学校用地の大きさや衛生要件を定める。ここでの広域の学区とは州に対応する。教員を含む教育官僚に関しては、学区を統括する督学官とアメリカ人教員を任命し、規定された範囲内での給与を設定する。また、植民地政府への忠誠度を基準として、どの町にアメリカ人教員が送られるかを決定し、さらには校長の権限を定める。学校での教育内容に関しては、総督学官の責任の下、教育局が学校制度全体で使われるカリキュラムを策定し、教科書や備品の注文をおこなう。

総督学官に任命される督学官は学区（州）の責任者である。督学官は町の教育委員会の学校建設計画を承認する権限を有する。学区内の校舎を視察し、教育面や衛生面から見て不適切だと判断した場合には学校を閉鎖できる。さらには、町財政で雇用されるフィリピン人教員の任命権および解雇権を有し、その給与を定める。学区におけるカリキュラムの履行を確認し、必要な教科書数とともに学区の農業の状況を総督学官に報告する。

一九〇五年には「総督学官」という名称が「教育局長（Director of Education）」という名称に変わった[74]。しかし、教育局長がカリキュラムや教育内容も含め、公立学校教育全体を統括し、督学官が学区における責任を負うという構造は残り続けた。

フィリピン人島嶼教員は法令第七四号で示されるアメリカ人教員に準じており、教育局長に任命された。その反面、フィリピン人町教員は法令第七四号で示されるフィリピン人教員に関する規定を引き継ぎ、督学官に任命された[75]。任命権と給与の源泉は図2-3のように描きだすことができる。

古参のアメリカ人

図2-3が示すように教育行政において人事権を握っていたのは教育局長と督学官であったが、教育局長に関してはバロウズが退職した後も、アメリカ人男性が占め続けた。ようやくコモンウェルス期の一九三八年に、

それまでの教育局長アメリカ人ルーサー・ビューリーがフィリピン大統領補佐官となったことを受け、フィリピン人セレドニオ・サルバドールが教育局長職に就任した。[76] バロウズからビューリーまで、植民地期を通して合計七名がこの職に就いたが、いずれも一九〇三年までに教育局の職に就いている。そのうち、バロウズを含む三名は教育局への就任時に督学官以上の地位に就いており、四名は島嶼教員→督学官→教育局長補佐（または副教育局長）→教育局長というキャリアパスを歩んできている。しかも、初期にやってきたアメリカ人男性が教員職から昇進し、教育局長や督学官といった上級管理職を占め続けたことが傾向として見られた。[77] もっとも、彼らは、フィリピンにいるからといって、アメリカの教育思想から切り離されていたわけではなかった。たとえば、彼らを含めた多くのアメリカ人教員が一年近くの長期休暇を利用してアメリカに戻っており、その一部はフィリピンでの在任中にアメリカの大学から学位を得ている。[78]

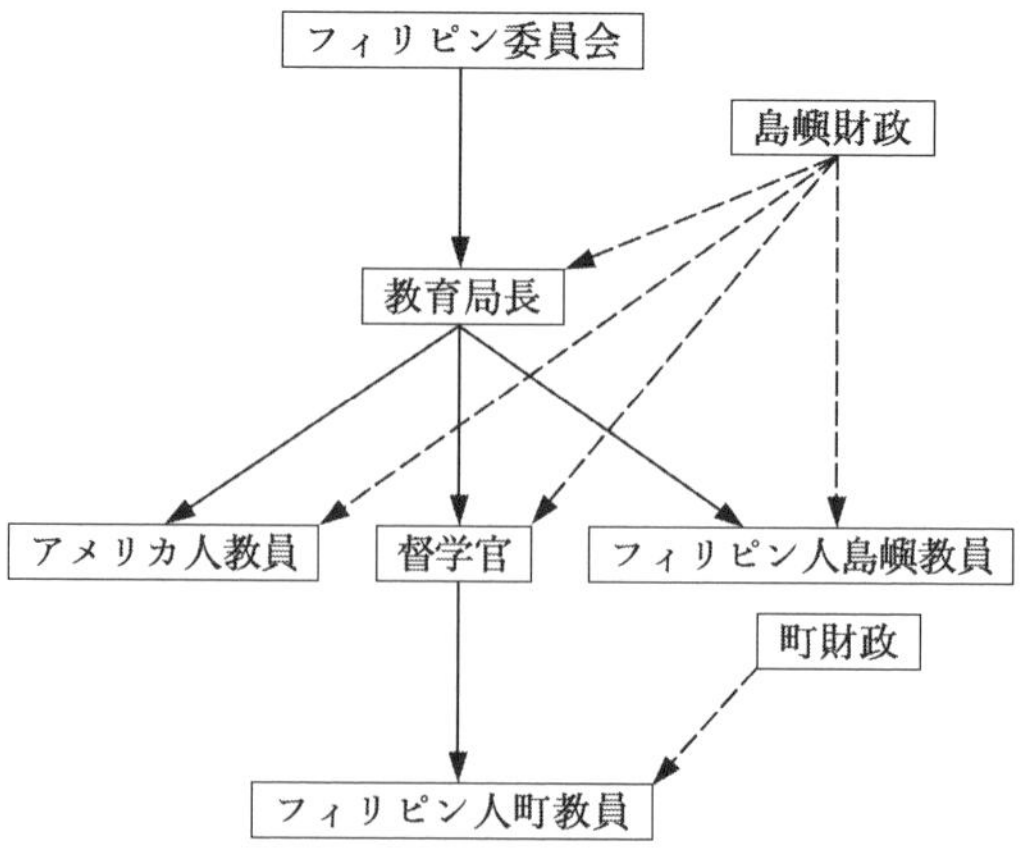

（実線：任命権／破線：給与源泉）

図2-3　教育行政に関する組織図

彼ら上級管理職が教育政策の実質的な決定者であったといえよう。彼らは年に一度はマニラや避暑地のバギオで会議を開くことが通例になっており、そこでは教育に関する基本的な方針について意見が交わされた。[79] さらには、マニラの本部からさまざまな地域を訪れる監督官や大量の通達や報告の文書、さらには相互訪問を通して、本部と学区の督学官が意見の調整をおこなった。とくに一九一〇年代半ばまでは上級管理職はアメリカ人に独占されていた。彼らはアメリカで論じられる新しい教育思想を共有し、文化的にも同質性の強い集団を形成していた。フィリピン人が上級管理職の一定数を占めていく一九二〇年代、一九三〇年代になっても、古参のアメリカ人が教育局長の職を占め、上級管理職に残り続けたことから、植民地期を通してアメリカ人が主導権を持ち、教育政策を決定していったといえよう。[80] ごくわずかのアメリカ人の意思が反映された政策を、非常に多くのフィリピン人教員が実践していたのである。このようなアメリカ人主導の中央集権的な性格を持った教育行政が植民地教育の特徴であった。

国家単位の教育制度と中央集権的性格を持つ上位下達の組織は、アメリカにはないフィリピンの植民地教育に特有のものだった。この点がもたらす問題をさらに浮き彫りにするのが、アメリカの場合とはまったく異なる、フィリピンの教育委員会の役割だった。

五　中央集権的性格と「民主」

教育委員会の役割

法令第七四号の第一〇条、第一一条、第一二条が、町レベルでの教育委員会（local school board）についての規定である。第一〇条によれば、委員は四人から六人であり、半数が督学官に任命され、残り半数は町議会によって選出される。これに町長が職権により加わり、委員数は五人から七人となる。[81] 第一二条は教育委員会の権限と義務を示している。（一）町内の学校を廻り、学校の状況および出席率について月二回、督学官に対して報告をおこなう。（二）学校用地と校舎の建築予定を町議会に報告する。（三）町の行政区域内に二つ以上の学校がある場合、督学官の指導のもと、それぞれの学校の通学区を定める。（四）毎年、町政府の議会に対して学校運営に必要な予算を計上する。（五）必要に応じて教育局長に直接に学校の状況について報告および提言をおこなうというものだった。さらに第一一条によれば、督学官は不適切な委員に対して通知および聞き取りをおこなった後、その委員を活動停止にし、そのうえで教育局長の承認を得れば解任できる。なお、これらの規定は少なくとも一九二〇年代後半まで残り続けている。[82]

まとめると、第一二条で示される教育委員会の役割は、督学官による学校管理を円滑にする報告と作業補助のみであると言えよう。より意味のある権限は（五）にある教育局長への直接の提言であるが、これはあくまでも例外的に適用されるべきものであろうし、督学官が委員の解任権を持っているため、督学官の不利になるような報告を教育局長におこなうことは難しかったであろう。つまり、町のフィリピン人からなる教育委員会は弱い権限しか持たず、督学官等の上級管理職の決定に対抗できる組織ではなかった。

初期の『フィリピン委員会報告』（*RPC*）には、この教育委員会に対する認識が示されている。一部はこの教育委員会を肯定的に捉えている。たとえば、一九〇五年のバタンガス州からの報告では、教育委員会は報告することや上からの提言を実行する権限しかないが、コミュニティに密着した情報を督学官に与えているので意味があるとの見解を表明している。しかし、その他の大多数は、教育委員会を意味のないものであると認識している。一九〇二年の報告には複数のアメリカ人督学官の見解として、無記名の引用が示されている。[83]学区の住民がアメリカ式の教育を理解しておらず、教育委員会の設立は時期尚早であるという見解が散見できる。また弱い権限に関しては、教員給与などの財政事項に関して教育委員会が権限を持つなどの変更は好ましくないとの見解が寄せられている。その理由として、過分の予算を請求するだろう、教員給与をより高く設定することにより特定の人物を引き立てる縁故主義を作りだすだろうという意見が示されている。また、そもそも教員の能力を見定めるだけの見識が現在のフィリピン人住民にはないとの意見も示されている。このほかには町政府があるので教育委員会は教育行政を混乱させるだけであるとの意見や、教育に関して専門的な見解を持つ委員会を作りあげるほどには住民は学校教育に関心を持っていないとの意見もある。また、一九〇三年の報告では、アンボス・カマリネス州の督学官が教育委員会の役割は提言することだけであり、実質的な権限を持たないので、町長や町政府に無視されていると述べている。[84] 一九〇五年のタヤバス州からの報告では、学校に関しては町政府が決定を下すので教育委員会には何の意義もないと述べられている。[85] 一九〇六年以降、『フィリピン委員会報告』(RPC)にも『教育局長年次報告』(ARDE)にも教育委員会に関する記述はない。

これらの報告によると、督学官は教育委員会が弱い権限しか持たないことを認識している。しかし、より大きな権限を与え、教育委員会を意味のある組織にするべきという見解はきわめて少数であり、教育委員会は不要であるというものが大多数だった。そして、一九〇六年以降の報告書において教育委員会は論じられなくなった。このこと自体が、教育委員会には実体がまったくないか、実体があったとしても督学官の業務に対する補助以上の機能を持たなかったことを示していよう。

教育委員会は機能不全であったわけだが、それでは教育委員会に代わる組織は、教育行政に組み込まれていたのだろうか。町レベルの教育委員会のほかには、法令第七四号の四条に規定された上級諮問委員会(superior advisory board)という組織がある。上級諮問委員会に関しては一九〇二年の『フィリピン委員会報告』(RPC)に一度限りの議事録が載っているだけであり、実質的に存在したとは思えない。このほかに、町政府や州政府は財政支出という形で教育行政に関わったが、これらの組織は教育局が示す学校建設や運営に関する計画に従い、資金や物資を提供する以外の役割を持たなかった。つまり、フィリピンでは、教育局本部が決定した教育政策を町のフィリピン人が受け止め、解釈するための組織は作られてこず、その必要性もアメリカ人が多数を占めていた上級管理職には感じられていなかった。

革新主義時代のアメリカにおける教育委員会の主たる役割は、委員をコミュニティのさまざまな層から選出し、教育に関する議論をおこなう場を提供することだった。とくに委員の選挙においては、さまざまな目的や特徴を持ったグループが教育に関する異なった考え方を戦わせる場として機能した[87]。また督学官との関係では、督学官が示す教育方針を検討し、その方針を承認したうえで、教育行政上の目的の達成を可能とするような法令の策定をおこなうことが求められた[88]。より具体的には、教員や監督官の人事、カリキュラムの改訂、学校開設・維持のための徴税と支出のチェックなどが含まれていた[89]。このような機能を持つ教育委員会こそが、学校教育へのコミュニティの人々の関与を可能にしていた。アメリカ教育史においてはコミュニティの人々の意思が何らかの形で教育政策に反映されること、すなわち「ローカル・コントロール（local control）」と称される教育の「コミュニティによる管理」が「民主的」な教育を保障するものであるとの伝統があった[90]。この点から教育委員会は「民主的」な教育の要であったと言えよう。

このアメリカの教育委員会は、フィリピンの教育委員会と比べると、その権限において、大きく異なっている。教員の人事権は、アメリカでは教育委員会の管轄事項だったのに対し、フィリピンの場合は教育局長もしくは督学官にあった。また、アメリカの教育委員会は督学官を監督する役割にあったが、逆にフィリピンでは督学官が教育委員を解任できる権限を持っていた。さらには、フィリピンの状況では、教育委員会の主な役割は、督学官の補助であった。教育方針はすでに決まっており、あえて議論の対象とすることは意図されていなかった。当然、フィリピンの教育委員会はさまざまな意見がぶつかる場としては機能しえなかった。つまり、同じ教育委員会とは言っても、フィリピンのそれは名ばかりの組織であって、アメリカの教育委員会の忠実な複製とは到底言えない。

「典型的なアメリカの制度」であるはずのフィリピンの教育行政においてこのような違いが出てくる背景には、革新主義時代のアメリカの教育運動があった。進歩主義教育（progressive education）である。進歩主義教育は、個人の社会的成功を教育の重要な目的とし、教育を社会改革の一環と捉えるという形で、新たな教育理念と教育実践を作りだしてきた。[91] また、一九世紀後半に達成された大衆教育をさらに発展させた。[92] 中学校や高校を設立し、大衆により高度な学校教育をもたらした。[93] さらには、学校制度の大規模化に対応すべく、大学での教員養成課程や州立師範学校の設置・拡大を推進した。このことは教員職の専門職化を促した。[94] もっとも革新主義の多様性を反映し、進歩主義教育も明確な特徴を持った統一された教育運動ではなく、時には互いに矛盾するさまざまな要素をも含む幅の広い運動であった。

アメリカ教育史研究において、進歩主義教育に対する評価は研究者によって大きく異なる。論争となるのはこの運動が推し進めた大衆学校教育の評価である。一方では大衆の学校教育は道徳を向上し、社会正義に貢献し、民主主義を助長したと論じる肯定論者がいる。[95] 他方、一九七〇年代前後に出てきた「修正主義者」は、大衆学校教育は社会的な格差を再生産したと主張する。[96] さらには、このような論争が決着を見ないことや「進歩主義教育」の意味内容が幅広すぎるということから、「進歩主義教育」という概念自体が分析には役に立たないものであると論じる研究者もいる。[97]

「行政進歩主義」

このような論争のなかで、「修正主義者」に近い立場の研究者が「行政進歩主義」という運動を明らかにしてきた。「行政進歩主義」とは、学校行政を新しい科学と認識し、その科学にもとづき学校は運営されるべきであり、そのためには専門教育を受けた学校行政官が学校運営をおこなうべきとする思想である。この思想の信奉者は、大学教員やエリート・ビジネスマン、専門教育を受けた学校行政官といった専門職エリートだった。彼らは、民主主義に必要な知識や意識を大衆に身につけさせることを学校教育の目的としなかった。進学優先や実業重視などといった複線型のコースを用意し、生徒を能力に応じて異なったコースに振り分け、適切な社会階層に配分することを学校教育に求めた(98)。

よって、「行政進歩主義」という概念に注目すると、進歩主義教育は専門家に主導された「上から」の管理重視の運動であり、教育委員会を介した教育の「コミュニティによる管理」とは異なり、学校教育を通じた社会階層の安定化を目的としていた。フィリピンの教育行政における中央集権的な性格は、別の言い方をすれば、教育局長や督学官が多大な権限を持つ、少数者による管理であった。植民地教育の教育行政は、専門家による管理を擁護する「行政進歩主義」と構造的な類似性を持っていた。

しかし、植民地教育は「民主的」であるとされた。ここで問題となるのは、「民主的」な教育が、どのようにして専門家による管理と整合性を持ちえるかという点である。この点に関して、同時代のスタンフォード大学の教育学の教授であり、「行政進歩主義」の著名な推進者であったエルウッド・カバリーはつぎのように説明している。

カバリーは、一九一九年初版の著作『合衆国における公教育』において、アメリカにおける学校教育の歴史から生じた不可避の発展として「行政進歩主義」を描いている。カバリーによれば、アメリカでは初めに私立学校や教会の慈善学校ができ、その後に貧困層のための学校が設立された。貧困層のための学校は小さな学区の教育委員会に管理されていた。これら三種類の学校は州政府の管理を受け入れることにより公立学校に発展していった。また、小さな学区が教育の「効率化」を図るために統合され、それにともない教育委員会もより広い地域を管轄していった。具体的には、一八七〇年代から学校教育は急速に変化してきており、学校制度が複雑な法律から規定されるようになった。教員職も科学的な方法にもとづき教育をおこなう専門職と認識され、そのための教員養成が重視されるようになった。また、移民や大人も学校に通うようになり、生徒は多様化した。[99] このように増大した教育への負担に対応するために、カバリーは従来の小さな学区の教育委員会を介したコミュニティの人々による教育の管理ではなく、専門的な学校行政官が学校運営を担うことを求めている。「私たちの子どもたちの教育上の権利を守り、福利を増進すべく、それらのことを専門におこなう少数者により大きな権限を与えるべきである」と主張する。[100]

カバリーの教育史認識でも、アメリカの教育はコミュニティの関与によって発展してきており、「コミュニティによる管理」が果たした「民主的」性格への同意が見られる。しかし、複雑になった一九世紀末以降の教育行政においては、専門家の教育管理による「効率」こそが重要であり、その意味では教育委員会を介しての「コミュニティによる管理」は時代の趨勢に反するものと理解している。カバリーの思想は少数の専門家による政策決定を求めるという点において、フィリピンの植民地教育行政の中央集権的な性格に符合する。

しかし、最近の社会史研究によれば二〇世紀初頭のアメリカ社会では、カバリーの言う専門家による管理が無批判に受け入れられていたわけではなかった。教育の専門家に対してコミュニティの代表権が主張され、コミュニティの人々は自らが教育政策の立案および決定過程に関わることを求めた。[101] 激しい対立に彩られた時代であった。つまり、カバリーが示す専門家による管理は「行政進歩主義」の信奉者の理想であり、アメリカ社会の具体的な状況を反映したものではなかった。同様に、主にはアメリカ人上級管理職により運営されていたフィリピンにおける植民地教育も、アメリカに存在している制度の引き写しではなく、むしろカバリーのような教育学の権威が示す理念を反映したものだった。

「民主」の再定義

少数の専門家が政策を決定し、その政策がコミュニティの人々による承認や解釈を経ずに、学級にまで到達する中央集権的な性格は、アメリカ人という少数者が多数のフィリピン人を統治する植民地の状況に適していた。この点は、法令七四号の制定過程にも見て取れる。同法令に関して一九〇一年一月に公聴会がおこなわれた。主な論点は宗教教育について論じた第一六条についてであり、教育委員会に関する第一〇条から第一二条についての質疑応答は一点のみおこなわれている。[102] それは第一一条の督学官が委員を解任するというくだりである。簡単に解任できてしまうことは、督学官の権力の濫用を招くという危惧が示される。その結果、通知と聞き取りという解任にいたる中間段階が追加された。この質問をしたフィリピン人がアメリカの教育行政に精通していたのであれば、またアメリカ人の参加者が「コミュニティによる管理」という「民主的」な側面も含めアメリカの学校制度をフィリピンに移植したかったのであれば、そもそも督学官が教育委員会に介入する権利も含め、教育局長や督学官に与えられた過大な権限こそが問われただろう。

アメリカ教育史の文脈では「コミュニティによる管理」が「民主的」な学校制度を作り上げてきたという主流の解釈がある。[103] ところが、フィリピンでは、中央集権的な性格を持った教育行政が「民主的」であると主張された。「民主的」という概念に関わり、このような意味の飛躍を可能にした大きな要因には、同時代のアメリカで影響力を持った運動があった。すなわち、専門家が政策を立案し、その決定過程からコミュニティの人々を排除することを求めた「行政進歩主義」があった。カバリーの言う専門家に対応したのが上級管理職であった。その多くがアメリカ人であったフィリピンの教育行政においては、アメリカ人が決定した政策が、中間組織を経ずに浸透していくことが「民主的」性格であった。つまりは、「民主的」といわれる特徴がアメリカ人に付随するということが暗黙の裡に了解されており、アメリカ人が「民主」をフィリピン社会に与えるという「恩恵」が成立しているのである。

フィリピンの植民地政府は、国家権力を社会に浸透させた革新主義時代のアメリカのように、植民地為政者側の意思を社会に浸透させようとした。「行政進歩主義」の発想から少数者による「上から」の教育管理体制を作り、革新主義時代アメリカの行政組織の拡大に似て学校制度の拡大を試みた。しかし、中央集権的な学校制度は財政的負担が大きすぎて十分に拡大できなかった。当然、学校を代替する他の行政組織の拡充はなかった。

それでは、革新主義時代アメリカの統治方法をあきらめたかというと、そうではなかった。教育局や督学官の権限を町政府や町レベルの教育委員会に委譲することはなかった。結局のところ、植民地教育では権限を委譲して町レベルでの教育の活性化を試みるよりも、アメリカ人が教育を管理し続けることが選択された。

そのなかで、「民主」の意味が再定義された。アメリカの教育では「コミュニティによる管理」が「民主」を意味したが、植民地教育ではアメリカ人が管理することが「民主」であるという属人的な特徴を帯びるようになった。この「民主」概念は、もうひとつの問題につながっていく。アメリカ人教員とフィリピン人教員のあいだに存在した著しい待遇格差である。

註

（1）*Report of the Philippine Commission (RPC)*, vol. 3 1903 (4th), pp. 694-705.

（2）James Alfred LeRoy, *Philippine Life in Town and Country*, New York: G. P. Putnam's Sons, 1905, pp. 174-176. ルロイの履歴について

はDavid Shavit, *The United States in Asia, A Historical Dictionary*, New York: Greenwood Press, p. 301を参照のこと。ルロイとバロウズの関係については、たとえば、一九〇五年五月三一日にバロウズはフィリピンの状況についてルロイに長くまた親密さのこもった書簡を送っている（File "1905," Box 1 "Letters by Barrows", David P. Barrows Papers, Bancroft Library, University of California at Berkeley）。

（3） LeRoy, *Philippine Life in Town and Country*, pp. 202-245.

（4） William H. Taft, "American Education in the Philippines," *Educational Review* 29 (1905): pp. 264-285; Originally Printed in *The Churchman*, 1 October 1904.

（5） Taft, "American Education in the Philippines," pp. 274-275.

（6） *RPC*, vol. 3, 1903 (4th), pp. 696, 698. スペイン植民地教育が過度の記憶に頼る宗教教育だったという見解は、幅広く公文書に見られる。たとえば、*Census of the Philippine Islands (Census)*, 1903, vol. 3, pp. 582-590を参照のこと。

（7） *Annual Report of the Director of Education* (*ARDE*), 1908/1909 (9th), p. 9; *ARDE*, 1909/1910 (10th), pp. 11-12; *RPC*, 1908/1909, p. 187. もっとも、義務教育規定は、ミンダナオとスルー諸島では存在したが、他の地域ではコモンウェルス期の一九四〇年まで制定されなかった（Antonio Isidro, *The Philippine Educational System*, Manila: Bookman, 1949, pp. 104, 106）。ただし、ミンダナオ・スールー諸島でも義務教育は一九二六年には取り止められている、と報告されている（*ARDE*, 1926 (27th), p. 61）。

（8） *RPC*, 1903/1904, vol. 3, pp. 864-865; *RPC*, 1908/1909, p. 186; Veronica Amarra Dado, "Philippine Public Elementary School Buildings during the American Period, 1898-1941, Extant Structures in Manila," MA Thesis, Department of Art Studies, College of Arts and Letters. University of the Philippines, 1996, p. 51.

（9） *RPC*, 1908/1909, p. 186; *ARDE*, 1937 (38th), pp. 132-138.

（10） Cf. *ARDE*, 1925 (26th), p. 65.

（11） 一九一六年以降はミンダナオ、スルー諸島を含む。学校数については『教育局長年次報告』（*ARDE*）からデータを取得した。一九〇三～一九一〇年には島嶼財政により運営される島嶼学校（Insular Schools）は含まれないが、一九一四、一九二八～一九四〇年は含む。一九一三、一九一七年については島嶼学校を含むかについて原資料に明記なし。測定時期については一九〇三～一九一一年は原資料に明記なし、一九一三、一九三九、一九四〇年は学年末（三月終わりまたは四月初め）、一九一四、一九一七、一九二八年は一二月、一九二九～一九三八年は九月となっている。Cf. *ARDE*, 1909/1910 (10th), p. 48; *ARDE*, 1917 (18th), pp. 126-127; *ARDE*, 1928 (29th), pp. 182-193. 小学校総数と高校総数が確認できた年のみをグラフにした。生徒数および総人口は『教育局長年次報告』(*ARDE*) から実数を入手した。生徒数は月別登録者数の平均値である。一九一五年のデータは一九一四年七月から一二月までのものである。Cf. *ARDE*, 1907 (7th), pp. 28-29; *ARDE*, 1921 (22nd), pp. 10, 76-77. なお、高校の学校数、生徒数に関しては一九三八～一九四〇年に記載のカレッジ(College)分を含んでいる。

(12) 一九一六年以降はミンダナオ、スルー諸島を含む。ここでは、統計上に現われる月別登録者数の平均値と総人口における年齢比から求めた推定学齢児童数を比べ、就学率としている。ただし、このように計算される就学率はある時点で学校に在籍していることを就学したと見なすため、完全に不就学の者、中途退学者、卒業した者を正確に捉えることができないとの朝鮮史からの指摘がある(金富子『植民地期朝鮮の教育とジェンダー――就学・不就学をめぐる権力関係』世織書房、二〇〇五年、四四―四六頁)。しかし、フィリピンに関しては、各学年で超過年齢者や留年者が多く、また、統計もさほど精緻とは言えない。完全不就学率や卒業率を計算することは難しい。

(13) Glenn Anthony May, *Social Engineering in the Philippines: The Aims, Execution, and Impact of American Colonial Policy, 1900-1913*, Westport: Greenwood Press, 1980, p. 123.

(14) *ARDE*, 1931 (32nd), pp. 10, 49-50.

(15) この統計からの分析とほぼ一致し、報告書においても、一九三五年の小学校低学年の就学率は六五・七パーセントと記されている(*ARDE*, 1937 (38th), p. 6)。コモンウェルス期の一九三七年以降の高い伸び率については、説得力のある要因を発見できていない。今後の課題としたい。

(16) The Board of Educational Survey, *A Survey of the Educational System of the Philippine Islands*, Manila: Bureau of Printing, 1925, p. 32.

(17) *Census*, 1903, vol. 2, p. 667.

(18) *RPC*, vol. 3, 1903/1904, pp. 858-859.

(19) 町教員の給与は町の税収によって異なっており、州によって給与の差は大きかった。法令七四号一三条によると、学校区(district)はそれぞれの町に対応しているとされた。しかし、一九一七年には学校区はたいてい幾つかの町から構成されるようになった(*Service Manual, Bureau of Education* (*SMBE*), 1917, p. 9)。

(20) 学校基金に関する土地建物税は法令八二号四三条b項によって制定された(*RPC*, 1901/1902, vol. 2, p. 970; *Public Laws and Resolutions passed by the United States Philippine Commission* (*PLPC*), vol. 1 (-28 Feb. 1901), pp. 423-424)。内国歳入の学校基金への移入は、法令一一八九号一五〇条によって定められ、法令一六九五号によって学校基金への税率が五パーセント上乗せされた(*RPC*, 1903/1904, vol. 3, p. 854; *PLPC*, vol. 3 (September 1, 1903 - August 31, 1904), p. 433; *PLPC*, vol. 6 (September, 1906 - October

1907), pp. 273-275)。

（21）*RPC*, 1901/1902 (3rd), vol. 2, p. 970.

（22）幾つかの州では土地建物税では学校を維持できなかった（*RPC*, 1902/1903 (4th), vol. 3, pp. 756, 763, 770, 804）。

（23）*ARDE*, 1907/1908 (8th), p. 83; *ARDE*, 1914 (15th), p. 12; *ARDE*, 1918 (19th), p. 10.

（24）*ARDE*, 1923 (24th), pp. 25-26.

（25）*ARDE*, 1921 (22nd), p. 16; *ARDE*, 1925 (26th), p. 11

（26）*ARDE*, 1929 (30th), p. 57; *ARDE*, 1930 (31st), p. 10.

（27）*ARDE*, 1918 (19th), p. 76; *ARDE*, 1922 (23rd), p. 34; *ARDE*, 1924 (25th), pp. 50-51; *ARDE*, 1925 (26th) p. 11; *ARDE*, 1932 (33rd), p. 9.

（28）*RPC*, 1901/1902 (3rd), vol. 2, pp. 980-981.

（29）「給与が公的に支払われている教員のいる学校では、いかなる授業料も徴収されない」（*ARDE* 1905/1906 (6th), p. 6.）。

（30）*ARDE*, 1908/1909 (9th), p. 9; *ARDE*, 1909/1910 (10th), pp. 11-12.

（31）*ARDE*, 1917 (18th), p. 7.

（32）General Instruction, Bureau of Education (GEN), no. 14, 1917; *SMBE* 1917, p. 229.

（33）*ARDE* 1917 (18th), p. 72.

（34）*ARDE* 1918 (19th), p. 11.

（35）一九二五年には、小学校高学年二ペソ、高校四ペソの授業料の徴集を義務化するとの通達を教育局が出している（GEN, no. 9, 1925）。同年、一六州の高校で、四ペソから二〇ペソの授業料を徴収している（*ARDE*, 1925 (26th), p. 32）。一九二七年には、高校では州内の生徒からは年間五ペソから二五ペソ、州外の生徒からは年間一〇ペソから四〇ペソの授業料を徴収した（*ARDE*, 1927 (28th), p. 14）。一九三〇年代には四五州の高校で州内生徒から平均一七・五ペソ、州外生徒からは平均三〇ペソを徴集している（*ARDE*, 1931 (32nd), p. 20）。また、二六五の町の高学年小学校では、一ペソから一〇ペソの授業料が徴収されている（*ARDE*, 1933 (34th), pp. 3, 17）。

（36）*ARDE*, 1923 (24th), p. 10; *ARDE*, 1926 (27th), p. 33.

（37）*ARDE*, 1927 (28th), p. 11.

（38）Cf. *ARDE*, 1928 (29th), pp. 79-80; *ARDE*, 1933 (34th), p. 73; *ARDE*, 1935 (36th), p. 89; *ARDE*, 1938 (39th), p. 91.

（39）アメリカ連邦政府は一九〇三年の災害救済支援以外に、フィリピン植民地政府を資金援助することはなかった（永野善子

『フィリピン銀行史研究――植民地体制と金融』御茶の水書房、二〇〇三年、八〇、一〇四頁）。

（40） The Board of Educational Survey, *A Survey of the Educational System of the Philippine Islands*, pp. 79-83.

（41） *Ibid.*, pp. 85-90.

（42） *ARDE*, 1912/1913 (13th), pp. 10-13; *ARDE*, 1931 (32nd), p. 18.

（43） *ARDE*, 1923 (24th), pp. 9-11; *ARDE*, 1927 (28th), pp. 14-15

（44） 池端雪浦『フィリピン革命とカトリシズム』勁草書房、一九八七年、一四一―二四頁；Reynaldo Clemeña Ileto, “Rural Life in a Time of Revolution,” *Filipinos and Their Revolution: Event, Discourse, and Historiography*, Quezon City: Ateneo de Manila University Press, 1998 pp. 79-98.

（45） *RPC*, 1904/1905, vol. 4, p. 409.

（46） *ARDE*, 1925 (26th), p. 15.

（47） *RPC*, 1904/1905, vol. 4, p. 516.

（48） *RPC*, 1902/1903 (4th), vol. 3, pp. 786-787.

（49） *Census*, 1903, vol. 2, no. 1, pp. 140, 187-192 から数えた。

（50） *ARDE*, 1921 (22nd), pp. 122-123; *ARDE*, 1924 (25th), pp. 136-137.

（51） バリオ学校の問題はたとえば *ARDE*, 1925 (26th), p. 15; *ARDE*, 1929 (30th), p. 8 に記載されている。補助金によってポブラシオーンの学校が建設されることについては、*ARDE*, 1915 (16th), p. 62 に記載されている。また、ニッパヤシや竹の校舎は、台風によって壊れてしまうことが多く、このような校舎の違いそのものがバリオ学校を維持することを困難にした（*RPC*, 1907/1908, vol. 2, p. 840; *ARDE*, 1915 (16th), p. 62）。植民地教育における校舎についての研究としては、Veronica Amarra Dado, “Philippine Public Elementary School Buildings during the American Period,” MA Thesis, Department of Art Studies, College of Arts and Letters, University of the Philippines, 1996 がある。

（52） *RPC*, 1902/1903 (4th), vol. 3, p. 752.

（53） *RPC*, 1902/1903 (4th), vol. 3, p. 788.

（54） *RPC*, 1902/1903 (4th), vol. 3, p. 729.

（55） *ARDE*, 1925 (26th), p. 15.

（56） *ARDE*, 1920 (21st), pp. 47-48.

（57）カリキュラムの研究は、本書の目的からは外れるので詳述を避けるが、つぎのような事例から、植民地教育のカリキュラムの複雑さを窺い知ることができる。一九一五年の小学校高学年では、「一般」（General Course）、「家事および家内工業」（House Keeping and Household Arts Course）、「農業」（Farming Course）、「商業」（Trade Course）、「教育」（Teaching Course）とのコースに分かれている（*MRPC*, 1915 Appendix A, pp. 151-157）。また、一九一〇年代には、小学校低学年においても、かご作りなど、実業教育がおこなわれていた（May, *Social Engineering in the Philippines*, pp. 113-119 ）。

（58）*ARDE*, 1923 (24th), p. 10.

（59）*ARDE*, 1923 (24th), pp. 9-11.

（60）*ARDE*, 1923 (24th), pp. 11, 52.

（61）*ARDE*, 1926 (27th), pp. 32-33.

（62）*ARDE*, 1927 (28th), pp. 65-67.

（63）Circular, Bureau of Education (CIR), no. 17, 1918.

（64）*ARDE*, 1931 (32nd), p. 18.

（65）*ARDE*, 1939 (40th), p. 26.

（66）モンロー調査では、フィリピン人教員が英語で教育することの困難が克明に論じられている（The Board of Educational Survey, *A Survey of the Educational System of the Philippine Islands*, pp. 143-178）。

（67）町に課税権を与え、なおかつ、教育局に集中している権限を町政府に移譲することを求めている。そうすれば、町レベルで住民が教育を支えようという意識が生じ、よって、町の教育のために、自分たちの税金を支払う気になり、税収も上がるだろう、と予測している（The Board of Educational Survey, *A Survey of the Educational System of the Philippine Islands*, pp. 85-90）。しかし、このような権限移譲は植民地期を通しておこなわれなかった。

（68）David Shavit, *The United States in Asia: A Historical Dictionary*, New York: Greenwood Press, 1990, p. 301.

（69）File “Biographical Sketches and Obituaries,” Carton 1” Biographical Sketches, etc., Diaries and Notebooks, v. 1-11,” David P. Barrows Papers, Bancroft Library, University of California at Berkeley.

（70）William H. Harbaugh, “Taft, William Howard,” *The Reader’s Companion to American History*, edited by Eric Foner and John A. Garraty, Boston: Houghton-Mifflin, 1991, p. 1056.

（71）Judith Walzer Leavitt, “‘Typhoid Mary’ Strikes Back: Bacteriological Theory and Practice in Early 20th Century,” *Sickness and Health in*

America: Readings in the History of Medicine and Public Health, edited by Judith Walzer Leavitt and Ronald L. Numbers, Madison: University of Wisconsin Press, 1997, pp. 555-574.

（72） U.S. Reclamation Service, The Bureau of Reclamation, U.S. Department of Interior, "The Bureau of Reclamation, A Very Brief History," www.usbr.gov/history/borhist.html.（二〇一三年七月二五日アクセス）

（73） *RPC*, 1902/1903 (4th), vol. 3, pp. 694-705.

（74） フィリピン委員会法令一四〇七号第二三条による（*PLPC*, vol.5 (September 1905 - August 1906, p. 92)。

（75） *ARDE*, 1914 (15th), p. 22.

（76） *ARDE*, 1939 (40th), pp. iii, 23-24.

（77） 上級管理職については第三章第一節で詳述する。

（78） たとえば、一九一〇年代後半に教育局長になったウォルター・マーカートとルーサー・ビューリーは教育局長在任中に博士号を取得している（File "Marquardt, W. W.," Box 390, Entry 21, PNIF, BIA Records, RG 350, NARA; M. R. Cornejo, *Commonwealth Directory of the Philippines*. Manila: M. R. Cornejo, 1939/1940, pp. 1622-1623)。

（79） *RPC*, 1902/1903 (4th), vol.3, pp. 853-923. また一九〇〇年代末から一九一〇年代に発行されていた『ティーチャーズ・アッセンブリ・ヘラルド』（*Teacher's Assembly Herald*）にはバギオで開かれたこの会合について記してある。

（80） 実のところ、古参のアメリカ人教育管理職と、アメリカから派遣されてくる教育調査官の間には、協力関係よりも、対立が生じがちであった。教育局長ビューリーは、モンロー調査の提言はまったく具体性に欠けると批判している（*Philippines Free Press* (*PFP*), vol. 19, no. 47, 21 November 1925, p. 19)。

（81） *RPC*, 1901/1902 (3rd), vol. 2, pp. 972-973.

（82） 同内容の規定が一九二七年の教育局職員規則にも掲載されている。ただし、委員数は四名から六名になっており、委員には最低二名の女性を含むとされている（*SMBE*, 1927, pp. 304-305)。

（83） *RPC* 1901/1902 (3rd), vol. 2, pp. 972-973.

（84） *RPC* 1902/1903 (4th), vol. 3, p. 730.

（85） *RPC* 1904/1905, vol. 4, p. 559.

（86） *RPC* 1901/1902 (3rd), vol. 2, pp. 974-980.

（87） William J. Reese, *Power and the Promise of School Reform: Grassroots Movements during the Progressive Era*, New York: Teachers College

Press, 2002, pp. 79-130.

(88) Jesse Homer Newlon, *Educational Administration As Social Policy*, New York: C. Scribner's Sons, 1934, pp. 106-107.〔ジェス・H・ニューロン著、高木太郎、中谷彪訳『社会政策と教育行政』明治図書出版、一九七六年、八九頁〕

(89) Ellwood Patterson Cubberley, "City Schools, Local Boards," *A Cyclopedia of Education*, vol. 1, edited by Paul Monroe, New York: The Macmillan Company, 1925, pp. 23-24.

(90) アメリカ教育史のなかで、とくにこの概念に注目しているものとして、たとえば Robert L. Church and Michael W. Sedlak, *Education in the United States: An Interpretive History*, New York: Free Press, 1976 がある。

(91) たとえば、「人格」については、革新主義時代には「神性としての良心」という考え方はもはやなくなり、市場経済の発展とともに「成功のための手段」として捉える傾向が強まった（田中智志『人格形成概念の誕生――近代アメリカの教育概念史』東信堂、二〇〇五年、二六二―二七三頁）。また、進歩主義教育の特徴として、教育によって社会を変革するという「社会性」の概念が構築された（田中智志『社会性概念の構築――アメリカ進歩主義教育の概念史』東信堂、二〇〇九年、三―六二頁）。

(92) Ira Kaznelson and Margaret Weir, *Schooling for All: Class, Race, and the Decline of the Democratic Ideal*, Berkeley: University of California Press, 1988, pp. 59-120.

(93) David B. Tyack, *The One Best System: A History of American Urban Education*, Cambridge: Harvard University Press, 1974, pp. 25-26, 182-183.

(94) Lawrence A. Cremin, *The Transformation of the School: Progressivism in American Education, 1876-1957*, New York: Vintage Books, 1964, pp. 168-176.

(95) *Ibid.*, pp. vii-xi.

(96) 代表的な研究として、Michael B. Katz, *The Irony of Early School Reform: Educational Innovation in Mid-Nineteenth Century Massachusetts*, New York: Teachers College Press, 2001; First Edition Published in 1968 がある。

(97) Herbert M. Kliebard, *The Struggle For the American Curriculum, 1893-1958*, New York: Routledge, 1995, pp. 231-252.

(98) Tyack, *The One Best System*, pp. 182-198; David B. Tyack and Larry Cuban, *Tinkering Toward Utopia: A Century of Public School Reform*, Cambridge: Harvard University Press, 1995, pp. 17-19, 70-71.

(99) Ellwood Patterson Cubberley, *Public Education in the United States: A Study and Interpretation of American Educational History*, Boston: Houghton Mifflin Company, 1919, pp. 28-214, 365-486.

（100）*Ibid.*, p. 480.

（101）Reese, *Power and the Promise of School Reform*, p. 226.

（102）12 Jan. 1901, *Minutes of Public Sessions of the United States Philippine Commission, 1 Sept. 1900 to 1 Sept. 1901*. American Historical Collection, Rizal Library, Ateneo de Manila University, Quezon City, Metro Manila, The Philippines.

（103）本章註（90）を参照。

第三章　アメリカ人教員とフィリピン人教員

アメリカの植民地教育は、無償とも言えず、十分に拡がったわけでもなかった。このような所期の計画からの逸脱以外にも、植民地教育は根深い問題を抱えていた。それは制度内の「民主」に関わる問題であった。植民地教育が「市民的理念」を定着させ、フィリピン人の「民主主義」を達成するという目的から、この教育を支える制度が「民主的」に運営されることが期待された。前章ではアメリカの教育行政との差異から、フィリピン植民地教育の教育行政と「民主」の関係を考察したが、同時代の教育関係者の観点からはそのような差異は問題とならなかった。たとえば『教育局長年次報告』(*Annual Report of Director of Education: ARDE*)においても元教育局長の論文においても、教育局を中心とした教育行政は、中央集権的ではあるが独裁的ではなく教育現場からの意見や提案をくみ上げる「民主的」な組織であったことが強調されている(1)。しかし、植民地主義を支える人種的な優劣は、植民地教育を支える教員雇用制度にも深く根ざしていた。制度内の「民主」は、アメリカ人教員の優遇という人種差別とどう関係したのか。また、前章で明らかになった、アメリカ人に付随した属人的な「民主」という概念は、雇用においてどのような役割を果たしたのか。この点を探求するために、まずはアメリカ人とフィリピン人という人種的な区分から教員雇用制度の概要を確認しよう。

一　教員雇用制度

制度の概要

まずは教員雇用制度の変遷を見てみよう[2]（図3-1、3-2）。

第一にはアメリカ人教員が最大でも一九〇二年の九二六人であり、それからは徐々に減少していったことに対し、総教員数は急激に増えていった。全教員に対するアメリカ人の比率は一九〇六年には最大の一五・〇パーセントだが、一九三〇年には〇・九パーセントに下落している。フィリピン人に関しては、前述したように、アメリカ人と同じ給与源泉の島嶼教員と町財政から給与を得る町教員に分かれていた。島嶼教員は一九一〇年から一九三九年までは一〇〇〇〜二〇〇〇人で推移しているが、当初四〇〇〇人強だった町教員は一九二二年には二万人、一九三六年には二万五〇〇〇人、一九三九年には三万五〇〇〇人にいたっている。総教員数を分母とした割合から見ると、フィリピン人町教員は一九〇七年には八二・一パーセントだが、一九三九年には九一・六パーセントを占めるようになる。つまり、記録のない最初期を除き植民地期を通してフィリピン人の町教員が教員全体の大部分を担っていた。なお、州教員は島嶼教員の待遇に準じているので、以下では考察の対象外としたい。

アメリカ人教員優遇の実態

このようにアメリカ人教員の割合は激減していき、フィリピン人の町教員が実質的な教師として植民地教育

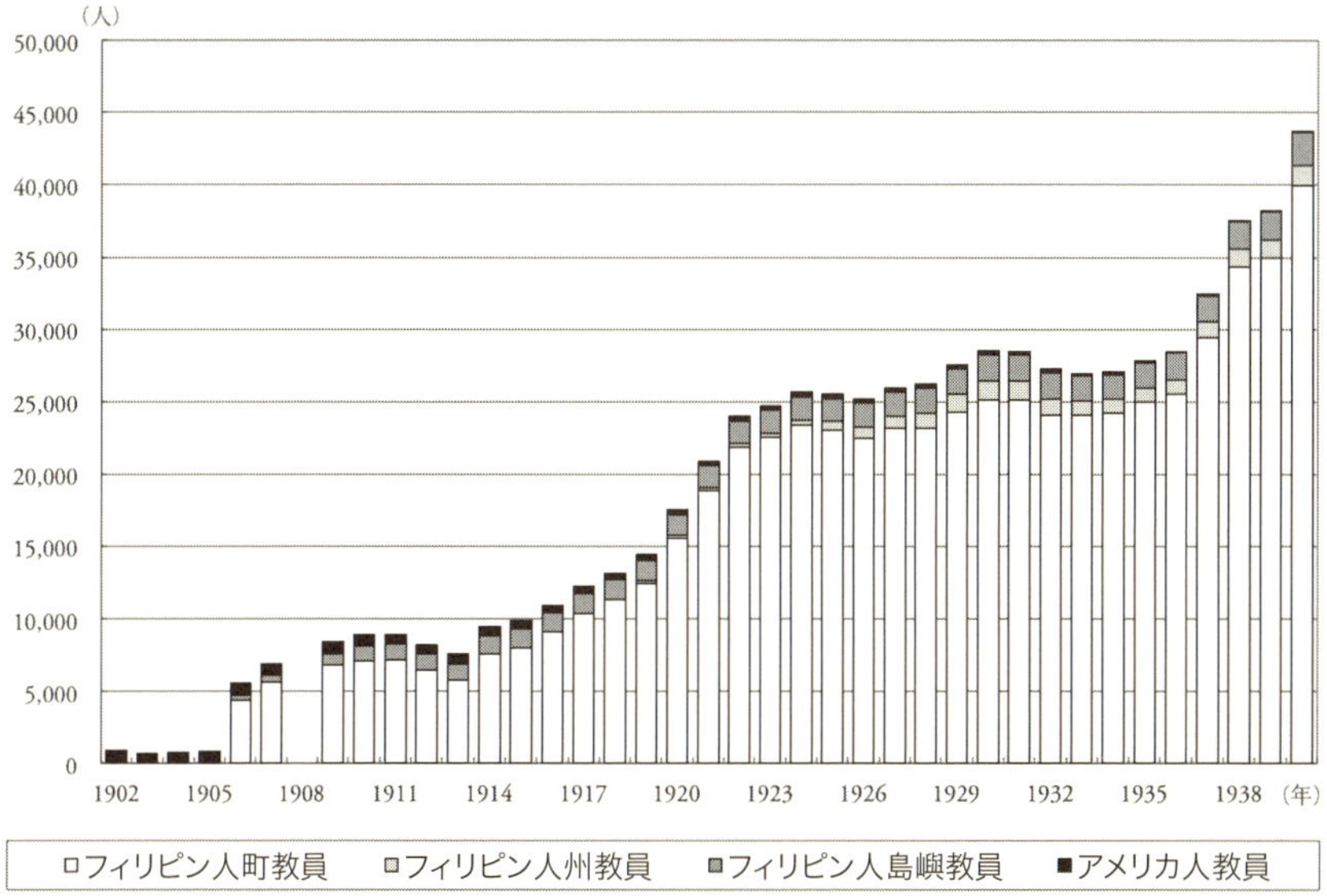

図3-1　教員数

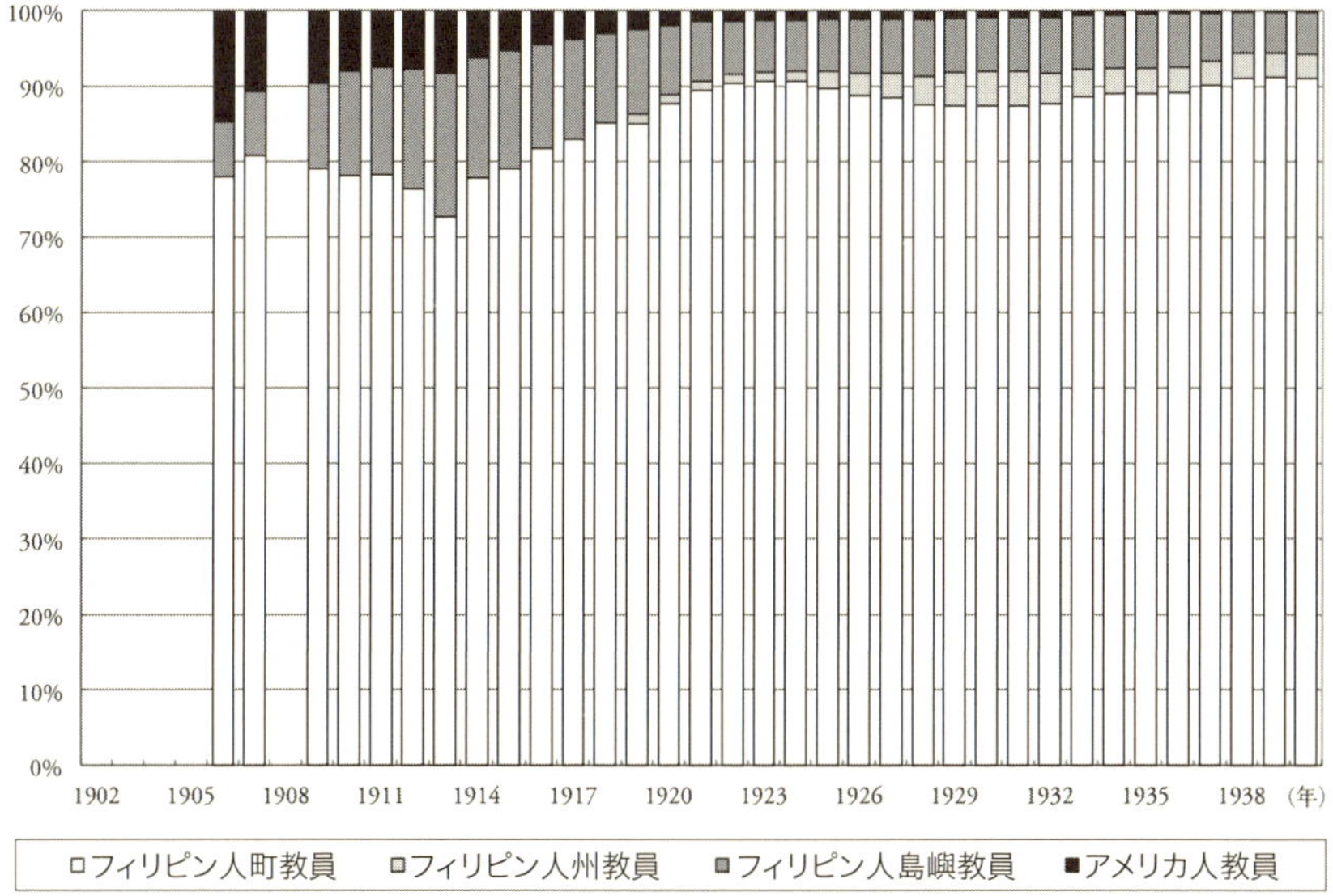

図3-2　アメリカ人教員、フィリピン人教員の割合

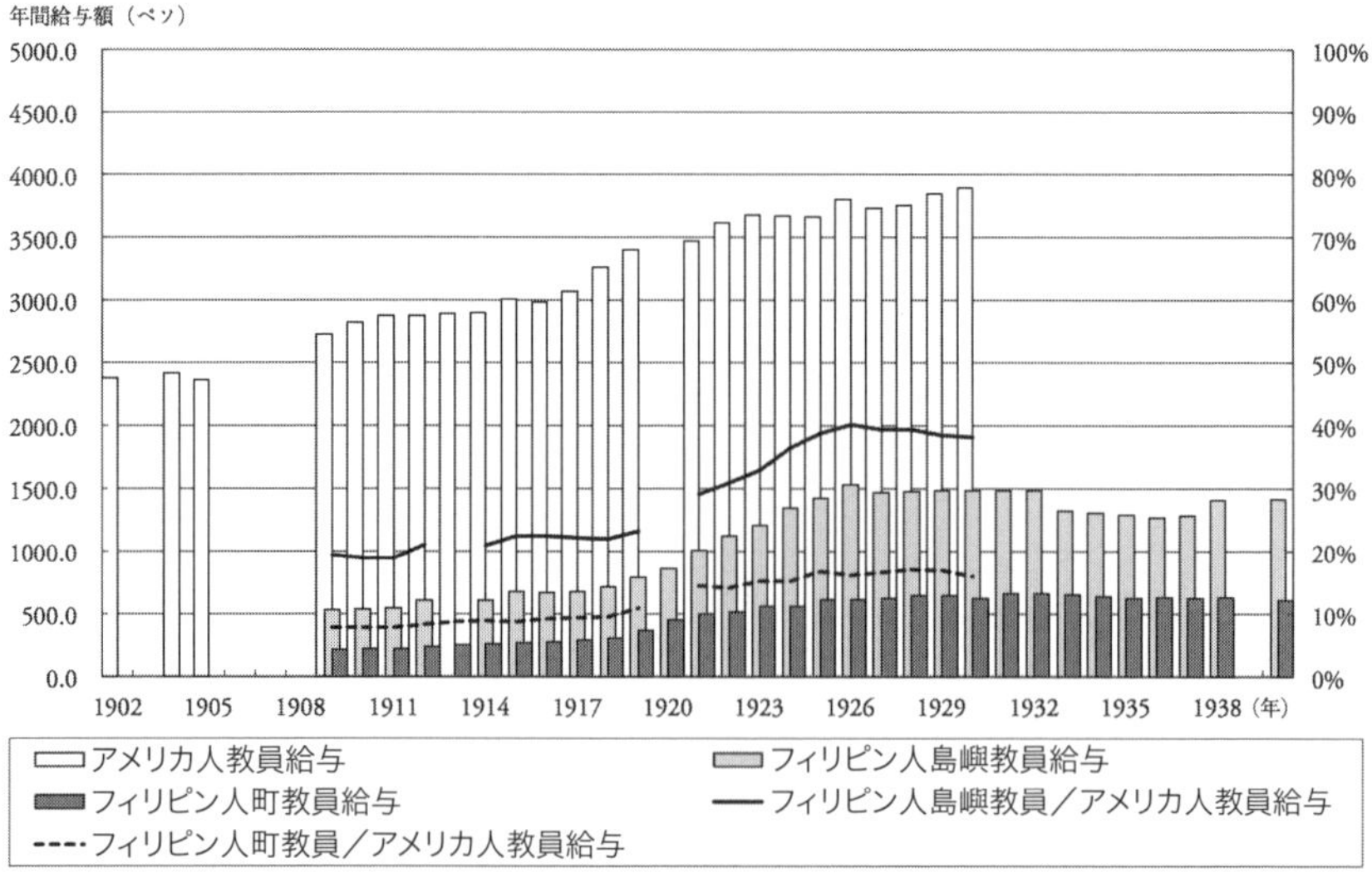

図3-3　教員の給与

を担っていく。しかし、この変遷は、アメリカ人教員とフィリピン人教員の給与を均等化していったわけではなかった。図3-3から図3-6は統計資料や管理職名簿に従い、アメリカ人とフィリピン人に分け、管理職の人数と給与および非管理職の学校教師職の給与を調べたものである。管理職に関しては役職により給与差が大きいことから、上級と下級に分け計算した[3]。上級管理職は教育局長（Director of Education）、副教育局長（Assistant Director of Education）、教育局長補佐（Assistant to the Director）、学区督学官（Division Superintendent、以下、特記しない場合は督学官は学区督学官を指す）、特任督学官（Superintendent on Special Detail）、専門調査員（Specialist）、事務長（Chief Clerk）とした。下級管理職は学区督学官代理（Acting Division Superintendent）、主任教師（Head Teacher）、島嶼学校校長（Principal [of Insular School]）、部局長（Head of Department）とした。なお、各年発行された『教育局長年次報告』（*ARDE*）のあいだで名称が一定でないものもある。

アメリカ人、フィリピン人の島嶼教員および町教員の給与は一九三〇年代初頭までは増加傾向にある。一九三〇年代に入ると、アメリカ人教員の給与の記録は残され

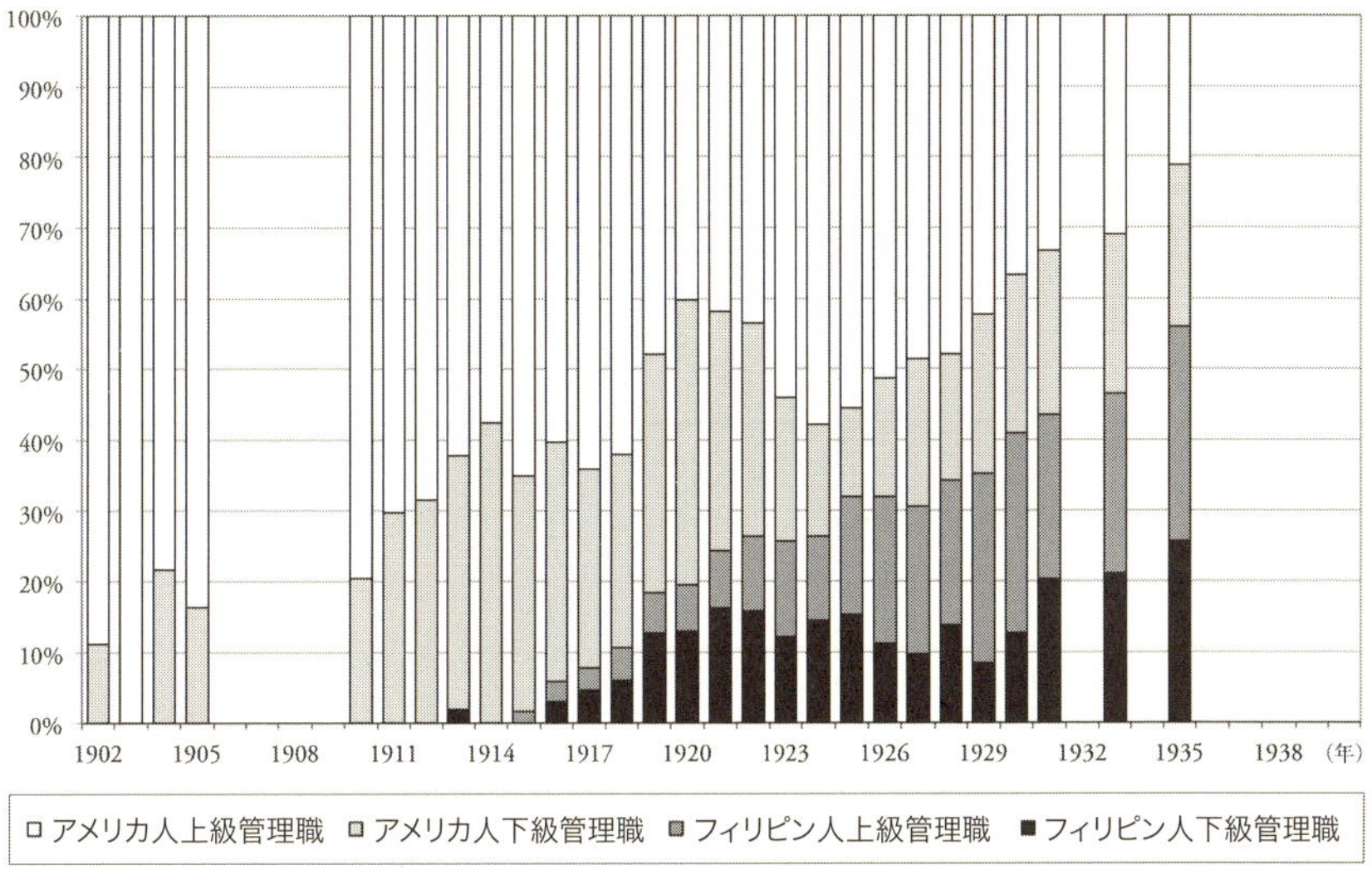

図3-4　管理職の国籍別割合

ていないが、フィリピン人島嶼教員と町教員の給与は減少傾向にある。一九三一年から三三年にかけて給与が大幅に減るが、これは一九三二年四月二八日発行の総督令により、官僚全体の給与削減がおこなわれたことを反映している。[4] 一九三〇年までアメリカ人教員は非常に高い給与を得ていたことが確認できる。一九〇九年の段階で、アメリカ人教員の給与一〇〇パーセントとすると、フィリピン人島嶼教員の給与は一九パーセント、町教員にいたってはわずか八パーセントだった。一九三〇年でも、それぞれ三八パーセントと一六パーセントである。植民地期を通して、総体的にフィリピン人の給与は上がっていったものの、フィリピン人の給与とアメリカ人の給与のあいだには大きな差が残り続けた（図3-3）。

待遇格差の再検討

もっとも、そもそもアメリカの価値観を英語で教える植民地教育においては、アメリカ人教員がより上位の位階を占めるので、彼らの給与が高くなることは当然であるという反論があろう。つまり、給与差はアメリカ人教

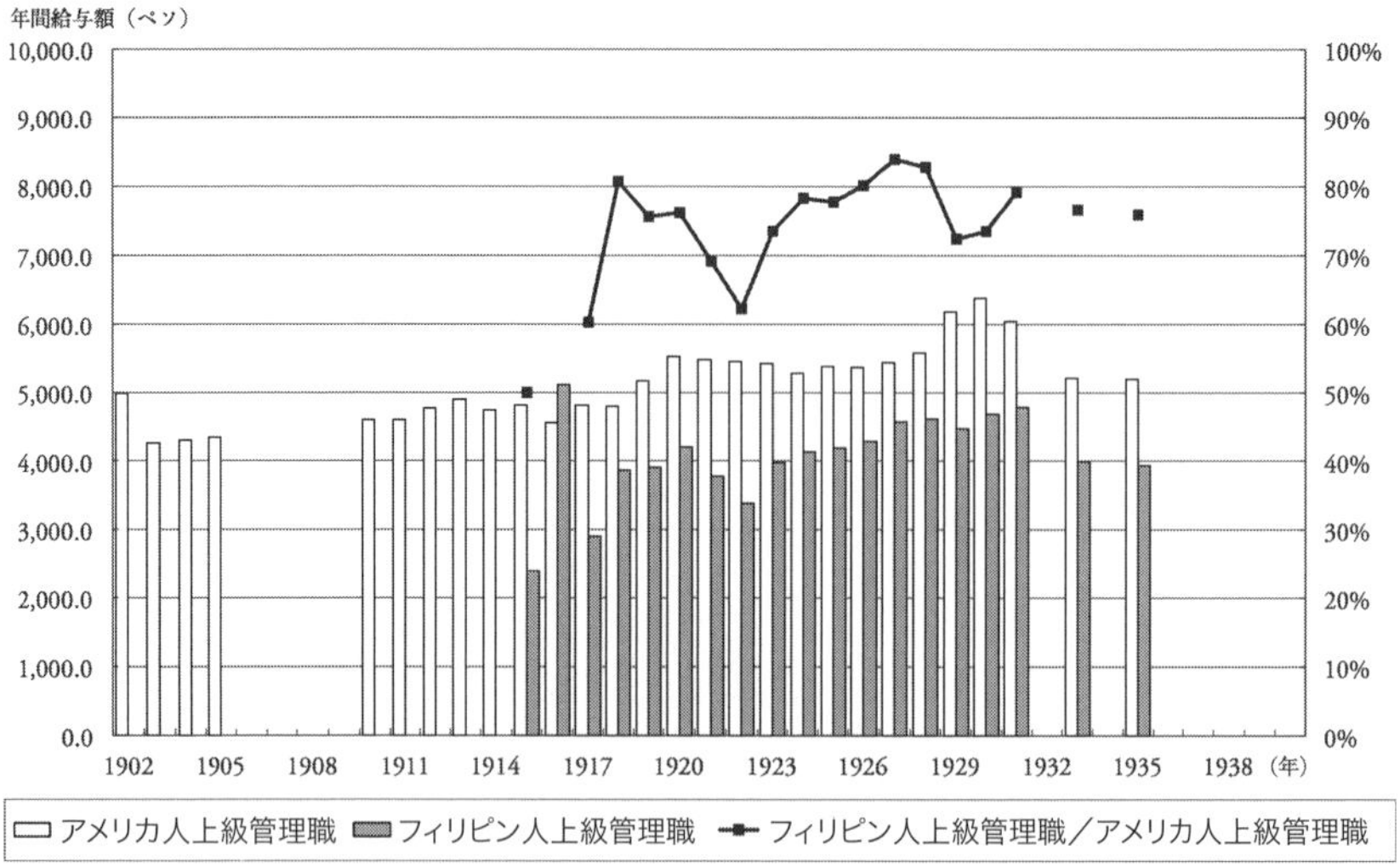

註：1916年に前年までマニラ市の法務長官だったフィリピン人ホセ・エスカレールが副教育局長職についており、7,000ペソの給与を得ている。エスカレールは翌年には同職からいなくなっているが、1916年のフィリピン人上級管理職は、彼の他には、督学官で給与3,200ペソを得ているカミロ・オシアスのみである。よって、この年のフィリピン人上級管理職の平均給与は極端に高くなってしまっており、平均5,100ペソとなる。これは41人いるアメリカ人上級管理職の平均給与の112%となっている。グラフの外に位置してしまうので、図示していない。

図3-5　上級管理職平均給与

員がフィリピン人教員よりも相対的に高い地位を得たことによる「能力主義」にもとづいたものである、と。ここでは、同等の位階においてどれほどの給与差があったのか、そしてどの程度のフィリピン人がアメリカ人と同等の位階に達することができたのかという点を、『フィリピン委員会報告』（*Report of the Philippine Commission: RPC*）、『教育局長年次報告』（*ARDE*）の統計資料および「氏名連関データベース」の分析から確認しておきたい。[5]

まずは管理職についてである。一九一〇年代にはフィリピン人管理職が少なかったこともかんがみ、一九二〇年代以降の平均給与差を比べてみると、上級管理職においてはフィリピン人管理職はアメリカ人管理職の七五・八パーセント、下級管理職においては七八・一パーセントであった。ただ、下

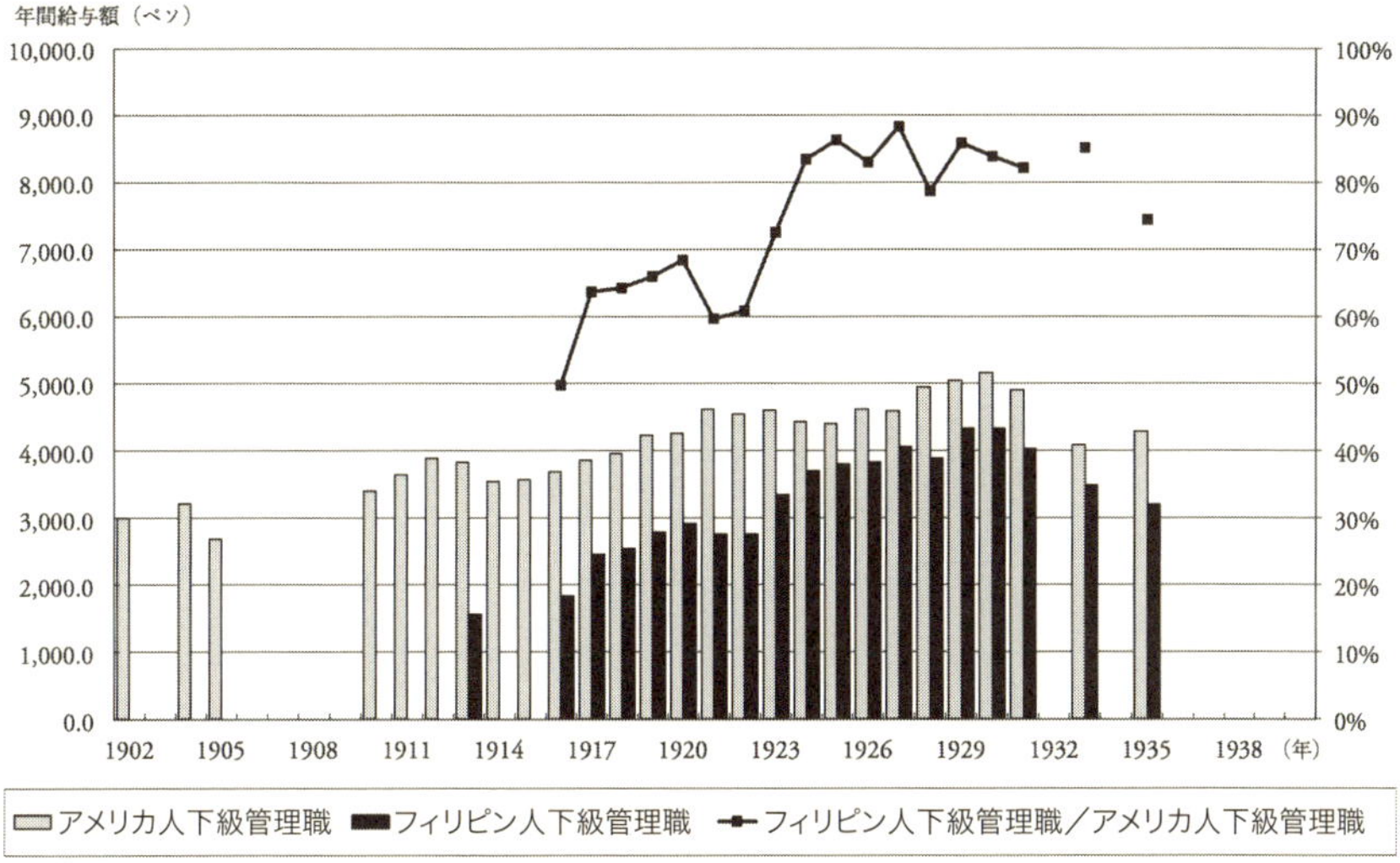

図3-6　下級管理職平均給与

級管理職については時間の経過とともに格差が縮まる傾向にあった（図3-4、3-5、3-6）。

　また、フィリピン人にとっては、管理職は非常に狭き門だった。管理職はアメリカ人にしてもフィリピン人にしても大多数を男性が占めた職種だったので、[6]男性に議論を絞ると、フィリピン人島嶼教員の場合、延べ四八一七人のうち八六人（一・八パーセント）、アメリカ人教員の場合、延べ二一三一人のうち二五七人（一二・一パーセント）が管理職に就いている。[7]

　つぎに島嶼教員職についてである。そもそもアメリカ人に限られた位階とされていた島嶼教員は、フィリピン人の場合、準教員職と正教員職に分かれていた。正教員職はアメリカ人と同じ試験を受けて合格する必要があり、アメリカ人教員と同等の地位を意味した。一九二〇年から五年ごとにアメリカ人教員とフィリピン人正教員の平均給与を比べてみると、比率が最大の一九二〇年にはフィリピン正教員はアメリカ人教員の四五・四パーセント、もっとも比率が縮まった一九三〇年であってもそれぞれ五三・五パーセントである。つまり、フィリピン人教員は、アメリカ人と同等の位階であっても半分程度の給与しか得ていなかった。また、男女のフィリピン人島嶼教員延べ六七二九人のうち、正教員になった者は九九二人(一四・七パーセント)のみであった。(8)

管理職や島嶼教員職においてアメリカ人教員の位階にごくわずかなフィリピン人しか到達できないということは、アメリカの言語や価値観を教えるという植民地教育の特徴を考えれば当然の帰結と言えるかもしれない。しかし、同等の位階であっても、大きい給与差が残り続けたことはどのように正当化されたのだろうか。この点を、アメリカ人を教員として雇用し続けた根拠から確認しておこう。

二　雇用に関する二つの根拠

「出目による特性」と「能力主義」

フィリピン委員会法令七四号一五条によって一〇〇〇人ほどのアメリカ人教員がアメリカから連れて来られることが定められた。フィリピンで雇われたアメリカ人教員も少数いたが、一九〇一年八月二三日にマニラに到着したトーマス号に乗船していた五〇〇人ほどの教員が最初のアメリカ人教員とされる。(9)その後一九三二年九月にアメリカ人教員雇用のための試験を中止するまで、アメリカ人教員が毎年アメリカからやってきた。(10)氏名連関データベースによると、延べ三八〇七人のアメリカ人がフィリピンの教員職および教育関連職員職に就いている。

その背景には、アメリカ人と直接に接することによりフィリピン人がアメリカ人の価値観を学ぶべきであるという発想があった。一九〇三年のセンサスの文書では、アメリカ人教員はただの教員ではなく、近代的な思想を伝える仲介者として位置づけられている。[11] また一九〇二年の『フィリピン委員会報告』(RPC)にセブのアメリカ人教員が記した論文が再掲されている。そのなかで、アメリカ人教員は一義的には英語の教員であるとしても、フィリピンの町においては政府を代表しており、「アメリカ市民(American citizen)」であり、「市民権(citizenship)」が意味するものの弁護者」であると説明されている。[12] アメリカ人教員は「市民的理念」の担い手と位置づけられていたのである。逆の見方をすると、この文脈では英語を第一言語として話せることやアメリカ文化を体現していることなど、アメリカ人としての出自を持つがゆえの特性(以下「出自による特性」[13])がアメリカ人教員を雇用する根拠になっている。

しかし、アメリカ人教員の給与の高さとそれにともなう財政的な負担は植民地期初期から問題であった。一九〇三年の報告によると、すべての重要なポブラシオーンやバリオの学校にアメリカ人教員を配置することは、少なくとも七倍のアメリカ人教員を必要とし、財政的に不可能であった。[14] 一九〇七年の教育長報告は、小学校低学年と小学校高学年のアメリカ人教員三二二人を解雇することにより、三八万六〇〇〇ペソを節約することができると述べている。[15] 一九一〇年代初頭の小学校低学年の縮小においては、校舎改善計画の不実施、実業教育(industrial education)の中止、フィリピン人教員の給与削減とともに、アメリカ人教員の大量解雇が検討対象となっている。[16]

このような財政的な負担は「出自による特性」とは異なる理由づけを必要とした。離職したアメリカ人の後任人事は、とくに植民地期初期においては、給与の高いアメリカ人ではなく、フィリピン人によって補われた。さらには、実際に教育局は、多くのフィリピン人を町教員として低い給与で雇っており、そのことも正当化しなければならなくなった。これらの状況は「出自による特性」を「能力主義」に重ね合わせていく言説に発展した。一九一四年の『フィリピン委員会報告』(RPC)および『教育局長年次報告』(ARDE)は、同じ文章を掲載し、アメリカ人が非常に高い給与を得る理由を説明している。アメリカ人は自分の故郷から遠く離れて仕事をしなければならない、アメリカの標準給与を基に雇われているなど、幾つかの理由に加え、重要な理由としてアメリカ人の方がフィリピン人と比べ「ごく少数の例外を除き、非常に高い学歴、専門職歴を有している」と述べている。そして、優れた経験を持ったアメリカ人教員が学校制度には必要であることを述べ、その理由として英語を挙げている。英語は「もっとも発達した文化（the highest culture）」の言語であり、「国民としての統合（national unity）」のための共通語となりうる。その英語をフィリピン人に与え、「（アメリカ人）個々人の性格に組み込まれた民主主義の理想にフィリピン人を触れさせる」ことこそがアメリカ人の雇用根拠である、と論じる。そのうえで、フィリピン人教員の能力はアメリカ人退職者の欠員を埋めるには十分とは言えず、ゆえにアメリカ人の新規雇用はなされるべきだとの見解を示している。[17]

つまり、財政面ではフィリピン人の雇用が望ましかったが、植民地教育におけるアメリカ人の優位性の保持や、アメリカ人が「民主」を体現しているという価値観のために、アメリカ人の新規雇用を完全に止めるわけにはいかなかったのである。そこで、「出自による特性」とともに、学歴や職歴からアメリカ人の方がフィリピン人よりも優れているという「能力主義」が主張されたのである。

雇用根拠をめぐるジレンマ

この複合的な説明はつぎのようなジレンマを生みだした。「能力主義」に徹するのであれば、基本的には同職に就く者は同能力であり、ゆえに同等の給与が払われることが求められる。フィリピン人教員がアメリカ人教員の後を継ぐにつれ、アメリカ人教員とフィリピン人教員のあいだにある多大な給与格差が是正されるはずである。事実、一九〇〇年代半ばには、教育局を含む官僚制度においてアメリカ人が大量に辞めていく。彼らの後を継いだフィリピン人は同等の地位に就くにあたり、同等の給与を要求した、という記述が散見できる。[18] また、一九一五年には植民地総督のフランシス・ハリソンが、官僚のフィリピン人化にともない、官僚の地位に見合った給与体系に改正することを求めている[19]。これは、実質的には、アメリカ人とフィリピン人という二重の給与体系に対する是正勧告だった。

つまり一九一〇年代中ごろには、財政上の限界からフィリピン人の給与を引き上げることはできないし、「能力主義」を基にした訴えの前に、もはやアメリカ人の出自を強調してフィリピン人との格差を維持することもできなかった。このジレンマの中で一九二二年には新規のアメリカ人教員は高校の教師としてしか雇わないという方針が示されている[20]。言いかえれば、教育局は「出自による特性」という特権に固執できず、その反面「能力主義」に基づく高給与が財政的・理念的に困難な中で、アメリカ人教員は高い学歴、専門職歴を持つとの前提の下、管理職と高校教師に特化していくことによりアメリカ人教員の高い給与を維持しようとした。

ただ、学歴や専門職歴を根拠にアメリカ人教員の高い給与を維持することは一九一〇年代には困難になった。一九〇三年には「ペンシオナド（Pensionado）」と呼ばれるフィリピン人留学生を公費でアメリカへ送る公費留学生制度ができ[21]、一九〇八年にはフィリピン大学が開設された。高等教育の機会を得て、学歴を高めていったフィリピン人により、アメリカ人との学歴差が縮まっていった。たとえば、管理職のうち、学歴を示す資料が残されているフィリピン人で一九一〇年から一九年までに教員職に就任した者の場合、二五人中六人が大学卒、一五人が大学院在籍経験有となっている。同じ条件のアメリカ人管理職二四人の場合、一四人が大学卒、四人が大学院在籍経験有である[22]。アメリカ人教員の学歴上の優位は非常に危ういものだった。また、全体として、フィリピン人管理職はアメリカ人の場合と比べ管理職に就くまでより長い期間教員として働いており、なおかつ管理職についてからも長く勤務した[23]。専門職歴という点でも、アメリカ人の優位を論証することは難しい。

結局、同等の地位において、アメリカ人がフィリピン人よりも明確に高い学歴や専門職歴を持つという証拠は見当たらない。さらに、フィリピン人の高学歴化によって「能力主義」による差は自明ではなくなった。それ

出典：McCoy and Roces, *Philippine Cartoons*, p. 120.（初出：*The Independent*, 23 October 1915.）

図版3-1「同じ仕事、違う給与、なぜ？」

でも、アメリカ人教員は優遇され続けた。この点から、アメリカ人教員優遇の理由として、「出自による特性」は残らざるをえなかった。そのひとつの証拠として、一九二五年刊行のモンロー調査が挙げられる。同調査ではアメリカ人教員を継続して雇用することを求めている。その理由として、管理職においてアメリカ人が必要であるのは「民主主義における、近代的で良好な教育システムをよく知る」からであり、学校教師職においては英語を教える教員がいまだに必要であることが挙げられている。[24] そのうえで、アメリカ人教員はアメリカでの給与体系に従い報酬を受けるべきであり、「これは同職同給与が当てはまるケースではない」と論じている。[25]

以上から、教育を受ければフィリピン人は「向上」できるという植民地教育の「温情主義」は、フィリピン人が学歴を高めることを奨励したが、一部の例外を除きフィリピン人がアメリカ人と同等の地位において、同等の給与を得ることは許さなかった。いくらフィリピン人が教育を得てもアメリカ人と同等にはならないという点で、人種差別は植民地教育の根幹をなしていた。このような構造的な人種差別は、新聞の風刺漫画などを通して広く認識されていた。この矛盾を隠すレトリックとして、アメリカ社会は「民主的」であり、その社会で育ったアメリカ人は「民主」を体現しているという理由が使われた。ここでも「民主」は、アメリカ人に付随する属人的な特徴であった（図版3-1）。

フィリピン人教員と能力主義

このように、植民地教育の教員雇用制度は、アメリカ人教員、フィリピン人教員、フィリピン人島嶼教員-フィリピン人町教員と二種類の序列化がされており、このうち、アメリカ人教員-フィリピン人教員という区分は「出自による特性」に規定された区分であった。逆の言い方をすれば、アメリカ人とフィリピン人という区分は人種を表わすのみならず、教員雇用制度における固定化された二つの位階としての役割を果たし続けた。当然、後者から前者へ移行することは実質的に不可能だった。

それでは、フィリピン人島嶼教員-フィリピン人町教員の関係はどうだったのだろうか。この関係は固定的なもので町教員が島嶼教員になることがなかったのか、それとも流動的で島嶼教員への昇進が可能であったのか。つまり、アメリカ人教員-フィリピン人教員の関係と異なり、フィリピン人のあいだでは「能力主義」が機能したのかという問題である。

フィリピン人教員という職業集団は、植民地教育の開始とほぼ同時期に形成されはじめた。教育局は当初から、アメリカ人教員がフィリピン人の教員を養成し、フィリピン人教員がフィリピン人児童を教えるという役割を期待していた。フィリピン委員会法令七四号一七条には、師範学校が作られ、教育方法が教えられると述べられている。また、この規定に則して、一九〇二年にはフィリピン人教員を養成するフィリピン師範学校がマニラに開設され、さらには多くのアメリカ人教員が一日に一時間はフィリピン人教員を指導している。夏季には各州都やマニラで教員向けの講習会が四週間ほどおこなわれている。一九〇〇年代初期にはフィリピン各地に派遣されたアメリカ人教員がフィリピン人教員に対する教育をおこなっている。[26]

一九〇四年には、二〇〇〇名ほどのスペイン植民地期からのフィリピン人教師は、すでに年を取りすぎており英語や教授法を学ぶことができず役に立たないとの評価が下されている。その反面、フィリピン人の児童がアメリカ人教員を手助けしている。[27] 彼らはアスピランテ（aspirante）と呼ばれる補助教員となり、小学校低学年を担当したことが報告されている。[28] また、同年には、英語教育の結果、英語で教えられるフィリピン人の教員が男性二一三八人、女性一〇五七人おり、アメリカ人教員と協力して教育にあたっている。[29]

このようにして始まったフィリピン人の教員雇用制度において、小学校教員に求められる要件は、時が経つにつれて徐々に高まっていった。一九一三年になると、町教員――この時期、その大半は小学校低学年の教員だったと思われる――になるには、小学校を卒業することが求められていた。[30] 一九二四年になると、小学校教員には、マニラのフィリピン師範学校か、高校での師範コースを卒業することが求められた。[31]

前述したように「温情主義」は、フィリピン人教員の高学歴化を促進した。このことが、一九一〇年代初頭に準教員という位階の創設につながり、フィリピン人の島嶼教員職への参入を大幅に可能にした。制度上、準教員職は専門的な学歴の高さに対応することが意図された。準教員の資格はフィリピン師範学校やフィリピン大学教育学部の卒業生には自動的に与えられた。[32] ただし、植民地初期に低い学歴しか持たずにアスピランテや町教員となったフィリピン人教員もいた。おそらくこのような低学歴のフィリピン人教員にも昇進の道を残すことが意図されたのだろう。準教員試験の受験資格は厳しいものではなかった。植民地期に三度発行された教育局の『職員手帳』（*Service Manual, Bureau of Education, SMBE*）では、ようやく第三版の一九二七年版で、準教員試験の受験資格が明記され、高校卒業が求められている。[33] つまり、長年働いてきた低学歴の教員にも、高学歴の新規教員にも、準教員という島嶼教員になる道は開かれていたのである。さらには、試験により上級の位階を目指す仕組みが拡充されていった。一度島嶼教員になり定められた職業経験を満たせば、準教員であれば正教員、正教員であれば督学官とより上位の位階を目指すことができた。[34] その結果、官僚試験用の参考書が教員向けの雑誌に宣伝され、準備をせずに準教員試験を受けることのないようにと教育局が回覧をまわすほど受験熱が高まった。[35] つまり、職歴と試験にもとづく「能力主義」が、フィリピン人教員の雇用上の根拠として機能していた。

植民地教育では、アメリカ人教員－フィリピン人教員、フィリピン人島嶼教員－フィリピン人町教員という違った側面において、「出自による特性」と「能力主義」という二つの雇用根拠が併存していた。しかし、「出自による特性」によって維持され続けたアメリカ人教員優遇は、深刻な問題とはならなかった。間歇的にこの問題が論じられることはあったが、植民地教育に携わるフィリピン人教員の不満が充満し、教員雇用制度に危機をもたらすようなことはなかった。

その理由として、アメリカ人教員の数があまりにも少なくなったことにより、アメリカ人教員－フィリピン人教員のあいだに残り続ける差別待遇が大きな関心を引かなくなったことがあろう。また、フィリピン人が位階を登っていくキャリアパスが形成されたことが挙げられよう。ごくわずかに残っているアメリカ人教員の優遇を問題として取り上げ続けるよりも、植民地教育が課す理念を内面化し教員としての職責を果たすということによって、より高い位階を目指すというフィリピン人教員の意識が芽生えたと言えよう。このような意識は、越境することによりキャリアを築いていったフィリピン人エリート教員に特徴的に現われている。

三　越境者の足跡（一）——フィリピン人エリート

植民地教育と渡米

アメリカ植民地期にアメリカに渡った世代に対する聞き書きによると、アメリカに向かわせる大きな要因に植民地教育があった。一九二二年に一五歳前後でフィリピン北部のイロコス地方からカリフォルニア州南部に渡ってきたフィリピン人移民一世には、アメリカ人教員の「アメリカでは、懸命に働く意志があり、弱くなければ、十分に生きていける」という発言が渡米の動機になった。[36] 一九二六年に二〇歳前後でアメリカに渡り、フィリピン人農場労働者の組織化に尽力した移民の場合も、アメリカ人教員のアメリカでは成功の機会があるという話や、アメリカ帰りの男がアメリカ人のアクセントで英語を話し、給与の高い仕事に就いたという成功譚が渡米のきっかけになったと回顧している。[37]

このような意識の文学的な表現は、アジア系アメリカ文学の古典であるカルロス・ブロサンの自伝的な小説『我が心のアメリカ』に見られる。主人公のアロスは、ルソン島の避暑地バギオで図書館員をしていたアメリカ出身の白人女性に出会う。この女性の住み込みのお手伝いになり、英語を学び、丸太小屋に生まれながらも大統領になったリンカーンの話に感動したエピソードが語られる。[38]

しかし、実際のフィリピン人移民一世の多くは、アメリカ人教員が語る成功譚のような半生を歩んだとは言えない。ブロサンの自伝的小説でさえ、アメリカ礼賛の記述はあるものの、[39] 移住労働者の苛酷な体験を著わしたものである。男性が中心で、結婚もしておらず、家族もいない孤独で貧乏な老境がフィリピン人移民一世の主要なナラティブとなっている。[40] これらフィリピン人移民の歴史経験については、あらためて第七章で詳述する。

カミロ・オシアスの越境体験

ただ、フィリピン人移民はアメリカで労働者となった者ばかりではない。植民地教育の関わりでは、公費留学生ペンシオナドがよく知られている。

フィリピン人移住労働者と比べると、フィリピン人エリート教員の公費留学生としての越境は当然異なる意味を持った。そのような教員の多くが植民地教育の管理職や影響力の大きい教育者になっていったのである。この点から彼らのようなエリートの越境体験が、その後の植民地教育像の構築に大きな影響を及ぼしたと言えよう。ここでは、フィリピン人として初めて督学官となったカミロ・オシアスを取り上げてみよう。

オシアスは一八八九年にラ・ウニオン州のバラオアンに生まれた。[41] 彼の父親は農夫であるとともに、裁判官の書記を務めることがあった。[42] 彼の家族は「生活を維持するために土地を耕し［中略］、限られた欲求や必要を満たすためにさまざまな仕事をおこない、小銭を稼いだ」。[43] 一九〇三年にオシアスは故郷の町でアメリカ人教師ウィリアム・ローゼンクランツに出会い、彼の推薦もあり、ラ・ウニオン州の州都サンフェルナンドの高校に通い始める。[44] 学費や生活費には闘鶏などの賭けで勝ったお金をつぎ込んだ。[45] すぐに優秀な学生であると認められ、試験に合格し、公費留学生ペンシオナドに選ばれた。[46] アメリカでは当初はイリノイ州マコームの西イリノイ師範学校で学んだ。演説に非常に長けており、学校を代表して、州対抗の大会で一等を勝ち取ったりもしている。[47] この優れた演説術も手伝い、オシアスはコロンビア大学の著名な「ティーチャーズ・カレッジ（Teachers College）」に進学し、学士号と「学校行政と学校監督の大学院資格」を取得した。[48] また、ニューヨークでフィリピンの督学官試験にも合格している。[49]

一九一〇年、二一歳のときにフィリピンに戻り、植民地教育の教員になった。彼の給与は同等の資格を持つアメリカ人よりよほど低い一〇八〇ペソだった。[50] オシアスは「師範学校卒か学士号しか持っていない教員が年俸四〇〇〇ペソも貰っている」と述べている。[51] 氏名連関データベースで調べると、一九一〇年から一九一三年に教職についたアメリカ人のうち、一一人がアメリカでの師範学校卒となっている。この一一人のうち、一人の既婚女性の給与が二〇〇〇ペソである以外には、二四〇〇ペソの初年給与が与えられている。オシアスの主張は必ずしも正確ではないが、彼ほどの学歴を持っていないアメリカ人よりも著しく低い給与に甘んじなければならなかったことは明らかである。

それにもかかわらず、オシアスはこのような差別的な給与差を問題とすることには消極的だった。「私は差別待遇について文句を言わなかった。フィリピンの人々に奉仕しており、彼らの税金によってアメリカで教育を受けることが可能になったということに十分に納得していたからだ。それに社会的効率性(social efficiency)を見せることにより、いずれは認められるだろうという強い自信があった」と述べている。[52]

この自信が示すように、赴任してから一ヵ月後には監督教員としてラ・ウニオン州バクノタンとサンファンの監督業務も受け持つようになり、一二〇〇ペソへの昇給もあった。彼は五〇人の教員を監督した。ほとんどの教員が「低い学歴しか有せず、安い給与しか支払われなかった」。それでも教員は皆、協力的であったので、オシアスは体育や実業教育といった新しいカリキュラムの定着に尽力した。[53] さらには、町長と良好な関係を作り、高学年小学校を設置する運動を展開した。[54]

一年後、彼の監督区は州都のサンフェルナンドを含みこむように拡大し、州の教員養成も任されるようになった。[55] このような昇進とより大きな責任に関して、オシアスは「私は若くて健康的で、活力とやる気に満たされていた。物事を受け流すということを知らなかった。より多くの義務や責任に不安を感じることなどなかった。二頭の元気な馬に乗ることは楽しかったし、良い運動になった。一頭では満足できなかった」と述べている。[56]

その後、オシアスは一九一五年にフィリピン人として初めての学区督学官になる。給与も、督学官としては少ないが、非管理職のアメリカ人教員と同等の二四〇〇ペソを受け取っている。さらに一九一七年には教育局の序列で上から三番目の地位にある副教育局長になった。[57] オシアスは、督学官や副教育局長の職責のなかでも、フィリピン人教員の昇進にとくに尽力したと述懐している。[58] このような急激な昇進に関して、オシアスは自らの「効率性の高い仕事に対する承認と能力に対する評価」を理由として挙げている。[59]

一九二二年にはオシアスは植民地教育の官僚職を退き、ナショナル大学（National University）という私立大学の学長になっている。[60] 彼自身はこの転職を栄転と捉えている。教育そのものに対する直接的な権限を持つことを希望しており、私立大学の学長はそのような希望を可能にするものだったと説明している。[61] 植民地教育の教員または管理職としての経験については、「誰にも悪意を持たずすべての人に感謝しつつ、私は辞職した」と述べている。[62]

一九二六年にはフィリピン議会上院議員となり、一九二九年から一九三三年まではアメリカ・ワシントン・DC在住のフィリピン議会駐米委員（Residence Commissioner）としての重責を果たしている。[63] オシアスは、教員として得た経験を、自らの社会的地位の向上のために役立てたという点において、先駆的な存在だった。

植民地教育とフィリピン社会

オシアス自身の述懐によれば、彼は教員雇用制度の構造的な差別に疑問を感じつつも、自らの地位向上によってそのような差別を乗り越えてきた。彼は税によって植民地教育を支えてきたフィリピン人民衆に対して感謝し、そしてまた自分自身の将来についての自信を持っていた。彼の植民地教育に関する経験は幸せなものだったし、自伝のなかでは差別に対する憤慨や怨恨を示していない。その反面、フィリピン人教員の昇進には尽力したとは言うものの、自らの監督下にいる貧困な町教員に対してさして関心を払っていない。

このような態度は彼自身の足跡を振り返ると納得できるものである。オシアスは貧しく恵まれていない状況から出てきて、植民地教育制度のなかで成功を手にした。彼自身は差別や貧困を教員としての昇進によって克服したのであり、教員雇用制度そのものを批判する論拠は薄弱だったと言えるだろう。さらには町長と協力し学校制度を拡げるなど、植民地教育の制度拡大に尽力している。彼にとっては、植民地教育こそがフィリピン社会への貢献であり、この教育の発展のために努力することがフィリピン人民衆に対する自らの社会的責任を果たすことであった。

しかし、植民地教育に対する信頼はフィリピン人としてのオシアスの立場とどのような関係にあったのだろうか。この点に関する彼自身の思考は、ナショナル大学での学長就任演説に見ることができる。公立教育であろうと、私立教育であろうと、教育とは「個人、国民（nation）、そして人類全体にもっとも高度で最大限の効率性、自由、そして幸福をもたらす過程である」と述べる。[64]「市民的理念」から見ると、オシアスの思想の特徴は「国民」に言及していることにある。オシアスは、教育におけるナショナリズムとは「外国に対する排斥運動」ではない、むしろ「正しい国民化（nationalization）とは普遍に対する知的な貢献」であり、教育指導者は「市民的責任に関するもっとも深い感覚を養うために教育を活用すべきである」と論じている。[65]彼は、「普遍」や「市民的責任」という表現を使うことにより、「国民」が持つ固有性を論じず、また「国民」という固有性を否定して存立する植民地主義を批判しないのである。

オシアスのように、フィリピン社会への貢献を論拠に、植民地教育を評価するという視角は、他のフィリピン人エリート教育者にも共通に見られる。この貢献というベクトルが指し示すのが「民主」であった。フランシスコ・ベニテスは、『フィリピン教育ジャーナル』の編集長やフィリピン大学教育学部の学部長を長年務めた。[66]フランシスコの弟コンラド・ベニテスは、フィリピン大学人文学部の学部長であった。フランシスコはコロンビア大学から、コンラドはシカゴ大学からそれぞれ修士号を得ている。[67]

フランシスコは「公的で、無償で、全学童的な教育が民主社会の本質的な根幹であるという理念こそが、アメリカのフィリピンに対する最大の貢献である」との賛辞を示している。[68] コンラドは、コモンウェルス期の市民教育の教科書のなかで、アメリカの植民地教育が「民主主義」の発展に必要な公教育をフィリピンに根付かせたとし、この教育が多大な影響を持ったことを論じている。[69] さらに「民主主義」を充実させる組織として、学校を中心に形成されたPTAやボーイスカウトを挙げている。[70] ここで論じられる「民主社会」「民主主義」の意味内容は必ずしも明確には論じられていないが、植民地教育がもたらしたものとして想定されている。序章では「市民的理念」を「民主」という形容を可能にする民衆の心のあり方と論じたが、この観点から見るとこれら三人のフィリピン人教育者にとって、植民地教育は「市民的理念」をもたらすアメリカからの「恩恵」だったのである。

それでは、その「市民的理念」の担い手であったアメリカ人教員は、植民地教育をどのように認識していったのだろうか。

四　越境者の足跡（二）——アメリカ人教員

メリー・フィーにとってのフィリピン

メリー・フィーは『フィリピンについての女性の印象』[71]という本の著者であり、もっとも著名となったアメリカ人教員の一人である。この著作は、一九一〇年にシカゴの出版社から出され、『ネーション』や『アウトルック』といったその当時の著名な雑誌で好意的に論評され、一九一〇年代に西洋人女性によって書かれた幾つかのフィリピン体験談のなかでもっとも広く読まれた。[72] 彼女は在フィリピンのアメリカ人教員に対するイメージを作り上げるうえで非常に重要な位置を占めたのである。

フィーはイリノイ州の農村で生まれた。高校を卒業した後、ミズーリ州カンザスシティで小学校や高校の教員を務め、同州師範学校で主任教員となった。[73] その後、シカゴ大学で準学士の学位を得て、一九〇一年にフィリピン・カピス州の州都カピスで教えている。[74] 一九〇六年にはマニラ商業学校の英語教員、一九一二年には教育局本部の通信教育部部長となり、[75] 一九一四年にはフィリピン師範学校で教えている。この間、彼女は幾つかの英語の教科書を執筆している。そして一九一六年四月にフィリピン教員職を退職し、アメリカに戻っている。彼女の生年月日を記した記録は見つけられていないが、「個人名別資料」(Personal Name Information Files: PNIF) によると彼女が小学校の職に就いたのが一八八四年である。高校卒業後すぐに小学校教員となり、そのとき一八歳であったとすると、フィリピンに来たのが三五歳前後であり、フィリピン教員職を退職したのが五〇歳前後である。

『フィリピンについての女性の印象』には、アメリカにおいては報われない女性教員が、フィリピンにおいては宗主国人としての特権を享受するアメリカ人教員となったことが描かれている。アメリカでの生活に関しては、労働者が泊まる宿泊所での生活や、大食堂での騒がしい夕食といったことを記している。その反面、カピスでの生活は物質的にも精神的にも満たされたものとして描きだしている。月五〇ドル (一〇〇ペソ、一ドル=二ペソで換算、以下も同様) ほどで使用人付きの家を持つことができ、一日の労働の後で休息が得られた。休みの日には、他のアメリカ人女性への訪問や、アメリカ人やイギリス人との浜辺でのピクニックや劇の観賞を楽しんだと述べている。[76]

アメリカでの苦境

しかし、陸軍省島嶼局に保管されていた手紙や新聞資料[77]によると、帰米後の彼女の人生は辛いものである。退職する前の一九一四年から退職後の一九一七年八月までアメリカ連邦政府への異動を希望し続けている。その間、インディアン局から年六〇〇ドル（一二〇〇ペソ）の教職の内定を受けるが、結局断ってしまう。一九一七年二月二〇日付の島嶼局宛ての手紙には、年俸が一二〇〇ドル（二四〇〇ペソ）から一四〇〇ドル（二八〇〇ペソ）の仕事であれば受けると述べ、そのうえでフィリピンでの教員経験は連邦政府での就職に役立たないとの不満を洩らしている。さらには、本のセールスをする歩合制の仕事があったが、教師としての矜持がそのような仕事に就くことを許さなかったと書いている。一九一七年八月には、戦時下フランスの国際赤十字が管理する食堂で働くとの手紙を同局に送っている。

しかし、ヨーロッパで働いたことが彼女の人生を好転させることにはならなかったようである。一九二〇年七月四日付のワシントン・ポスト紙には彼女がニューヨークの公園で手首を切って自殺を図ったことが報道されている。その後、一命を取り留めたようであり、一九二〇年一二月一九日にはフィリピンでイスラーム教徒との戦争を指揮したジョン・パーシング将軍へ手紙を書いている。そのなかで、年齢制限を過ぎてしまっているせいで連邦政府の仕事にも教職にも就くことができず、「この世の中で完全に孤独」であり、料理人か家政婦か経理の仕事を紹介してくれるように頼んでいる。

フィーが帰米後に直面した困難は、植民地においては宗主国人としての特権を得ていたことに深く関係している。彼女のフィリピンでの初任給（年俸）は二四〇〇ペソであり、最終的な給与は三六〇〇ペソであったから、一五年間で彼女の昇給は一二〇〇ペソであった。同時期のアメリカ人女性教員と比較してみると[78]、彼女たちの平均昇給が七三八ペソであったことから、フィーの昇給は非常に大きかったと言えよう。また、学校教師職および管理職の位階のなかで通信教育部部長がフィーの最高点だとすると、彼女よりも高い地位についた女性は一人しかいなかった。つまり、昇給、昇進の面で、彼女は非常に成功した教員だったのである。

このような成功はアメリカ人教員を優遇する教員雇用制度ゆえに可能だったわけだが、フィリピンで特権を享受していたアメリカ人教員にとって、アメリカでの教員職は給与や地位の下落を意味した。前述のようにフィーは六〇〇ドル（一二〇〇ペソ）のインディアン局の仕事を断っているし、クリーブランドのような都市であっても教員の平均給与は七五〇ドル（一五〇〇ペソ）であった。[79] フィリピンでの初任給が九〇〇ドル（一八〇〇ペソ）を下回ることがほとんどなかったアメリカ人教員にとって、アメリカでの教員給与はあまりにも低すぎた。フィーの場合は、成功の記憶と年齢がアメリカでの適職を見つけることを困難にしたわけだが、このことは植民地フィリピンにおけるアメリカ人教員がアメリカ本土の教員と比べても恵まれていたことを示している。前述のフィーの著書に垣間見えるように、高い給与に支えられた生活と特権者としてのアメリカ人同士のネットワークが、彼女らの説く「市民的理念」を魅力的なものにし、それに対するフィリピン人の憧れを強めたと言えよう。

アメリカ人教員の零落

実のところ、フィーが示す辛酸と零落は、「個人名別資料」（PNIF）に残されたアメリカ人教員の記録のなかでは一般的なものである。これは構造的な理由による。フィリピンの教員雇用制度はアメリカ連邦政府の官僚制度からは切り離されていた。[80] このことはフィリピンから帰米したアメリカ人教員にとって大きな問題になった。フィリピンでの植民地政府の官僚としての職務経験を根拠に、アメリカ連邦政府の官僚制度への異動を円滑におこなう制度的な仕組みが整備されていなかったからだ。その反面、他の職を得ようにも、長くフィリピンにいるほど年齢を重ねアメリカ社会との関係は希薄になった。結局は植民地政府の官僚だったという肩書きが活用でき、陸軍省島嶼局の就職支援を得られる連邦政府の官僚職に期待せざるをえなかった。

ただし、教職という履歴は連邦政府の官僚職では役に立たなかった。アメリカでは学区の教育委員会が教員の任命権を持っていたので（第二章第五節）、連邦政府が採用権限を持つ教員職はほとんど存在しなかった。その例外としてインディアン関連の教育職があったが、フィーの場合のようにその給与はフィリピンでの教員給与よりも著しく低かった。インディアン居留地での教職は連邦政府への異動希望者の「最後のよりどころ」[81]だった。しかし、アメリカ人教員がフィリピンでの教員職を大量に退職した一九一〇年代中ごろには、フィリピン官僚制度からインディアン局への異動希望が殺到した。[82]

キャサリン・イーガンも、フィーと同じく独身の女性で一九〇三年から一九〇七年までフィリピンで教職についていた。その間の給与は、一八〇〇ペソ（九〇〇ドル）とアメリカ人教員としては最低のものだった。フィリピンでの教職を離職した後には、北カリフォルニアの農村の学校で教え、その後オクラホマ州のインディアン学校での教職に就いている。一九二五年には、健康を害しているが教職を続けなければ生活できないと教育局に訴えている。教育局の手助けもあり、月々二一ドルの年金を受け取っている。[83]

男性であってもこのような困難は稀ではなかった。ターナー・リンカーはフィリピンではボホール州の学校やマニラのアメリカ人向けの学校などに勤務した。一九〇一年から一九一五年までのあいだに二四〇〇ペソから三二〇〇ペソに昇給した。しかし、アメリカで内定を得た仕事は年俸九〇〇ドル（一八〇〇ペソ）のオレゴン州のインディアン学校の校長職だった。[84]

カール・ムーアは、トーマス号でやってきて教員から昇進を続け、一九二一年にはスルー諸島州の州知事になっている。しかし、一九二八年に連邦政府の国立公園の仕事を得ようとすると、管轄の森林局の内規に従い森林監視員の職から始めなければならないと言われる。結局は、カリフォルニア州サクラメントのインディアン局の仕事の内定を得ている。[85]

ジョン・デハフもトーマス号でやってきた教員だった。最終的には、第二副教育局長にまで上り詰めた。一九一四年にフィリピンでの教育管理職から退職し、著名なインディアン学校であるペンシルベニア州のカーライル学校の教職に就いている。フィリピンでの最終的な給与は三五〇〇ドル（七〇〇〇ペソ）であったが、カーライル学校では一五〇〇ドル（三〇〇〇ペソ）であった。一九一六年六月の島嶼局とのやり取りによるとフィリピン滞在中に結核に感染したようで、ニューメキシコ州フォートベイヤードの陸軍病院への入院許可を求めている。彼はカーライル・インディアン学校に赴任した直後の一九一四年五月一二日に当時教育局長だったフランク・クローンに手紙を送っている。そのなかで「私の人生のなかで、最良でもっとも力強かった一二年余の月日をフィリピンの教育のために費やしました。あのように意義のある仕事は、もはやできないでしょう」と述べている。そのうえで、マニラのアメリカ人の同僚の名前を一人ずつ挙げ、彼らと過ごした時間が非常に懐かしいと吐露している。(86)

ノスタルジアと成功譚

フィリピン教員職を退職したアメリカ人教員にとって、植民地教育は自分の半生を捧げその努力が報われた職場だった。ただ、アメリカの大都市から見れば辺境であったフィリピンで教えることは、インディアン学校など他の辺境での再就職に結びつくものだった。一度、植民地という辺境に陥ってしまうと、そこでは特権を得ることができたが、それは帝国の中心の高い地位へとはつながらなかったのである。アメリカ人教員は、フィリピンでは「恩恵」の担い手であり「民主」を体現していたが、逆にアメリカでは特権的なキャリアパスから転落し零落していったのである。言いかえれば、アメリカ人教員に付随した属人的な「民主」は、フィリピンではキャリア形成に役立ったが、アメリカでは何の意味も持たなかった。

その反面、フィリピン人が植民地からアメリカの大学に行くことは、帝国の辺境から中心へと移動することであり、このような移動は植民地における自らの地位の向上につながった。「氏名連関データベース」によると、教育局のフィリピン人管理職八九人中三七人が、アメリカでの教育を受けている。

フィーやオシアスが自らの体験から植民地教育を論じているように、これらの人々が歴史の証言者として植民地教育についての意義を描きだしていった。[87] アメリカ人教員の場合、彼らが植民地教育を振り返るとき、それはノスタルジアの対象となった。とくに病気や貧困によりアメリカ本土で苦境に陥った教員にはこの感情が強かっただろう。そのノスタルジアには、壮年期にフィリピン人のために尽くしたという自負心が含まれていた。

アメリカで教育を受けたフィリピン人教員の場合、植民地教育を利用することにより成功し、管理職またはリーダー格の教員としてこの教育の維持に貢献してきた。彼らは植民地教育こそがフィリピン社会の発展を促し「民主主義」を定着させる制度であり、彼ら自身のようなフィリピン人の成功を可能にする仕組みであったと理解している。

越境しキャリアを築いていったアメリカ人教員とフィリピン人教員の双方にとって、植民地教育への眼差しは肯定的なものとなった。前者にとっては良き時代の美化された思い出となったし、後者にとっては社会の「発展」と自らの成功を可能にした仕組みであった。これら両者は、植民地教育はアメリカ植民地主義の「恩恵」でありフィリピン社会の発展に資するものとの歴史認識を育んでいった。あえて植民地教育のもたらした価値観の是非を考えることはなく、人種間の優劣を支えるものとして植民地教育を見る批判的な視点は成立しなかった。

植民地教育の教員雇用制度は人種差別を内包したものだった。ただ、フィリピン人でも、能力があり努力をすれば昇進できる制度でもあった。成功者がその成功を可能にした制度を礼賛するのは当然であると言えよう。それでは、オシアスやベニテス兄弟ほどには成功していない人々、つまり大多数を占めていた町教員は植民地教育をどのように認識していたのだろうか。この点を、「市民的理念」にもっとも直接に関わった実践的な「市民教育」との関係で見ていこう。

註

（1） *Annual Report of Director of Education* (*ARDE*), 1922 (23rd), p. 30. 教育局長であったウォルター・マーカートも、教育行政の中央集権的な性格は認めつつも、下からの提案が検討されたという点から民主的な意思決定がなされたことを強調している（"The Representative Idea in the Administration of the Bureau of Education," Box 6, Bound Volume "Diaries, Travel Notes, and Papers, 1901-1934," W. W. Marquardt Papers, Bentley Historical Library, University of Michigan at Ann Arbor）。

（2） 教員数は一九〇五年までは『フィリピン委員会報告』（*RPC*）から、一九〇六年以降は『教育局長年次報告』（*ARDE*）から入手した。Cf. *RPC*, 1904, p. 816; *ARDE*, 1906 (6th), pp. 11-12. 幾つかの例外を除き、測定時期は一九二四年まで及び一九三九、四〇年は学年末、一九二五～一九三八年は八月または九月である。顕著な例外として一九一五年のデータは*ARDE*, 1914 (15th) から取った一九一四年一二月のデータとした。

（3） アメリカ人教員については『人事局年次報告』（*Annual Report of Civil Service Bureau: ARCSB*）を基にしており、アメリカ人学校教師のみならず教育局に籍を置く管理職も含む。一方フィリピン人については『教育局長年次報告』（*ARDE*）から得た「島嶼教員」、「町教員」と題された職業についての給与であり、島嶼教員に管理職は含まれていない。いずれにせよ、フィリピン人の管理職人数はフィリピン人島嶼教員数と比べると非常に少ないので、誤差は微小と思われる。アメリカ人教員の平均給与は、各『人事局年次報告』の教育局の項目における給与合計を人数合計で割ったものである。教育局に登録されている学校教師職、管理職を含む全ての官僚の平均給与である。測定時期については一九〇二～一九一三年は一月一日、一九一四～一九二六年は七月一日、一九二七～一九二九年は一二月三一日である。フィリピン人島嶼教員および町教員の平均給与は、『教育長年次報告』では月給で表わされており、それを一二倍して年給とした。Cf. *ARDE*, 1917 (18th), p. 80; *ARDE*, 1921 (22nd), p. 60. 一九二四年までは平均給与が原資料に明記されているが、一九二五～一九四〇年には役職別の給与のみが記されている。一九二五年以降に関しては各役職の平均給与を人数でかけ、その合計を総人数で割った。ただし、教員数の表における役職区分と給与表における役職区分が一致していない場合がある。一九三四～一九三九年については、学校の看護婦ならびに看護士（teacher-nurses）は計算に含まず、カレッジの教員（collegiate teachers）は高校教員として計算した。一九三五年の給与表の監督校長（supervising principals）を教員数表では教務監督官（academic supervisors）として計算した。また、給与表の原註に特定区分の教員を除くと記されている場合はその区分の教員は計算に入れていない。測定時期に関しては、一九二四年までは三月である。一九二五〜一九二六年は八月一日である。その後、平均給与と人数の測定時期が異なり、一九二七〜一九三九年においては前者は八月一日のものであり、後者は九月のものである。一九四〇年に関しては平均給与は一九三九年八月一日現在のものであり、人数は一九四〇年三月のものである。管理職人数および給与についてはつぎのような手順で計算した。第一に『フィリピン委員会報告』(*Report of the Philippine Commission: RPC*)、『フィリピン委員会マニュアル・レポート』(*Manual Report of the Philippine Commission: MRPC*)、『教育局長報告』(*ARDE*)の役職表から各役職についている個人名を入手し、第二に『フィリピン諸島官僚制度幹部職員・一般職員名簿』(*Official Rosters of Officers and Employees in the Civil Service of the Philippine Islands: Roster*)からそれらの人々の給与を入手し、第三に各役職についている個々人を上級と下級に分け、第四に平均給与を計算した。ただし、他の部局から主たる給与を得ている兼務者や、教育局、マニラまたはミンダナオの学区から給与を得ていない者は対象外とした。また、役職表の測定時期は『名簿』(*Roster*)の測定時期と同一でない。そこで、少数の例外はあるが、年度ごとに役職と給与を組み合わせ、その年のデータとした。

(4) 一九三二年四月二八日付の島嶼局からの手紙、File "Washington, A. V. Wiren," Box 705, Entry 21, PNIF, BIA Records, RG 350, NARA.

(5) 岡田泰平「アメリカ植民地期フィリピンにおける教職員待遇差の具体相」『一橋研究』三三巻二号、二〇〇八年、七九—八八頁;岡田泰平「ナショナリズムへのアプローチと植民地教育——アメリカ植民地期フィリピンの教育に関する予備的考察」『言語社会』第一号、二〇〇七年、四三八頁。

(6) 女性はアメリカ人管理職二八二人のうち二五人、フィリピン人管理職八九人のうち三人しかいなかった(岡田泰平「具体相」)。

(7) 同前。

(8) 同前。

(9) Geronima T. Pecson and Mary Racelis Hollnsteiner, *Tales of the American Teachers in the Philippines*, Manila: Carmelo and Bauermann, 1959, p. 1; Mary Racelis and Judy Celine A. Ick, *Bearers of Benevolence: The Thomasites and Public Education in the Philippines*, Pasig: Anvil Pub., 2001, p. 4.

(10) 一九三二年一〇月四日付の島嶼局からジェームス・ダウソンへの書簡、File "Dawson, James B.," Box 151, Entry 21, PNIF, BIA Records, RG 350, NARA. および一九三二年一二月二七日付の島嶼局からドワイト・ヒースタンドへの書簡、File "Hiestand,

"Dwight W.," Box 282, Entry 21, PNIF, RG 350, NARA.

（11） *Census of the Philippine Islands* (*Census*), 1903, vol. 3, p. 645.

（12） *RPC*, 1901/1902 (3rd), vol. 2, p. 943.

（13） この「出自による特性」という考え方は蓋然的なものである。言語の習得も文化への帰属も生活環境や本人の意識に強く影響され、必ずしもどこで生まれ、どこで育ったかによっては決定されないからである。事実、アメリカの移民一世がフィリピンでの教員になっている例がある。Cf. "Monto, Alexander," Box 431, Entry 21, PNIF, BIA Records, RG 350, NARA.

（14） *RPC*, 1902/1903 (4th), vol.3, p. 681.

（15） *ARDE*, 1906/1907 (7th), p. 20.

（16） *ARDE*, 1912/1913 (13th), pp. 11-12.

（17） *RPC*, 1914, pp. 284-285; *ARDE*, 1914 (15th), pp. 26-27.

（18） *RPC*, 1904/1905, vol. 4, p. 442; *ARDE*, 1907/1908 (8th), p. 67.

（19） *RPC*, 1915, pp. 16, 27-30.

（20） 一九一三年三月一三日付のウォルター・マーカートからルエラ・ロスへの書簡。File "Roth, Frederick," Box 559, Entry 21, PNIF, BIA Records, RG 350, NARA.

（21） *RPC*, 1903/1904, vol. 3, pp. 919-920. この制度の概要については、William Alexander Sutherland, *Not by Might: The Epic of the Philippines*, Las Cruces, New Mexico: Southwest Publ. Co., 1953 を参照のこと。

（22） 岡田「具体相」。

（23） 同前。

（24） The Board of Educational Survey, *A Survey of the Educational System of the Philippine Islands*, Manila: Bureau of Printing, 1925, pp. 70-71.

（25） The Board of Educational Survey, *A Survey of the Educational System of the Philippine Islands*, p. 71.

（26） *RPC*, 1901/1902 (3rd), vol. 2, pp. 873, 877-879; *RPC*, 1903/1904, vol. 3, p. 820; *RPC*, 1902/1903 (4th), vol. 3, p. 681.

（27） *RPC*, 1903/1904, vol. 3, p. 819.

（28） *RPC*, 1903/1904, vol. 3, p. 858. アスピランテは、一九一〇年代中頃までは、教育に従事していた（*RPC*, 1913, p. 6; *PEM*, vol. 24, no. 1, June 1927, p. 54)。

（29） *RPC*, 1903/1904, vol. 3, p. 820.

（30）*ARDE*, 1912/1913 (13th), p. 14.
（31）*ARDE*, 1924 (25th), pp. 18-19.
（32）*Service Manual, Bureau of Education* (*SMBE*), 1917, p. 196; *SMBE*, 1927, pp. 118-119.
（33）*SMBE*, 1927, p. 117.
（34）*SMBE*, 1927, pp. 116-117.
（35）*Philippine Education Magazine* (*PEM*), vol. 22, no. 11, April 1926, p. 555; Circular, Bureau of Education (CIR), no. 35, 1923.
（36）Yen Le Espiritu, *Home Bound: Filipino American Lives Across Cultures, Communities, and Countries*, Berkeley: University of California Press, 2003, p. 37.
（37）Craig Scharlin and Lilia V. Villanueva, *Philip Vera Cruz: A Personal History of Filipino Immigrants and the Farm Workers Movement*, Pasig City: Anvil, 2000, pp. 52-53.
（38）Carlos Bulosan, *America is in the Heart, A Personal History*, Seattle: University of Washington Press, 1973, pp. 68-70.〔カルロス・ブロサン著、井田節子訳『我が心のアメリカ――フィリピン人移民の話』井村文化事業社、一九八四年、七二―七三頁〕
（39）Bulosan, *America is in the Heart*, pp. 188-189.〔ブロサン『わが心のアメリカ』二〇九―二一〇頁〕
（40）たとえば、ビエンベニード・サントスの短編小説では、一九五〇年代のシカゴを舞台とし、アメリカ市民権を得たフィリピン系の一世が感じる孤独と望郷の念を主題にしている（Bienvenido S. Santos, "The Day the Dancers Came," *The Best Philippine Short Stories of the Twentieth Century*, edited by Isagani R. Cruz, Manila: Tanahan Books, 2000, pp. 287-302）。
（41）Camilo Osias, *The Story of a Long Career of Varied Tasks*, Quezon City: Manlapaz Pub. Co., 1971, p. 5.
（42）*Ibid.*, p. 17.
（43）*Ibid.*, p. 18.
（44）*Ibid.*, pp. 69-70. ローゼンクランツは、一九〇五年にはラ・ウニオン州の督学官代理、一九〇六年には同州督学官の職についている（*RPC* 1904/1905, vol. 4, p. 426; *Official Roster of Bureau of Education*, Corrected to March 1, 1906, Bulletin No. 25, Bureau of Education, p. 16）。
（45）Osias, *The Story of a Long Career of Varied Tasks*, pp. 38-40.
（46）*Ibid.*, pp. 5, 72-73; Sutherland, *Not by Might: The Epic of the Philippines*, pp. 149, 121-123.
（47）Osias, *The Story of a Long Career of Varied Tasks*, p. 90.

（48） *Ibid.*, pp. 105-118.

（49） *Ibid.*, p. 118.

（50） この点は『名簿』（*Official Rosters of Officers and Employees in the Civil Service of the Philippine Islands, Roster*）からも確認できる（*Roster*, 1911, p. 52）。

（51） Osias, *The Story of a Long Career of Varied Tasks*, p. 124.

（52） *Ibid.*, p. 124.

（53） *Ibid.*, p. 125.

（54） *Ibid.*, p. 125.

（55） *Ibid.*, p. 126.

（56） *Ibid.*, p. 126.

（57） *Ibid.*, pp. 129, 144; *Roster*, 1918, p. 26.

（58） Osias, *The Story of a Long Career of Varied Tasks*, pp. 145-146.

（59） *Ibid.*, p. 153.

（60） *Ibid.*, p. 5; *The School News Review*, vol. 7, no. 18, 1 March 1929, p. 6.

（61） Osias, *The Story of a Long Career of Varied Tasks*, p. 153.

（62） *Ibid.*, p. 155.

（63） *Ibid.*, p. 5, M. R. Cornejo, *Commonwealth Directory of the Philippines*. Manila: M. R. Cornejo, 1939/1940, pp. 1985-1986.

（64） Osias, *The Story of a Long Career of Varied Tasks*, pp. 153-154.

（65） *Ibid.*, p. 158.

（66） Conrado Benitez, *A History of the Philippines, Economic, Social, Political*, Boston: Ginn and Company, 1926, title page.

（67） フランシスコについてはE. Arsenio Manuel and Magdalena Avenir Manuel, *Dictionary of Philippine Biography*, vol. 4, Quezon City: Filipiniana Publications, 1995, pp. 50-53を参照のこと。コンラドについてはArtemio R. Guillermo and May Kyi Win, *Historical Dictionary of the Philippines*, Lanham, Maryland: The Scarecrow Press, 1997, pp. 45-46; *Philippine Journal of Education* (*PJE*), vol. 9, no.8, January 1927, p. 3を参照のこと。

（68） *PJE*, vol. 12, no. 4, September 1929, pp. 127, 149, 165.

(69) Conrado Benitez, Ramona Salud Tirona, et al., *Philippine Social Life and Progress*, Boston: Ginn and Company, 1937, p. 328.

(70) *Ibid*., p. 310.

(71) Mary H. Fee, *A Woman's Impressions of the Philippines*, 2nd Edition, Chicago: A.C. Mcclurg & Co., 1912; First Edition Published in 1910.

(72) Vicente L. Rafael, "Mimetic Subjects: Engendering Race at the Edge of the Empire," *differences: A Journal of Feminist Cultural Studies*, vol. 7, no. 2 (1995): pp. 135, 146-147.

(73) "Fee, Mary," Box 193, Entry 21, PNIF, BIA Records, RG 350, NARA. なお、フィーに関する情報でとくに引用が無いものについては、このファイルおよび氏名連関データベースから得ている。

(74) 現在のカピス州ロハスのこと。

(75) *ARDE*, 1912 (12th), pp. 39-40.

(76) Fee, *A Woman's Impressions*, pp. 246-247, 273-276.

(77) この段落および次の段落で示している資料は、"Fee, Mary," Box 193, Entry 21, PNIF, RG 350, NARA に所収されている。

(78) 「氏名連関データベース」を用い、一九〇一年末までにフィリピンで教職につき一九一四～一九一八年の期間に退職した二五名のアメリカ人女性教員を取り上げた。

(79) Raymond E. Callahan, *Education and the Cult of Efficiency: A Study of the Social Forces That Have Shaped the Administration of the Public Schools*, Chicago: University of Chicago Press, 1962, p. 158.

(80) 教員職のみならず、フィリピンの官僚職はアメリカ連邦官僚制度とは切り離されていた。このように切断されていることが、アメリカ人官僚の離職率を高めているとし、人事局長が批判をしている（James H. Blount, *The American Occupation of the Philippines, 1898-1912*, New York: G. P. Putnam's Sons, 1913, pp. 590-593）。

(81) 一九二一年二月一二日付のウォルター・マーカートからアンドリュー・ケインへの書簡、File "Cain, Andrew. W.," Box 92, Entry 21, PNIF, BIA Records, RG 350, NARA.

(82) 一九一五年十月二八日付のフランク・マッキンタイヤーから内務省インディアン局への書簡、File "Brammel, Benjamin B.," Box 75, Entry 21, PNIF, BIA Records, RG 350, NARA.

(83) File "Egan, Katherine A.," Box 177, Entry 21, PNIF, BIA Records, RG 350, NARA.

(84) File "Rinker, Turner O.," Box 535, Entry 21, PNIF, BIA Records, RG 350, NARA.

(85) File "Moore, Carl M.," Box 432, Entry 21, PNIF, BIA Records, RG 350, NARA および一九三〇年五月二七日付の島嶼局からベルト

ラム・テンヘーゲンへの書簡、File "Ten Hagen, Bertram S.," Box 638, Entry 21, PNIF, BIA Records, RG 350, NARA.

（86）File "DeHuff, John D.," Box 153, Entry 21, PNIF, BIA Records, RG 350, NARA.

（87）たとえば、フィーの著作は序章第四節で主流研究として示した編書に抜粋され再掲載されている（Geronima T. Pecson and Mary Racelis, *Tales of the American Teachers in the Philippines*, Manila: Carmelo and Bauermann, 1959, pp. 47-74; Mary Racelis and Judy Celine A. Ick. *Bearers of Benevolence: The Thomasites and Public Education in the Philippines*. Pasig: Anvil Pub., 2001, pp. 114-132）。

第四章　フィリピン人教員層と市民教育

植民地期のフィリピン人エリートは世代論として論じられている。革命時に指導者だった地方エリートを第一世代、青年期に革命に参加した人々を第二世代とすると、植民地教育は第三世代として新たな世代のエリートを輩出してきた。この第三世代の一部にはスペイン語で教える名門校に通っている者もいたが、その多くはフィリピン大学に通い、アメリカへの留学経験を持つ人々だった。第三世代は、英語をエリート間のコミュニケーションに用い、第一世代や第二世代が持っていたスペイン的な教養とは切り離されていた。[1] カミロ・オシアスは、第三世代の典型的なエリートである。

第三世代のエリートが、アメリカ植民地主義がもたらした文化規範[2]を内面化していったことは驚くに値しない。「文化論的転回」以降の研究が明らかにしてきたように、文化的事象は帝国の統治権力の重要な一部であった。フィリピン人が植民地において社会上昇を望むのであれば、それはアメリカの文化規範を習得する必要があったからだ。

しかし、オシアスのような人物がフィリピン人教員全体の典型例でないことは言うまでもない。植民地教育の維持により決定的な役割を果たしたのはエリートではなかった。オシアスほど成功したわけではないが、日々学校で教壇に立ち、教員という職に半生を費やした人々だった。その多くが町教員だった。彼らこそが植民地教育がもたらした理念や文化規範を民衆に身につけさせようとした。

一　植民地における二つの文化

エリート文化と民衆文化

近代植民地という空間においては、植民地支配者の文化規範は新しく外来のものである。序章で見てきたようにグレン・メイの研究では、アメリカ植民地主義の価値観はフィリピンの基層文化ゆえにフィリピン人に受け入れられなかったと論じられている。このような本質主義的な説明はともかく、アメリカ植民地主義の文化規範が植民地フィリピン社会に浸透しなかったという点は首肯できる。

その主たる要因は、植民地支配が常に異民族による「上から」の改革を志向しており、抑圧的であったからと考えられるかもしれない。しかし、ヨーロッパ史でも、文化規範は基本的には「上から」作られ社会に浸透したものとされる。(3)つまり、文化規範が「上から」押しつけられるという点においては、国民国家であっても植民地であってもさほど変わらないのである。

むしろここで問われているのは、アメリカ人の「恩恵」がどのようにフィリピン人の本質によって拒絶されたかではなく、そもそも文化の浸透がなぜ阻まれたのかという構造上の問題である。日本における政治文化研究を促した主だった著作のひとつに、ロジェ・シャルチエの『フランス革命の文化的起源』(4)がある。この著作では、文化の問題はより具体的な読者層の成立や本の流通、パンフレットにおける表現や民衆による知識人の受容に向けられている。

訳者松浦義弘は、シャルチエの文化論の特徴を、つぎのように説明している。ある社会には「複数の競合する

『表象のシステム』」があり、このシステム間の闘争が歴史の動態を作りだしていく。その過程で、あるシステムは、ある表象を「独自の摂取＝利用」することにより、他のシステムとは異なる表象を生みだす。逆説的に「文化財や文化的規範」と「独自の摂取＝利用」における違いが、システム間の区別を明らかにする。よって、松浦によると、この文化論は「エリート文化と民衆文化の二分法」を前提としたものではなく、エリート文化と民衆文化の弁別化は規範や表象の違いによる。それは、そもそも「エリート文化や民衆文化なるものが、ア・プリオリに存在しているわけではないからである」[5]。つまり松浦は、浸透していく文化が分節化され異なるものと見られる認識の構造を問題にし、この認識構造を踏まえエリート文化と民衆文化を理解することを求めている。

しかし、エリート文化と民衆文化の関係性において、フィリピンのような近代植民地主義を経験した社会はフランスのような伝統王朝から国民国家へと移行した社会とは大きく異なっている。近代植民地社会においては言語的にも慣習の面からも文化財からも、エリート文化＝植民地支配者の文化、民衆文化＝植民地の民衆の文化という形で二極が生みだされ、この二極を架橋する文化的共通性はきわめて希薄だからである。言いかえれば、植民地におけるエリート文化と民衆文化はそれぞれ分かれたものとしてア・プリオリに存在している。近代植民地社会は本質的に分断された社会である[6]。この側面から考えたとき、近代植民地主義がどのような方法によってエリート文化を浸透させようとしたのかが考察の対象となる。

植民地のエリート文化

エリート文化は、一方では革新主義時代アメリカの価値観を反映したものだった。公衆衛生の保持という観点から、アメリカ人はフィリピンに根差していた埋葬の習慣や病気への対応を衛生上の危機をもたらすフィリピン人の悪癖とみなした[7]。このような認識が転じ、アメリカ人の医療関係者は、植民地を白人の身体的・精神的な健全さへの脅威と捉え、フィリピン人の身体が熱帯性疾病の温床であるという認識を育んでいった。[8] さらには、アメリカの白人家庭における消費主義がフィリピンにも到達していた。セブのような主要地方都市であれば、雑誌を通してアメリカ白人の生活が模倣され、アメリカ風の住居が建設された。[9] 植民地教育においても、白人家庭の模倣は重要な教育の一環であった。[10] 一九二〇年代の教員向け専門雑誌などにも、写真機やラジオ、蓄音機や通信教育のほか、スキンクリームや石鹸などの消費財の広告が広く掲載されている。[11] このほかには、植民地教育が「カシキズム」と呼ばれる農村のボス政治改革を目的としたことは、アメリカ人為政者や教育官僚の足跡からしても（第二章第四節）、一九世紀末アメリカと植民地フィリピンの構造的な類似性からしても、[12] アメリカの都市中間層によるボス政治改革の影響を受けたものだった。フィリピン人という非英語母語話者への直接法による英語教育を重視してきたことには移民教育との親和性が見られる。事実、『教育局長年次報告』（*Annual Report of the Director of Education: ARDE*）は移民教育からの影響を明らかにしている。[13]

他方では、このエリート文化は、マニラ在住のアメリカ人の生活から派生したものだった。都市的であり、消費文化の側面を強く持っていた。その主たるものとしてクラブ文化があった。ポロ・クラブ（Polo Club）やネイビー・クラブ（Navy Club）など、「クラブは故郷を離れた西洋人にとって社会生活の中心」[14] であった。これらのクラブを中心として、マニラにはアメリカの音楽を聞かせるキャバレーや、ダンスホールや映画館ができあがっていった。「一九二〇年代にはキャバレー、サロン、プラザ・サンタ・クルス、エスコルタのアイスクリーム・パーラー、そして映画館への人気が示すように、マニラは非常にアメリカ化されていた」[15]。

植民地のエリート文化は、このように二つの潮流から構成されていた。そして、それぞれがマニラから州都へ、さらには地方の町へと伝播していった。その伝播に大きな役割を果たしたのがフィリピン人教員や生徒だったのである。

ペンシオナドの出自と足跡

アメリカ人教員と比べると、フィリピン人教員についての資料は少ない。さらには、フィリピン人島嶼教員と比べても、フィリピン人町教員に関する資料は非常に限られている。フィリピン人島嶼教員は、『フィリピン諸島官僚制度幹部職員・一般職員名簿』(*Official Rosters of Officers and Employees in the Civil Service of the Philippine Islands: Roster*) に記載されており、年度によっては出身州を確認することができる。ただし、ある時期の島嶼教員がどのような足跡を歩んできたのかという点は、『名簿』(*Roster*) からも統計資料からも見えてこない。教員の大多数を占めていた町教員については、一九二〇年代の教育専門誌の地方欄など、ごくわずかな記録が残されているのみである。このような資料上の不均衡がアメリカ人教員を過分に論じてきた先行研究の背景にある。また、当時のフィリピン人教員のキャリア形成についての研究は管見のかぎり存在しない。

そこで、「個人名別資料」(Personal Name Information Files: PNIF) に収められているフィリピン人の履歴書から彼らが島嶼教員にいたる足跡を見ていきたい[16]。これらの履歴書は、当該人物がアメリカへの公費留学生ペンシオナドとなったことから、島嶼局資料に残されているわけであり、学歴上は非常な成功を収めた人々のものである。その意味では偏った資料ではあるが、それでもフィリピン人教員のキャリア形成については一定の示唆を与えるものである。**表4‐1**は発見できた二六人分の履歴書を表にしたものである。

マニラへの道

これらのフィリピン人はおおむね一八八〇〜一八九〇年代に生まれ、一八九〇〜一九〇〇年代に小学校教育、一九〇〇～一九一〇年代にフィリピンでの高校教育や大学教育を受け、一九一〇年代末や二〇年代初頭にアメリカでの教育を受けている。Aは州都出身、Bはポブラシオーン出身、Cはバリオ出身と区分した。[17]一方では、人口の大部分がバリオに住んでいる社会であって、履歴書に示された二六人のうち二二人がポブラシオーンまたは州都出身であるので、より豊かな人々が学歴上の成功に明らかに有利だった。他方では、州都出身者が七人であることに対してポブラシオーン出身者が一五人であることは、教育機会が州都のみではなくポブラシオーンにまで拡がっていたことを示している。また、Cの三つの事例は、バリオ出身者でも条件さえ整えば、より高次の学校に通えたことを示している。つまり、バリオ住民は学歴から除外されていたわけではない。このように見ると、州都やポブラシオーンに住む豊かな人々の方が学歴の階段を上り成功を収める可能性が高かったことは否めないが、可能性は低いがそのような成功はバリオ出身者にも開かれていたと言える。

また、島嶼教員にいたるまでの補助的な制度がアメリカ植民地期初期から作り上げられていった。全体二六人中一四人が町教員として勤務経験があった。出身の町や州で町教員となり、職歴を積むとともに、場所によっては働きながら学歴を積むこともできただろう。また、高校やフィリピン師範学校のようなより高次の学校へ通うための奨学金制度が整備されていった。[18]

では、自らの努力によって教員としてのキャリアを歩んでいくという経験は、ジェンダーや出身地方の面でどれほどフィリピンに浸透していたのだろうか。二六人中二一人が男性であり男性優位は否めないが、それでも女性もこのリストに含まれている。出身地方に関しては、北はイロコス地方から南は北部ミンダナオまでと幅広く、大きな地域偏差は見られない。[19]彼らはより高次の学校に通うに従い州都やマニラへと旅することになった。B区分のポブラシオーン出身者を見てみると一五人中一一人が出身州の州都の高校に通った。全事例の二六人を対象とすると二一人がマニラでの高等教育機関に通学した経験がある。また、一九世紀末の私立学校はおおむねスペイン語の学校であったが六人が小学校では私立学校に通っている。

表4-1　履歴書に見る教員の足跡

番号	氏名	性別 / 誕生年月日	生地 / 生地の地方区分	小学校低学年 / 小学校高学年	高校 / フィリピンの師範学校	フィリピンの大学 / アメリカでの高等教育機関	町教員経験
A1	セレドニオ・サルバドール Salvador, Celedonio	男性	ナガ, 南カマリネスCP	ナガPr, 南カマリネスCP; ナガPub, 南カマリネスCP	ナガ, 南カマリネスCP	—	
		1890年3月3日	ビコル	ナガ, 南カマリネスCP	—	インディアナ大	
A2	エステバン・ホセ Jose, Esteban L.	男性	ドゥマゲッティ, 東ネグロスCP	ドゥマゲッティ, 東ネグロスCP	ドゥマゲッティ, 東ネグロスCP	—	あり
		1891年12月26日	ビザヤ	ドゥマゲッティ, 東ネグロスCP	フィリピン師範学校	ミシガン大	
A3	ティト・クレメンテ Clemente, Tito	男性	ラオアグ, 北イロコスCP	—	—	フィリピン大	あり
		1892年1月4日	イロコス	—	師範学校（詳細不明）	カンザス大; コロンビア大	
A4	マリア・ヴィリア Villa, Maria	女性	セブ, セブCP	セブ, セブCP	セブ, セブCP	フィリピン大	
		1895年9月23日	ビザヤ	セブ, セブCP	—	クラークろう学校	
A5	マカリオ・ナヴァル Naval, Macario	男性	サンフェルナンド, パンパンガCP	サンフェルナンド, パンパンガCP	サンフェルナンド, パンパンガCP	フィリピン大	
		1896年3月10日	中部ルソン	サンフェルナンド, パンパンガCP	—	アイオワ州立師範学校; スタンフォード大	
A6	カリダッド・トリリョ Trillo, Caridad	女性	ブトゥアン, アグサンCP	ブトゥアン, アグサンCP	スリガオ, スリガオCP	シリマン大	あり
		1896年8月3日	北部ミンダナオ	ブトゥアン, アグサンCP	—	オハイオ州マイアミ大; コロンビア大	

番号	氏名	性別	生地	小学校低学年	高校	フィリピンの大学	町教員経験
		誕生年月日	生地の地方区分	小学校高学年	フィリピンの師範学校	アメリカでの高等教育機関	
A7	マヌエル・カレオン Carreon, Manuel L.	男性	サンフェルナンド，パンパンガCP	サンフェルナンド，パンパンガCP	サンフェルナンド，パンパンガCP	フィリピン大	
		1899年6月17日	中部ルソン	サンフェルナンド，パンパンガCP	—	ネブラスカ大；ミネソタ大；コロンビア大；シカゴ大	
B1	サルスティアノ・ヴィバール Vibar, Salustiano	男性	カマリグ，アルバイMU	バカカイPr，アルバイMU	—	—	あり
		1887年6月8日	ビコル	アルバイ，アルバイCP	—	ミネソタ大	
B2	フェリペ・セバリョス Cevallos, Felipe O.	男性	ギノバタン，アルバイMU	—	アルバイ，アルバイCP	フィリピン大ロスバニオス校	あり
		1888年8月27日	ビコル	ギノバタン，アルバイMU	—	ウィスコンシン大	
B3	ラザロ・ミラオル Milaor, Lazaro	男性	サント・トマス，バタンガスMU	パコ，マニラ	—	フィリピン大；マニラ法律学校（Escuela de Derecho de Manila）	あり
		1888年12月17日	南部タガログ	タナワン，バタンガスMU	フィリピン師範学校	ペンシルベニア州ミラーズビル州立師範学校；ペンシルベニア大；シカゴ大	
B4	ラモナ・ティロナ Tirona, Ramona S.	女性	イムス，カビテMU	—	—	フィリピン大	
		1890年8月30日	南部タガログ	—	フィリピン師範学校	ニューヨーク社会福祉学校（NY School of Social Work）	

B5	カタリノ・カバンバン Cabangbang, Catalino	男性	カブガオ，南イロコスMU	カブガオ，南イロコスMU	ビガン，南イロコスCP	シリマン大; フィリピン大	
		1892年4月28日	イロコス	カブガオPr, 南イロコスMU; マグシンガル，南イロコスMU	フィリピン師範学校	カリフォルニア大	
B6	プルデンシオ・ランカウオン Langcauon, Prudencio	男性	オアス，アルバイMU	オアスPr; 同Pub, アルバイMU; ギノバタンPub, MUアルバイ	アルバイ，アルバイCP	フィリピン大	あり
		1892年4月28日	ビコル	—	フィリピン師範学校	スタンフォード大; ハーバード大	
B7	レオデガリオ・ヴィクトリーノ Victorino, Leodegario	男性	マリキナ，リサールMU	マリキナ，リサールMU	マニラ	フィリピン大	
		1892年10月2日	南部タガログ	サンパロック，マニラ	—	コロンビア大	
B8	フロレンティノ・カイコ Cayco, Florentino	男性	マラボン，リサールMU	マニラPr	パシッグ，リサールCP	—	あり
		1892年10月22日	南部タガログ	マラボン，リサールMU; 通信教育	—	インディアナ大; コロンビア大	
B9	フェルナンド・ベルメホ Bermejo, Fernando V.	男性	パナイ，カピスMU	パナイ，カピスMU	カピス，カピスCP	—	あり
		1893年2月22日	ビザヤ	カピス，カピスCP	フィリピン師範学校	カンザス大	
B10	ファウスティノ・ブガンテ Bugante, Faustino	男性	ディングレイ，イロイロMU	ディングレイPr; 同Pub, イロイロMU	イロイロ，イロイロCP	—	あり
		1894年2月15日	ビザヤ	イロイロ，イロイロCP	フィリピン師範学校	北オハイオ大; ハーバード大	

番号	氏名	性別	生地	小学校低学年	高校	フィリピンの大学	町教員経験
		誕生年月日	生地の地方区分	小学校高学年	フィリピンの師範学校	アメリカでの高等教育機関	
B11	ガビノ・タブナール Tabunar, Gabino	男性	バクノタン, ラ•ウニオンMU	バクノタン, ラ•ウニオンMU	サンフェルナンド, ラ•ウニオンCP	—	あり
		1894年2月19日	中部ルソン	サンフェルナンド, ラ•ウニオンCP	フィリピン師範学校	西イリノイ州立師範学校; コロンビア大	
B12	グレゴリオ・ラルディザバル Lardizabal, Gregorio	男性	サンホセ, バタンガスBA/MU	サンホセ, バタンガスBA/MU	バタンガス, バタンガスCP	—	あり
		1894年11月16日	南部タガログ	サンホセ, バタンガスBA/MU; バタンガス, バタンガスCP	フィリピン師範学校	コロンビア大	
B13	エスタニスラオ・ロペス Lopez, Estanislao R.	男性	ビンマレイ, パンガシナンMU	ビンマレイ, パンガシナンMU	リンガエン, パンガシナンCP	フィリピン大	あり
		1895年5月7日	イロコス	リンガエン,パンガシナンCP	—	カリフォルニア大	
B14	ベネディクト・インペリアル Imperial, Benedicto	男性	サンエステバン, 南イロコスMU	—	ビガン, 南イロコスCP	—	
		1897年7月10日	イロコス	—	—	オハイオ州立大; ニューヨーク市立大	
B15	ホセ・コバンバン Cobangbang, Jose	男性	アルカラ, パンガシナンMU	—	リンガエン, パンガシナンCP	フィリピン大	あり
		1899年4月15日	中部ルソン	—	—	ワシントン大; ユタ大	
C1	ホセファ・ハラ Jara, Josefa	女性	マンドゥリアオ, イロイロBA	ラパス, イロイロBA	イロイロ, イロイロCP	フィリピン大	
		1894年1月21日	ビザヤ	イロイロ, イロイロCP	フィリピン師範学校	ニューヨーク社会福祉学校（NY School of Social Work）	

C2	ヴェナンシオ・トリニダッド Trinidad, Venancio	男性	タリサイ, バタンガスBA/MU	タナワン, バタンガスMU	マニラ	—	
		1889年10月5日	南部タガログ	タナワン, バタンガスMU	フィリピン師範学校	アイオワ州立師範大; コロンビア大	
C3	イスマエル・マラーリ Mallari, Ismael	男性	(トンスヤ), マラボン, リサールBA	トンスヤ, マラボン, リサールBA	マニラ	—	
		1898年9月6日	ルソン島中部	マラボン, リサールMU	フィリピン師範学校	ウィスコンシン大学	
D1	ピュリフィカシオン・モレンテ Morente, Purificacion	女性	—	—	—	—	
		—	—	ボワック, タヤバスMU	フィリピン師範学校	コロンビア大	

略称　Pr：私立学校、Pub：公立学校（私立学校との対比を示す場合のみ表記。無表記は公立学校）、BA：バリオ、MU：ポブラシオーン、CP：州都。

註：B12、C2のサンホセ、タリサイはポブラシオーンとバリオの両区分に記載がある。時代背景をかんがみ、タリサイはバリオとする。サンホセもバリオとすべきであろうが、高学年小学校があるので、ポブラシオーンと判断した。

註：C3の生地はマラボンとなっているが、マラボン内のバリオ、トンスヤの低学年小学校に通っている。ポブラシオーンに生まれた者がバリオ学校に通うことは考えにくいので、生地をマラボン内のトンスヤとした。

註：所在地の分かりにくい大学については以下の通りである。シリマン大学：東ネグロス州ドゥマゲッティ、クラークろう学校：マサチューセッツ州ノーサンプトン。

地方からマニラの高等教育機関へ、またポブラシオーンのスペイン語私立小学校から州都の英語公立高校へというような移動は、地方言語での生活やスペイン語の学習から英語での学生生活への移行を示している。学校においては、授業のみならず学内の新聞や異なる地方の出身者との意思疎通、さらには勉強や流行についての会話などに英語が使われたことだろう。これらの教員はバリオやポブラシオーンから州都を経てマニラに行き、そこで他の地方から来た人々に会い、新しいリンガ・フランカである英語やエリート文化を身につけた[20]。このように、学校という空間において、植民地主義のもたらした言語を介することによって、異なる地方の人々が出会い、互いを教育を受けたフィリピン人と認知していったのである。

二　学校文化のなかのフィリピン人教員

植民地エリート文化としての学校文化

全学童教育を可能にするほどには広がらなかったが、それでも伸張し続けた学校制度は、多くの人々が学校に通った経験を持ち、学歴が人生を左右するという意味での学歴社会を作っていった。四〇～六〇パーセントの学齢者が、一時的にせよ、学校に通っている社会において、学校の持つ社会的役割は無視できるものではなかった。さらに卒業という観点からも、学校の影響は少なくなかった。一九二八年には小学校高学年から大学まで六万の学位が授与されている。前年と比べ、五〇〇〇の増加である[21]。このようななかで、学校文化を象徴していったのは主には高校だった。まずは高校生がどのようなイメージで捉えられていたのかを確認しておこう。

一九二五年三月一日付の『フィリピンズ・フリー・プレス』(*Philippines Free Press: PFP*)に「征服者(The Conquering Hero/El Héroe Conquistador)」と題された挿絵が掲載されている[22](図版4-1)。マニラの高校に通う青年を揶揄したものである。

青年が「小さな町(little town)」か「村(village)」に帰郷した場面である。背広を着て、革靴を履き、左手には本、右手にはスーツケースを持ち、小脇にステッキを挟み、タバコを吹かしながら青年が目抜き通りを闊歩している。遠目からは町の人々が青年をものめずらしそうに見ており、子どもたちが青年の後を喜んで追いかけている。挿絵の端には「通知表」が載っており、「英語五〇点、数学六一点、マナー四五点、菜園教育(Gardening)二七点、平均五二点」と書かれている。

この挿絵の説明書きはつぎのようなものである。ブランド品で身を固めた帰省生徒にとってはこの日は素晴らしい日である。通知表の成績が示すように一年間の放縦で怠惰な学校生活を過ごしてきた。それでも故郷では彼のためにパーティーが開かれ、女子は彼に微笑み、ピクニックもダンスも彼がいなければ始まらない。帰省した生徒は「征服者」としての栄光に包まれている。しかしねたんではいけない。もうすぐ称賛と誇りに満ちた高校生活が終わり、生活のための闘争が始まるのだから、と。この挿絵が風刺している高校生のイメージは、学歴に対する低評価へとつながっている。

出典:McCoy and Roces, *Philippine Cartoons*, 98(初出:*PFP*, 21 March 1925, p. 1)

図版4-1「征服者」

学歴保持者を大量に生みだす社会構造は、一九二〇年代後半には広範囲にわたる批判の対象となっていく。一九二七年の『フィリピン教育ジャーナル』(*Philippine Journal of Education: PJE*)は、新しい卒業生はどのような学位であろうとも、その学位を得ることは仕事をしないことの言い訳にはならず、同じような幸運に恵まれなかった人々よりも、積極的に自分の能力を自分自身と「国(country)」のために使うことを求めるという論説を掲載している。[23] また、学歴は能力よりも特権を反映していると批判された。一九二八年のマニラで開かれた「フィリピン農業大会(The Philippine Agricultural Congress)」では、学位を持っていようとも生活の糧を自らの労働で得ていなければ、その人は「社会的寄生者(social parasite)」であるとの決議が採択されている。[24] また、上院議員の一人は、一般的な文化教育を受けたものの現在の経済構造には適してない「知的遊民(intellectual vagabonds)」を作りだしたと植民地教育を批判している。[25]

もっとも、植民地都市マニラの就業構造を分析した研究によると、マニラは、一九二〇年代にはホワイトカラーの仕事が十分に生みだされないという第三世界に共通する問題を先駆けて経験していた。[26] 学歴があるがゆえに求める仕事に就けない失業者は、生徒の態度やカリキュラムの問題というよりも拡大する学校制度に付随した不可避の現象だったのである。

前述の公費留学生のような成功者でなくとも、バリオに生まれ、ポブラシオーンの小学校に通い、州都やマニラの高校に進学する生徒は数多くいただろう。多くの人々が州都やマニラの高校で人生の少なくない時期を過ごしたという点において、学校の持つ文化的な影響は多大なものであった。彼らがマニラや州都と町のあいだを還流することにより、都市的な文化が学校文化としてポブラシオーンやバリオに持ち込まれていった。

マニラからバリオへ

革新主義時代の価値観を移入した文化規範と在比アメリカ人の消費生活の双方が、学校文化に影響を及ぼした。ただし、生徒を魅了していったのは圧倒的に後者だった。消費生活のなかで、とくに学校に関係が深かったのがジャズとキャバレーと映画であった。ジャズは「ボードビル（vaudeville）」が訛った「ボダビル（vod-a-vil）」と呼ばれたパロディ演劇とともにフィリピンに持ち込まれた。一九二〇年代にはフィリピン人のジャズ演奏家は中国や東南アジアの都市、また太平洋横断客船で仕事を得ていた[27]。このころのジャズは、後にスウィング・ジャズに発展していくように、ダンスをするのに適した音楽であった[28]。このようななかでジャズが学校音楽として根づいていく。ヨーロッパやシンガポールで活躍したフィリピン人ジャズ演奏家は、アメリカ植民地期の高校での音楽教育がジャズ・クラリネット奏者の道を歩ませたという[29]。また、学校音楽としてジャズがあまりに白熱していることを受け、『フィリピン教育雑誌』（*Philippine Education Magazine: PEM*）ではジャズはさまざまな伝統を模倣しているだけであり、まったく教育的価値がないと批判の文章を掲載している[30]。

キャバレーも学校文化の一環として根づいていった。イザベラ州ではアメリカ黒人の督学官ジョン・バトラーが高校の生徒に相当の自治を認めており、生徒会が学則の一部を定めている。このように定められた学則では、賭け事やビリヤードは全面禁止であるが、キャバレーに関しては翌日に学校が休みの場合は行くことが許されている。この措置により出席率や進級率が大幅に伸びたとのことである[31]。

しかし、高校生がキャバレーに通うという習慣は、一般的には非難の対象であった。リサール州のパシッグでは高校と小学校のあいだに開設されたキャバレーの閉鎖を求める住民の声があった[32]。ロンブロン州では女性団体や高校や学校区の教員組織、そのほかにはＰＴＡやキリスト教団体が町政府にダンスホールの閉鎖を求める署名活動に取り組んだ。[33] また、ヌエバ・エシハ州ではキャバレーで踊った生徒の成績から点数を引く方針を定めた。[34]

映画はポブラシオーンや州都にできたコンクリート製の校舎でも上映された。コタバト州やサマール州では映画上映が学校の収益事業として成り立っていた。[35] 娯楽としての映画は比米戦争の報道映画から発達してきた。[36] 一九一〇年代にはすでに主に映画を上映する劇場ができていた。一九二七年にはフィリピン全体でそのような劇場が二五〇もあった。[37] そのような劇場で上映される映画の九五パーセントがアメリカで制作された作品だった。[38] それでも一九一九年にはフィリピンの伝統的なロマンス劇であるサルスエラ（sarswela）の一部が早くも映画化されている。[39] このような映画を観たのは、当然、生徒だけではなかった。農民はスクリーンに映し出されるアメリカの豊かな生活と自らの生活の差を実感した。[40]

ここに見る学校文化とは、ジャズやキャバレーや映画といったアメリカ的な文化を享受し、アメリカ人の消費行動を模倣するものであった。それは高校中心ではあったが、映画などは小学校でも上映された。当然、地方都市のアメリカ風の住居や映画を見る農民といったように、このような文化は学校のみに限られたものではなかった。地方の町においては、学校は植民地主義のもたらしたエリート文化を拡散する役割を担っていた。

教員にとっての学校文化

このようなアメリカの消費文化のほかに、革新主義時代のアメリカ社会の技術発展や教育実践の影響を受け、教育局が「上から」作りだそうとした学校文化もあった。その多くは高校と小学校両方でおこなわれた。進んだ技術や巨大な建造物を地域住民に見せ、彼らを巻き込んだ新しい組織を作りだすことを目指した。実業教育の授業で作られた製品や学校の農園からの収穫物の展示、収穫物を利用した料理方法の実演、さらには収穫物の大きさをめぐる競争は、一九一〇年代に幅広くおこなわれた。[41] さらには、身体を鍛えるために体育の授業も導入され、野球などの体育競技会も開かれた。[42] 教育局はボーイスカウトやPTAも奨励し、一九二〇年代になるとこれらの組織は定着していった。[43] 教育現場においては、映写機や蓄音機やラジオといったその時代の新しい技術が使われた。[44] 州都には二階建ての巨大建築物が高校校舎として建てられたし、ポブラシオーンにはコンクリート造りの小学校校舎ができあがった。報告書類にはきれいな校舎やよく整備された校庭の写真が数多く掲載されている。[45] そのなかには、星条旗の下で生徒が行儀よく並んでいるものや、校庭で野球がおこなわれているものが含まれている（図版4-2）。

出典：Ca-11-8, "Albay Ball Ground-School building, P.I.," RG 350, Photo-graphs and Graphic Works, College Park, NARA.

図版4-2　校舎・星条旗・野球

このような学校を中心としたエリート文化の浸透に尽力したのがフィリピン人教員層だった。そもそもフィリピン人教員の組織化はアメリカ人教員の下で教育方法を学んだときから始まったと言ってよいだろう。教育講習会は一九〇一年のマニラで早くもおこなわれている。[46] このような講習会を教員のキャリア形成の重要な一部としたのがバギオの夏季講習会だった。バギオはアメリカ人がルソン島山岳部に開発した避暑地だった。この講習会はアメリカ人教員の集まりとして一九〇八年に発足したが、一九一三年ごろから多くのフィリピン人教員が参加しはじめた。[47] 夏季講習会では、モデル授業や教員の研究発表、外部からの専門家の講演や督学官の会合など教育そのものに関連するもののほかに、野球などの体育競技会や近隣の山々でのハイキング、社交ダンスやコンサートなど、教員としての一体感を作りだす行事もおこなわれている。[48]

一九一〇年代には、休暇を利用した講習会が慣習化していく。そこでは教育の質を高めるためのモデル授業や講義とともに、社交も幅広くおこなわれている。一九二〇年代になるとマニラやバギオ以外でも、主要な地方都市で夏期講習会がおこなわれていく。(49) また、数百人が各地から集まってくる大規模な講習会のほかにも、州レベル、州内の学校区レベル、町レベルでも講習会が開かれていく。それらの講習会では、特定科目・実業教育・体育教育のモデル授業、監督教員による教育政策の講義、新しい統一テストについての説明などがおこなわれた。また、州レベルでは、監督教員だけを集めた講習会など、特定の役職を対象にしたものも開かれるようになった。社交としては、ダンス、体育競技会、コンサート、お茶会がよく開かれた。(50) さらに、州レベルの講習会には社会的地位の高い人々が参加している。一九二六年の東ネグロス州の講習会ではフィリピン人の州知事、弁護士、シリマン大学のアメリカ人学長の後に、当地を訪れていた中国人外交官がスピーチをしている。(51) フィリピン人教員は、講習会に参加し植民地の多様なエリートに直接に接する機会を得た。

ジャズの演奏に対するより伝統的な音楽のコンサート、キャバレーのダンスに対する講習会での社交ダンスやお茶会といった対立は見られる。しかし、映画も含め、いずれもが学校や学校周辺または教員の集まりでおこなわれ、これらは総じて学校文化を形成していった。教員は高校生の行動を非難することはあっても、その高校生こそが後には教員になっていったのである。これらの学校文化の差異は、いずれもエリート文化の内部のものであり、生徒文化と教員文化の対立は微小なものであった。むしろ、問われるべき点は、このエリート文化が植民地社会において、どのように伝播され、どのような限界に直面したのかという問題である。エリート文化の伝播に大きな役割を果たしたのがフィリピン人教員である。しかも、個々の教員ではなく、教員の組織化がこの文化の伝播を大きく助長した。

教員団体の形成

一九二〇年代半ばになると州・町レベルで教員団体が多数結成されている。これらの団体は、会報の発行、講習会参加への補助金支給、各地の講習会の企画と運営、教育研究、住民に対する識字教育などをおこなっている。[52]一九二五年には全植民地レベルの団体として「全国教員連盟[53]（National Federation of Teachers）」が発足した。この団体を立ち上げるにあたり、同団体の代表となったフランシスコ・ベニテスは、「民主主義」を定着させるために教育を拡げ、教員職を専門職にしなければならないと主張し、さらには専門職とするためには相互扶助と労働環境の改善が必要であると述べている。[54]この団体は数年のうちに巨大な組織へと変貌した。一九二六年の総会には二〇〇名ほどの支部代表者が参加している。[55]具体的な活動としては、台湾、中国、日本に視察団を派遣しているし、一九三一年の「世界教育団体総連盟（World Federation of Educational Association）」の大会にも人員を送っている。[56]この団体は教員の利益団体の側面も持っており、教員の年金と他の官僚職の年金を統合する法案に際しては反対意見を表明している。[57]また教員間の給与格差の縮減を目指す運動もおこなっている。一九三二年の財政危機において教員給与が削減されることになると、法案として出されている新規の給与査定に反対するとの決議を二〇〇ほどの支部・関連団体と挙げている。決議ではアメリカ人教員の給与が高すぎることとともに町教員の給与が低すぎることを批判している。[58]

このような講習会や教員団体にみる教員の文化では、島嶼教員と町教員のあいだの差異は強調されなかった。町教員も講習会のモデル授業をおこなうなどの役割を果たしていたし、より規模の大きい講習会へも参加した。[59]また、町教員を含んだ教員全体に、講習会への参加や専門誌の読書会などを通して教育の専門家としての能力を高めることが期待されていた。[60]社交の場においても町教員は島嶼教員と同様に参加していた。[61]このような背景のなかで、準教員試験の合格者が専門誌の地方欄で紹介されるなど、島嶼教員はその地域の優秀な教員として位置づけられた[62]。これらの点から、島嶼教員が親しんでいた植民地エリート文化に、町教員も順応していったと言えよう。

ただし、植民地期を通して、町教員の給与は不適切に低いものだった。このことが町教員の大量の離職の原因となった。植民地期を代表するフィリピン研究では一九二〇年代末から一九三〇年代初頭の状況を指し、小学校のクラス担任の町教員は「伝達係」よりも低い「困窮するほどの給与」しかもらっていないと描写している[63]。この低い給与に加え、町の財政が悪化し学校を閉鎖しなければならない場合には町教員は失職した。一九二〇年代後半には、町教員の離職率は毎年二〇パーセントを越えており、大量離職に起因する熟練教員の不足が問題となっている[64]。

その反面、それでも町教員として働き続ける人々には、専門職の矜持とも言える意識が芽生えている。一九二五年のイロイロ州サラという町は、財政危機に直面していた。町の小学校が閉鎖されることになった。この小学校に雇用されていた町教員は「子供達は公教育を受ける権利がある」とし、寄付金からの給与で我慢する、または寄付金が集まらないようであれば「町政府と教育行政による適切な措置がなされるまで」無償で働くとの決議を挙げている[65]。この決議が交渉のための文章であることを差し引いても、これらの町教員は教育という自らの専門において町に貢献したいという態度を示している。

また、教員職に就き教員として働き続けることは、島嶼教員とならずとも一定の満足感を与えるものだった。つぎの事例は一九五〇年代初頭に実施された全国規模の地方史調査報告に含まれていた資料である。調査報告内のバタンガス州のピナッグツングランというバリオのファイルには[66]、ドミンゴ・アンダルという町教員の足跡を記した自伝があった。アンダルはこのバリオに一八九五年に生まれた。近隣のサンホセの小学校を卒業したのち、州都バタンガス市の高校に通いはじめたが、家計が苦しかったので家族はアンダルが故郷で教職に就くことを望んだ。アンダルは高校を辞めピナッグツングランに戻り小学校で教えはじめた。そこで一五年間教え、その後近隣のバリオのアヤで五年間教えた。二〇年の教歴とともに退職した。一九五〇年初頭の時点で彼は年金生活者であり、「家族に囲まれ、〔教員として〕長くおこなった貢献の果実を楽しんでいる」と自らを描写している。報告書によるとピナッグツングランは教育熱心なバリオであり、非識字者はごくわずかしかいない。この自伝が資料として報告書に組み込まれたこと自体、アンダルが教育を通じてこのバリオに貢献した名士として位置づけられていることを示している。

つまり、町教員として働くことは植民地エリート文化の規範を下方に拡げていくという営為に加担したのだが、町教員にとっては当該の町やバリオをより良くするために自らの労力や人生の一部を費やすことを意味した。彼らにとって町教員であることは、生活のためであったとしても自らの矜持を満たすものだったのである。

三 「市民教育」とその展開

植民地における「市民教育」

ここまで町教員であっても、フィリピン人教員は植民地教育に積極的に貢献してきたことを論じた。しかし、学校においてアメリカ的なものを主としたエリート文化が支配的であるならば、民衆文化に育まれたフィリピン人教員が積極的に植民地教育に従事したということは、何を意味しているのだろうか。この問いは、ここまで見てきたような社会史的な位相ではなく、思想史的な位相において答えられなければならない。つまり、教員の意識のなかで、植民地教育のどのような要素が教えるに値するものとして認識されたのかという点を追求する必要があるだろう。そこで注目したいのが、外来の価値観としての「市民的理念」である。つまり、フィリピン人町教員は「市民的理念」を教えることに、どのような意義を見いだしていたのだろうか。初めに、この「市民的理念」の源泉を確認しておくべきだろう。

植民地教育の目的である「市民的理念」は、革新主義時代アメリカにおける、移民に対する統合可否の判断基準にその遠因を見いだすことができる。移民排斥を求める思想は人種隔離や精神障害者の断種を求め、移民の文化的統合を求める思想は学校への出席義務、投票人登録、識字能力を求めた。[67] つまり、前者にとっての「市民的理念」はアジア系や精神障害者といった市民像から排除される人々の区分を示すものであり、後者にとっては市民となりうる人が従うべき規範や身につけるべき意識であった。後者の規範や意識の教育こそが「市民教育」であったのであり、「市民教育」とは主には市民となる可能性がある人々を対象としたものだった。

この点からアメリカにおける「市民教育」は基本的には白人に対するものであった。アジア系の人々を含めた有色人種に向けた価値観の教育は、白人の「市民教育」とは異なり別途検討すべき課題とされる。[68] つまり、植民地フィリピンにおける「市民的理念」は、実際のアメリカ社会から抽出されたものではなく、あるべきコミュニティを目指し白人移民や白人若年者が内面化すべき理念として定立されていた。フィリピンの「市民教育」はこの理念を敷衍するための教育だったのである。当然そこでは、この教育が主には白人に向けられたものであったことは教えられなかった。

フィリピンの小学校低学年の「市民教育」は教科書に頼るものではなく、当初は三年生で学校を辞めてしまう若年層の男子生徒を対象とした実践的なものだった。議会進行のルールを学び、議長などを選出し、動議をおこない、議論し、議決をおこなうことが主な教育内容だった。[69] 一九一〇年代以降、小学校四年生は、町政府・州政府・島嶼政府のそれぞれの役割、行政・司法・立法の社会的機能や、税、郵便貯金、公共事業の必要性を学んだ。[70]

一九一九年以降は、公衆衛生の重要性も強調された。[71]

小学校高学年では、一九〇七年刊行のプレスコット・ジャーニガン著の『フィリピン市民』[72]（*Philippine Citizens*）や一九一九年刊行のジョージ・マルコムとマキシモ・カラウ著の『フィリピン公民』[73]（*Philippine Civics*）が教科書として使われた。[74] ジャーニガンは一九〇〇年代初期のアメリカ人教員だった。マルコムは植民地フィリピンの司法制度において長く裁判官を務め、最終的には同司法制度で最高裁判事となった人物である。[75] マキシモ・カラウはフィリピン大学の政治学教授を務めるなど、アメリカ植民地期を代表するフィリピン人政治学者である。[76] いずれの教科書も植民地政府の三権分立や法治概念や公教育の重要性を論じている。

高校の教育では、アメリカで使用された「市民教育」の教科書そのものや、そのような教科書のフィリピン使用版が使われている。[77] アメリカ史を題材にした共同体のあり方、公衆衛生、市民生活、世論形成などが論じられている。[78] もっともジャーニガンの『フィリピン市民』でもフィリピンの町政府が植民地時代アメリカのニューイングランドの町政府をモデルにしていると述べているように、[79]「市民教育」で教えられる内容はフィリピン特有のものではなく、アメリカ社会に見いだせる要素を多く含んでいる。

一九三〇年代になると、逆にフィリピン特有と見られる要素が市民性に反するものとして位置づけられていく。一九三二年刊行のコンラド・ベニテス著の『フィリピン公民』（*Philippine Civics*）では、フィリピンの家族制が論じられる。そのなかで「カシキズム」とは、フィリピン社会に古くから根差し、共同体を支配してきた有力家族の父系権力である、と規定する。そのうえで、一九三〇年代においても資産を持った有力家族が自らの資産によって多数の人々が依存するように仕向けることにより、少数の富裕層が大衆を支配し続けることは「カシキズム」を永続することであると批判する。[80] また、一九三七年刊行のコンラド・ベニテス監修の教科書は、市民性を阻むフィリピン人特有の悪癖として怠惰や浪費癖などを挙げている。[81]

以上から「市民的理念」はアメリカ社会における理想の市民像をモデルとしていた。そして、このような理想を掲げることは、「市民教育」において革新主義時代や戦間期のアメリカ社会を理想化する傾向を生みだした。また、時間がたつにつれ、フィリピン社会をその理想にはいたらない失敗事例と位置づけることにつながっていった。

「市民教育」の実践

「市民教育」はこのような思想的特徴を持っていたが、前述の小学校低学年の「市民教育」に見られるように生徒による実践をともなっていた。フィリピンの「市民教育」は、「少年共和国[82]（Junior Republic）」と呼ばれるアメリカの革新主義時代の教育実践の影響を大きく受けていた。この教育の実践は米西戦争によってアメリカが占領したキューバなどの地域における若年層や、ニューヨークなどの大都市における移民や貧困層の非行少年に対しておこなわれた[83]。「少年共和国」の方法とは、「民主制度」を学校や少年院に作り、「自治」をおこなわせることを目的とした。

アメリカ人高級官僚の回顧録や先行研究において、「市民教育」は学校のそれよりも、囚人の訓化の方法として論じられてきた[84]。よく知られた事例であるイワヒッグ流刑地の「市民教育」では、流刑地を開拓し、土地を与え「入植」させることを基本としていた。労働をするたびにお金を与え、お金が貯まれば、さまざまな恩恵を得ることができた。新参者は囚人服を着てもっとも辛い道路建設に従事したが、お金が貯まれば自らの土地を買って家を建てた。さらには、家族を呼び寄せることもできた。流刑地には、囚人からなる警察官が配置された。囚人の警察官によって流刑地の規則に違反した者が摘発され、囚人の裁判官によって違反者が裁かれた。さらには、囚人からなる議会が作られ、大統領が選出され、規則が作られた。ただし、釈放の決定や他の刑務所への移管は、イワヒッグ流刑地の所長の権限でおこなわれるわけであり、囚人の「民主主義」には、最終的な自己決定権は与えられていなかった。この「民主主義」はあくまでも「擬似的」であったのである。[85] 管理の下での「擬似的」な「自治」や「民主」が、この実践的な「市民教育」の特徴だったと言えよう。

「生徒政府」

同様の「市民教育」は、フィリピンの学校でも幅広くおこなわれた。[86] その実例である「生徒政府（student government）」に関する記事は多数見られる。もっとも詳細なもののひとつが、フィリピン北部のアブラ州ラガンギランにある農業高校についてのものである。[87] この「生徒政府」は一九一八年にフィリピン人校長の指導の下で始められ、フィリピンの平均的な町をモデルにしていた。三権分立を尊重した形で、立法府・行政府・司法府が作られた。毎年五月には選挙がおこなわれた。政党が綱領を策定し、候補者が選挙戦を演じた。役職は大統領や議員のように生徒および教員によって選出されるもの、裁判官や主任料理人や会計などの校長に任命されるもの、さらには警察のようにアドバイザーの教員が課す試験に合格したうえで議会によって任命されるものと分かれていた。

さまざまな役職のなかで示唆的であるのは警察である。その役割とは、生徒の義務労働への参加を確認すること、行事などにおいては秩序を維持すること、規則違反者を摘発すること、欠席生徒を訪ね本当の欠席の理由を確認すること、夜間パトロールとなっている。規則として、喫煙や飲酒、ギャンブル、盗みの禁止のほかに、「方言での会話」や「手で食べること」が禁じられている。規則違反者として摘発された者は、法廷において裁かれ、有罪となった場合は罰金または一日八時間までの義務労働が課せられた。

この「生徒政府」の結果、生徒は「規律（discipline）」上の問題を起こすことがなくなり、教員と生徒の関係が良好になったとのことである。「生徒政府」では、一応は生徒の「自治」にもとづき規則が作られたので不正欠席の撲滅、英語使用の強制、手食の禁止などの植民地教育が求める行動規範に生徒は自発的に従ったことになる。「自治」という名目の下、植民地教育がもたらした秩序は、生徒の内面へと反映されていった。

四　フィリピン人教員の教育実践

「少年コモンウェルス」

それではフィリピン人教員はどのような意識からこのような「市民教育」をおこなったのだろうか。ここでは一九三〇年代後半のコモンウェルス期にマニラ近郊のサンフランシスコ小学校においてヒル・ウマリという教員がおこなった「少年コモンウェルス（Junior Commonwealth）」の背景にある思想を見てみたい。前述の「生徒政府」と比較してみると、この「少年コモンウェルス」においても大統領や議員を選出しており形式上の「自治」は確保されている。しかし、重大な学則違反である「盗み、不道徳行為（immorality）、不服従（insubordination）」が生じた場合、校長に報告することを義務づけている。「生徒政府」と比べても擬似的な「自治」と規律の齟齬が際立っている。これは、前者が農業高校、後者が小学校ということを考えれば当然の措置と言えるかもしれない。

むしろここで問うべきは、なぜこの擬似的な「自治」と規律という一見矛盾する教育実践が小学校においてまで広範におこなわれたのだろうかということだろう。サンフランシスコ小学校の校長としてウマリが残した「少年コモンウェルス」についての回覧文書を見てみよう。(88)「少年コモンウェルス」の目的は、「実演（dramatization）」を通じて生徒に「良き市民となるために必要な訓練」を与えることにあると説明している。その背景にはウマリの民衆文化に対する理解があった。ウマリは「著名なフィリピン人教育者」を引用しつぎのように述べている。フィリピン社会には「社会的規律（social discipline）や組織を担う精神（spirit of association）が欠けており、物事を完結する忍耐力がない」、民衆は、「奇妙なものへの偏愛や、顕示欲を持つ」反面、「貧弱な責任感しか持たない」。そのうえで、「少年コモンウェルス」を通して、「社会的規律を支えるための特定の能力を身につけさせ」「法を遵守し、また法を執行するための訓練をおこなう」との具体的な目標を挙げている。

このような見解は、千年王国的運動やサクダル党の反乱に見られるようなアメリカ植民地主義に対抗していった運動が生みだした社会不安に対応するものであっただろう。また、コモンウェルス政府樹立以降のケソン大統領の権威主義的な「社会正義（social justice）」を反映しているとも言えるかもしれない。しかし、この見解が植民地教育の延長に位置していたことには疑いの余地はない。そもそもフィリピンには「民主的」な価値観がなく、それをアメリカ人が移植しなければならないとする植民地教育の理念の陰影が色濃く見えるからである。結局、ウマリは、社会秩序を作りだすものとしての「市民的理念」に同意している。そのうえで、分断されてしまった植民地社会のなかであえて植民地エリート文化の立場から植民地教育の理念を貫徹することによって、コモンウェルス体制下の社会秩序の構築に貢献しようとした。[89]

フィリピン人教員の植民地認識

ウマリ[90]はフィリピン人教員のなかで例外的な存在ではなかった。彼は特段成功したわけでもない。一九〇五年にバタンガス州のサンホセの医術者の家に生まれた。その後、同地の小学校を出て、バタンガス高校に進み、卒業後、教員になった。専門誌の地方欄には、ウマリは「バタンガスの荒野」において雇われたと記述されている。[91]その後も、町教員であり続け[92]、一九四〇年代末に教員を辞めるまで小学校の校長だった。

ウマリは、アメリカ植民地主義に特別の愛着を感じているわけでもなかった。父親はフィリピン革命にミゲル・マルバール将軍の下で参加しており、アメリカ人を激しく嫌っていた。アメリカ人が家の前を通りかかると奥の部屋へ入り、アメリカ人には会わないようにしていた。また、ウマリ自身もアメリカ人との軋轢を経験している。バタンガス高校時代には、学校でタガログ語を話していたとの理由で、いとことともにアメリカ人教員に酷く怒られた。その不条理な叱責に対していとこが逆上し、暴力事件を起こし退学している。さらには、校長としてのウマリは、彼の周りの貧困な教員に同情していた。その反面、アメリカ人教員の高い給与には憤慨していた。

では彼が反米意識を強く持ちつつも、それを隠して植民地教育に従事する教員であったかというと、そのような痕跡は見いだせない。むしろウマリの半生から見えてくるのは、彼の教員としての熱心さである。彼は厳格な人物だったようで、彼が残した回覧文書では、生徒の姿勢が悪いことや、時間を守らないこと、さらには生徒のみならず教員がタガログ語を話すことや英語の綴りを間違えることに対して注意を促している。そのほかに、近隣の女性に向けた成年教育をおこなっているし、現在でもサンフランシスコ小学校の校庭には彼が同校のボーイスカウトを組織したことを示す小奇麗な看板が残されている。教員としての矜持と職業意識にはアメリカ植民地教育が示した行動規範への恭順が見られる。しかし、それは自然化しウマリには自らがアメリカ的な価値観を広めているとの自覚はなかったと言えよう。もし自覚的であるならアメリカ植民地主義にそれなりに批判的な彼が、なぜそこまで熱心に植民地教育の行動規範に従順なのかを理解できないからである。このウマリに見る意識と同様に、生徒ひいては社会全体に規律を求めることは「全国教員連盟」でも幅広く論じられている。(93)

つまり、ウマリの事例から見ると、フィリピン人教員はアメリカ植民地主義を肯定するわけでもないし、アメリカ文化に対して愛着を持っていたわけでもない。それでも教育を通じて「市民的理念」を植えつけ、生徒を市民に鋳造しようとする彼らの姿勢が見てとれる。この姿勢は市民形成が世界的な課題であり続けていることと無縁ではない。二一世紀の現在であっても法や慣習、社会参加、自らの行為に関する省察、ナショナリズムと市民権の関係などについての学習を促し、生徒を市民へと育成する教育として市民教育は位置づけられている。[94]また、独立後のフィリピンでも、「国民」としての要素を組み込みながら、市民教育はおこなわれている。[95]その意味においては、植民地の「市民教育」は国民国家体制の維持に求められる市民教育へとつながっている。この点から、フィリピン人教員が直面した問題は二〇世紀、二一世紀の多くの国民国家において共有されてきた世界的な課題である。だからこそ、「市民教育」をおこなわないという選択肢はなかった。すでに革命時には強烈なナショナリズムを経験していたフィリピン社会にあって、フィリピン人教員は「市民教育」を来たるべき国民国家への貢献という視点から捉えていたのである。

バリオ住民の反応

それでは、このようなフィリピン人教員による「市民教育」は、なぜこの教育が想定する姿にフィリピン社会を変革することができなかったのだろうか。つまり、彼らの目から見るとなぜフィリピン人民衆は「市民的理念」を身につけられないのだろうか。その理由には、学校制度の不十分な拡大やバリオ学校の学年不足など、規模の面から見た要因があろう。しかし、この規模の問題以上に重要と思われるのが、学校を通したエリート文化が学校外の民衆文化へ十分な影響を及ぼせないという文化間の問題である。

学校制度の拡充は、フィリピン人の大多数であった農民にエリート文化の存在を意識はさせただろう。しかし、この文化が示す行動規範を身体化するほどに、彼らに影響を及ぼしたわけではなかった。一九二八年には東ネグロス州のギーフルナンにおいて町の有力者が英語使用を率先していることが報告されている。この報告によると、町の会計係が英語の長母音と短母音を区別し発音できるようになったことや、小学校に通っている子供が大人の発音の間違いを指摘していることが美談として紹介されている[96]。植民地化されてほぼ三〇年経っても、マニラから遠く離れた州において農民はもとより町の行政を担う人々にも会話における英語の使用がほとんど浸透しなかったことを示している。またモンロー調査は、就学率は上がり続けるものの大半の生徒が三年以下で学校を辞めてしまう、それでは学校外で英語を使うようにならないとの調査結果を示している[97]。さらには、モンロー調査は礼儀などの生活習慣に関する教育などでは現地語の使用を勧めている[98]。コモンウェルス期の成人教育も現地語でおこなわれている[99]。つまり、植民地教育は、農民はもとより、町の行政職に対してさえ学校で使われる言語すら十分に拡げることができなかった。むしろ一九二〇年代、一九三〇年代になると、まったく学校では教えられるはずのないタガログ語やセブアノ語が新聞や雑誌といったメディアの言語として大きな存在感を示すのである[100]。

また、植民地教育に対しては民衆の反応は醒めたものであった。一九二〇年代半ばになるとわずかではあるが、アメリカ人やフィリピン人エリート教育者ではなく、教育現場に近いフィリピン人教員がバリオの教育について独自の見解を表わしていく。ひとつの報告では、公立学校についてバリオの住民は、賛同、中立、反対と三種類の反応を示すと論じる。そのうちバリオ住民の多数である貧困層は基本的には中立であり、教育内容はもとより、税金が学校の維持に使われていることにも関心を払わないと述べている。彼らの賛同を得るためには、フィリピン人教員がバリオでの「道徳的品位の模範」となり率先してPTAを組織し体育競技会やコンサートを主催しなければならないと主張する[101]。この著者は、エリート文化の実践により民衆を惹きつけることを求めている。逆の見方をすれば、バリオにおいて住民の多くは、エリート文化に引きつけられたわけではなく、学校に無関心だった。学校に価値を見いだし「市民的理念」を内面化していたのはフィリピン人教員を中心としたごくわずかな人々であった。結局、フィリピン人教員の多大な努力にもかかわらず、「市民的理念」は浸透していかなかった。

それでは、フィリピンの民衆にとって学校はどのように理解されていたのだろうか。彼らは子供を学校に送ることはあっただろうし、学校での映画上映やコンサート、製品・収穫物の展示会や体育競技会を観にいくことはあっただろう。それに帰郷したバリオの秀才を喜ばしく思うこともあったかもしれない。また、休暇中や卒業後にポブラシオーンやバリオに戻ってきた人々やマニラや州都からやってきた教員がもたらす消費文化への憧れもあっただろう。しかし、これらの影響は彼らの世界観を変えるほどに強力なものではなかったのである。

学校の内と外

このような限界は植民地教育の質的な性格から生じている。エリート文化と民衆文化がア・プリオリに分かれた状態で、植民地教育は民衆がエリート文化に接近してくることを前提としていた。その逆に、植民地教育の側から民衆文化に歩み寄る努力はほとんどなされなかった。学校でおこなわれた、製品・収穫物の展示会、体育競技会、コンサートや映画上映、さらには学校で学んだ言語がポブラシオーンやバリオの使用言語となるべきという発想は、学校がポブラシオーンやバリオにおけるエリート文化の源泉となることを前提としていた。エリート文化が公立学校から放射線状に拡がることが期待されていたのだが、その影響は概して弱く民衆世界を改変することはなかった。そのなかで、この影響力の弱さを補うべく、学校のなかでは過剰なほどの「市民教育」がおこなわれ続けた。しかし、そのような営為は学校のなかでのみ再生産され続け、学校の外の民衆世界との隔絶を逆に表わしていた。

フィリピンの民衆思想研究では、レイナルド・イレートによって、キリスト受難詩の解釈が民衆の思想の根幹にあり、その解釈にもとづいた解放願望が政治行動に結びつくことや、「未完の革命」を源泉とした歴史認識が育まれたことが指摘されている。[102]「市民教育」では、このような民衆思想にどのように対応するのかという課題は認識すらされていない。つまり、「市民的理念」はエリート文化としての性格を不可避にともなっていたため、民衆にとっては「上から」押しつけられる異質のものであり続けた。逆に、植民地主義の下では、教育に民衆文化の要素を汲み上げ「下から」の価値観を反映させることはできなかったと言えよう。そのような方針転換は、アメリカの価値観こそがフィリピン独立のためには必要だという「恩恵の論理」を覆すことになってしまうからだ。

フィリピン人教員がフィリピン人生徒に向け「市民」になることを求める教育は、その与え手と受け手がともにフィリピン人であったことや国民国家体制における「市民」の重要性から見れば、ナショナリズムの一翼と位置づけられる。ウマリが「少年コモンウェルス」と名づけ「市民教育」を実践したように、フィリピン人教員は「市民」の育成を植民地秩序への恭順として解釈したのではなく、むしろ国民国家形成に役立つものと認識していた。このナショナリズムは、植民地教育という社会政策によって形成されたことから「上から」のと形容すべきだろう。

この意味で、植民地教育は「上からの」ナショナリズムを形成する一定の役割を果たした。しかし、この「市民」という型枠は民衆世界にはほとんど影響を及ぼさなかった。また、植民地教育はエリート文化に依拠したゆえに、民衆文化を近代的な要請と融合し、国民文化を鋳造し民衆を国民として訓化することもなかった。つまり、植民地教育はナショナリズムを否定するものではなかったが、逆に強めることもなかったのである。

「市民教育」は民衆文化の改変を求めたが失敗し、植民地教育の限界を露呈するものだった。その反面、この教育はフィリピン人町教員という中間層が「市民的理念」の革新性を承認し、それをフィリピン人民衆の意識変革の目標とすることにより成立した。その背景には、アメリカ人為政者や、アメリカ人やフィリピン人の上級管理職やエリート教育者が、アメリカが「市民的理念」をフィリピンにもたらしたことを繰り返し論じ、フィリピン人町教員もこの認識を継承したことがある。このナラティブでは、バロウズやルロイの「カシキズム」の解釈のように、アメリカ植民地主義なくしては、フィリピンには政治的発展もなく、市民性も育ちえなかったことが前提となっている。この前提ゆえに、町教員は同時代のフィリピン人民衆を市民性なき人々と認識し、だからこそ若年者に市民性を植えつける教育に邁進していった。

しかし、フィリピン史はアメリカ植民地期まで停滞していたわけではなかったのである。フィリピン革命はフィリピン人というネーションの形成においては明らかにひとつの到達点であった。市民性についてもその萌芽は革命時に生じていた。植民地教育はこの歴史上の到達点をもフィリピン人の後進性と解釈することを求めたのである。

第五章から第七章にかけては、植民地教育がもたらしたさまざまな矛盾に注目する。それらの矛盾のなかで表わされるフィリピン人の思想の断片のなかには、抵抗の側面もあった。フィリピン革命に対する歴史観にしても、植民地教育の歴史観に対するアンチテーゼとしての革命理解が生じていた。

註

（1）中野聡『フィリピン独立問題史——独立法問題をめぐる米比関係史の研究（1929—46年）』龍溪書舎、一九九七年、四〇—四六頁。

（2）文化の問題を論じる枠組みとして、「同盟集団および従属集団への『文化的・道徳的・イデオロギー的』指導権」と定義されるグラムシのヘゲモニー論は有用である（デイヴィド・フォーガチ編、東京グラムシ研究会監修・訳『グラムシ・リーダー』御茶の水書房、一九九五年、五一九頁）。なお植民地におけるヘゲモニーの受容については、尹海東著、藤井たけし訳「植民地認識の『グレーゾーン』——日帝下の『公共性』と規律権力」『現代思想』三〇巻六号、二〇〇二年、一三二—一四七頁が参考になった。もっとも、植民地におけるヘゲモニーについては極論になる傾向があり、必ずしもヘゲモニーという概念の使用は生産的ではない。よって本書ではヘゲモニーという表現はあえて使わない。

（3）柴田三千雄『近代世界と民衆運動』岩波書店、一九八三年、二六—二七頁。

（4）ロジェ・シャルチエ著、松浦義弘訳『フランス革命の文化的起源』岩波書店、一九九四年。

（5）松浦義弘「訳者あとがき」シャルチエ著『フランス革命の文化的起源』三七二—三七三頁。

（6）たとえば、古典的にはこのような見解はファーニヴァルの複合社会論で示されている（J・S・ファーニヴァル著、南太平洋研究会訳『蘭印経済史』実業之日本社、一九四二年）。

（7）Reynaldo Clemeña Ileto, "Cholera and the Origins of the American Sanitary Order," *Discrepant Histories: Translocal Essays on Filipino Cultures*, edited by Vicente Rafael, Philadelphia: Temple University Press, 1995, pp. 51-81; Kimberly A. Alidio, "Between Civilizing Mission and Ethnic Assimilation: Racial Discourse, U.S. Colonial Education and Filipino Ethnicity, 1901-1946," Ph.D diss., University of Michigan, 2001, pp. 43-44.

（8）Warwick Anderson, *Colonial Pathologies: American Tropical Medicine, Race, and Hygiene in the Philippines*, Durham: Duke University Press, 2006. とくに三—一一頁を参照のこと。

（9）Kiyoko Yamaguchi, "The New 'American' Houses in the Colonial Philippines and the Rise of the Urban Filipino Elite," *Philippine Studies*, vol. 54, no. 3 (2006): pp. 412-451.

（10）「家庭科学（domestic science）」の必要性が一九〇五年には論じられ、一九一〇年代には小学校高学年には「家事および家庭内工業（house keeping and household industries）」のコースが作られ、高校にも同様のコースが設置された。フィリピン師範学校でも「家庭科学」の教員養成がなされている（*Report of the Philippine Commission* (*RPC*), 1904/1905, vol. 4, p. 487; *Annual Report of the Director of Education* (*ARDE*), 1914 (15th), pp. 58-64; *ARDE*, 1915 (16th), p. 35; *ARDE*, 1916 (17th), p. 42; *ARDE* 1918 (19th), p. 30）。一九二〇年代には「家政学（home economics）」も植民地教育に定着している（*ARDE*, 1927 (28th), pp. 59-60）。

（11）*Philippine Education Magazine* (*PEM*), vol. 22, no. 11, April 1926. 世紀転換期アメリカにおいて、石鹼が持つ文化的意味については、有賀夏紀『アメリカの20世紀（上）１８９０年～１９４５年』中央公論新社、二〇〇二年、二七—二九頁を参照のこと。

（12）この点については、序章註（44）を参照。

（13）一九二一年の『教育局長年次報告』（*ARDE*）では『学校と移民（*The School and The Immigrant*）』というクリーブランドにおけるヨーロッパからの移民に対する教育の報告書に触れている（*ARDE* 1921 (22nd), pp. 26-27）。また、同書では英語教育は「プエルトリコやフィリピン諸島で採用されている優れた方法」に学ぶべきと論じられている（Herbert Adolphus Miller, *The School and the Immigrant*, Cleveland: The Survey Committee of the Cleveland Foundation, 1916, p. 84）。植民地教育と移民教育が研究者や教育者の交流や教授法においてどのように関係していたのかは、今後の課題と言えよう。

(14) Cristina Evangelista Torres, *The Americanization of Manila, 1898-1921*, Diliman: University of the Philippines Press, 2010, p. 71. もっともマニラのクラブは白人専用のものもあり、アメリカ人とマニラのフィリピン人エリートの間で軋轢が生じる場でもあった（Lewis E. Gleeck, *The Manila Americans (1901-1964)*, Manila: Carmelo and Bauermann, 1977, pp. 63, 71）。

(15) Torres, *The Americanization of Manila*, p. 214.

(16) 履歴書はそれぞれのファイルに含まれている。

(17) この区分は *Census of the Philippine Islands* (*Census*), 1918, vol. 1, pp. 475-613 に依拠している。

(18) *RPC*, 1901/1902 (3rd), vol. 2, p. 879; *RPC*, 1907/1908, vol. 2, pp. 821-822.

(19) ただし、イスラーム教徒の多いミンダナオ島の出身者は一名しかおらず、この一名もキリスト教徒と思われる。おそらく二六人の全てがキリスト教徒であった。イスラーム教徒がフィリピン人教員に、いつ、どのように組み込まれていったのかという問いは、今後の課題としたい。

(20) 官僚の移動としての「巡礼」がナショナリズムを醸成するというベネディクト・アンダーソンのナショナリズム論がここでは当てはまる（Benedict R. O'G. Anderson, *Imagined Communities: Reflections on the Origin and Spread of Nationalism*, New York: Verso, 1991, pp. 54-56.〔ベネディクト・アンダーソン著、白石さや、白石隆訳『想像の共同体――ナショナリズムの起源と流行』ＮＴＴ出版、一九九七年、九八―一〇四頁〕）。

(21) *Graphic*, vol. 1, no. 42, 14 April 1928, p. 35.

(22) *Philippines Free Press* (*PFP*), vol. 19, no. 12, 21 March 1925, p. 1.

(23) *Philippine Journal of Education* (*PJE*), vol. 9, no. 10, March 1927, p. 3.

(24) *PJE*, vol. 11, no. 5, October 1928, pp. 151, 171.

(25) *PJE*, vol. 10, no. 10, March 1928, p. 3.

(26) Daniel F. Doeppers, *Manila, 1900-1941: Social Change in a Late Colonial Metropolis*, New Haven: Yale University Southeast Asia Studies, 1984, p. 141.

(27) Richie C. Quirino, *Pinoy Jazz Traditions*, Pasig City: Anvil, 2004, pp. 16-17, 44.

(28) *Ibid.*, p. 26.

(29) *Ibid.*, pp. 27-28.

（30）*PEM*, vol. 22, no. 11, April 1926, p. 573; *PEM*, vol. 23, no. 3, August 1926, pp. 134-135, 188-189.

（31）*PFP*, vol. 19, no. 3, 17 January 1925, p. 1; *PEM*, vol. 19, no. 3, September 1925, p. 205.

（32）*PEM*, vol. 22, no. 9, February 1926, pp. 501-502.

（33）*PEM*, vol. 22, no. 8, January 1926, p. 448.

（34）*PFP*, vol. 20, no. 18, 1 May 1926, p. 41.

（35）*PEM*, vol. 22, no. 5, October 1925, pp. 268; *PEM*, vol. 22, no. 6, November 1925, pp. 332-333.

（36）Clodualdo A. Del Mundo, *Native Resistance: Philippine Cinema and Colonialism, 1898-1941*, Manila: De La Salle University Press, 1998, chapter 1.

（37）*Ibid.*, p. 52.

（38）*Ibid.*, p. 53.

（39）*Ibid.*, p. 58.

（40）David R. Sturtevant, *Popular Uprisings in the Philippines, 1840-1940*, Ithaca: Cornell University Press, 1976, p. 58.

（41）Cf. *ARDE*, 1914 (15th), pp. 82-86.

（42）*RPC*, 1907/1908, vol. 2, pp. 812-813; *RPC*, 1915, pp. 212-213.

（43）*ARDE*, 1927 (28th), p. 48; *ARDE*, 1928 (29th), p. 57; *ARDE*, 1937 (38th), p. 43; *PJE*, vol. 11, no. 7, December 1928, p. 254.

（44）*ARDE*, 1916 (17th), p. 42; *PEM*, vol. 22, no. 5, October 1925, p. 268; *PEM*, vol. 22, no. 7, December 1925, p. 376; *PEM*, vol. 23, no. 11, April 1927, p. 682.

（45）とくに、Philippine Islands, Bureau of Education, *High Schools and Secondary Courses of Instruction* (Bulletin No. 26), Manila: Bureau of Printing, 1906 を参照のこと。

（46）*RPC*, 1901/1902 (3rd), vol. 2, pp. 921-923.

（47）*The Teacher's Assembly Herald*, vol. 6, no. 2, 15 March 1913, pp. 23-24.

（48）このような行事は *The Teacher's Assembly Herald* に散見できるが、とくに一九一二年、一九一三年の号に詳しい。

（49）*ARDE*, 1928 (29th), pp. 39-40; *Philippine Journal of Education* (*PJE*), vol. 17, no. 9, February 1935, pp. 617-624.

（50）教員向け専門誌の地方欄はこのような講習会の報告が多数見られる。Cf. *PEM*, vol. 22, no. 8, January 1926, p. 419, 436; *PEM*, vol. 23, no. 6, November 1926, pp. 356, 358; *PJE*, vol. 18, no. 3, August 1934, pp. 205-206.

(51) *PEM*, vol. 23, no. 2, July 1926, p. 101.

(52) *PEM*, vol. 22, no. 4, September 1925, p. 206; *PEM*, vol. 23, no. 4, September 1926, p. 228; *PEM*, vol. 23, no. 7, December 1926, pp. 444-446.

(53) 機関誌『フィリピン教育ジャーナル』(*PJE*)を発行した。この雑誌の発行元の組織名によると、発足当初は「全国教育連盟National Education Federation」と名乗っていたが、一九二七年にはこの名称に変わっている。

(54) *PEM*, vol. 22, no. 7, December 1925, p. 345.

(55) *PEM*, vol. 23, no. 12, May 1927, p. 737.

(56) *PJE*, vol. 12, no. 10, March 1930, pp. 378, 409; *PJE*, vol. 14, no. 6, November 1931, pp. 209, 210, 241.

(57) *PJE*, vol. 10, no. 7, December 1927, p. 2.

(58) *PJE*, vol. 15, no. 4, September 1932, p. 172; *PJE*, vol. 15, no. 5, October 1932, pp. 177-178, 214; *PJE*, vol. 15, no. 6, November 1932, pp. 261-262.

(59) *PEM*, vol. 22, no. 4, September 1925, p. 207; *PEM*, vol. 24, no. 1, June 1927, p. 52.

(60) *ARDE*, 1924 (25th), p. 14.

(61) 前述したアンダーソンの「巡礼」に町教員も含まれており、この点から植民地支配下でのナショナリズムの醸成に町教員も貢献していた。

(62) Cf. *PEM*, vol. 23, no. 3, August 1926, pp. 169-170.

(63) Joseph Ralston Hayden, *The Philippines, A Study in National Development*, New York: The Macmillan Company, 1955, pp. 491-492; First Edition Published in 1942.

(64) *ARDE*, 1926 (27th), pp. 78, 80; *ARDE*, 1927 (28th), p. 53; *ARDE*, 1928 (29th), p. 49. ようやく一九二九年の報告書では、町教員の離職率が一七%に低減したことが報告されている(*ARDE*, 1929 (30th), p. 41)。

(65) *PEM*, vol. 22, no. 4, September 1925, pp. 200-202.

(66) Pinagtungulan, Batangas, Historical Data Papers, MS, PNL.

(67) Aristide R. Zolberg, *A Nation by Design: Immigration Policy in the Fashioning of America*, Cambridge: Harvard University Press, 2008, pp. 200-201.

(68) David B. Tyack, "School for Citizens: The Politics of Civic Education from 1790 to 1990," *E Pluribus Unum?: Contemporary and*

Historical Perspectives on Immigrant Political Incorporation, edited by Gary Gerstle and John H. Mollenkoph, New York: Russel Sage Foundation, 2001, p. 331.

（69） Aniceto Fabia, *The Development of the Teaching of History, Civics, and Current Events in Philippine Schools*, Manila: By the author, 1928, p. 22. quod.lib.umich.edu/p/philamer/ADR1320.0001.001?view=toc（二〇一四年八月一日アクセス）

（70） *Ibid.*, pp. 25-29.

（71） *Ibid.*, p. 29.

（72） Prescott Ford Jernegan, *Philippine Citizen: A Text-Book of Civics, Describing the Nature of Government, The Philippine Government, and the Rights and Duties of Citizens of the Philippines*, Manila: Philippine Education Publisher, 1907.

（73） George A. Malcolm and Maximo Kalaw, *Philippine Civics: A Textbook for the Schools of the Philippines*, New York: D. Appleton and Company, 1925; First Edition Published in 1919.

（74） Fabia, *The Development of the Teaching of History, Civics, and Current Events in Philippine Schools*, p. 37.

（75） David Shavit, *The United States in Asia: A Historical Dictionary*, New York: Greenwood Press, 1990, pp. 330-331.

（76） Maximo Kalaw, *An Introduction to Philippine Social Science*, Manila: Solidaridad Book Store, 1986, title page; First Edition, Manila: Philippine Education Company, 1939.

（77） *ARDE*, 1921 (22nd), pp. 74-75.

（78） Cf. Ray Osgood Huges, *Elementary Community Civics*, Boston: Allyn and Bacon, 1928; First Edition Published in 1922.

（79） Jernegan, *The Philippine Citizen*, 1907, p. 43.

（80） Conrado Benitez, *Philippine Civics: How We Govern Ourselves*, Boston: Ginn and Company, 1932, pp. 24-25.

（81） Conrado Benitez, Ramona Salud Tirona, et al., *Philippine Social Life and Progress*, Boston: Ginn and company, 1937, pp. 54-57.

（82） 著名なウィリアム・ジョージの著書の一部は日本語になっており、そこでは“Junior Republic”が「少年自治団」と訳されている（William R. George, *The Junior Republic: Its History and Ideals*, New York: D. Appleton & Company, 1910.〔W・R・ジョージ著、矢野静男訳『公民教育少年自治団』内外出版協会、一九一二年〕）。

（83） Jack M. Holl, *Juvenile Reform in the Progressive Era: William R. George and the Junior Republic Movement*, Ithaca: Cornell University Press, 1971, pp. 86-128, 206-207.

（84） William Cameron Forbes, *The Philippine Islands*, Revised Edition, Cambridge: Harvard University Press, 1945, pp. 228-233; Michael

Salman, "'The Prison That Makes Men Free,' The Iwahig Penal Colony and the Simulacra of the American State in the Philippines," *Colonial Crucible: Empire in the Making of the Modern American State*, edited by Alfred W. McCoy and Francisco A. Scarano, Madison: University of Wisconsin Press, 2009, pp. 116-128.

（85）Salman, "'The Prison That Makes Men Free,'" pp. 126-128.

（86）教育局は、生徒による「自治」が幅広くおこなわれていることを米国陸軍省島嶼局に報告している。一九二九年一〇月二三日付の第四報告、File 1497-24, Entry 5, BIA Records, RG 350, NARA.

（87）*Philippine Public Schools*, December 1929, pp. 395-398, 419.

（88）以下、「少年コモンウェルス」についての内容は、息子アレックス・ウマリが所持している一九三七年から一九四〇年までの回覧文書および写真によっている。

（89）Alfred W. McCoy, "Quezon's Commonwealth: The Emergence of Philippine Authoritarianism," Philippine Colonial Democracy, edited by Ruby R. Paredes, Quezon City: Ateneo de Manila University Press, 1989, pp. 114-160.

（90）以下のヒル・ウマリに関する情報は、とくに情報源を明記しない場合は、息子のアレックス・ウマリおよび時折同席した未亡人のビアトリス・ヘネラル＝ウマリへのインタビュー（二〇〇六年一二月二日、二〇〇七年三月一五日に実施、またその後も電話で内容の確認を取るなどの作業をおこなった）およびサンフランシスコ小学校の訪問に依っている（二〇〇七年三月四日訪問）。一九三九年ケソン市設立の際に発行された私家版 *Quezon City Beautiful*（アレックス所持）の "Our Public Schools" にヒル・ウマリについての短い記述がある。

（91）*PEM*, vol. 22, no. 6, November 1925, p. 355.

（92）一九三五年までの『名簿』（*Official Rosters of Officers and Employees in the Civil Service of the Philippine Islands: Roster*）にはヒル・ウマリの名は含まれていない。つまり、彼は少なくとも一九三五年までは島嶼教員ではなかった。

（93）*PJE*, vol. 13, no. 7, December 1930, pp. 242, 263-264, 275; *PJE*, vol. 18, no. 7, December 1935, pp. 554-555.

（94）Kerry J. Kennedy, W. O. Lee, et al., eds., *Citizenship Pedagogies in Asia and the Pacific*, Hong Kong: Comparative Education Research Centre, University of Hong Kong, 2010.

（95）Priscila S. Manalang, *A Philippine Rural School: Its Cultural Dimension*, Quezon City: University of the Philippines Press, 1977, pp. 94-95.

（96）*PEM*, vol. 24, no. 11, April 1928, p. 699.

（97）The Board of Educational Survey, *A Survey of the Educational System of the Philippine Islands*, Manila: Bureau of Printing, 1925, pp. 45,

133.

（98）The Board of Educational Survey, *A Survey of the Educational System of the Philippine Islands*, p. 28.

（99）この時期の成人教育の教材ではタガログ語のものが作られている。たとえば、*Ang Pilipino: Adult Education in the Philippines, Social Justice Series* (No. 4), Department of Public Instruction, Office of Adult Eduction; *Maging Mabuting Mamamayan Ka, Huwag Kang Juan Tamad.*（『良き市民たれ。怠け者ファンになるな』）これらには書誌情報が記されていない。アテネオ大学リサール図書館フィリピニアナ・セクションに所蔵されている。

（100）Vicente Rama, *The Vicente Rama Reader: An Introduction For Modern Readers*, Quezon City: Ateneo de Manila University Press, 2003; Crispin C. Maslog, "A Brief History of Philippine Mass Communication: From Spanish Times to the Present," *Philippine Communication: An Introduction*, edited by Crispin C. Maslog, Los Baños: Philippine Association of Communication Educators, 1988, pp. 13-14.

（101）*PEM*, vol. 22, no. 1, June 1925, pp. 11-12.

（102）Reynaldo Clemeña Ileto, *Pasyon and Revolution: Popular Movements in the Philippines, 1840-1910*, Quezon City, Metro Manila: Ateneo de Manila University Press, 1979.〔レイナルド・C・イレート著、清水展、永野善子監修『キリスト受難詩と革命——１８４０〜１９１０年のフィリピン民衆運動』法政大学出版局、二〇〇五年〕

第五章　抗争する歴史——植民地の地理・歴史教育

植民地教育は二つの論理をともなっていた。第一の論理は、「市民教育」を担ったフィリピン人教員の思想に見られるように、「市民的理念」に従うことこそが唯一の「発展」の経路と位置づけられたことである。第二の論理は、アメリカ人教員とフィリピン人教員を弁別化した「出自という特性」や「民主」がアメリカ人に属するという属人的規定に反映されているように、「市民的理念」の媒介にはアメリカ人が不可欠であるということである。つまり、アメリカ人が必要不可欠な「発展」の担い手であり、この「発展」の担い手なくしてはフィリピン人が市民を形成することができないというナラティブを前提としていた。この二つの論理を教える教育実践として地理・歴史教育があった。

植民地期の地理・歴史教育の終点は、コモンウェルス政府が樹立した一九三五年でもなければ、政治独立を果たした一九四六年でもないだろう。むしろ、それは一九六〇年代である。明確に植民地主義的な学知に区切りが付されるのが、一九五〇年代末から六〇年代初頭と言えるからである。一九五六年初版のテオドロ・アゴンシリョの『大衆の反逆』(*The Revolt of the Masses*)を嚆矢とし、一九六〇年代にはフィリピン・ナショナリズムにもとづく歴史観が主流になる。この点から一九六〇年代以降のフィリピン革命研究を参照しつつ、アメリカ植民地期の教科書に見るフィリピン革命とアメリカ植民地支配についての歴史認識を考察する。(1)

一　カリキュラムと教科書

植民地期の歴史認識について

アメリカ植民地期の歴史認識を分析した論考は以下の三点である。[2]一点目の植民地主義の認識構造を批判したレイナルド・イレートの論文では、二冊の教科書が分析されている。これらの教科書では、進歩が西洋史における展開に沿って説明され、植民地における現在が宗主国における過去の状況を表わしているとし、そこに植民地主義的認識の典型を見いだしている。[3]二点目として、フィリピン人の英雄ホセ・リサールのイメージの植民地政府による利用を論じたフロロ・キブイェンの著作がある。この著作では、歴史を集合的意識のなかで理解される過去と捉えており、学校の教科にはとくに触れていない。[4]そして、三点目に、アメリカ植民地期の出版物に反映されたフィリピン革命像を論じたアルフレッド・サウロの論文がある。とくにエミリオ・アギナルドの評価について論じている。[5]これらの研究は、アメリカ植民地期には植民地統治を維持するために、アメリカ人官僚やフィリピン人教育者がそれ以前の出来事に植民地統治に役立つような解釈を与えたという点を明らかにしている。しかし、植民地教育を介して、植民地主義はどのような歴史認識を植えつけたかったのか、そしてそのような試みは成功したのか、という地理・歴史教育の問題には触れていない。

ここで教科書分析をめぐる理念上および研究上の問題点を確認しておきたい。教科書そのものは生徒の認識を示すわけではない。また、教科書は一般的に言って教育官庁や教育委員会によって認可または検定されるので、幅広く受け入れられた民衆の世界観を表わすわけでもない。さらに植民地フィリピンでは教科書は生徒が買うものではなく、図書館で閲覧するものであり、教員が授業準備をするために使う参考書という性格が強かった。[6] よって、教科書の分析は、フィリピン人の歴史認識そのものではなく、植民地主義において許容された歴史認識を明らかにすることに向けられている。フィリピン人の生徒がどのように歴史を実際に理解したかということではなく、むしろ生徒がどのように歴史を理解すべきだったかということの解明がここでの主たる課題である。

つぎに、地理や歴史の教科のうち、どの教科がどの学年で教えられていたのかを確認する。

地理・歴史教育の編制

フィリピンでは、小学校高学年から異なるコースが用意されていた。「歴史」や「政治（government）」の授業は、職業訓練を重視するコースでは、少なかったり、皆無だったりする。その反面、『教育局長年次報告』（*Annual Report of Director of Education: ARDE*）、教育局内の回覧文書、また同時代のカリキュラム研究に従うと、[7]「一般（general）」、「アカデミック（academic）」、「教員養成（teaching）」の各コースやフィリピン師範学校のカリキュラムでは地理・歴史科目の教育は重視された。[8] 以下はこれらのコースにおけるカリキュラムについて、時期区分と科目の別に整理したものである。

一九〇〇年代、一九一〇年代

地理（小学校三～六年）

フィリピン史、フィリピン政治（小学校七年）

アメリカ史、アメリカ政治（高校一年）

一般史（高校二、三年）

植民地史（高校三年または高校四年）

一九二〇年代、一九三〇年代

地理（小学校三～六年）

フィリピン史、フィリピン政治（小学校七年）

アメリカ史、アメリカ政治（高校一年）

一般史（高校二年）

東洋史（高校三年）

フィリピン史、フィリピン政治（高校四年）

ここでの「一般史」とは、アメリカ史を除いた西洋史のことである。「植民地史」はギリシア時代から二〇世紀の初頭までの植民地を概観した歴史である。[9]「東洋史」は東南アジアに重点を置いたインド以東のアジア通史である。[10]このように編成されたカリキュラムに関して、植民地期の教育学者は、フィリピン人生徒は小学生七年になるまで「フィリピン史」を学ぶことがないと苦言を呈している。[11]

生徒の残存率

これに関連して生徒の残存率という問題がある。植民地教育にとって中途退学は大きな問題でありつづけた。このことは生徒が低い学年に集中することを意味した（表5-1、5-2）。

これらの表は、厳密にどれほどの生徒がより上位の学年に残ったかを示しているわけではない。しかし、全体

	Grade I 小学校１年	Grade IV 小学校４年	Grade VII 小学校７年	HS 1st yr. 高校１年	HS 4th yr. 高校４年
1910年	289,119	23,550	3,852	1,708	261
1920年	374,528	84,748	20,652	9,023	1,760
1930年	338,482	139,413	49,194	27,236	13,858
1939年	525,008	199,361	63,102	30,322	14,738

ARDE 1910/1911 (11th), p. 60; *ARDE* 1920 (21st), pp. 84-89; *ARDE* 1930 (31st), p. 107; *ARDE* 1939/1940 (41st), p. 66 から作成。

註：1910 年、20 年、30 年に関しては 9 月、39 年に関しては、3 月のものである。

表5-1　学年別の登録者数

	Grade I 小学校１年	Grade IV 小学校４年	Grade VII 小学校７年	HS 1st yr. 高校１年	HS 4th yr. 高校４年
1910年	100.00	8.15	1.33	0.59	0.09
1920年	100.00	22.63	5.51	2.41	0.47
1930年	100.00	41.19	14.53	8.05	4.09
1939年	100.00	37.97	12.02	5.78	2.81

註：表 5-1 から計算。単位はパーセント。

表5-2　小学校一年生と他の学年の比率

的な傾向として低学年に生徒が集中しており、フィリピン人生徒で小学校七年まで学校に残った人々が稀だったことを明らかにしている。このことは大多数の生徒がフィリピン史を学ぶ前に学校を辞めてしまい、「地理」こそが世界におけるフィリピン人の立ち位置を教え、歴史認識を与える主たる科目だったことを示している。**表5‐2**によると、小学校一年の生徒と比べると、最大でもおよその一五パーセントほどの生徒のみが「フィリピン史」の授業を受けており、八パーセントほどの生徒が「アメリカ史」の授業を受けている。この点から、植民地教育は世代に共通する歴史教育を与えることができなかった。

以上が、カリキュラムや学年から見た、歴史・地理教育の特徴である。つぎに教科書の種類や著者を整理する。

教科書とその著者

表5-3では教科書の一覧とそれらが使われる教科、それらが使われた時期、著者の種類を整理した。ここでは教科書と明確に記されたもののみを列挙している。補助教材として指定された出版物の数があまりにも多いため、分析対象としなかった。

全体的に著者がアメリカ人からフィリピン人に移行していることがわかる。地理では一九〇〇年代初頭にはアメリカ在住のアメリカ人が記し、アメリカで使われていた教科書がフィリピンで使われた。その後、フィリピンに教員として赴任し、学区督学官を務めたデービッド・ギブズが教科書を数種執筆している。ギブズ著の教科書は一九一〇年代から一九二〇年代初頭まで使われた。一九二〇年代や三〇年代には教育局本部勤めのアメリカ人ヒューゴ・ミラーとマリー・ポーリーが教科書を執筆している。ミラーの場合は共著で、カタリナ・タイやホセ・バラゴットといったフィリピン人も教科書執筆に参加している。

フィリピン史においては、アメリカ人教員プレスコット・ジャーニガンの教科書に代わり一九一〇年代末にはフィリピン人歴史研究者レアンドロ・フェルナンデスの教科書が使われるようになった。また、一九二四年に始まった高校「フィリピン史」でも、一九二六年には、それまでの二年間高校フィリピン史で使われていた元教育局長バロウズの教科書の代わりに、フィリピン人教育者コンラド・ベニテスの教科書が使われた。

しかし、「アメリカ史」においてはこのようなアメリカ人からフィリピン人への移行はおこなわれていない。フィリピン人著者は、アメリカ人が著した教科書のフィリピン版作成のための共著者であった。端的にはスミス・バーンハムとカルメン・メレンシオ著の『米国史』(*A History of the United States*)とチャールズ・ビアード、ウィリアム・バグレー、マキシモ・カラウ著の『アメリカ人民の歴史』(*The History of the American People*)が使われた。このうち後者は、日本でもアメリカでもフィリピンでも現存が確認できず、考察外としたい[12]。

前者に関して、アメリカ使用版とフィリピン使用版を読み比べてみると改訂された箇所は限られている。アメリカ使用版のバーンハムの『私たちの国の成り立ち』（*Making of Our Country*）に対しバーンハムとメレンシオの『米国史』では、第一次世界大戦についての記述が追加されている。アメリカ軍の一部として、フィリピン人が参戦していることが論じられている。変更はこの点以外には見当たらない。言いかえれば、第一次世界大戦以外は、フィリピン使用版はアメリカ使用版と同じである。

教科書の作成や採択はつぎのような変遷をたどっている。一九〇〇年代初頭にはアメリカ使用の教科書、一九一〇年代から一九二〇年代以降にはおおむね教育局の関係者が著者となった教科書が使用されてきた。一九〇〇年代、一九一〇年代は教育局が教科書採択をおこない、一九二一年から一九三五年まで、同年に発足した教科書委員会によって使用教科書が決定された。この委員会には一九二一年から一九三五年まで、アメリカ人教育局長ルーサー・ビューリーが委員として出席し続けている。フィリピン人の場合、カミロ・オシアスが一九二五年から一九二八年まで委員長を務めているし、ビューリーの上司である公教育庁長官代理のアレハンドロ・アルベルトが一九三一年から一九三五年まで委員長の座についている[13]。つまり、教科書の採択は一九一〇年代末まではアメリカ人上級管理職が実質的な選択権を有し、一九二〇年代以降は植民地教育を支えたアメリカ人とフィリピン人双方の意向が反映されたと言えるだろう。

ここでの関心事は二点である。とくに「フィリピン史」においてフィリピン人が執筆した教科書が採択されるようになって、内容がどのように変わったか。そしてまた、「地理」「アメリカ史」「フィリピン史」の教科書の内容は、植民地統治に支えるどのような論理を教えようとしたのか、という点である。

A Short History of the Philippines（『フィリピン小史』）	
Jernegan (AP)	1904年～1910年代初頭
A Short History of the Philippines, Revised（『フィリピン小史　改訂版』）	
Jernegan (AP)	1910年代初頭～末
A Brief History of the Philippines（『フィリピン史概要』）	
Fenández (F)	1919年以降
高校4年の「フィリピン史」	
A History of the Philippines（『フィリピン史』）	
Barrows (AP)	1924年～1925年
A History of the Philippines（『フィリピン史』）	
Benitez (F)	1926年以降
高校1年の「アメリカ史」	
The Beginner's American History（『アメリカ史入門』）	
Montgomery (AA)	1900年代初頭
A School History of the United States（『学校用米国史』）	
Mace (AA)	1910年代中頃
A History of the United States（『米国史』）	
McLaughlin and Van Tyne (AA)	1910年代末～1920年代中頃
A History of the United States（『米国史』）	
Burnham and Melencio (AA, F)	1920年代中頃～1931年
History of the American People , Philippine Edition（『アメリカ人民の歴史』、フィリピン版）	
Beard, Bagley and Kalaw (AA, F)	1932年以降

『教育局長報告』や教育局内の回覧文書から作成。Cf. CIR 70, 1914; CIR 53, 1917; *ARDE* 1923 (24th), p. 35; CIR 19, 1926; *ARDE* 1932 (33rd), pp. 88-101.
AA：アメリカ在住アメリカ人、AP：フィリピン在住アメリカ人、F：フィリピン人

表 5-3「地理」「アメリカ史」「フィリピン史」教科書一覧

タイトル	
著者	使用時期
小学校３～６年の「地理」	
Geographical Reader, North America（『地理読本・北アメリカ編』）	
Guyot (AA)	1900 年代初頭
Elements of Geography, American Edition（『地理の初歩』アメリカ版）	
Frye (AA)	1900 年代初頭
Elements of Geography, Philippine Edition（『地理の初歩』フィリピン版）	
Frye (AA)	1900 年代初頭
Geographical Reader, Asia（『地理読本・アジア編』）	
Carpenter (AA)	1900 年代初頭
Insular Geographical Primer（『島嶼地理入門』）	
Gibbs (AP)	1904 年～ 1920 年前半
Philippine School Geography（『フィリピン学校地理』）	
Roddy and Gibbs (AA, AP)	1904 年～ 1910 年後半
Complete Geography（『詳解地理』）	
Gibbs (AP)	1904 年～ 1913 年
High School Geography（『高校地理』）	
Dryer (AA)	1910 年代中頃～ 1920 年代中頃
Primary Geography（『初等地理』）	
Townsend (AP)	1920 年代中頃
Philippine Primary Geography（『フィリピン初等地理』）	
Valdez-Ventura (F)	1924 年～ 1930 年代初頭
Intermediate Geography（『中等地理』）	
Miller and Polley (AP)	1919 年～ 1930 年代初頭
Home Lands（『故郷』）	
Miller, Ty and Balagot（AP, F）	1932 年以降
Intermediate Geography, New Edition（『中等地理　改訂版』）	
Miller and Polley (AP)	1932 年以降
小学校７年の「フィリピン史」	
The Beginner's American History（『アメリカ史入門』）	
Montgomery (AA)	1900 年代初頭

二　「人種史」を規定する「地理」

アメリカ使用の地理教科書

初期の地理教科書は、アメリカの学校で使用された教科書であり、さまざまな土地についての印象を表わしている。フランク・カーペンターの『地理読本・アジア編』(*Geographical Reader, Asia*)はその典型といえる。子供の目から見た各国の風土や文化についての描写がなされている。日本から始まり朝鮮について短く触れられた後、中国についての記述がある。その後、シャム、ビルマ、インドが論じられ、さらにペルシア、中東、東方ロシアが描きだされる。美しい自然や異なる職業や見慣れない文化、さらには学校に通う子供やおもちゃで遊ぶ子供が論じられている。

この教科書では、民族的また人種的なヒエラルキーは表面上では論じられないが、「進歩」の概念が注意深く挿入されている。日本の章では国会をイラスト入りで紹介している。「国会の議員は、政府を運営するのに必要なすべての予算について投票しており、そのことによってすべての人が権利を有している。日本人はわれわれと同じほどに自由である」と述べられている。[14] 中国に関しては、「人々はわれわれの文明を受け入れるのに躊躇しているが、すでに述べたように、われわれの文明は日本に多大な変化をもたらした」[15] と記されている。これらの記述は、「われわれ」と記される進んだアメリカ人、その次に日本人、そして遅れた中国人という文明化の序列を前提としている。もっともこの教科書では、人種やエスニシティの違いと文明化の度合いは隠喩として機能しており、文明化の効用を直接に論じているわけではない。ところが、その後の教科書では、人種にもとづくヒエラルキーがより露骨になっていく。

チャールズ・ドライヤーの『高校地理』(*High School Geography*) は一九一〇年代から二〇年代に教科書として指定されている。内容から見て小学校でそのまま使われたわけではないだろうが、「地理」の参考書または高校二年の「一般科学 (General Science)」の教科書として使われたようである。[16] この教科書が長く使われた背景には、この教科書が「地理」教育の枠組みを提供したことにあろう。

この教科書では、「自然地理 (Physical Geography)」、「経済地理 (Economic Geography)」、「地域地理 (Regional Geography)」と分けられている。「自然地理」は、地球を惑星と見る地球科学から始まり、自然景観、地質、気候を説明している。そのうえで、植物、動物、そして「人類 (The Human Species)」を論じる。「人類」という項目では、「エチオピア人または黒人 (Ethiopian or Black Race)」、「モンゴロイドまたは黄色人種 (Mongolian or Yellow Race)」、「アメリカ人または赤色人種 (American or Red Race)」、「コーカソイドまたは白人 (Caucasian or White Race)」と分けられている。そこに付されている表の「文化 (culture)」という欄では、「エチオピア人」は「非常に低い。科学も文学もない」、「モンゴロイド」は「野蛮から文明まで幅がある」、「アメリカ人」は「もっとも野蛮から程度の低い文明まで」、「コーカソイド」は「文明または啓蒙されている」と述べられている。[17]

このような露骨な人種の序列のほかにも、これらの教科書がフィリピンで使われるにあたっては大きな問題をはらんでいた。単純な事実として、これらの教科書ではフィリピンについての記述が非常に少ない。カーペンターの『地理読本・アジア編』は、東南アジア島嶼部を扱う地域区分はなく、この地域の記述はほとんどない。まとまった記述としては、フィリピンはマゼランが渡航した地として前文で触れられるのみである。[18] ドライヤーの『高校地理』では「マレー州」の一部として、特段説明もなく「フィリピン」という名だけが示されている。[19] 植民地フィリピンにおいて地理をフィリピン人に教えるにあたり、このような欠落は当然是正されなければならなかった。

地理教科書と人種

この点から見ると、ジャスティン・ロディとギブズの『フィリピン学校地理』（*Philippine School Geography*）はこの欠落を埋めるものであった。記述全体の三分の一ほどがフィリピンについてである。ドライヤーの『高校地理』と比べると、簡素ではあるが同様のナラティブに沿っている。この教科書も自然環境の説明に始まり、その後植物・動物の特色に触れ、最後に人間の生活が論じられている。「人々」と記された箇所ではフィリピンの人口は四種に区分されている。「黒人（The Black Race）」とはルソン島山岳部などに住むネグリートである。「茶色人種（The Brown Race）」はマレー人であり「フィリピンの人々の大部分が属する」区分と記されている。「黄色人種（The Yellow Race）」は中国人と日本人で「白人（The White Race）」はスペイン人である。「白人」については「世界中でもっとも文明化された人々」との説明が付されている。(20)

また、同一のページで、バロン・タガログやバリンタワックと呼ばれるフィリピンの伝統服を着た「文明化されたフィリピン人（The Civilized Filipinos）」の写真が、半裸の家族がジャングルで火を起こしている「ネグリート（Negrito）」の写真と対比されている。(21) 各地方の民族の生活を扱った記述はあるが、それぞれの民族の歴史、またはフィリピンの歴史についての記述は皆無である。

その反面、全体の四分の一ほどが充てられているアメリカについての章では「歴史と政府」と題された節がある。そこでは、イギリス人の移民、大英帝国に対する独立戦争、州制度の確立、アラスカとハワイという二つの領土の獲得といったナラティブでアメリカ史を簡潔に説明している。(22) つまり本全体を通して、「歴史」が付与される人々と付与されない人々という区分が暗黙の裡になされている。前者はアメリカ白人であり、後者がこの教科書の主要な読み手であるフィリピン人である。

その後のフィリピンで使われた地理教科書では、全体としてフィリピンについての記述が増え、フィリピン各地の自然環境や生活誌についてより詳細な説明がおこなわれている。そのなかでロディとギブズの『フィリピン学校地理』のような露骨に「文明化」の尺度を記述するものは少なくなった。なかにはこの尺度をまったく用いない教科書も現われている。マリー・ヴァルデス＝ヴェントゥーラは、フィリピン大学で地理学を教えていたフィリピン人である。[23] 一九二四年刊行の彼女が著した『フィリピン初等地理』(Philippine Primary Geography)や一九三二年刊行のミラー、タイ、バラゴット著の『故郷』(Home Lands)では、ルソン島山岳部の少数民族イゴロットやイスラーム教徒についての記述でも、文明化の尺度を用いていない。[24]

その反面、人種と文明は強力な説明原理として使われ続けた。アメリカ人ヘンリー・タウンセンドが著した一九一七年刊行の『初等地理』(Primary Geography)では、イゴロットは「部分的に文明化された人々(partly civilized people)」である。また、イスラーム教徒を含むミンダナオ在住の人々は、農耕をおこなう「文明化(civilized)」された人々と狩猟や採取をしている「未開(uncivilized)」の人々に区別されている。[25] タウンセンドは、教員や督学官を務め、その後フィリピン大学で哲学を教える教員となった人物である。[26] 一九三二年に刊行されたミラーとポーリー著の『中等地理　改訂版』(Intermediate Geography, Revised Edition)は、非常に詳細にフィリピン各地方の地誌が記されている教科書だが、記述のなかでは文明化の尺度を用い、付表ではフィリピンの諸民族を「文明」「半開(semi-civilized)」、「原始的(primitive)」と分類している。[27] もっとも、この人種的な優劣は空間的のみならず、時間的な要素ももともなっていた。

「人種史」の成立

初期のドライヤーの『高校地理』やロディとギブズの『フィリピン学校地理』といった科学的な記述を旨とす

る地理教科書は、自然環境から動植物へ、そして「人種」ごとの区分で人間の生活環境を論じるという記述方式を採用している。一九二〇年代、三〇年代に使われた教科書でも、より科学的に分類され精緻化したとは言え、フィリピン在住の人々の「人種」的区分は残り続けている。そして、このように区分化されたフィリピン人を「文明化」の尺度に位置づけることはなされ続けた。初期の科学的な記述である「人種」を自然環境からの延長として捉え、世界を「人種」の構成から説明する記述方式は、前述の『初等地理』や『中等地理　改訂版』でも同様である。この意味では、「地理」教育においては初期の教科書の原型が植民地期を通して保たれ続けた。

　このような「人種」と「文明」にもとづく地理観は、歴史と切り離されたわけではなかった。ロディとギブズの『フィリピン学校地理』に特色的に論じられているように、歴史は白人の移動と彼らによる統治のみに付されている。つまり、歴史をヨーロッパから世界各地に拡がる白人の移民と白人移民による政治体制の移植として論じている。この歴史は人種が人間の根源的な区分であることを前提としており、なおかつ白人のみに適用されているので「人種史」と呼びうるものであろう。もっとも、この「人種史」は使い古された概念である。というのも、これは、白人に人類の歴史のなかでの特別な地位が与えられており典型的なヨーロッパ中心主義[28]を純粋に採用している歴史観だからである。

　つまり、植民地期の地理教科書はおおむね三分化されていた。初期に使われたフィリピンのことがほとんど触れられていない教科書、フィリピンの地誌をそこに住む人々とともに記述する教科書、そしてフィリピン内にあった人種区分があらためて強調され、その延長としてアメリカ人の人種的優秀さを訴える教科書だった。

三　「発展」を語る「アメリカ史」

「アメリカ史」教科書

「人種史」こそが、フィリピンで教えられた「アメリカ史」の中心的概念であった。D・H・モントゴメリー著の『アメリカ史入門』（*Beginner's American History*）は、二九名の伝記と「戦争以後」と題された南北戦争後を扱った最終章から構成されている。[29]伝記はクリストファー・コロンブスに始まり、エイブラハム・リンカーンで終わっている。

インディアンのフィリップ王を除けば、取り上げられたすべての人物は白人男性である。これら人物の半数は、ジョン・スミスといった探検家か、ジェームス・オグルソープなどの開拓者である。人物描写と逸話とともに白人の植民地が拡がっていった様子が示されている。また、三分の一ほどは、ベンジャミン・フランクリンやアンドリュー・ジャクソンといった政治家に充てられている。彼らが、立憲民主政体（constitutional democracy）の確立と、インディアンを駆逐し領土拡張に貢献したことが強調されている。さらには、この伝記のリストには、綿繰り機を発明したイーライ・ウィットニーら発明家が三名含まれている。アメリカ史は、ヨーロッパからの移民、白人の入植、インディアン戦争、政治制度の発展、そして工業技術の進歩として描かれている。

モントゴメリーの『アメリカ史入門』以降に使用された教科書も、同様のナラティブを採用している。ウィリアム・メース著の『学校用米国史』（*School History of the United States*）、アンドリュー・マクラフリンとクロード・ヴァン・タイン著の『米国史』（*History of the United States*）、バーンハムとメレンシオ著の『米国史』は、バイキングのアメリカ大陸渡航、十字軍の遠征、ローマ人の小アジアへの進出とそれぞれヨーロッパ人の外世界への進出をアメリカ史の起源として捉えている。そのうえで、これら三冊はアメリカ大陸の「発見」と探検、白人の入植、独立機運の盛り上がり、植民地における課税の問題、独立革命、連邦憲法制定会議、米英戦争、西部開拓、政党の発達、南北戦争、「再建（Reconstruction）」といった出来事が時系列で論じられる。

これらの著作における相違は、取り上げられる出来事やそれらをつなぎ合わせるナラティブにはなく原因の説明において見られる。メース著の『学校用米国史』とバーンハムとメレンシオ著の『米国史』は、モントゴメリーの記述方法を引き継ぎ、個人的な動機とその帰結として歴史が論じられている。[30] マクラフリンとヴァン・タイン著の『米国史』は、この歴史叙述の伝統とは一線を画しており個人的動機ではなく、社会経済的な原因から説明する。

白人と他者認識

フィリピン侵略という白人による有色人種への暴力を念頭におくと、「人種史」の主体である白人と対照をなす人種的他者の描写にこそに目を向ける必要があろう。

第一の他者として、インディアンが取り上げられている。メース著の『学校用米国史』では、白人の強欲とインディアンの疑心から戦争が生じたと説明する。インディアンの狡猾さと残虐さにもかかわらず、インディアンの「部族」間の抗争が生じ、それゆえに白人が西漸できたとするナラティブである。インディアンは「文明化（civilized）」できないので「彼らは森へと押し込めておくほかなかった」ということになる。[31] バーンハムとメレンシオ著の『米国史』においても、インディアンは狡猾で残虐と論じられており、インディアンのこのような特性によって、白人入植者が復仇感情を持つようになり、白人が残忍さをともなう戦争へと駆り立てられていったと説明する。[32] これら二冊と異なり、マクラフリンとヴァン・タインは、インディアンの特性や文化についてまとめて論じている箇所はなく、領土争いをヨーロッパ人の入植者同士の競争から生じたと説明している。

もう一種の他者として登場するのが「再建」期の記述に現われる「黒人」である。二〇世紀末に刊行されたアメリカ史事典では、「再建」は「より同情的に認識されるようになってきており、たとえ成功しなかったとしても人種間の民主主義を求めた誇るべき実験だった」と論じられている。[33] これに対し、これらの教科書では「再建」は、過激な共和党員が白人に対する黒人の優位性を求めた復讐心に満ちた政策の施行と、そのような政策が失敗にいたる過程として説明されている。メースは「カーペットバッグと黒人による統治」と題する節で、「南部州において、このような無節制と腐敗は今まで見られたことがなかった」「黒人(The Negro)は自らが統治できないことを証明してしまった」と論じている。[34] バーンハムとメレンシオは「[新たに生じた黒人選挙民の]ごく一部しか、自らの行為を律するに足る知性と判断力を持っておらず、彼らには居住する共同体や州における公務をおこなうに十分な能力が備わっていないことは言うまでもない」と記している。[35] マクラフリンとヴァン・タインは、より多くの責任を北部から移住してきた共和党支持者「カーペットバガー」[36]に帰しているが、それでも「再建」失敗の理由を「黒人」が「政治上の経験をまったく持っていなかったから」としている。[37] つまりこれら三冊は、「再建」失敗の原因をどの程度黒人の生来の性質に帰すかについては異なるが、いずれにせよ黒人の政治的能力の欠如に見いだしている。

モントゴメリーの『アメリカ史入門』を含め、これらの教科書は、白人以外の人々は統治能力を欠いており、この点から白人の居住地域が太平洋岸まで拡がっていったことは論理的な帰結であると示唆している。白人の領土拡大は、地図や、工業・農業機械や汽車などのイラスト・写真によって視覚的に補強されている。これら教科書すべてが地図による領土拡大を示している。たとえば、モントゴメリーの教科書では、アングロ・サクソン系の白人移民が持つ地理的知識や合衆国領土が、白抜きにされ、残りは黒く塗りつぶされている。ここでは光が闇を照らすという典型的な文明化の比喩が想起される。

これら革新主義時代や戦間期のアメリカ社会で使われていたアメリカ史の教科書では、「人種史」が白人の他人種に対する支配を正当化する非常に強力な概念として機能し、ナラティブの中心にある。これらの教科書によると、白人のみが、自らを統治できない非白人を統治できると位置づけられている。だからこそ、白人が領土を拡張する権利を持つ。そして、白人の領土拡張にともない、公正な政治制度が広がり物質的な豊かさがもたらされたとする。この「人種史」のナラティブが困難に直面したのが、ほかならぬフィリピン領有についてだった。

比米戦争についての記述

フィリピンは不可避にアメリカ史に組み込まれた。世紀転換期のフィリピン侵略は米西戦争の一部、つまりアメリカ史の一部だったからだ。

モントゴメリーの『アメリカ史入門』は、フィリピン人はキューバ人の反抗に刺激されスペイン人に反抗したと説明している。しかし、同時に「[フィリピン人は]独立のために戦っていたのだ」と論じている。[38] キューバ人に刺激されたという説明は、現在の歴史研究の水準では誤りと言わざるをえない。また、一八九八年が初版の発行年だったので、一八九九年に生じた比米戦争は記述されていない。いずれにせよ、一九〇〇年代初頭にこの教科書はアメリカ史のみならずフィリピン史でも使われ続けたのである。

メースは、フィリピン人の大多数は「文明化されており、マレー人種に属する」とし、「即時の独立」を求めたと論じる。[39] そのうえでフィリピン人とアメリカ人が戦闘状態に陥ったことを述べる。しかし、なぜ戦闘状態が生じたのか、なぜフィリピン人の敗北の後アメリカ人がフィリピンを占領し続けているのかについては一言の説明もない。ただ、「新しい政府は、人々の豊かさをともなう基本的な福利や教育を向上することに邁進した」と述べるのみである。[40]

マクラフリンとヴァン・タインは、米西戦争の結果としてアメリカがスペインからフィリピンを購入したと一文にまとめている。比米戦争やフィリピン領有についてはまったく触れていない。[41]

バーンハムとメレンシオは、フィリピン人は独立のために戦ったが二年間の苛酷な戦闘により鎮圧されたと述べる。そのうえで、アメリカ植民地期が始まったことを何の考察も示さずに説明する。そして、アメリカ植民地主義の特徴としては、フィリピン人が「自らの統治に関して、大きな権限を有している」、そして植民地政府は「アメリカ人に補佐されたフィリピン人によりおおむね構成されている」と論じる。さらに、ジョーンズ法にも触れ、「安定した政府が設立されるや否や」フィリピンには独立が与えられるとも論じる。[42]

これらの教科書の著者にとって、比米戦争やアメリカによるフィリピン植民地化が扱いにくい出来事であったことは想像に難くない。この部分のアメリカ史は政治的発展を基礎とした「人種史」とは相容れない。独立を求めるフィリピン人に対して、わざわざアメリカ人が統治をおこなうというナラティブにならざるをえない。これは矛盾に満ちたものだった。地理教科書にも表わされていたように、キリスト教徒が多く、スペイン系の白人もいるフィリピン人全体を決して「未開」とは区分しえない。また、独立革命期のアメリカ人と同様にフィリピン人も古いヨーロッパの植民地主義に対して独立を求めていた。さらには、同様の状況にあったキューバ人は米西戦争終結後ほどなく独立を与えられた。これらの諸矛盾に対してアメリカ史の教科書は、フィリピン人とアメリカ人のあいだに生じた戦争状態に触れない、またはアメリカ植民地主義の「恩恵的」意図を強調することによりアメリカによる介入と植民地化の問題を不問に付すという二つの方法で対応している。

これらの教科書は「アメリカ史」の授業で使われていた。アメリカのフィリピン革命への介入は、この出来事のアメリカ史における過小さにより——より正確には、著者が過小と認識することにより——都合よく無視または矮小化することができた。これに対し「フィリピン史」の授業では、教科書の著者はフィリピン革命の意義を無視するわけにはいかなかった。フィリピン革命はフィリピン史におけるもっとも重要な出来事だったからである。そしてまた、アメリカによる植民地化はアメリカ軍がこの革命運動が打倒したことの直接の帰結だった。植民地に生きるフィリピン人が「フィリピン史」の授業で世紀転換期の比米関係について目を背けることなどまったく不可能だったのである。

四　革命と「フィリピン史」

アメリカ人著者とフィリピン革命

フィリピン革命の諸相については、この革命の基本的な性格も含め、今日にいたるまでフィリピン人の歴史研究者のあいだでも同意を見ていない[43]。しかし、フィリピン革命がどのようなものであったにせよ、この革命運動がアメリカの介入によって終焉を迎えたことについては疑いの余地がない。この点から、以下では「フィリピン史」の教科書においてアメリカの介入がどのように説明されていたのかを中心に見ていきたい。

ジャーニガンの『フィリピン小史』(*A Short History of the Philippines*) の初版は一九〇四年に刊行された。その後一九一四年に改訂され一九一〇年代末まで使われた。ここではより長い期間使われた一九〇四年版を参照する。

ジャーニガンは、革命組織カティプーナンは血に飢えた秘密結社であるとし、「自由を暗殺と大量虐殺」によって手にすることは単純に不可能であると論じる[44]。また、アギナルドを独裁者と位置づけている。一九六〇年代以降の研究と比べると、当然ではあるがジャーニガンの理解は不十分であるし一貫性も欠いている。たとえば、どのようにして秘密結社カティプーナンの運動が革命軍に発展したのかについての説明がない。またジャーニガンはアギナルドが独裁者だったことを強調するが、アギナルドが専制的な権限を持っていたのはマニラに帰還した一八九八年の五月からカビテに革命政府を樹立する同年六月までの一カ月間だけだった。[45]

しかし、アメリカ史教科書の著者と比べると、ジャーニガンは少なくともひとつの側面においてより真摯である。ジャーニガンは、なぜキューバには独立が与えられフィリピンには与えられなかったのかという問いに答えようとしている。そこで多言語多民族社会のフィリピンは「部族社会」であり、どの「部族」も他の「部族」に支配されることを望んでいない、フィリピン人はスペイン人を駆逐できそうもなかったなどの六つの理由を挙げている。[46] ただしこのようなジャーニガンの見解は、一九六〇年代以降の革命史研究からの賛同を得るものではない。「部族」間の争いだったとするジャーニガンの見解では、フィリピン革命が国民統一を目指した運動であったことが看過されている。[47] 対スペイン軍の戦況の評価については、一九六〇年代以降の研究ではフィリピン革命軍によってスペイン軍が追いつめられていたという見解が有力である。[48] ジャーニガンが挙げた理由で、それなりの論拠を持つものとしては、アメリカからフィリピンは遠く離れており、植民地とせずには、アメリカはフィリピンを他の外国勢力から守ることができないというものがある。この点は一九三〇年代の独立交渉のなかでも残り続けたフィリピン領有の大きな論拠であった。[49] ただこの論拠は、なぜ他の外国勢力ではなくアメリカがフィリピン領有をすべきであったのかという点について、積極的な理由を提供するものではない。

デービッド・バロウズは、一九〇三年に『フィリピン史』(*A History of the Philippines*)を書き、この著作は一九〇五年に出版された。理由は不明だが、この著作が一九二〇年代に高校のフィリピン史教科書として使われた。一九二四年と一九二五年には教科書として指定されている。ただフィリピン人の歴史家によれば、この教科書の影響は非常に大きいものだった。[50] このような見解は、一九二六年以降も引き続きこの教科書が使われ続けたかもしれないことを示唆している。ここでは教科書として使われたであろう一九二四年版を検討する。

バロウズの『フィリピン史』は、フィリピン革命を二つの章にまたいで論じている。「進歩と革命、一八三七〜一八九七」という章では、一九世紀後半の自由主義思想のフィリピンへの流入、カビテでの反乱と三名のフィリピン人司祭の処刑、公立学校制度の拡大、ヨーロッパ在住のフィリピン人による改革運動、リサールの文学的業績、一八九六年のフィリピン革命の勃発とのナラティブが示されている。[51] 強調する点や呼称は異なるものの、おおむねこのナラティブは、現在まで広く使われているフィリピン史教科書をはじめとした一九六〇年代以降の歴史叙述と類似している。

しかしながら、革命そのものの叙述は一九六〇年代以降の研究とは大きく異なっている。次章の「アメリカとフィリピン」では、バロウズはいきなりアメリカ史を描きはじめる。アメリカ社会は、ヨーロッパからの移民によって成立したと述べる。そして、アメリカ人は「人種としての純粋さとともに、祖先が持っていた矜持を保っている」のだが「ヨーロッパでは成立しえなかった、より民主的で、より自律した社会」を作り上げてきたと論じる。[52] 政治的「発展」に関しては、独立革命時にはヨーロッパのほとんどが君主制であったのに対して、アメリカは共和制を樹立していたことを強調する。共和制であるアメリカが「本当の自由が感じられる唯一の場」であったと表現する。また、この点からアメリカは「アメリカを真似た」ラテン・アメリカの共和政体に「強い同情心」を持ったと論じる。[53] バロウズは、フィリピン史の教科書にわざわざアメリカ史を書き込むことにより「人種史」を強調する。そのなかで、政治的「発展」はアメリカの白人によって始められ、ラテン・アメリカを引き合いに出し、他のすべての国家によって真似されるべきことを示している。

それでは、バロウズは世紀転換期の出来事をどのように解釈しているのだろうか。彼によると、アメリカの革命への介入と比米戦争は「誤解（misunderstanding）」にもとづいた不幸な出来事だった。[54] まず、アギナルドがフィリピンに帰還するまで、スペイン人はフィリピン人を厳しく弾圧しており、フィリピン人のリーダーはアメリカ人と良好な関係にあった。[55] このような関係にもかかわらず戦争状態に陥ったのは、「理由にもとづき（with reason）」

アメリカ人がフィリピン人のリーダーも民衆も信頼できなかったからであると説明する。[56]「誤解」をもたらした数点の「理由」は、フィリピン人の政治経験の欠如と地域的・民族的な分裂という二つの根拠に腑分けできる。しかし、第一の根拠は十分とは言えない。アギナルドが町長であったことや、憲法を制定したマロロス会議に州レベルでの行政職を担った人々が多数参加していたことをかんがみれば、この根拠は弱いものである。[57]第二の根拠もマロロス会議にキリスト教徒が居住する州のほとんどが代表者を送り込んだことを考えれば妥当ではない。[58]分裂を主張するバロウズ自身も、比米戦争の描写において「ほぼすべてのキリスト教徒が団結し、アメリカ人の占領政策に対して抵抗した」と論じ矛盾している。[59]すなわちバロウズの叙述は、いきなりアメリカ史を挿入する、戦争を「誤解」に帰す、また示した論拠を他の箇所では否定するなど、歴史叙述としての一貫性がない。

アメリカの介入を正当化することについても、バロウズは混乱しており記述が矛盾している。たとえば、バロウズはフィリピン人の残虐さや戦時に守るべき行動規範からの逸脱を論じたうえで、一九〇三年から一九〇六年にかけてもいまだに闘っている革命家について説明する。これらの「山賊（ladrones）」は「反乱の歴史のなかで、おそらく（perhaps）もっとも追い詰められておりもっとも残酷なリーダー」であり「バリオの人々を恐怖に陥れている」と論じる。「おそらく」と入れるところにバロウズのためらいが感じられる。しかし、別の箇所では「彼ら〔山賊〕は、有象無象の人々のあいだではそれなりに人気があった」と述懐する。[60]ここでバロウズは、一方では植民地官僚の視点に立ちフィリピン人革命家の残虐さを示し植民地主義を擁護しようとしている。他方、文化人類学者としての訓練を受け多数のフィリピン人と接した結果、バロウズはフィリピン人民衆が革命を支援していることを理解していた。植民地主義の擁護と実際の観察のあいだの矛盾が記述に現われている。

さらにはタフト時代（一九〇〇〜一九一三年）に関する箇所で、バロウズはつぎのように述べる。フィリピン人は「元来、野心的で自信に満ちた勇敢な人種」であるとし「ネーションとして独立に向けた道を歩むこと」に自信を持っている。だからこそ、「アメリカ人とフィリピン人のあいだで、完全な同意は存在しなかった」[61]、と。つまり、バロウズの『フィリピン史』では、おそらくはバロウズその人が強調したいことではないのだろうがフィリピン人が暗黙の抵抗感を持ち続けたことが論じられている。

このような歴史叙述のなかで、バロウズがアメリカ植民地主義擁護のために採用するのが「発展」の叙述である。比米戦争について論じた後、バロウズは初期のフィリピン委員会が統治した時期について論じる。町政府や州政府などの地方の行政組織の整備、公立学校制度の構築、省庁の設置、官僚制度や裁判制度の構築などを列挙する。[62]そのうえで鉄道や高速道路・一般道路の拡大、センサスの実施、町レベルおよび植民地全体レベル（軍政地域を除く）での選挙と植民地議会（フィリピン議会）の開催を描きだす。[63]これらの「発展」の叙述に関してはバロウズが書き残したことよりも、彼が看過している事柄こそが示唆に富んでいる。革命政府下での地方行政改革や[64]、権利条項を持つマロロス憲法の制定、[65]さらには世俗教育の展開とその教育の法的根拠[66]といった「発展」には、バロウズはまったく触れていない。

結局のところ、バロウズの叙述は「人種史」の枠組みの限界を示している。白人のみが統治する能力を持つという論理は、フィリピン人も政治的「発展」を歩んできたとするフィリピン革命にいたる歴史と矛盾してしまう。よって、アメリカがそのフィリピン革命を打倒し、植民地支配をおこなったことを正当化できない。この正当性の欠如こそが、フィリピン社会の観察者でありつつも、植民地官僚であったバロウズのような人物の歴史叙述を矛盾に満ちたものにしたのである。

それでは、フィリピン人の著者が、自らの視点からフィリピン史を論じるとき、「発展」の記述はどのように変わったのであろうか。

フィリピン人による教科書

ジャーニガンとバロウズの教科書と比べると、フィリピン人のレアンドロ・フェルナンデスの『フィリピン史概要』(*Brief History of the Philippines*) とコンラド・ベニテスの『フィリピン史』(*History of the Philippines*) は、実証的である反面、平坦な記述となっている。これらのフィリピン人は、革命とその後についてのバランスの取れた叙述を目指しており、アメリカの介入が正当化しえるものなのかという大きな問いは不問に付している。

フェルナンデスとベニテスは、改革運動から革命運動への発展を強調する。両者とも、ヨーロッパでの改革運動を詳述した後、一八九六年八月に秘密結社カティプーナンがスペイン植民地政府の官憲に露見したことを論じる。[67] スペイン植民地主義の苛烈な弾圧を論じることにより、カティプーナンには武装蜂起以外に選択の余地がなかったことを強調する。また、アギナルドの独裁制については、戦時という緊急時の対応だったとし、[68] その後の革命政府やマロロスでの憲法制定に言及する。[69] つまり、カティプーナンの露見という偶発的な要素とスペイン人によるフィリピン人の抑圧という歴史における構造から、暴力をともなう革命が不可避であったことを論じている。

そのうえでフェルナンデスは革命が国家を樹立したのかを検証する。革命政府は多くの州においてフィリピン人エリートの賛同を得たものの、国際的には承認されなかったことを論じる。同様にアギナルドがアメリカとスペインのあいだで開かれたパリ講和会議に使節を送ったが、フィリピン革命に利する結果をもたらすことができなかったことを描きだしている。[70]

フェルナンデスは、フィリピン革命が国民の創造と立憲主義にもとづく共和制国家を志向した革命であったことを認めているが、その反面、国家とは他の国家によって承認されて初めてその存在が認められるとの理解を示している。この点から、フェルナンデスにとって革命政府もマロロス憲法によって樹立したフィリピン共和国も、他の国家に承認されなかったので、国家として存在したものではなかった。だからこそフェルナンデスは革命期について、「スペインによる統治が終わった日に、アメリカの支配が始まったのだ」と断じるのである。[71]

フェルナンデスと比べるとベニテスは、革命の正当性をアメリカ人とフィリピン人の交渉から読み解こうとしている。アギナルドと在シンガポール・アメリカ総領事スペンサー・プラットの会合を分析している。この会合で何が約束されたかという点については、最終的な結論が得られないと論じる。そのうえで、その当時アメリカがキューバに独立を与えようとしたことや、プラットが独立を認めることを匂わせるような発言をしたことを挙げている。アメリカがフィリピン独立支援の態度を有していたとアギナルドが理解したとしても、それは致し方なかったと結論づける。[72]

ベニテスは、間接的にバロウズが示した批判についても反論を呈している。アメリカ人が行政改革をおこなったとの主張に対しては、革命政府が町政府や州政府の再編制の先鞭をつけていたと述べる。[73]また、革命軍が戦時における国際的な規範を逸脱していたとの主張に対しては、革命軍は俘虜の扱いについて国際法を遵守する公約を結んでいたと論じている。[74]さらには革命軍が数回にわたりアメリカ軍と交渉することにより、独立を獲得しようとしたことを明らかにしている。[75]ベニテスによれば、革命のリーダーであったアギナルドにはフィリピン国家樹立の可能性を信じる十分な動機があり、革命勢力はその目的のために努力していた。なおかつ革命勢力は、規範にもとづき戦争を遂行しつつ、交渉による国家樹立を希求していた。

しかし、ベニテスはアメリカによる介入やアメリカ植民地主義についての評価を明らかにしない。アメリカの介入を擁護してきた論拠へ疑義を提示し、アメリカ人の態度も批判的に考察し、フィリピン革命の側こそが平和を志向していたと論じているにもかかわらず、これらの論述が何を意味するのかを示さない。言いかえれば、植民地主義の正当性が非常にもろい論拠の上に成立していることを明らかにしているにもかかわらず、正当性そのものについては批判の矛先を向けないのである。

「フィリピン史」と「発展」

これらフィリピン人著者の平定後のアメリカ植民地期についての叙述は、バロウズの叙述の延長にある。フェルナンデスの叙述は、おおむねバロウズの叙述に似ているのだが、ここではバロウズには見られない特徴を浮き彫りにしてみよう。フィリピン人が官僚組織のなかで多数派となったこと、[76]一九一〇年代半ばにはフィリピン人が立法権を実質的に支配したことを説明する。[77]そして、「安定した統治」を条件にフィリピン独立を約束した一九一六年のジョーンズ法制定後には、[78]フィリピンは「実質的に自治を得た」ことを論じる。[79]教科書の結論部分では「アメリカはフィリピンに効率のよい政府（efficient government）という自らのもっとも優れた部分を与えようとしたのだが、この努力は無駄ではなかった」と述べる。[80]バロウズの叙述がためらいや矛盾を見せていたことに対し、フェルナンデスの叙述は自信に満ちている。アメリカの指導による政治的発展と政治権力のアメリカ人からフィリピン人への移譲の過程としてアメリカ植民地期を描きだすことにより、アメリカ植民地主義の「恩恵」を認めている。

ベニテスは、一通り植民地期に生じた政治的・工業的発展を論じた後、これに加え教育の効用を強調する。「万人に平等な機会を」と題された節において、ベニテスは学校教育が「民主的な共同体において、市民が求められる社会活動に参加することを可能にする」と説明している。[81]ここにおいて「発展」のナラティブのなかに、「民主」を社会に根づかせるものとして、植民地教育が位置づけられている。

フェルナンデスとベニテスはバロウズと同様に、アメリカがフィリピン革命を打倒し植民地支配をおこなったことを正当化できていない。正当化が欠落しているなかで、「発展」を強調する。しかし、「発展」のためにアメリカの介入が必要だったのか、世紀転換期のフィリピン人がそのような「発展」をもたらす能力を有していなかったのかという問いは避けている。

六〇年代以降の革命史研究をリードしてきたアゴンシリョは、ベニテスの『フィリピン史』を「経済学」の教科書であると痛烈に批判している。[82] この批判が意図するのは、ベニテスが過去の出来事が「正しかったのか」を問う歴史学の倫理的な側面を捨て去ってしまっているからだろう。つまり、ジャーニガンやバロウズが植民地主義を正当化したいという意図からアメリカ植民地主義の善性を明らかにしようと試みたのに対して、ベニテスはそのような試みそのものを放棄してしまっている。フェルナンデスの叙述も同様である。

対抗のナラティブ

フィリピン史のこれらの教科書は、植民地主義によって許容される歴史認識の外延を示している。端的にフィリピン人の叙述は、「発展」をアメリカ人がもたらしたという「恩恵」を認める限りにおいては許容された。この「恩恵」を認めるのであれば、ベニテスのようにフィリピン人が革命期には政治的発展を成し遂げていたと論じることもできた。また、アメリカ人が持つフィリピン革命理解に対して疑義を申し立てることも、アメリカ人の不誠実さを暗に指摘することも可能だった。それでは、どのような歴史叙述が許容できないものだったのだろうか。

アメリカ植民地期を代表する革命史研究であるテオドロ・カラウ著の『フィリピン革命』(*The Philippine Revolution*)が一九二五年に出版されている。[83] この著作は高く評価されていたにもかかわらず、教科書として採用されなかったし、カラウはこの著作にもとづいた教科書を書いているわけでもない。つまり、『フィリピン革命』に示される歴史認識は、植民地教育で許容できる歴史認識から逸脱するものであったと言えよう。

また、フェルナンデスは一九二五年にコロンビア大学に博士論文「フィリピン共和国」(“The Philippine Republic”)を提出している。この「フィリピン共和国」は、学部のモノグラフとして刊行されている。前述した国家の存立のためには国際社会における承認が必要という論理をより精緻に描きだしている。[84]

フェルナンデスの「フィリピン共和国」に比べると、カラウの『フィリピン革命』はさまざまな点で異なっている。その象徴的なものとして、ここではカラウが描きだした、アポリナリオ・マビニとアメリカ軍の総司令官アーサー・マッカーサーの会談を取り上げたい。マビニはアギナルドの参謀であり一時期フィリピン共和国の首相であった。一九六〇年代以降の革命史研究において、彼は信念を貫いた革命家として位置づけられ「革命の頭脳」と評されている。[85] この会談は、マッカーサーがマビニにアメリカに対する忠誠を誓わせるためにおこなわれた。以下は会談の記述を要約したものである。[86]

マビニ――忠誠の誓いを述べる前に、アメリカ当局は「自由市民としての、フィリピン人の権利」を遵守すると約束する用意があるかと質問。

マッカーサー――マビニが忠誠の誓いを述べるのであれば、完全なる自由を手にすることができるだろうと回答。

マビニ――アメリカ当局が言うことは信用できない、そのような権利を保護する法がないからだと反論。

マッカーサー――アメリカ憲法を取りだし、個人の権利に係る条項を朗読する。

マビニ――アメリカ大統領は、フィリピン人に対しそれら権利を「付与することも、拒絶することも」できるのだとの反論を提示する。そのうえで、アメリカ憲法のような法を制定し、どのような権威をもってしても権利が消滅しない措置を求める。

マッカーサー――アメリカの伝統はアメリカ人が民主的な規範から逸脱しないことを示していると主張。

マビニ――アメリカは、すでに「自然法によってフィリピン人に与えられた主権（sovereign right）」を侵害している、よって再度「自らの目的のために」自由市民の権利を侵害するかもしれないとの疑義を提示。

マッカーサー――マビニの協力を得られないことを残念に思うと言明。

この会談において、マビニは結果的に本章冒頭で論じた二つの論理を否定している。植民地主義がもたらした「市民的理念」に従うことこそが唯一の発展の道である、という第一の論理についてはつぎのように反論する。「自由市民としての権利」は自然法によってもたらされた「主権」から派生する。よって市民を形づける概念としての「市民的理念」も「主権」を有する人々から生じるものである、と。

アメリカ人なくしてフィリピン人の市民形成はありえないという第二の論理については、つぎのように論駁している。アメリカ人はフィリピン人の「主権」を侵害した。アメリカ人は「市民的理念」をもたらす「恩恵」の担い手ではなく、むしろ「市民的理念」を発展させる権利を「主権」とともにフィリピン人から収奪した、と。これらの反論を提示することにより、マビニは植民地支配者と被支配者のあいだに「恩恵」が介在しえるような関係性がなかったことを主張している。

マビニが示したような、アメリカ植民地主義に対する根本的な批判は「フィリピン史」教科書には記載されていない。この根本的な批判においては、アメリカ植民地下で政治的・工業的・経済的発展がなされたか否かは意味を持たない。というのも「主権」を有する人々として、フィリピン人には「市民的理念」を独自に展開し、発展の方向性を自らが決定する権利があるからである。逆の見方をすれば、カラウの研究と比べると「フィリピン史」教科書は、アメリカ人に依拠した「市民的理念」とアメリカ人の「恩恵」に拘束されていたことが見えてくる。しかし、そのような拘束があったからこそ教科書として存立できたと言えよう。

まとめると、「地理」や「アメリカ史」では、政治的発展を論拠とした白人による領土支配の正当性を論じる

「人種史」が歴史のナラティブとしての役割を担った。しかし、「人種史」は、「フィリピン史」ではフィリピン人の政治的発展の象徴的な出来事であったフィリピン革命と矛盾してしまった。その結果、アメリカ人の教科書でも、フィリピン人の教科書でも「フィリピン史」の文脈では、アメリカによる植民地支配に正当性を付与することに失敗している。もっとも教科書の歴史叙述においては、この正当性の欠落を表わすこと、すなわち植民地主義の存在意義を否定することは許されなかった。

ただし、当時においても現在においてもフィリピン革命論としては、フェルナンデスの「フィリピン共和国」よりもカラウの『フィリピン革命』がよほど高く評価されている。[87] 結局「人種史」と「恩恵の論理」を基調とし、矛盾に満ちアメリカ植民地主義を正当化しえない歴史観や、倫理的な側面を避けてしまっている歴史観よりも、自然法にもとづきフィリピン人の「主権」を打ち立てた歴史観がフィリピン人には支持されたのである。

ただ、マビニのこのような観点は、本質主義的なナショナリズムにもとづくものである。マビニについての思想史研究によれば、マビニの自然法思想や国家論はイギリス経験論者のトマス・ホッブスやジョン・ロックのそれと比肩しうるものであり、[88] この点から西洋の政治哲学のなかに位置づけられるものである。つまり、マビニの議論は国民国家の樹立こそが近代の成立要件とされる西洋史に対応している。

そしてマビニの思想は、フィリピンの文脈において、自然法からの帰結としてのナショナリズムを擁護する。「市民的理念」を被植民者が独自に展開しうるものと論じることにより、植民地主義を「発展」のナラティブの下で擁護する地理・歴史教育へのもっとも根本的な批判を提示している。ただしこの批判には植民地主義と反植民地ナショナリズムという、現時点においては使い古された二項対立が見られるのである。

植民地教育における「地理」や「アメリカ史」で提示された「人種史」と、説得力のない根拠で論じられるフィリピン革命認識は、一九六〇年代以降の研究によって否定された。また植民地期を通して、「未完の革命」を根拠とし「下から」の挑戦が生じ続けたことを考えれば、当時の民衆に地理・歴史教育が幅広い影響を持ったとは言えない。ただ、植民地教育が、歴史学者・教育者といったその当時のフィリピン人知識人にフィリピン革命を論じさせ、アメリカ植民地主義による「発展」を「恩恵」と位置づけさせたことの効力は大きかった。「フィリピン史」教科書ではアメリカ植民地主義の正当性を立証できていないにもかかわらず、この植民地主義のもたらした「発展」をフィリピン人知識人が「恩恵」と論じることにより、アメリカ植民地主義は被支配者の承認を得たように見せかけることができたからだ。いったん帝国の暴力によって成立した植民地主義は、正当性を立証できずともその惰性と被植民者エリートの承認によって存続できたのである。

歴史認識という側面から見ると、地理・歴史教育の影響は多大である。フィリピン革命についての植民地期の歴史認識は、一九六〇年代になってようやくフィリピン・ナショナリズムにもとづいた歴史研究によって終焉を迎えたといえる。アゴンシリョやイレートの研究に見るように[89]、フィリピン人知識人の歴史認識は民衆の歴史体験を組み込むようになっていった。しかし、アメリカ植民地期については、このような認識上の転回は生じていない。植民地期の認識は、植民地主義がもたらしたこの時代の「発展」、とくに政治的発展を高く評価していた。この評価は、序章で見てきた多くの主流研究に現在でも反映され続けている。

しかし当時の社会状況のなかでは、地理・歴史教育は「市民教育」と同様に限定的な影響しか持たなかった。「フィリピン史」の授業の外では、本質主義的なナショナリズムにもとづく革命認識や、「未完の革命」に根拠を見いだした社会運動が影響力を持っていた。次にこのような学校内外の世界観が影響を及ぼした騒擾事件を見てみよう。

註

（1）フィリピン革命やアメリカ植民地期を扱っている一九六〇年代以降の代表的な研究や通史としては、以下の文献が挙げられよう。Teodoro A. Agoncillo, *The Revolt of The Masses: The Story of Bonifacio and The Katipunan*, Quezon City: University of Philippines, 1956; Teodoro A. Agoncillo, *Malolos: The Crisis of The Republic*, Quezon City: University of The Philippines Press, 1997; First Edition Published in 1960; Teodoro A. Agoncillo and Milagros C. Guerrero, *History of the Filipino People*, 7th Edition. Quezon City: R. P. Garcia Pub. Co., 1986; First Edition Published in 1960; Renato Constantino, *The Philippines: A Past Revisited*, Quezon City: Private, 1975〔レナト・コンスタンティーノ著、池端雪浦・永野善子（第一巻）、鶴見良行ほか（第二巻）訳『フィリピン民衆の歴史　往事再訪』（全二巻）井村文化事業社、一九七八年〕; Cesar Adib Majul, *Mabini and the Philippine Revolution*, Quezon City: University of the Philippines Press, 1996; First Edition Published in 1960; Cesar Adib Majul, *The Political and Constitutional Ideas of the Philippine Revolution*, Quezon City: University of the Philippines Press, 1967; Reynaldo Clemeña Ileto, *Pasyon and Revolution: Popular Movements in the Philippines, 1840-1910*, Quezon City: Ateneo de Manila University Press, 1979〔レイナルド・C・イレート著、清水展、永野善子監修『キリスト受難詩と革命――1840～1910年のフィリピン民衆運動』法政大学出版局、二〇〇五年〕; Onofre D. Corpuz, *The Roots of the Filipino Nation*, Quezon City: University of the Philippines Press, 2005; First Published in 1989.

（2）もうひとつの理論上の問題点としては、なぜ地理・歴史教科書のみを取り上げるのかという点があろう。イザベル・マーティンやメグ・ウェスリンは、アメリカ文学とその教育がフィリピン「人種」（race）の劣等性を規定してきたことを論じている（Meg Wesling, *Empire's Proxy: American Literature and U.S. Imperialism in the Philippines*, New York: New York University Press, 2011, Chapter 2; Isabel Pefianco Martin, "Colonial Education and the Shaping of Philippine Literature in English," *Philippine English: Linguistic and Literary Perspectives*, edited by Maria Lourdes S. Bautista and Kingsley Bolton, Hong Kong: Hong Kong University Press, 2008, pp. 245-259）。言い換えれば、歴史の授業よりも、むしろ文学や英語の授業の方が自己認識や歴史認識を育むうえで、より大きな影響力を持ったのではないか、とも言えるのである。同様の理由で、テッサ・モーリス＝スズキが論じる映画、マンガ、インターネットのように、教科書よりも、映像や写真やイラスト入りの雑誌などのほうが歴史認識の構築に果たす役割は大きいかもしれない（テッサ・モーリス＝スズキ著、田代泰子訳『過去は死なない――メディア・記憶・歴史』岩波書店、二〇〇四年）。では、どのような根拠から、「地理」、「アメリカ史」、「フィリピン史」の教科書を取り上げる意義があるのだろうか。これらの教科は、基本的には事実を対象としており、そこに示される説明原理は具体的かつ直接的であるという特徴をここでの分析の根拠としたい。

（3） Reynaldo Clemeña Ileto, *Knowing America's Colony: A Hundred Years From the Philippine War*, Honolulu: Center For Philippine Studies, School of Hawaiian, Asian and Pacific Studies, University of Hawai'i at Manoa, 1999, pp. 1-17.

（4） Floro C. Quibuyen, *A Nation Aborted: Rizal, American Hegemony, and Philippine Nationalism*, Quezon City: Ateneo de Manila University Press, 1999. キブィェンは、フィリピン革命中にスペイン植民地政府によって銃殺されたホセ・リサールが、アメリカ植民地主義によって革命に反対した改革主義者として喧伝されていったことを論じている。同書の一部は日本語に訳されている（フロロ・C・キブィェン著、内山史子訳「リサールとフィリピン革命」宮脇聡史訳「フィリピン史をつくり直す」永野善子編『フィリピン歴史研究と植民地言説』めこん、二〇〇四年、二四一―三五六頁）。日本語でのキブィェンの紹介は、永野善子「フィリピン革命史論争」池端雪浦ほか編『岩波講座　東南アジア史別巻　東南アジア史研究案内』岩波書店、二〇〇三年、九二―九六頁を参照のこと。

（5） Alfredo B. Saulo, "The Philippine Revolution of 1896-1899: Our Ignorance, Indifference and Lack of National Pride," *The Making of the Filipino Nation and Republic: From Barangays, Tribes, Sultanates, and Colony*, edited by Jose Veloso Abueva, Quezon City: University of the Philippines Press, 1990, pp. 330-340; Originally Printed in *Rewriting Philippine History: The Truth About Aguinaldo and Other Heroes*, Quezon City: Phoenix Publishing House, 1987, pp. xviii-xxi, 75-97, 99-111.

（6） 教科書によって七〇〇ページにも及ぶ、長大なものがあり、半年や通年ですべての内容を教えることは難しいと思われる（Cf. Charles Redway Dryer, *High School Geography, Physical, Economic and Regional*, New York: American Book Company, 1912; Originally Published in 1911）。さらに、教科書は一般的に高価であり、さらには図書館が多数の冊数を保持していた（cf. Circular, Bureau of Education (CIR), no. 27, 1923; Library, Central Philippines University, Iloilo City, Iloilo, 二〇〇六年一二月七日訪問）。

（7） Aniceto Fabia, *The Development of the Teaching of History, Civics, and Current Events in Philippine Schools*, Manila: By the author, 1928. quod.lib.umich.edu/p/philamer/ADR1320.0001.001?view=toc（二〇一四年八月一日アクセス）

（8） コースの種類、カリキュラムの編制については、『教育局長年次報告』（*ARDE*）や内部の回覧文書から分析した（Cf. *Annual Report of the Director of Education* (*ARDE*), 1915 (16th), 89-94; *ARDE*, 1924 (25th), 62-69; CIR, no. 71, 1914）。また、専門誌の記事も利用した（Benigno V. Aldana, "The Evolution of the Provincial Normal Curriculum," *Philippine Journal of Education*, vol. 14, no. 5, October,

1931, pp. 163-164, 198-201）。

（9）Emma Sarepta Yule, *An Introduction to the Study of Colonial History, for Use in Secondary Schools*, Manila: Bureau of Printing, 1912.

（10）George Nye Steiger, H. Otley Beyer and Conrado Benitez, *A History of the Orient*, Boston: Ginn and Company, 1926.

（11）Fabia, *The Development of the Teaching of History, Civics, and Current Events in Philippine Schools*, pp. 3-16.

（12）WorldCat によると、この教科書のフィリピン使用版がアメリカの幾つかの大学図書館に現存しているとのことだが、少なくともミシガン大学アナーバー校とニューヨーク市立大学スタッテン・アイランド校所蔵のものは、フィリピン使用版ではなかった。http://www.worldcat.org/（二〇一三年三月一日アクセス、二〇一四年八月一日現在、このホームページで調べても前述の大学図書館でフィリピン使用版所持とは表示されない）。

（13）教科書委員会の人選については、以下を参照のこと。*Official Rosters of Officers and Employees in the Civil Service of the Philippine Islands* (*Roster*), 1921, p. 16; *Roster*, 1922, p. 18; *Roster*, 1923, p. 19; *Roster*, 1924, p. 19; *Roster*, 1925, p. 19; *Roster*, 1926, p. 19; *Roster*, 1927, p. 22; *Roster*, 1928, p. 21; *Roster*, 1929, p. 21; *Roster*, 1931, p. 20; *Roster*, 1933, p. 20; *Roster*, 1935, p. 21. なお、一九三五年以降の教科書委員会の動向については、『名簿』（*Roster*）が発行されておらず、この資料では確認できない。一九三五年以降のコモンウェルス期の教科書委員会については、今後の研究課題としたい。

（14）Frank G. Carpenter, *Carpenter's Geographical Reader, Asia*, New York: American Book Company, 1911, p. 58; First Edition Published in 1897.

（15）Carpenter, *Geographical Reader*, p. 128.

（16）『教育局長官報告』によると、ドライヤーの教科書は「地理」が教えられない学年の教科書に採択されている。「一般科学」で使われたと思われる（*ARDE*, 1925 (26th), pp. 77, 84）。ただし、「地理」で使われているとも述べられてもいる（一九二六年一月二六日付の島嶼局からエミリオ・フランシスコへの書簡、File 3140-158, BIA Records, Entry 5, RG 350）。

（17）Charles Redway Dryer, *High School Geography, Physical, Economic and Regional*, New York: American Book Company, 1912, p. 259; First Edition Published in 1911.

（18）Carpenter, *Geographical Reader*, pp. 11-12.

（19）Dryer, *High School Geography*, p. 496.

（20）H. Justin Roddy and David Gibbs, *Philippine School Geography*, New York: American Book Company, 1904, pp. 27-28.

（21）*Ibid.*, pp. 26-27.

(22) *Ibid*., pp. 59-60.
(23) Maria R. Valdez-Ventura, *Philippine Primary Geography*, Manila: Associated Publishers, 1924, title page.
(24) *Ibid*., pp. 32-33, 100-106; Hugo H. Miller, Catalina Velasquez Ty and Jose Balagot, *Home Lands: Geography for the Fourth Grade of Philippine Schools*, Boston: Ginn and Company, 1932, pp. 20, 76.
(25) Henry Schuler Townsend, *Primary Geography*, New York: American Book Company, 1917, pp. 69-70.
(26) *Philippines Free Press (PFP)*, vol. 24 no. 41, 11 Oct. 1930, p. 28.
(27) Hugo H. Miller and Mary E. Polley, *Intermediate Geography*, New Edition, Boston: Ginn and Company, 1951, Appendix, p. i. この教科書の一部、とくにフィリピンに関する部分は日本語に訳されている（上野福男訳『比律賓の地理』東亜研究所、一九四三年）。
(28) ヨーロッパ人の地理的発想と、世界史の誕生については、Martin W. Lewis and Kären Wigen, *The Myth of Continents: A Critique of Metageography*, Berkeley: University of California Press, 1997を参照のこと。また、「進歩」をめぐる地理と歴史の関係については、Johannes Fabian, *Time and the Other: How Anthropology Makes its Objects*, New York: Columbia University Press, 1983を参照のこと。
(29) D. H. Montgonery, *The Beginner's American History*, Boston: Ginn and Company, 1898.
(30) たとえば、メースは、エドマンド・バークやウィリアム・ピットの論説と印紙税法廃止の関係を強調している（William H. Mace, *A School History of the United States*, Chicago: Rand, McNally and Company, 1917, pp. 144-145; First Edition Published in 1904）。バーンハムとメレンシオは、貿易をめぐるスペイン、ポルトガルに対するイギリスの挑戦や、ヨーロッパの貧困層のより良い生活への希求、著名な開拓者の起業家精神を描きだしている（Smith Burnham and Carmen Aguinaldo Melencio, *A History of the United States*, Philadelphia: The John C. Winston Company, 1928, pp. 27-40）。
(31) Mace, *A Short History of the United States*, pp. 21-25.
(32) Burnham and Melencio, *A History of the United States*, p. 59.
(33) Eric Foner, "Reconstruction," *The Reader's Companion to American History*, edited by Eric Foner and John A. Garraty, Boston: Houghton-Mifflin, 1991, pp. 917-924.
(34) Mace, *A Short History of the United States*, p. 392.
(35) Burnham and Melencio, *A History of the United States*, p. 473.
(36) Foner and Garraty, *The Reader's Companion to American History*, pp. 149, 919.
(37) Andrew C. McLaughlin and Claude Halstead Van Tyne, *A History of the United States for Schools*, New York: D. Appleton and Company,

1911, p. 378.

（38） Montgomery, *Beginner's American History*, p. 222.

（39） Mace, *A Short History of the United States*, p. 456.

（40） *Ibid.*, p. 457.

（41） McLaughlin and Tyne, *A History of the United States*, pp. 403-404.

（42） Burnham and Melencio, *A History of the United States*, pp. 580-581.

（43） たとえば、コンスタンティーノが民衆とフィリピン人エリートを対立的に捉えていることに対して、コルプスは改革運動から革命への連続性を強調し、エリートも民衆もフィリピン史における変革主体として理解している（Constantino, *A Past Revisited*, pp. 5, 222-228〔コンスタンティーノ『フィリピン民衆の歴史』第一巻、六―七頁、第二巻、三二六―三三五頁〕; Corpuz, *The Roots of the Filipino Nation*, vol. II, pp. 242-243）。また、革命における民衆の役割を評価してきた研究にしても、アゴンシリョがフランス革命史やアメリカ大統領の伝記を愛読していたとする世俗的なボニファシオ像と民衆思想の融合を論じるのに対して、イレートは民衆のキリスト教的世界観との連続性からボニファシオの思想を論じている（Agoncillo, *The Revolt of The Masses*, pp. 283-287; Ileto, *Pasyon and Revolution*, pp. 66-67, 254-255〔イレート『キリスト受難詩と革命』四一五―四一七頁〕）。

（44） Prescott Ford Jernegan, *A Short History of the Philippines, for Use in Elementary Schools*, Manila: Van Buskirk, Crook & Co., 1904, pp. 192-193.

（45） Agoncillo, *Malolos*, pp. 186-191.

（46） Jernegan, *A Short History of the Philippines*, pp. 208-212.

（47） Corpuz, *The Roots of the Filipino Nation*, vol. II, pp. 319-402; Constantino, *A Past Revisited*, pp. 393-396.〔コンスタンティーノ『フィリピン民衆の歴史』第二巻、五五六―五六一頁〕

（48） Agoncillo and Guerrero, *History of the Filipino People*, p. 190-191.

（49） Cf. Theodore Friend, *Between Two Empires: The Ordeal of the Philippines, 1929-1946*, New Haven: Yale University Press, 1965.

（50） Antonio C. Hila, *The Historicism of Teodoro Agoncillo*, Manila: UST Pub. House, 2001, p. 132; Ileto, *Knowing America's Colony*, p. 3.

（51） Agoncillo and Guerrero, *History of the Filipino People*, pp. 129-148, 166-172.

（52） David P. Barrows, *A History of the Philippines*, Revised Edition, New York: World Book Company, 1924, p. 261; First Edition Published in 1905.

(53) *Ibid.*, p. 263.
(54) *Ibid.*, p. 267.
(55) *Ibid.*, pp. 260, 267.
(56) *Ibid.*, p. 267.
(57) Agoncillo, *The Revolt of The Masses*, p. 178; Corpuz, *The Roots of the Filipino Nation*, vol. II, p. 375.
(58) Agoncillo, Malolos, pp. 347, 658-663.
(59) Barrows, *A History of the Philippines*, p. 272. 南部のイスラーム教徒や少数民族を考慮するのであれば、たしかに革命時に国民統合がなされていたとは言えないだろう（cf. Patricio N. Abinales, "An American Colonial State: Authority and Structure in Southern Mindanao," *Vestiges of War: The Philippine-American War and The Aftermath of An Imperial Dream, 1899-1999*, edited by Angel Velasco Shaw And Luis Francia, New York: New York University Press, 2002, pp. 89-117）。その反面、これらの人々が革命に参加しなかったからといって、フィリピン革命に国民統合の理念や、そのための努力がなかったとは言えない。
(60) Barrows, *A History of the Philippines*, pp. 296, 314.
(61) *Ibid.*, p. 355.
(62) *Ibid.*, pp. 283-290.
(63) *Ibid.*, pp. 304-305, 332-337.
(64) Corpuz, *The Roots of the Filipino Nation*, vol. II, pp. 340-350; Agoncillo and Guerrero, *History of the Filipino People*, pp. 199-200.
(65) Majul, *Mabini and the Philippine Revolution*, pp. 169-176.
(66) Agoncillo and Guerrero, *History of the Filipino People*, p. 207; Agoncillo, Malolos, pp. 636, 640.
(67) Leandro Heriberto Fenandez, *A Brief History of the Philippines*, Boston: Ginn and Company, 1919, p. 244; Conrado Benitez, *A History of the Philippines, Economic, Social, Political*, Boston: Ginn and Company, 1926, pp. 362-364.
(68) Fernández, *A Brief History of the Philippines*, p. 256; Benitez, *A History of the Philippines*, p. 373.
(69) Fernández, *A Brief History of the Philippines*, pp. 256-257, 261-264; Benitez, *A History of the Philippines*, pp. 375-377.
(70) Fernández, *A Brief History of the Philippines*, p. 258.
(71) *Ibid.*, p. 274.
(72) Benitez, *A History of the Philippines*, p. 372.

(73) *Ibid.*, pp. 375-377.

(74) *Ibid.*, pp. 374-375.

(75) *Ibid.*, pp. 378-379.

(76) Fernández, *A Brief History of the Philippines*, p. 294.

(77) *Ibid.*, pp. 300-301.

(78) Cf. 中野聡『フィリピン独立問題史――独立法問題をめぐる米比関係史の研究（1929―46年）』龍溪書舎、一九九七年、一八―一九頁。

(79) Fernández, *A Brief History of the Philippines*, p. 302. このことは、改組の結果、おおむねアメリカ人が過半数を占めたフィリピン委員会がなくなり、フィリピン人議員からなるフィリピン議会上院が組織されたことを意味しているのだと思われる。もっとも、一九二〇年代にはアメリカ人植民地総督レナード・ウッドとフィリピン議会の間に強い確執が生まれた。その結果、フィリピン人が多くを占めていた省の長官が不在のまま統治がおこなわれるという非常事態が生じた（Onofre D. Corpuz, *The Bureaucracy in the Philippines*, Quezon City: Institute of Public Administration, University of the Philippines, 1957, pp. 201-202; 永野善子『フィリピン銀行史研究――植民地体制と金融』御茶の水書房、二〇〇三年、五一―五四頁）。つまり、アメリカ人植民地総督の権限は非常に強く、フィリピン人に政策の決定権があったとは言えない。この点から、フェルナンデスの見解は、現在の研究水準からすると適切ではない。

(80) Fernández, *A Brief History of the Philippines*, p. 307.

(81) Benitez, *A History of the Philippines*, pp. 410-417.

(82) Teodoro A. Agoncillo, *History and Culture, Language, and Literature: Selected Essays of Teodoro A. Agoncillo*, Manila: University of Sto. Tomas Pub. House, 2003, p. 21.

(83) Teodoro M. Kalaw, *The Philippine Revolution*, Mandaluyong: Jorge B. Vargas Filipiniana Foundation, 1969; Originally Published by Manila: Manila Book Company, 1925.

(84) Leandro Heriberto Fernández, "The Philippine Republic," Ph.D diss., Political Science, Columbia University, 1926, pp. 115-129.

(85) Agoncillo and Guerrero, *History of the Filipino People*, p. 199.

(86) Kalaw, *The Philippine Revolution*, pp. 239-240. 要約は筆者による。

(87) たとえばグレン・メイは、植民地期から現在までのフィリピン人によるフィリピン革命研究を手厳しく批判しているが、カラウの著書を影響力の大きかった研究と位置付けている（Glenn Anthony May, *Inventing a Hero: The Posthumous Re-Creation of Andres Bonifacio*, Quezon City: New Day Publishers, 1997, p. 24）。その反面、同書ではフェルナンデスの著書には全く言及していない。

（88）Majul, *Mabini and The Philippine Revolution*, pp. 237-238, 244.

（89）Agoncillo, *The Revolt of The Masses*; Ileto, *Pasyon and Revolution*.〔イレート『キリスト受難詩と革命』〕

第六章　フィリピン学校ストライキ論

植民地教育にはさまざまな問題があった。しかし、内部からの変革運動は起きず、初期に定められた中央集権的な教育行政、教授言語、教育理念は植民地期を通して変わらなかった。この教育を支え続けたのは、主にはフィリピン人町教員がフィリピン人生徒に定められた教育内容を教えるという日常の営為であった。

しかし、植民地フィリピンには、このような日常の営為を否定し、植民地教育そのものを批判する運動があった。生徒が異議の声を上げた「学校ストライキ」である（以下、「学校スト」とも記述。煩雑さを避けるために括弧をはずす）。この運動は、植民地教育ひいては植民地主義に対する根本的な批判を突きつけた。というのも、フィリピン議会議員やフィリピン人教員団体による異議申立は、植民地教育そのものは是認し、教授言語の改変やフィリピン人教員の待遇改善を求めるものにすぎなかったからだ。それに対し学校ストライキは、教育の日常的な営みを止め、そうすることにより植民地教育の意義そのものを否定しようとするものだった。

一　学校ストライキ前史

学校ストライキについての言及

一九三〇年に生じた学校ストライキは、すでにいくつかの先行研究で触れられている。主として、後にサクダル党を興すベニグノ・ラモスが反体制運動へ傾倒していくきっかけとなった事件として位置づけられている。[1] また、レナト・コンスタンティーノの評伝や植民地期フィリピンのアメリカ人社会についての記録においても触れられている。[2] さらにはテオドロ・アゴンシリョは、詩人ホセ・コラソン・デ・ヘスースの評伝や詩の注釈においてこの学校ストライキに言及している。[3] しかし、これらの研究ではこの事件の内実について踏み込んだ議論が展開されていない。[4]

一九〇〇年代の公式の報告書においても、少数ではあるが学校ストライキについての記述がある。一九〇八年の『教育局長年次報告』(*Annual Report of Director of Education: ARDE*)では「学校ストライキ(school strikes)」をつぎのように説明している。「教員により感情を害されると、生徒は大挙して頻繁に学校を出て行く。〔中略〕教員の名誉と学校における望ましい秩序を守るためには、このような態度を許容できるはずも考慮したり認知したりする余地もない」と。[5] さらに、ストに参加した生徒は学校制度から追放され、事態の収拾がなされなければ学校が閉鎖されたことを挙げている。[6] 一九一一年の報告書にも学校ストライキに関する短い記述がある。それによると、学校ストライキは許されざる行為であり、そのような方法により生徒の訴えが受け入れられることはないという。[7] また、一九一三年の報告書では一九一二年度が史上もっとも多く学校ストライキが発生した年であったとし、南イロコス州ビガン、同州カンドン、マウンテン州タグディン、マロロスのブラカン州立高校、[8]カマリネス州立高校、アルバイ州タバコのポブラシオーンの学校（central school）と高学年小学校を、学校ストライキが起きた場所として列挙している。[9]ただし、これ以降は、一九三〇年の事件を含め『教育局長年次報告』（*ARDE*）にも『フィリピン委員会報告』（*Report of the Philippine Commission: RPC*）にも学校ストライキの記述はない。

資料の問題

他方、学校ストライキへの対応を示している公式文書として、教育局発行の『職員手帳』（*Service Manual, Bureau of Education: SMBE*）がある。まず、一九一一年版についてみると、学校ストに参加している生徒はもはや生徒とは認められないとする。学校を出て行きストに参加した生徒はその年度中には学校に迎え入れられることはなく、学校ストを主導した生徒は「公立学校への通学に値しない人物」とされ教育局長の命により退学処分が下される。[10]また、一九一七年版、一九二七年版によると、学校ストライキ参加者は学籍を失い教育局長の認可なしには復学が許されない。[11]そのうえで各版は、学校ストライキをおこなうのではなく、要望があれば教育行政における上位者に対して申し出ることを生徒に求めている。[12]すなわち、学校の外に出て学校内の問題を抗議行動によって解決しようとすることは、生徒の権利ではなく処罰の対象でしかなかったのである。

これらの公式文書に記述された学校ストライキの一部は、断片的ながらも新聞・雑誌資料により裏づけられる。とくに、一九一二年七月から八月にかけては前述の公式文書で示されたカンドン、マロロス、ビガンでの学校ストライキについての記事が残されている。[13]さらには、マロロスの学校ストライキに関しては教育局内部の資料も残されている。[14]

「規律」という言説

これらの資料から、一九三〇年以前にも学校ストライキが問題となっていたことは確認できよう。しかし、資料的制約からこの時期において何を根拠に生徒が学校ストライキという方法に訴えたのかは判然としない。それにもかかわらず、公式文書や新聞の社説は、つぎのように学校ストライキの原因について論じている。すなわち一九一三年の報告書では、「特記すべき点として、常に学校ストライキは隠れた動機を持つ政治家の介入によるものであるということだ」と説明している。[15] 他方、新聞の社説は生徒の問題を指摘し、学校ストライキは「未熟な子供」の「精神」から生じるとする。[16] また、別の社説によると、通常のストライキは対峙している労使が同意にいたるうえで時には必要な過程であるが、学校ストライキはそのような肯定的な側面を持たない。なぜならば、教育局に教育に関する決定権があり、教員は「規律（discipline）」を維持し、生徒は「規律」に従うべきだからである、と。[17]

これらの見解によると、学校ストライキが起きる原因は外部者による不当な介入とそれに呼応してしまう生徒の未熟さにある。さらには、学校における「規律」の欠如こそが問題であるとされている。いずれにしても、これらの見解では、そもそもなぜ生徒が抗議行動をおこなうほどに感情を害しているのかが不明である。

二　一九三〇年のマニラ高校ストライキの経過

事件の概要

一九三〇年以前の学校ストライキとは異なり、一九三〇年の事例に関する記述は多く残されている。この学校ストライキはマニラの中心部で起きた（図6-1）。

事件の経過からは以下の四時期に分けることができる。第一期はマニラ北高校のアメリカ人教師マーベル・ブルミットがフィリピン人に対する差別発言をおこない、それに対して一回目の学校ストライキが起きた時期、第二期は教育局長ルーサー・ビューリーが下した裁定に対する対応模索期間、第三期は四名の退学処分に対する二回目の学校ストライキが発生した時期、第四期は学校閉鎖にともない学校ストライキが瓦解した時期である。

ブルミットの足跡は以下の通りである。一八九〇年にアメリカ合衆国のインディアナ州に生まれ、同州バルパライゾで小学校から大学までの教育を受けた。その後、一九一八年まではテネシー州やインディアナ州で小学校や高校で教師として勤めており、一九二二年にはウィスコンシン州の退役軍人事務所で教鞭をとった。[18] 一九二四年五月八日付の渡航記録には、シアトル発マニラ着の太平洋横断船に乗ったことが示されている。「ミス（Miss）」という称号が付されており、彼女が独身であることが窺われる。[19] フィリピンでは、パンパンガ州立高校に配属となり、その後、ヌエバ・エシハ州の中央ルソン農業学校、[20] カビテ州立高校で教えている。中央ルソン農業学校では問題を起こしており、カビテ州立高校に異動となったが、問題の内容は明らかになっていない。そして、一九二九年にマニラ北高校に赴任した。[21]

一回目の学校ストライキ（二月一三日～二一日）

事件は一九三〇年二月一三日（木）の午前中に生じる。マニラ北高校四年八組において、ブルミットが侮辱的な発言をした。そのクラスの生徒が彼女の授業から退出した。教室を出た生徒は、ラモン・パスクアルという名の生徒を中心とし、ブルミットの解雇を求める申立書を作成し、校長室に行き校長のマーベル・カールソンに面会した。生徒によれば、ブルミットは同校に来て以来、フィリピン人に対する差別発言を繰り返しており、この日には「フィリピン人は詐欺師の民族（a nation of cheaters）だ」「フィリピン人は馬車の御者（cocheros）にしかむいていない」との発言があった。しかし、カールソンは生徒の要求を取り上げるのではなく、逆にこの事態が新聞に漏れるようなことがあったら、四年生全員を停学に処すと脅した。(22)

翌二月一四日（金）には、マニラ督学官ハーヴェイ・ボードナーが自らがおこなった調査にもとづき発言している。ブルミットに関しては、差別発言はなく不適切な発言があったとしてもそれは比喩として使ったと結論づけた。生徒に関しては、教室を出て校長室に抗議をしに行っただけであり学校ストライキには当たらないとの見解を示した。しかし、ボードナーの調査はカールソンとブルミットの証言を基にしており、生徒への聞き取りが不十分だった。(23) 結局これとは別に、教育局による公式調査がおこなわれることとなった。(24) 一方、生徒は独自に抗議行動と教育局との交渉をおこなっていく。一三日午後と一四日午前に授業に出た後、一四日午後にはマニラ北高校の三年生および四年生の約一〇〇〇人が学校の前の教会にて集会を開いた。同集会ではブルミットの差別発言や怠慢を告発した。(25)

二月一八日（火）の昼すぎからはマニラ北高校から数ブロック離れた場所にあるノックス記念教会（Knox Memorial Church）において約一〇〇〇人を集めた集会が開かれた。マニラ北高校三・四年生のほかには同校一・二

出典：1920 Sheet 1, Bureau of Insular Affairs, Philippines General Records, 330/21/18/5-1, Cartographic Division, BIA Records, RG 350, NARA.
註：1920 年作成の地図に各所を記入し、略図にした。それぞれの場所は同地図および文献から類推した（Rosenstock, *Rosenstock's Manila Directory*, pp. 80-84; Cornejo, *Commonwealth Directory*, p. 991; Agoncillo, *Makata ng Bayan*; Dado, "Philippine Public Elementary Schools," p. 418）。マニラ北高校からマニラ南高校までの直線距離は、およそ 1.4 キロメートルである。また、地図の上が北である。マニラ西高校は地図の北に位置しており、記載されていない。

図6-1　マニラ中心部と一九三〇年高校ストライキ

年生やフィリピン大学法学部の学生が発言をした後、決議を読み上げた。この決議は中傷発言をおこなう教員を雇用し続けることは憎悪を蔓延させ平和を乱すとの理由を挙げ、ブルミットの免職を求めた。そして「満場一致で採択」された[26]。

二月一九日（水）には、生徒は公然と授業をボイコットし抗議行動を始める。正午にはパスクアルを含む生徒のリーダーは、マニラ市議会議長アントニオ・トーレスに率いられた数名のマニラ市議会議員団とともに、教育局長ビューリーを訪れた[27]。しかし、ビューリーが生徒を叱責したことにより話し合いは決裂した。同日午後のノックス記念教会の集会では、マニラ市長のトマス・アーンショウやマニラ市議会議長トーレス、さらにはマテオ・ヘレーラらの市議会議員が生徒につぎのように述べている。教育局長ビューリーが同日に手渡された教育局調査会の公式報告書を検討し決断を下すまでのあいだは教室に戻るべきである、と。しかし、三〇〇〇人の生徒が、ブルミットの免職や公正な対応を求めるプラカードを掲げノックス記念教会から市庁の南側の広場までデモ行進をおこなった。市庁にも入り込もうとしたが、あまりの人数の多さに建物の床が抜けそうになったので中止した。市庁前の広場ではホセ・ヌエノ、パスクアル・サントスらの市議会議員の「煽動的な演説」に生徒が耳を傾けた。[28] 生徒のリーダーは、事件の事実調査がおこなわれているあいだはブルミットを一時的に休職にするか他の部署に出向させることを求めていた。それを受け、ヘレーラ、ヌエノ、サントスらの市議会議員は、ブルミットがいなくなるようであれば、学校に戻るべきであると生徒のリーダーを説得しようと試みている。[29] また、これを機にマニラ市議会内にヘレーラを座長とした学校委員会が設けられた。[30]

二月二〇日（木）には、ノックス記念教会の広場には生徒のみならず生徒の親が集まりはじめる。同集会にはホセ・リサール・カレッジやサント・トマス大学の学生も参加した。そこではフィリピンの国歌（Himno Nacional Filipino）や "Philippines, My Philippines" が歌われた。[31] 同日に、教育局長ビューリーはブルミットの代わりの教員をマニラ北高校に派遣することを決定した。しかし、ブルミットを免職処分にするか、他の学区に異動するかについては明らかにしていない。[32]

二月二一日（金）には、教育局長ビューリーの決定どおり、ブルミットはマニラ北高校を離れ、マニラ学区付となった。[33] これにより、事態は収束されるかにみえた。

なお、事実関係として、ブルミットがいかなる差別発言をおこなったのかという点を考察しておきたい。二月一四日の集会に関する記事では、それまでにブルミットが発してきた生徒やフィリピン人に対する侮蔑が列挙されている。生徒に向けて発せられた「野蛮人（savages）」という発言やフィリピン人全体を「みすぼらしい生き物（vile creatures）」と形容したなど十以上の事例を挙げており、その記述の多様性と詳細さからこの報道に対する信憑性は高いと考えられる。[34] また、二月一九日付の教育局の調査報告書によると、彼女は報道された「詐欺師」「馬車の御者」などのいくつかの差別表現を使ったことを認めている。しかし、そのうえで生徒が申し立てたような文脈やフィリピン人全体に対する差別表現としては使っていないと主張する。ただ、彼女も「あなた方、フィリピン人は……（You, Filipinos...）」との表現を使ったことを認めている。[35] これらから、ブルミットは意図的かつ常習的に差別発言をおこなっていたことが窺われるのである。

裁定と対応の模索（二月二七日～三月二日）

二月二七日（木）になって、ビューリーが教育局の報告書を基に裁定を下した。ブルミットの免職が決まった。また、パスクアルら四名のマニラ北高校四年生[36]に対しては退学処分が下された。[37] 退学処分は「二月一九日および二〇日において、フィリピン公立学校から生徒をストライキへと煽動、強要、または先導したこと」を根拠とし、教育局の規則にもとづいた裁定だった。この裁定を受け、生徒の一部は市庁に駆けつけ、市長アーンショウと面会し、退学処分に対する差し止めを依頼した。市長アーンショウは、教育局長ビューリーと公教育庁長官代理のアルベルトの裁定は最終であり覆りようのないものであり、しかも学校ストライキが起きたときに彼自身は生徒にストをおこなうべきではないと諫めたと言い、教育局長の裁定に介入することはできないと述べた。その反面、マニラ市議会議員の一部は退学処分に対する抗議をおこなった。サントスはビューリーが退学者を出さないと言明していたと述べ、ヌエノは退学者を出したことは「報復である」と非難した。[38]

二月二八日（金）にはマニラ北高校四年生が、教育局に対して退学処分の撤回を求めた。一九日、二〇日の行動は自発的におこなわれ、退学処分を受けた四名が先導したものではないこと、さらにはこれらの行動は生徒および「フィリピン民族（raza filipina）」に対する侮蔑への怒りから生じたものであり、あくまでも管轄権限のある権

威への申立にすぎなかったことが撤回要求の根拠として示されている。(39)

その後、生徒がビューリーの裁定には納得せず、週明けには新たな学校ストライキを起こすのではないかとのうわさが広まった。それを受け、さまざまな見解が示された。退学処分を受けたパスクアルら四名の生徒は、退学処分は再考慮されることが予測されるので、学校ストライキは必要でないと述べている。(40) また公教育庁長官代理アルベルトは、もう一度学校ストライキが起きるようであれば、学校を閉鎖すると述べている。(41) この見解は生徒の行動に一定の理解を示してきた市長アーンショウによっても支持された。アーンショウは生徒は規則に則った適切な方法で要請をおこなうべきとの見解を示した。このような見解に対して、市議会議員ヌエノは学校ストを支持し続けた。学校ストライキは平和裡におこなわれる要請行動であり、学校ストライキを起こしたという理由で生徒が公立学校から締め出されるべきではない、との見解を示した。また、市議会内の学校委員会は四名の退学を取り消すべく、公教育庁長官または植民地総督に上訴すること検討している。(42)

『職員手帳』(*SMBE*)に示された規則に照らし合わせれば、教育局長ビューリーが学校ストのリーダーを退学に処すことは、彼の権限の一部であり、当然の措置であった。その反面、アメリカ人教員が差別発言をおこなうことを罰する規則はなかったため、(43) ブルミットに対する処分には政治的な判断が必要とされた。二月二六日にはビューリーがブルミットに辞表の提出を求めている。その書簡では、教育局の「厳正なる調査」によると「貴君の行為が退職を求められるものであることは明白である」とのみ述べ、参考としてブルミットが認めた差別表現と「あなた方、フィリピン人は……」との発言を付記している。(44) また、勤務評定表によるとブルミットは同年四月九日付で退職となっている。彼女に対する評定は「要請されて退職」と記されているものの、フィリピンでの再雇用を阻む「好ましくない(unsatisfactory)」ではなく、「まあ満足(fairly satisfactory)」と記されており、再雇用も可とされている。(45) つまり、公式には、ブルミットの免職はその理由も曖昧なままおこなわれ、教育局がそれ以上に差別発言の問題性を追及することはなかった。

二回目の学校ストライキ（三月三日〜三月八日）

三月三日（月）に新たな学校ストライキが生じる。同日、マニラ北高校では、生徒は、午後一時に新たなストライキに突入することを宣言した。この時点では、学校スト参加者は四名の退学処分撤回を要求していた。[46] マニラ北高校では生徒総数二六六三人[47]のうち、授業に出たのは五〇〇人にすぎない。マニラ西高校でも一〇〇〇人が授業出席を拒否している。そのほかに、フィリピン商業学校（Philippine School of Commerce）も、学校ストに参加したと報道されている。[48]

三月四日（火）には朝からノックス記念教会で集会がおこなわれる。四名の退学処分撤回のみならず、公教育庁長官代理アルベルト、教育局長ビューリー、マニラ北高校校長カールソンの免職を運動の目的に掲げ、マラカニアン宮殿への大規模デモ行進を予定している。[49] 午後三時にはマニラ西高校の生徒が学校スト参加を宣言し、マニラ東高校の生徒も午後には学校スト参加を表明した。また、夕方には労働団体レヒオナリオス・デル・トラバホ[50]が学校ストを支援する集会を開き、ゼネストを呼びかけている。[51]

三月五日（水）にはオリンピック・スタジアム（Olympic Stadium）に生徒、親、市議会議員などが集結し、五〇〇〇人の参加者からなる集会を開催した。マニラ市長代理が下した決定により、マラカニアン宮殿までのデモ行進を許可されなかったことが報告された。また、生徒に暴力を振るった警察に対する糾弾がおこなわれた。市議会議員ヌエノは四名の復学が認められるまで学校ストを継続すべきと述べた。この見解は、「参加者総立ち」で支持され、「ビューリーを打ち倒せ」などの気勢が上がった。同集会において、親による対策委員会が結成された。同委員会は、夜遅くまで話し合った結果、学校ストライキを支援することで同意し、四名の退学者の復学を求める総督宛の嘆願書を作成した。[52]

三月六日（木）の朝九時には、親の対策委員会の代表者七名が総督に嘆願書を提出した。嘆願書を受け取った総督ドワイト・デービスは、マヌエル・ケソンら数名の植民地議会議員や官僚と会合を持った後、三事項からなる声明を発表した。（一）生徒は直ちに教室に戻ること、（二）要請があるのであれば、適切な方法で管轄部署に訴えること、（三）管轄部署の判断に満足できない場合は、総督に上訴すること。またケソンは、自らの関与すべきことでないとしながらも「一市民の立場」から、生徒が教室に戻った後に適切な調査がおこなわれるべきとの見解を示した。(53)

三月七日（金）には、北、西、東の三高校とフィリピン商業学校からの学校スト参加生徒が組織した「最高委員会（supreme council）」が結成された。また、市議会議員ヌエノが呼びかけ、ノックス記念教会で集会が開かれた。この集会では、二回目のストライキの原因は退学処分にはしないとの約束を反故にした教育局長ビューリーと市長アーンショウにあるとし、退学処分を受けた四名の生徒の復学を要求する、植民地総督と公教育庁長官宛ての請願書を採択した。しかし、「最高委員会」はこの請願書を承認しなかった。そしてこの集会の解散直後に、今度はベニグノ・ラモスが呼びかけたもうひとつの集会が開かれた。こちらの集会では市長がデモ行進の許可を出さないにもかかわらず、三月八日（土）九時にマラカニアン宮殿へのデモ行進をおこなう決議を採択した。その後、ヌエノとラモスは統一行動を取ることに同意した。しかし、「最高委員会」はこのデモ行進にも賛同せず、翌日再度ノックス記念教会で集会を持つことのみを決定した。(54)

三月八日（土）には、マラカニアン宮殿へのデモ行進をめぐって、学校ストライキは四つの派に分かれてしまう。まずは、ヌエノが先導する強行派と同じく市議会議員のロザウロ・アルマリオが率いる慎重派に分かれる。強硬派は四名の退学措置撤回を求めて、八〇〇人ほどでノックス記念教会からマラカニアン宮殿へとデモ行進をおこない、総督に前日に採択された請願書を提出した。慎重派はノックス記念教会に残り、四名の退学処分の撤回はストライキを止め学校に戻ってから、根気強く要請していくべきだと決定した。また、アルマリオは、学校ストライキを政治利用しているとヌエノを非難した。これらに対して、「最高委員会」はヌエノおよびアルマリオの双方とも距離をおき、学校ストライキは同委員会の決定にのみに従うと表明した。さらには、この時点で親の一部は、子供が学校に戻ることを望んでおり、それらの親に従う生徒は、学校ストライキを離脱した。(55)

学校ストライキの瓦解とその後（三月一〇日以降）

事態は学校の閉鎖とともに収束に向かった。三月一〇日（月）には、公教育庁長官代理アルベルトの賛同の下になされた教育局長ビューリーの決定が示された。

一、マニラ市の高校四校およびフィリピン商業学校は、本日をもって今年度は閉鎖とする。
二、マニラ市の高校四校およびフィリピン商業学校の生徒で、三月三日から三月一〇日までの期間に出席していた者には、（それまでの）学業にもとづき今年度の最終成績が与えられる。
三、ストライキ参加者および他の生徒で、三月三日から三月一〇日までの期間のすべてもしくは一部において学校を欠席した者は、三月一七日まで単位取得申請をそれぞれの学校の校長に対しておこなうことができる。そのうえで、欠席を説明する正当な理由がある限りにおいて、三月三日までの学業にもとづき最終成績が与えられる。

さらに、この決定では学校ストライキ中に暴力を振るった者には今年度の単位が認められないとしたが、学校ストライキのリーダーに脅されて参加した者または暴力を恐れ参加した者には、今年度の単位が与えられると述べている。(56) しかし、学校ストライキに自発的に参加した者の処遇は明らかにされていない。

この決定を受け、学校ストライキが瓦解するとの危惧から、同日中に生徒が大挙して学校に出席しはじめる。マニラ東高校では二五八八人の総生徒数のうち二三九二人が出席し、マニラ西高校では午前中には八〇〇人が出席、午後には新たに五〇〇人が出席した。マニラ北高校の校長カールソンによれば、同高校では一五〇〇人が出席し、彼女には脅しに屈して学校ストライキに参加したという弁明の手紙が数多く提出された[57]。また、単位取得申請に際し、学校ストに自発的に参加したわけではないことを示す詳細な弁明書の提出が義務づけられている。欠席の理由として「ストライキ」という文言を使用することはできなかった。ただし、生徒の親は「民族の誇りを守るため（to uphold the dignity of my race）」に欠席したと書かせることで一致したとの記事が残っている[58]。

その後、新学期の六月九日から一三日にかけて、数名の活動家が授業登録をおこなっている生徒に対して、パスクアルらの退学処分やその他の停学処分の撤回を求め、学校ストライキを起こすように呼びかけている。しかし、生徒の賛同をまったく得ることができなかった[59]。

すなわち、一九三〇年二月から三月にかけておこなわれた学校ストライキは、二回に分けられる。一回目は、アメリカ人教員の差別発言に対して自発的な抗議行動をおこなった生徒の行動に端を発した。二回目は、一回目の学校ストライキのリーダーであった四名の退学処分の取り消しを主に求めた行動であり、高潮時には要求が公教育庁長官代理、教育局長、マニラ北高校校長の免職へと拡がった。しかし、学校の閉鎖と単位を与えないという脅しにより、学校ストライキはややあっけなく瓦解してしまった。この事件の結果、四名が退学処分になったことに加え、最終的には三九名が停学処分となった[60]。総参加者は一万人と報道されているが、それは誇張であるとの反論も寄せられている[61]。この当時のマニラの高校生数は、多くても九〇〇〇人ほどであり[62]、マニラ市の四普通高校のうち、南校はストに参加しなかった。それでも、三月五日の集会には五〇〇〇人が集まっていることから、相当数の高校生が学校ストライキに参加したと思われる。社説が述べるように、規模からしてこの学校ストライキはアメリカ植民地期で最大のものだった[63]。若年層のごく一部のみが高校進学が可能であった時代において[64]、マニラの高校生によって引き起こされたこの事件は、植民地教育にとっての大きな危機だったと言うことができる。

三　共産主義者・民族主義者の関与

「反帝国主義青年同盟」と労働者

この学校ストライキには、学校外部の共産主義者や民族主義者が関わっていた。一回目の学校ストライキにおいてすでに共産主義者の関与が認められる。二月一八日の集会では、「反帝国主義青年同盟（Young Anti-Imperialist League）」と名乗る団体がビラを配った。「ストに参加している生徒と教員、およびフィリピンのすべての生徒」に宛てられたこのビラでは、文字は赤いインクで書かれ、「アメリカ帝国主義者の手先によるフィリピン人民（Filipino people）に対する侮辱」に抗議する学校ストを支援する、との趣旨が述べられている。「アメリカ人労働者と抑圧された植民地人民の生き血をすすり、自らの寄生的生活を維持しようとする」資産家という表現が使われている。そのうえで、フィリピン革命時のビアク・ナ・バトで、憲法体制ができあがったことに対比し、一九三〇年当時、植民地政府によって認められていた独立運動——フィリピン独立議会（Philippine Independence Congress）やフィリピン独立使節団（Philippine independence missions）——を、一九三一年選挙における票目当ての選挙戦術と非難し、既成政党も本当の独立を求めていないと糾弾している。このような植民地主義とフィリピン人エリートに向けられた批判は、「われわれの支配者としての地位を築きあげ、われわれを奴隷の地位に貶めたアメリカ人教員の即時追放、教育局のフィリピン人化、教育のフィリピン化」という要求に総括された。[65]

また、二回目のストライキでは、労働者が積極的にストライキに参加していく気運が生まれる。三月四日の集会では、労働団体レヒオナリオス・デル・トラバホの委員長であるドミンゴ・ポンセが、学校ストライキは「民族に関わる問題（a national question）」であるとの演説をおこなっている。[66] 三月三日にゼネストが模索されると、さらに多様な人々が運動に積極的に参加しはじめる。三月四日の会合では、タガログ語の作家エディルベルト・プラサンが演説をおこなっている。[67] 三月五日に設立された親の対策委員会には、クリサント・エバンヘリスタの名が含まれており、[68] これは一九三〇年一一月に結成されるフィリピン共産党の創始者のことであろうと思われる。著名なタガログ語の詩人コラソン・デ・ヘスースも三月六日にノックス記念教会でおこなわれた集会にて演説をおこなっているし、[69] 前述のようにベニグノ・ラモスも三月七日に集会を組織している。

しかし、このような運動の展開に対して、生徒は恐れをなしはじめる。二月二八日には、「反帝国主義青年同盟」が用意した大量のビラが警察に差し押さえられる。同団体は学校ストライキに浸透しようとしたが、おおむね生徒はこの団体の関与を拒否し、手渡されたビラは捨てられ校舎に貼られたビラははがされた。[70] また、三月二日には、生徒の支援を続けてきた市議会議員のヘレーラとサントスも、事態は深刻であり生徒には過激な行動を取らないように呼びかけている。[71] そして、三月五日の生徒と親の会合では、生徒の代表者は、親の対策委員会に対して、学校ストライキから「赤」の労働者を追いだすことを要請している。[72] また前述したように、三月八日には「最高委員会」が生徒以外の影響を排除しようとした。

学校ストライキをめぐる論評

この学校ストライキは、その規模からいっても衆目を集めた大きな事件であり、幅広く論評されている。二月半ばから三月半ばまでのあいだに、日刊紙『フィリピン・ヘラルド』(*Philippine Herald: PH*)と日刊紙『ラ・ヴァンガルディア』(*La Vanguardia: LV*)ではそれぞれ七回、週刊誌『フィリピンズ・フリー・プレス』(*Philippines Free Press: PFP*)では三回、社説でこの事件を取り上げている。また、「全国教員連盟」の機関誌で、フィリピン人教育者フランシスコ・ベニテスが編集主幹を務める『フィリピン教育ジャーナル』(*Philippine Journal of Education: PJE*)でも一九三〇年三月号の社説でこの事件を扱っている。(73) これらの社説を個々に取り上げることはしないが、総じてこれら社説はそれぞれの時期において教育局の方針を支持している。第一期には抗議行動が不適切であること、第二期にはブルミットの免職措置と生徒のリーダーに対する退学処分、第三期には三月六日の総督デービスの声明、第四期には学校閉鎖による学校ストライキの解決を支持している。また、そこに通底しているのは、第一には市議会議員による関与が不適切であること、第二には学校ストライキが一部生徒による脅しと暴力によって維持されていること、さらに重要な点として、第三に学校ストライキを教育に求められる「規律」の問題として捉える認識があった。たとえば、第二期のビューリーの裁定は「規律」を守り、「格調高く、道徳的な価値(un valor real y moral)」を持つものと論じる。(74) また、ゼネストが起こるようであれば、断固たる措置を取るべきであり、そのような対応により、「規律なき生徒(undisciplined pupils)」に、「権力への尊敬(respect for authority)」というもっとも重要な事柄を教えることができると述べている。(75)

これら論評のほかにも、さまざまな批判を呼び起こした。それらの批判は、フィリピン人を「民族」とみなし、この「民族」の視点からアメリカ人および植民地主義を批判するという論理を持っていた。

デ・ヘスースの二編の詩

二月二八日の生徒の声明にある「フィリピン民族」への侮辱という表現は、二月一八日の共産主義者のパンフレットに書かれた「フィリピン人民に対する侮辱」や、三月四日の労働運動家の「民族に関わる問題」との考え方にも共有されている。この「民族」の視点から情況を捉えなおすという思考は、特段この学校ストライキで生じた新しいものではなく、民衆に共有された歴史観に根ざしたものであった。たとえば、『労働者』（*Ang Manggagawa*）というタガログ語雑誌では、「誰であろうと、我が民族に敬意を払おうとしない者は、今日に限らず、いつであれ、ここでは必要とされていないことを率直に知らしめなければならない（Dapat ipakilala ng tahasan sa sino mang ayaw gumalang sa ating lahi, na sila'y hindi kailangan dito, ni ngayon at ni kailan man）」と述べている。[76] また、フィリピン大学作家クラブのアルトゥロ・トレンティーノは、一回目の学校ストライキに関して、アメリカ人の差別発言に立ち上がったことは、「民族意識（national consciousness）」の発展の結果であると論じている。[77] こうした「民族」に根ざした見解のなかで、タガログ語の詩人ホセ・コラソン・デ・ヘスースがより複雑で葛藤に満ちた表現を残している。

一九二〇年代および三〇年代は、詩が民衆への多大な影響力を持っていた時代であった。デ・ヘスースはこの時代の民衆に愛された詩人であった。たとえば、一九二四年から三二年まで、数回にわたり同じくタガログ語の詩人フロレンティノ・コランテスと詩の掛け合いをおこなっている。一九二五年の掛け合いは、前述のオリンピック・スタジアムでおこなわれ、八〇〇〇人もの聴衆が集まったとのことである。[78] デ・ヘスースは、この学校ストライキに関する二編の詩を、タガログ語のタリバ紙に二月から三月にかけ発表している。[79] 一編目は「君たちは登校してはならない（Huwag Kayong Magsipasok）」で、一回目のストライキが高潮に達した二月一九日に掲載されている。「正義の名において、恐れてはならず／正しいことは正しいのだから、君たちは登校してはならない（sa ngalan ng katarungan huwag kayong matakot, / ang matuwid ay matuwid, huwag kayong magsipasok）」と述べた後で、差別発言を生徒の魂を侵す「毒（kamandag）」、ブルミットを「トカゲの舌（dila ng bayawak）」[80]、アメリカ人を「よそ者（mga dayo）」と表現した。そして、最後の詩節で「普通のタガログ人のことばで常に心に刻んでおかなければならない／自らを奴隷としない者は、奴隷となることのないことを（Inyong laging isaisip, wika ng Kristong tagalog/ na walang bubusabusin sa aayaw pabusabos）」

と結んでいる。

二編目は「君たちはもう一度学校に戻れ（Magsipasok Kayong Muli）」と題した詩で二回目のストライキが始まった三月三日に発表されている。四名の退学処分に対する撤回運動は「徐々に（untiunti）」「穏便な方法で（sa paraang mahinahon）」おこなわれるべきであると主張する。この詩では、殉死した英雄ホセ・リサールを挙げ、ストライキを続けることは銃殺にまでいたると予感し、死と埋葬というイメージを喚起している。そして、「ここで君たちは支配下に置かれることの困難に気づくだろう／われわれのような打ち負かされた民族にはひとつひとつのおこないにおいて手錠がかけられているのだ（dito ninyo makikitang mahirap ang masakupan / kaya tayong lahing sakop, may gapos sa bawa't pakay）」と論じている。一編目では徹底して、アメリカ人の差別行為に対抗することを求めているのに対し、二編目では被植民者フィリピン人の服従を悲哀として描いている。

つぎにこのような言説上の対立が、動員の側面でどのような影響を及ぼしたのかを考察する。

四　動員過程と運動の限界

運動における生徒の非主体性

二月一三日（木）に生じたブルミットに対する反抗、さらには翌日の金曜日の集会は、マニラ北高校の生徒による自発的な行動と考えてほぼ間違えないだろう。しかし、これ以降、生徒ではない人々の関与が顕著になる。一八日には大学生はもとより、マニラ市長や市議会議員が集会において発言しているし、共産主義者も情宣をおこなっている。二回目の学校ストライキでは、生徒の親や民族主義者も直接に関与をしている。二回目の学校ストライキの勃発時には、学校を単位としてストに突入するとの記述がある。これはそれぞれの学校に生徒を代表する組織（以下「生徒会」と称する）があり、これらの組織が生徒の動員に大きな役割を果たしたことを示唆している。しかし、三月五日の集会以降は、生徒ではなく、親の対策委員会が総督デービスとの交渉をおこなっている。また、三月七日になり、ようやく学校ストに参加している生徒全体を代表する「最高委員会」が作られたが、同時に市議会議員が先導する分派活動や、一部生徒のスト離脱も生じており、この組織は生徒全体を掌握することはできなかった。

このような視点から見ると、一回目の学校ストライキは、ブルミットに対する抗議の延長上に生じた計画性のないストライキであった。また、二回目の学校ストライキにおいて、生徒がストライキを先導した時期というのは、三月三日の「生徒会」によるスト参加宣言から、三月五日のオリンピック・スタジアムでの集会までであった。運動に動員された多くの人々が高校の生徒であったことは明らかであるが、生徒による確固たる運動体は構築されなかったのである。

それでは、どのようにして多くの生徒を動員することができたのだろうか。新聞では脅しによる学校ストへの参加強要や、労働団体による学校スト参加への勧誘が報じられている。[81] しかし、そのような行為だけで数千人もの生徒が集まるとは思えない。やはり、生徒は自らやフィリピン人全体に対し発せられた差別発言に呼応し、行動したと思われるのである。差別発言をしたアメリカ人教員と、その差別性を看過し逆に生徒を退学処分にした教育局長やこの処分に賛同した関係者に対する怒りがあり、その怒りが彼らを学校ストライキへと突き動かしたと言えよう。そして、その怒りの感情がマニラ中心部という人口密集地域において、抗議行動、集会、口コミ、ビラ、新聞の報道などを通じて他校の生徒や生徒以外の人々へ急速に広まっていった。また、怒りが脱植民地化のナショナリズムにより密接に結びつき、体制変革を求める運動となる可能性はあったと思われる。

昇華しない怒り

しかし、この怒りが昇華することはなかった。退学処分は撤回されず運動は所期の目的を果たすことができなかった。また、弁明書では、生徒たちは「民族の誇りを守るため」と書けたとしても、自らの意志で学校ストに参加したということは否定せざるをえなかった。その反面、生徒たちにはこの運動を担うための十分な信念がなかったように思われる。生徒自身による統一された運動体を作ることにも失敗したし、親が総督デービスと交渉することに同意した。これらのことを考慮すると、生徒たちにはそもそも自分たちが運動の主体となることに躊躇があったのかもしれない。運動の失敗やスト参加の意義に対する自己否定は、植民地主義への迎合を示すわけでもないし、かといってナショナリズムへの貢献を表わすわけでもない。そこに残るのは、失敗の経験と小さな屈辱感であっただろう。いずれにしても、怒りは一時の熱狂を巻き起こしたが、より強固な主義や信条に変化することはなかった。

さらには、怒りの感情が主義や信条へと変化しなかったからこそ、生徒自身によるこの事件の位置づけが希薄なものに留まってしまっている。二月二八日の集会で、生徒たちは一回目の学校ストライキを「フィリピン民族」への侮辱に起因した権威に向けた申立と位置づけているが、これ以降これ以上に洗練された表現を発していない。ここでの権威は教育局長などの教育局管理職や教員と理解できる。そうであるなら、新聞の社説と同様に、生徒たちもあくまでも教育という秩序を前提とし、自らの行動を理解していたわけである。彼らは、自らの行動が植民地主義がもたらした秩序に抵触するとは理解しなかった。[82] これは一〇代後半という年齢層からくる限界とも言えようが、いずれにしても植民地主義がもたらした秩序というより大きな文脈で生徒の行動を理解しようとしたのは、むしろ外部の共産主義者や民族主義者だったのである。

歴史的意義の欠落

ストライキに関わった人々にとって、学校ストライキの歴史的意義はほとんどないようにみえる。先行研究で取り上げられているラモスの関与にしても、ラモスは学校ストの周辺にいたにすぎなかったし、学校ストは多くの参加者の自己否定によって終わってしまっている。ラモスの主観はさておき、客観的にみたとき、一九三〇年の学校ストライキが多数の犠牲者を出したサクダル運動の先駆けであったとは論じられない。自発的に参加した生徒にとってみれば、屈辱感を乗り越え、自己否定してしまった経験をあえて語ることは稀であっただろう。統治する側も同様である。総督デービスは一九三〇年の学校ストライキを「幾分ばかけている（rather silly）」と描写している。[83]また、教育行政に深く関わっていた者の証言も残されている。ウォルター・マーカートは、一九〇一年にフィリピンに教員として赴任し、一九一〇年代には教育局長を務めた。その後はアメリカにおけるフィリピン公立学校教育の担当者としてアメリカ人教員の採用やフィリピン人留学生の世話などに活躍した人物である。[84]彼はインタビューのなかで、一九三〇年の事件に触れている。アメリカでは教員は「おサルさん（little monkey）」や「おバカさん（little idiot）」といった表現を生徒への親近感を表わすために使うが、フィリピンでは生徒がこれらを侮辱と誤解したことから学校ストが生じたと述べている。[85]彼らの認識では、学校ストライキは子供じみた行為であり、何の意義も持たなかったのである。つまり、生徒にしても、植民地の統治者や官僚にしても、学校ストライキを積極的に歴史に書き残すだけの意義を見いだすことはなかった。

むしろ、この事件に歴史的な意義があるとすれば、それは植民地において秩序が維持される論理を示していることにあろう。「恩恵」としての植民地教育は、教育を受ける側が自発的に同意したことを前提とする。しかし、この学校ストライキ――とくに、最後に生徒が弁明書を書くというくだり――は、その「自発的同意」の臨界点を指し示している。つまり、植民地主義がもたらした秩序は、「自発的同意」がない場合でも、それがあるように取り繕うことを求めるのである。差別発言のような明らかに反教育的行為がなされたとしても、生徒は教育の求める「規律」に自発的に服従することが要求された。

この点は、植民地為政者側の学校ストライキに対する認識を見ることでより明らかになる。一九三〇年を含め、学校ストライキが『フィリピン委員会報告』(*RPC*)や『植民地総督報告』(*RGGPI*)に記された「平和と秩序」の項目に含まれたことはない(序章表0-1)。また、米国国立公文書館(National Archives and Records Administration: NARA)の島嶼局資料(Bureau of Insular Affairs Records: BIA Records)には「フィリピンの平定(Pacification of Philippines)」というファイルがあり、このファイルには、警察および警察軍の内部資料が数多く含まれている。[86] たとえば、千年王国的な運動やサクダル運動のほかに、死者を出した一九三四年のタバコ工場ストライキについての綿密な報告がある。[87] しかし、ここにもいずれの学校ストライキの事例も含まれていない。つまり、学校ストライキは治安の問題として位置づけられることがなかった。

修復される「恩恵の論理」

それでは、学校ストライキが治安の対象となる可能性はあったのだろうか。新聞記事によると、一九三〇年の学校ストライキではスト参加者と警察の双方による暴力事件が多発している。しかし、結局は六名が保護観察処分となり、五名が罰金刑に処されたのみで、死者も出ず、動員人数と比べると大きな騒擾事件にはならなかった。[88] 大きな騒擾事件になれば、到底、教育局で管理できる問題ではなくなっただろう。つまり、「自発的同意」の対象から警察権力の治安対象となっただろう。

では大きな騒擾事件に発展する可能性はあったのか。社説のひとつでは、学校ストライキはいずれ失敗に終わるが、問題は共産主義のプロパガンダとして使われる場合であると述べている。[89] また、総督のデービスもこの学校ストライキに触れた書簡で、共産主義が問題であるがフィリピン人の気質からして彼らが共産主義に同調することはないだろうと書き残している。[90] 事実、この学校ストライキでも共産主義者と生徒が結託することはなかった。これらの同時代の見解によれば、生徒が共産主義者を取り込まなかった時点で、学校ストライキは早々に収束するものであった。[91]

以上が一九三〇年の学校ストライキの経過およびそれについての考察である。この事件は差別発言という「恩恵」とは相容れない行為から生じており、「恩恵の論理」に異議が突きつけられ「ほころび」が生じたと言えよう。しかし、異議申立は、教育の秩序、つまり生徒は権力への敬意を持つべきとの論理の下で押さえ込まれた。市民となっていない若年層は、未熟であるがゆえに「市民的理念」が意図するところの「知的な世論」の形成には参加できず、異議申立の権利を有していないとされた。言いかえれば、教育局は未熟さを根拠に生徒を抑えこむことにより、彼らの異議申立を「市民的理念」にもとづく権利の行使とは位置づけず、よって彼らの植民地教育批判を無効とした。さらに学校ストライキの収束においては、多くの生徒が学校ストライキの意義を撤回したため、生徒による批判は生徒自らによって否定された。このようにして、植民地教育最大の危機は乗り越えられ「ほころび」の生じた「恩恵の論理」はふたたび修復された。

未熟な生徒に「規律」を教えるという「市民的理念」の反面的な利用は、植民地教育の破綻の危機において、植民地為政者のきわめて意図的な対応手段だった。教育局の成績を与えないという脅しに対して、生徒はスト参加の意義までも撤回した。その後、教育局も、生徒側も、この事件に関連してアメリカ人教員の人種観をあらためて問題とすることはなかった。その結果、「恩恵の論理」は保持され、人種差別を覆い隠そうとする教育局管理職の意思が、生徒による植民地教育批判に対して勝利したわけである。つまり、ある出来事に対する同時代の解釈をめぐる争いのなかで、植民地為政者側の解釈がその出来事の行方に影響を及ぼすとともに、出来事に対するその後の歴史認識を作りだしたのである。もっとも次章に見るように、このような解釈と歴史認識をめぐる争いにおいて植民地為政者側の優位は植民地教育に限られたものではなかった。

「恩恵の論理」から見ると、一九三五年のコモンウェルス政府樹立はアメリカ植民地主義の偉大な成果だった。アメリカ植民地主義、とりわけ植民地教育によって、フィリピン社会が「発展」し、フィリピン人が「民主的」になったことを意味したからだ。しかし、この政府の樹立に向けた交渉がおこなわれた一九三〇年代前半のアメリカでは、白人によるフィリピン人に対する深刻な暴力が頻発していた。この人種差別による暴力にもかかわらず、交渉のなかでは植民地主義批判は注意深く避けられた。

註

（1）Grant K. Goodman, *Four Aspects of Philippine-Japanese Relations, 1930-1940*, New Haven: Southeast Asia Studies, Yale University, 1967, pp. 135-136; Renato Constantino, *The Philippines: A Past Revisited*, Quezon City: Private, 1975, p. 373〔レナト・コンスタンティーノ著、池端雪浦、永野善子（第一巻）、鶴見良行ほか（第二巻）訳『フィリピン民衆の歴史　往事再訪』（全三巻）井村文化事業社、一九七八年、五三一頁〕; David R. Sturtevant, *Popular Uprisings in the Philippines, 1840-1940*, Ithaca: Cornell University Press, 1976, p. 218; Motoe Terami-Wada, "The Sakdal Movement, 1930-34," *Philippine Studies*, vol. 36, no. 2 (1988): pp. 132-133; Motoe Terami-Wada, "Ang Kilusan Sakdal, 1930-1945," Ph.D diss., Dalubhasaan ng Agham at Pilosopia, Pamantasan ng Pilipinas, 1992, pp. 33-34; 鈴木静夫「訳者の現代フィリピン史メモ」ニック・ホアキン著『アキノ家三代――フィリピン民族主義の系譜』（下巻）井村文化事業社、一九八六年、xviii―xix頁。

（2）Rosalinda Pineda Ofreneo, *Renato Constantino: A Life Revisited*, Quezon City: Foundation for Nationalist Studies, 2001, pp. 11-13.

（3）Lewis E. Gleeck, *The Manila Americans (1901-1964)*, Manila: Carmelo and Bauermann, 1977, p. 172.

（4） Teodoro A. Agoncillo, *Makata ng Bayan: Si Jose Corazon de Jesus at Ang Kanyang Panahon, Jornal ng Masaklaw na Edukasyon*, Quezon City: University of The Philippines Press, 1971, pp. 179-180; Jose Corazon de Jesus, *Bayan Ko: Mga Tula ng Pulitika at Pakikisangkot*, Lungsod ng Quezon, Pilipinas: College of Arts and Letters Publications Office, University of the Philippines, 1995, p. 186.

（5）「生徒」は特記なき場合、高校生以下を指す。

（6） *Annual Report of the Director of Education* (*ARDE*), 1907/1908 (8th), p. 26; *Report of the Philippine Commission* (*RPC*), 1907/1908, vol. 2, p. 814.

（7） *ARDE*, 1910/1911 (11th), p. 20.

（8）州立高校は州都に位置していたので、ブラカン州立高校の場合、その州都マロロスにあった。

（9） *ARDE*, 1912/1913 (13th), pp. 14-15. 同時期の『フィリピン委員会報告』（*RPC*）にも、より簡略な学校ストライキについての記述がある（*RPC*, 1912/1913, p. 247）。

（10） *Service Manual, Bureau of Education* (*SMBE*), 1911, p. 99.

（11） *SMBE*, 1917, pp. 20-21; *SMBE*, 1927, pp. 47-48.

（12） *SMBE*, 1911, p. 100; *SMBE*, 1917, p. 19; *SMBE*, 1927, p. 45.

（13） *Philippines Free Press* (*PFP*), vol. 6, no. 34, 24 Aug. 1912, p. 14; *La Democracia / Ang Democracia* (*Dem*), 16 Aug. 1912, p. 1; *Cable News American* (*CA*), 3 July 1912, p. 10; CA, 20 July 1912, p. 7; CA, 16 Aug. 1912, p. 4.

（14）教育局長代理（氏名不詳）から公教育庁長官ニュートン・ギルバートへの一九一二年八月一六日付報告。Box 6, Bound Volume "Inspection Reports, 1913-1915," William W. Marquardt Papers, Bentley Library, University of Michigan, Ann Arbor. この当時、第一副教育局長、第二副教育局長がおり、それぞれ、フランク・クローンとチャールズ・マギーという人物が就任している（*ARDE*, 1911/1912 (12th), pp. 39-40）。

（15） *ARDE*, 1912/1913 (13th), p. 15.

（16） *CA*, 16 Aug. 1912, p. 4.

（17） *PFP*, vol. 6, no. 34, 24 Aug. 1912, p. 14.

（18）履歴書、File "Brummitt, Mabel E," Box 82, Entry 21, PNIF, BIA Records, RG 350, NARA.

（19） File "Piedad, Federico," Box 496, Entry 21, PNIF, BIA Records, RG 350, NARA. なお、名が "Mabel" ではなく、"Babel" と、誤って記されている。

(20) 原文では“Munoz Agricultural School”と記されているが、これは「中央ルソン農業学校（Central Luzon Agricultural School）」のことである（*ARDE*, 1916 (17th), p. 30）。

(21) *The Philippine Herald* (*PH*), 1 Mar. 1930, p. 7.『名簿』（*Official Rosters of Officers and Employees in the Civil Service of the Philippine Islands, Roster*）では一九二四年から一九二九年まで記載されている。Cf. *Roster* 1924, p. 35; *Roster* 1929, p. 38.

(22) PH, 14 Feb. 1930, pp. 1, 11; *La Vanguardia* (*LV*) 14 Feb. 1930, p. l. 一九三〇年二月一九日付の教育局内部報告書、File “Brummitt, Mabel E.,” Box 82, Entry 21, PNIF, BIA Records, RG 350, NARA.

(23) *PH*, 15 Feb. 1930, pp. 1, 2.

(24) *PH*, 18 Feb. 1930, p. 1.

(25) *PH*, 15 Feb. 1930, pp. 1, 2.

(26) *PH*, 19 Feb. 1930, pp. 1, 2.

(27) *PH*, 20 Feb. 1930, pp. 1, 12; *PH*, 28 Feb. 1930, p. 1.

(28) *PH*, 20 Feb. 1930, pp. 1, 12.

(29) *LV*, 19 Feb. 1930, p. 12.

(30) *PH*, 19 Feb. 1930, p. 12.

(31) *LV*, 20 Feb. 1930, p. 12.

(32) *PH*, 21 Feb. 1930, pp. 1, 12.

(33) *PH*, 22 Feb. 1930, pp. 1, 2.

(34) *PH*, 15 Feb. 1930, pp. 1, 2.

(35) 一九三〇年二月一九日付の教育局内部報告書、File “Brummitt, Mabel E.,” Box 82, Entry 21, PNIF, BIA Records, RG 350, NARA.

(36) 他の三名は、ヘレミアス・パガン、チャールズ・ダグラス、イアザク・プノである。パスクアルを含め、この四名のいずれもがその後どうなったかは不明である。「個人名別資料」（PNIF）には含まれていないし、コモンウェルス期の代表的な人名目録にも掲載されていない（M. R. Cornejo, *Commonwealth Directory of the Philippines*, Manila: M. R. Cornejo, 1939/1940）。

(37) *LV*, 27 Feb. 1930, pp. 1, 12; *PH*, 28 Feb. 1930, p. 10.

(38) *PH*, 28 Feb. 1930, p. 10.

(39) *LV*, 28 Feb. 1930, pp. 1, 10.

(40) *PH*, 1 Mar. 1930, pp. 1, 7.
(41) *PH*, 1 Mar. 1930, p. 10.
(42) *PH*, 1 Mar. 1930, pp. 1, 7.
(43) ただし、一九一一年版の『職員手帳』(*SMBE*)では、「一般注意」(General Instructions)として、差別発言は「非常に不適切」であり、差別発言をおこなった教員は懲戒処分の対象となることが論じられている(*SMBE*, 1911, p. 93)。その後の版では、「一般注意」という項目がなくなっている。
(44) ビューリーからブルミットへの一九三〇年二月二六日付の書簡、File "Brummitt, Mabel E.," Box 82, Entry 21, PNIF, BIA Records, RG 350, NARA.
(45) 一九三〇年三月の報告、File "Brummitt, Mabel E.," Box 82, Entry 21, PNIF, BIA Records, RG 350, NARA. ただし、その報告の題名は「強制されて離職(a forced resignation)」となっている。勤務評定の全体像は File 13285, BIA Records, RG 350, NARA を参照のこと。
(46) Manila Daily Bulletin (MDB), 4 Mar. 1930, p. 1.
(47) *Philippines Free Press* (*PFP*), vol. 24, no. 10, 8 Mar. 1930, p. 4.
(48) *PH*, 4 Mar 1930, pp. 1-2.
(49) *The Manila Times* (*MT*), 4 Mar. 1930, pp. 1, 4; *LV*, 5 Mar. 1930, pp. 1, 8.
(50) フィリピン労働会議(Congreso Obrero de Filipinas: COF)は一九一三年五月一日に創設された、フィリピン史上二番目にできた労働総同盟組織であった。この団体は、相互扶助をおこなうとともに、独立運動にも深く関わった。レヒオナリオス・デル・トラバホは、後述するドミンゴ・ポンセが中心となり一九一九年に設立した団体で、ＣＯＦの中核を担った。また同じく後述するクリサント・エバンヘリスタもＣＯＦの活動家であった(Melinda Tria Kerkvliet, *Manila Workers' Unions, 1900-1950*, Quezon City: New Day Publishers, 1992, pp. 31-48)。
(51) *PH*, 5 Mar. 1930, pp. 1, 9.
(52) *PH*, 6 Mar. 1930, pp. 1, 9; *LV*, 5 Mar. 1930, pp. 1, 8.
(53) *PH*, 6 Mar. 1930, p. 1; *PH*, 7 Mar. 1930, p. 8; *LV*, 6 Mar. 1930, pp. 1, 10.
(54) *PH*, 8 Mar. 1930, pp. 1, 8; *LV*, 7 Mar. 1930, pp. 1, 10.
(55) *PH*, 9 Mar. 1930, p. 2; *MT*, 9 Mar. 1930, p. 1.

(56) *LV*, 11 Mar. 1930, pp. 1, 10; *PH*, 11 Mar. 1930, pp. 1, 14.
(57) *PH*, 11 Mar. 1930, pp. 1, 14.
(58) *PH*, 12 Mar. 1930, p. 12.
(59) *PH*, 9 June 1930, pp. 1, 12; *PH*, 12 June 1930, p. 2; *PH*, 13 June 1930, pp. 1, 3.
(60) *PH*, 13 June 1930, p. 3.
(61) *MT*, 4 Mar. 1930, p. 1; *PFP*, vol. 24, no. 11, 15 Mar. 1930, p. 30.
(62) 公式の報告書ではマニラの高校生（平均月別登録者数）は八九九一人である（*ARDE*, 1930 (31st), pp. 104-105）。
(63) *PH*, 8 Mar. 1930, p. 4.
(64) 一九一八年センサスの総人口に対する高校学齢層（一四～一七歳）の割合に基づき、一九三〇年の高校学齢者数を割りだし平均月別登録者数と比較すると、七・七パーセントの高校学齢者が実際に高校に通っていたことになる（*ARDE*, 1930 (31st), pp. 102-105; *ARDE*, 1937 (38th), p. 137）。
(65) *MT*, 19 Feb. 1930, p. 1; *PH*, 19 Feb. 1930, p. 12; *LV*, 19 Feb. 1930, p. 10.
(66) *PH*, 5 Mar. 1930, p. 9.
(67) *MT*, 4 Mar. 1930, p. 1.
(68) *PH*, 6 Mar. 1930, p. 9.
(69) *LV*, 6 Mar. 1930, p. 10.
(70) *MT*, 28 Feb. 1930, p. 1.
(71) *MT*, 2 Mar. 1930, p. 1.
(72) *PH*, 6 Mar. 1930, p. 9.
(73) *PJE*, vol. 12, no. 10, Mar. 1930, pp. 377-378.
(74) *LV*, 28 Feb. 1930, p. 4.
(75) *PH*, 1 Mar. 1930, p. 4.
(76) *Ang Manggagawa*, 28 Feb. 1930, p. 8.
(77) *PH*, 2 Mar. 1930, p. 8.
(78) Agoncillo, *Makata ng Bayan*, pp. 171-172.

(79) De Jesus, *Bayan Ko*, pp. 182-186. この詩の存在についてはアレックス・ウマリ氏からの教示を受けた。また、詩の解釈に関してはゴンザロ・カンポアモール氏の助言を得た。

(80) ここでは「タガログ人」と書かれており、「フィリピン人」は異なる対象を指しているのではないか、との疑問があるかもしれない。革命期のカティプーナンのタガログ語の文章では、「タガログ人」ということばは、文脈によっては「フィリピン人」を指すものとして使われていた（池端雪浦『フィリピン革命とカトリシズム』勁草書房、一九八七年、三—四頁、池端雪浦「フィリピン国民国家の創出」池端雪浦編『変わる東南アジア史像』山川出版社、一九九四、三一九頁）。一九三〇年代のタガログ語の文学において、「タガログ人」が「フィリピン人」を指すものであったのかは、今後検証する必要がある。いずれにしても、少なくともここで示した詩のなかでは、「普通のタガログ人」は「アメリカ人」に対する概念として提示されており、この観点から既に論じてきた「フィリピン民族」や「我が民族」と同じ位置を占めているものと理解できる。

(81) たとえば、脅しについては *PH*, 4 Mar. 1930, pp. 1-2 および *MDB*, 4 Mar. 1930, pp. 1, 4、勧誘については *PH*, 5 Mar. 1930, p. 9 を参照のこと。また、一回目の学校ストライキでは、ハラニーリャ家のような名望家の子息が、学校スト参加者を恐れ自動車で避難した（*PH*, 20 Feb. 1930, p. 12）。さらには、アゴンシリョは積極的な学校スト参加者でなかったにもかかわらず、妨害もあったため、学校を休んだことを述懐している（De Jesus, *Bayan Ko*, p. 186）。

(82) モンロー調査によれば、小学校であっても、生徒の多くはすでに "pre-adolescent" または "adolescent" である（The Board of Educational Survey, *A Survey of the Educational System of the Philippine Islands*, Manila: Bureau of Printing, 1925, p. 199）。"pre-adolescent" または "adolescent" が一〇代のことを指すとすると、マニラの高校生はこれよりは年齢が高いと考えられ、デモに参加した多くの生徒は前述した一四～一七歳との年齢層よりも高かったと思われる。一四歳から二〇歳ぐらいまでだったと推測している。

(83) デービスから陸軍長官への一九三〇年三月二八日付の書簡、File "Davis, Dwight F.," Box 149, Entry 21, PNIF, BIA Records, RG 350, NARA.

(84) *ARDE*, 1916 (17th), pp. 9, 54; *ARDE*, 1919 (20th), p. 7; File "Marquardt, W. W.," Box 390, Entry 21, PNIF, BIA Records, RG 350, NARA.

(85) Amparo S. Lardizabal, *American Teachers and Philippine Education*, Quezon City: Phoenix Press, 1991, p. 125.

(86) File 4865, Entry 5, BIA Records, RG 350, NARA.

(87) File 4865-190, Entry 5, BIA Records, RG 350, NARA.

(88) *PH*, 13 Mar. 1930, p. 3; *PH*, 12 Apr. 1930, p. 6; *PFP*, vol. 24, no. 16, 19 Apr. 1930, p. 28. デービスも、生徒に対する処罰は、更正

を目的とした罰金刑になると予測している。デービスから陸軍長官への一九三〇年三月二八日付の書簡、File "Davis, Dwight F.," Box 149, Entry 21, PNIF, BIA Records, RG 350, NARA.

（89）*PH*, 8 Mar. 1930, p. 4.

（90）デービスから陸軍長官への一九三〇年三月二八日付の書簡、File "Davis, Dwight F.," Box 149, Entry 21, PNIF, BIA Records, RG 350, NARA.

（91）もっとも、この当時のフィリピンの公立学校においては三月末から四月初頭が学年末であったことや、教育局長ビューリーの行政手腕の確かさという偶然的な要素は、たしかに学校ストライキの沈静化に大きく貢献しただろう。

第七章　反フィリピン人暴動とその帰結

植民地という空間は、宗主国と高い浸透性を有している。植民地政府も宗主国政府も、境界を越えて移動していく人々を管理できなかった。

ところが、植民地が政治的独立を得る過程では、急速に宗主国と植民地のあいだの境界が強固なものになる。脱植民地化し政治的独立を勝ち取った国家も、植民地を手放し公式帝国ではなくなった国家も、国民と外国人という二分法により、誰が領土に入ってくることができるか、誰が領土に居続けることができるかを決める権限を強化する。[1]つまり、脱植民地化は移動に対するより厳密な管理をともなうのである。

一九三五年のコモンウェルス政府樹立に向けた交渉は、移動の管理に関するものであるとともに、アメリカで起ったフィリピン人排斥運動の影響を受けていた。一方では、移動の管理は法制度の問題であった。フィリピン人移民のアメリカ本土への移動は、法的に制限されるようになる。他方では、移民に対する暴力や日常的な差別など、すでに社会に存在しており人々の移動に関わるより直接的な力にも関係していた。結果として、コモンウェルス政府樹立によって、フィリピン人はいわゆる「帰化不能外国人」と位置づけなおされ、この独立への一里塚はアメリカ本土からのフィリピン人排斥をともなった。この点を反映し、広範にある在米フィリピン人についての研究[2]のなかでは、「脱植民地化は、もうひとつの人種排斥と言えるだろう」と表現されている。[3]

一　アメリカにおけるフィリピン人の経験

ワトソンビル暴動の経過

一九三〇年一月のカリフォルニア州中部のワトソンビルでの暴動は、二次文献でも幅広く論じられている。[4] この暴動はフィリピン人が殺害された初めての事件であったので、反フィリピン人暴動のなかでもっともよく知られている。ワトソンビル暴動の経過は単純である。[5]

暴動の遠因は、D・W・ローバックという当地の裁判官が一九二九年一二月に近隣の町の商工会議所の集まりにおいて、フィリピン人のこの地域への移入を禁じる決議案を提出したことにある。決議案のなかでフィリピン人の移入は「道徳上および衛生上の問題であり、白人の労働に対する脅威を構成するものである」と論じている。[6] この決議案は翌一月七日に全会一致で採択された。

一月一〇日付の当地の日刊紙『ワトソンビル・イブニング・パハロニアン』（*Watsonville Evening Pajaronian*: *WEP*）は、ローバックのインタビューを掲載する。そのなかでローバックは、「フィリピン人は山刀とふんどし〔の時代〕から十年しか経っていない」など、フィリピン人を蔑視する発言を繰り返している。[7]

一月一一日に、ワトソンビル郊外において、タクシー・ダンスホールが開設され、[8] 一〇人ほどの白人女性のダンサーが雇われる。フィリピン人の農業労働者がダンスホールに通いはじめるようになると、白人のモッブがダンスホールを囲みはじめる。彼らはフィリピン人が白人女性のダンサーと踊ることが気に入らなかったのである。その後しばらくして、ダンスホールは閉鎖するが、モッブはますます大きくなる。

一月十九日にはモッブが数百人に膨れ上がり、町中でフィリピン人に暴行を振るいはじめる。このような事態が展開しているさなか、『パハロニアン』は、ダンスホール内部の状況を報道しローバックの発言に対するフィリピン人の反論を掲載する。(9)

四日間暴動が吹き荒れた後、一月二三日の早朝、モッブの一部が近隣の農場のフィリピン人が寝ている納屋を囲む。そして、その納屋に対して銃を発砲しはじめる。弾の一発が、二二歳のフィリピン人フェルミン・トベラに命中し、トベラは即死する。この殺人はモッブの興奮に冷や水を浴びせた。

翌二四日には、アメリカ退役軍人会（American Legion）が派遣され、フィリピン人を護衛しはじめた。そして、ワトソンビルでの暴動は沈静化していった。トベラ殺しの裁判では、八名の現地の白人の若者が被告となった。そのうち、四名は未成年ということで釈放された。残りの四名も、一カ月間、郡の拘置所に収監された後に保釈された。

拡散する暴動と犯罪報道

この事件そのものが、西海岸州で反フィリピン人感情がいかに強かったかを雄弁に語っている。表7-1は米国国立公文書館（National Archives and Records Administration: NARA）の島嶼局資料（Bureau of Insular Affairs: BIA Records）所蔵のファイル「在米フィリピン人(10)（Filipinos in U.S.）」から作成したものである。この表に示したように、少なくとも一九三四年まで、反フィリピン人暴動は頻発し続けた。これら多くの事件においても、フィリピン人が被害者であったことには疑いの余地がない。ただし、表で記した簡単な描写をもってしても、これらの事件の複雑さが伺われる。幾つかの事件においては、フィリピン人も暴力をもって対応し、両者の暴力が暴動へと発展した（事件番号5、6、17）。現地の白人がモッブとなった事件も（事件番号2、4、18）、白人の移住労働者がモッブとなった事件

表7-1　反フィリピン人暴動一覧(1927年〜1934年)

番号	発生時期	場　所	事件内容	その他の情報源
1	1927年10月	ワシントン州中部	ヤキマバレー在住の白人がフィリピン人11人を拘束し、追放。安全のため、フィリピン人は刑務所において保護された。	*WS* 12 Nov. 1927; *WS* 13 Nov. 1927
2	1928年9月〜10月	ワシントン州中部	ヤキマバレーおよびその近郊の現地労働者が20〜30人のフィリピン人を同地より追放。	*MDB* 24 Sept. 1928, etc. Lasker 13, 165-68
3	1929年10月	カリフォルニア州中部	エクセターのカーニバルで、喧嘩になり、フィリピン人が白人2人を刺す。300人の白人モッブが、納屋に火をつけるなどし、200人のフィリピン人を同地から追放。	*WEP* 30 Oct. 1929, 1; Lasker 13
4	1930年1月〜2月	カリフォルニア州中部	ワトソンビルでは、500〜700人の白人がフィリピン人を襲撃。フィリピン人1人死亡。ストックトンでは、フィリピン人の集会所を爆破する。サンフランシスコ等で白人とフィリピン人の間で喧嘩発生。	新聞記事多数。Lasker 358-365.
5	1930年3月	カリフォルニア州南部	ロスアンジェルスで50人ほどのフィリピン人と白人の間で喧嘩発生。警察官がフィリピン人に刺される。	*NYT* 31 Mar. 1930
6	1930年5月	アイダホ州	ブラックフットでフィリピン人が白人と抗争。	
7	1930年5月	ワシントン州中部	ケントでフィリピン人数名が拉致され、他のフィリピン人は農場から追放される。	Lasker 17
8	1930年5月	カリフォルニア州南部	アルタロマで25歳のフィリピン人が、現地の白人名望家の15歳の娘を刺す。報復を恐れ、フィリピン人の多くが同地を離れる。	*LAT* 22 Aug. 1930: 9.
9	1930年8月〜9月	カリフォルニア州中部	サンノゼ、ストックトンなど十数箇所のコミュニティで、数百人のフィリピン人に対して継続して暴力。フィリピン人1人焼死。この他に、3人がリンチにより殺されたとの報道あり。	新聞記事多数。Lasker 18-19.
10	1930年11月	アイダホ州	アイダホフォールズで49人のフィリピン人が、荒地に放置された。	
11	1930年12月	カリフォルニア州南部	インペリアルで現地在住の白人4人が納屋を爆破。フィリピン人1人死亡、数名が重傷。	*Filipino Nation*, Jan 1931; Lasker 19.

12	1931年7月～8月	イリノイ州	シカゴにおいてイタリア人移民がフィリピン人学生を襲撃。2人死亡。	
13	1931年8月	カリフォルニア州中部	スコッツバレーで150人ほどの白人とインディアンのモッブが85人のフィリピン人を追放。	
14	1932年3月	オレゴン州北部	フッドリバーで3人のフィリピン人が12歳の白人女子に対する暴行未遂で逮捕。それを受け、80人の農場労働者が、同地の農場を廻り、フィリピン人に出て行くことを要求。	*MDB* 21 Mar. 1932
15	1932年4月	オレゴン州北部	バンクスの日本人農場主が白人労働者を解雇し、フィリピン人を雇用。白人労働者が84人のフィリピン人を同地から追放。	*NYT* 26 Apr. 1932; *MDB* 24 June 1932
16	1932年6月	オレゴン州北部	ヒルズボロの白人が同地からフィリピン人を追放しようとしたところ、抗争に発展。12人のフィリピン人と5人の白人が逮捕された。	*MDB* 15 June 1932
17	1932年6月	カリフォルニア州北部	ハーフムーンにおいて未払い賃金をめぐり、フィリピン人とメキシコ人が抗争。	*MDB* 28 June 1932
18	1932年7月	フロリダ州	エバーグレーズなどにおいて150～200人の白人農民が、フィリピン人季節労働者を追放。フィリピン人はキューバへ避難。	*NYT* 24 July 1932; *PH* 6 Aug.1932
19	1932年12月	モンタナ州	ジェンズで賃金が支払われず、食料もない状況で、フィリピン人を荒地に放置。	*MDB* 21 Dec. 1932
20	1933年8月	カリフォルニア州中部	エスカロンで6人の夜襲者により、フィリピン人を追放。	紙名不詳の新聞記事
21	1933年10月	カリフォルニア州中部	モデストを含む広範囲にわたり、暴力がおこなわれている。夜襲者がフィリピン人を襲撃。自警団がフィリピン人を含む農業労働者・共産主義者によるデモを棍棒等で解散に追い込む。	紙名不詳の複数の新聞記事。
22	1934年6月	カリフォルニア州中部	ロンポックにおいて複数のアメリカ人がフィリピン人を襲撃	
23	1934年9月	カリフォルニア州中部	サリナスで自警団がフィリピン人に暴行や銃撃をおこなう。また、フィリピン人の宿営所を爆破。フィリピン人は追放される。	

* RG350, Entry 5, File 26671, US NARA に所収された書類から抽出。

もあった（事件番号3、7）。また多くの事件で、ワトソンビル暴動のように白人女性とフィリピン人の関わりが暴動の直接の原因として挙げられている。[11] さらには事件のなかには、単純に白人とフィリピン人という二項対立では理解しえず、メキシコ人、インディアン、イタリア人に対するフィリピン人の対立というマイノリティ集団同士の争いと言えるものもあった（事件番号12、13、17）。

在米フィリピン人に関するもうひとつの不穏な点として、彼らが犯罪行為をおこなったと報道する新聞・雑誌記事が非常に多いことがある。これらの記事は、アメリカ本土でも、フィリピンでも数多く掲載されている。女性をめぐる争い、[12] マフィアのような殺し、[13] パーティーや賭場における殺人、[14] 警察への暴行、[15] エスニシティ間の抗争などである。[16] また、フィリピン人が不可解な状況で殺害される事件もある。[17] このほかには、フィリピン人死刑囚についての記事もある。[18] 二人のフィリピン人が雇用主を毒殺しようとした事件のように、労使問題が犯罪に発展した例も報道されている。[19] そのほかには、自分の白人妻を殺害したことで死刑となったフィリピン人の記事がある。さらには、フィリピン人のみのコミュニティで夫を含む住民が妻を生き埋めにした事件も報道されている。[20]

これらのフィリピン人関係の多様な犯罪報道のなかで、もっとも衝撃的なものは一九三二年のシアトルの一件であろう。ジュリアン・マルセリーノというフィリピン人が、二人のアフリカ系アメリカ人に路上で二〇〇ドルを強奪される。アパートに戻ると、さらに一〇〇ドルなくなっているのに気づく。フィリピン人のルームメートを非難した後、マルセリーノはルームメートと彼の甥を刺殺する。その後、近くの食料品店に行くと、男がマルセリーノに対して差別発言をする。その男を刺した後、マルセリーノは路上に出て、手当たりしだいに人々を切りつけはじめる。最終的には、マルセリーノは四名のフィリピン人と二名の白人を殺し、一三名に傷害を負わせた。[21]

これらの犯罪行為に関し、在米フィリピン人の一人は、「(彼らに対する) 非難は、個人に向けられるべきではなく状況に向けられるべきだ。個人は状況による被害者なのだ」と述べる。[22] たしかに、当時の在米フィリピン人の人口構成はいびつであった。在米フィリピン人の大部分は、若い男性だった[23]。そして、その多くは移住労働者としてアメリカ西海岸州の農場で働いていた。一〇代後半から二〇代という年齢とフィリピン人女性がアメリカには極端に少なかったことから、彼らは非フィリピン人の女性を探し求めた。さらに、一九三〇年代の在米フィリピン人はさまざまな偏見や差別の対象であった。彼らに対する日常的な差別や[24]、フィリピン人と白人との結婚を禁じる地方条例があった[25]。また、中流の白人が住む地区や品の良いレストランといった場から排除された[26]。専門職に就くにも、公式・非公式のさまざまな障害があった[27]。主要な労働団体は、フィリピン人の加入を認めなかったのみならず、フィリピン人に対して「人種」という側面から敵対的であった[28]。カリフォルニア州議会は、「人種」を根拠としフィリピン人を排斥する決議を挙げた[29]。このようなアメリカ社会に蔓延する差別意識と移住労働者という生活スタイルの結果、農閑期には彼らは赤線地帯の狭いアパートに共同生活するようになった。革新主義時代のアメリカでは、赤線地帯が広く存在していたが、同時にそのような場所は中流のアメリカ白人には見下されていた[30]。

移住労働者文化、犯罪、ステレオタイプ

先行研究の一部は、在米フィリピン人を学生予備軍として捉えている。彼らの教育程度が比較的高いことや、多くのフィリピン人が教育目的で渡米したことを明らかにしている[31]。しかし、統計的には五万六〇〇〇人の在米フィリピン人のほとんどは、どのような学校にも通っていないことが示されている[32]。学歴の高さや動機と、彼らの大多数が非通学の労働者であるという実態には齟齬があるのだが、この齟齬はつぎのように説明できるだろう。つまり、フィリピン人はたしかに「教育」と「冒険」のためにアメリカに来たのだが[33]、経済的困難やアメリカ社会のフィリピン人差別によって、移住労働者となることを余儀なくされた、と。

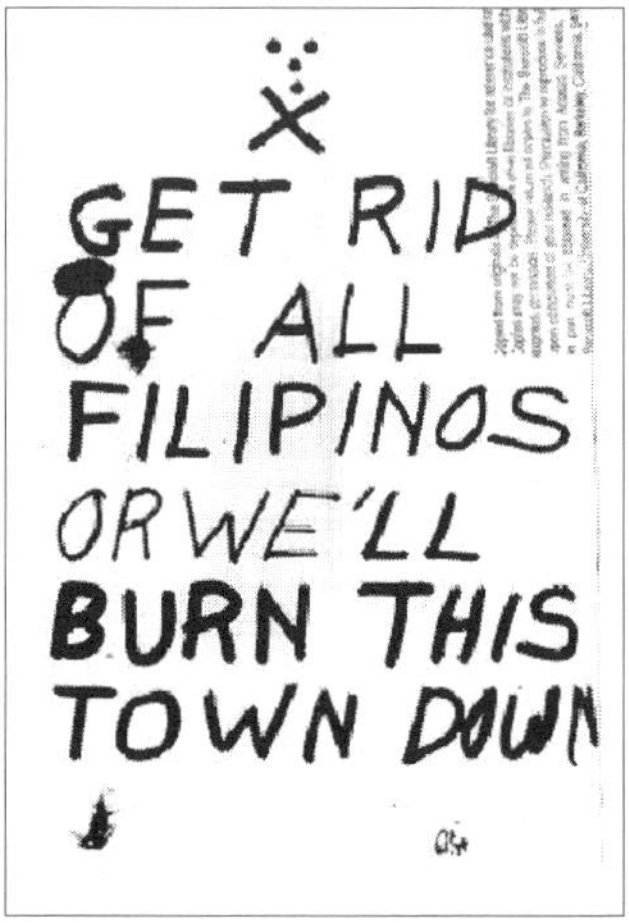

「フィリピン人を追い出せ、さもなければ町を燃やすぞ。」
出典：File "2:18 Testimony, Statements, etc. relating to Filipinos in California," Reel 4, pp. 73-74, JEW.

図版7-1　反フィリピン人暴動についてのビラと封筒

移住労働者となることは、多くの場合、道徳的な問題に関連づけられた。在米フィリピン人に同情的であったカトリックの神父によれば、「孤独と失望が、悪徳へとつながる。初めには孤独がある。そのつぎに、教育を続けられないことが失望感をもたらす。そして、落胆が彼らを賭場とダンスホールへと引き込んでいく」とのことだった。[34] 多くの場合、一人の転落が同じ言語集団の者や同郷出身者の転落へとつながっていった。[35] その反面、貯金をタクシー・ダンスや賭けに費やし、売春をおこなうという行為が、在米フィリピン人の連帯につながっていったことも否めない。マッキントッシュ・スーツや女性への慣れた口調によって表わされる赤線地帯における男性中心の文化が、在米フィリピン人のあいだで形成されていった。[36] 社会における差別、貧困、道徳的問題は、フィリピン人の一部が犯罪行為に手を染めていくことの背景となった。

他方、フィリピン人の犯罪は、彼らに付されたステレオタイプと彼らに対する差別意識から明らかに誇張されている。同時代の社会学研究においても、フィリピン人の犯罪率はアメリカ生まれの白人のそれと同レベルであることが明らかにされている。[37] また、早くも一九二八年には警察によってフィリピン人が犯罪者と決めつけられているとの報告をロスアンジェルスのカトリック系福祉団体がおこなっている。[38]

このような倒錯は白人のフィリピン人に対する暴力についての報道でも明らかである。新聞等のメディアはフィリピン人には性欲があり余っているがゆえに、彼らは社会に対する「脅威（menace）」であると位置づけている。そのうえで、コミュニティの防衛のためとし白人のフィリピン人に対する暴力を正当化している。[39] 表7‐1で示したさまざまな新聞記事にもこのような倒錯は反映されている。

一九三四年にカリフォルニア州ソノマ郡に住む一人のフィリピン人がケソンに送った新聞記事の切り抜きには、このようなイメージが典型的に表わされている。新聞記事では、フィリピン人は若い婦女子に対する「脅威」であり、彼らからコミュニティを守るために「市民」による防衛が必要であるという主旨が示されている。そのうえで、同封された手紙では、文法的とは言えない英語で「私たちを『人種的労働問題』から守るため……何かをしてください」と述べ、救済を懇願している。[40]

一九三〇年代前半において、フィリピン人に対する暴力は非常に幅広く見られ、フィリピン人は酷く差別されていた。このような状況とともに独立交渉がおこなわれた。

二　排斥と容認のはざま

排斥法案と移民制限条項

ワトソンビル暴動の直後の一月二四日、フィリピン議会駐米委員（Residence Commissioner）ペドロ・ゲバラが、連邦議会内でもしフィリピン人のモッブがアメリカ人に対して暴行を働いたのであれば、アメリカは軍隊か戦艦を暴動鎮圧のために派遣するであろうと述べている。[41] 翌二月には、イリノイ州選出の下院議員アドルフ・サバスが[42]、トベラの親族に五〇〇〇ドルの賠償金を支払う法案を提出している。[43] このような展開は、しかるべき敬意を在米フィリピン人に払うべきであり、可能であるなら被害者には補償がおこなわれるべきとの心情がワトソンビル暴動直後にはあったことを示している。

しかし、アメリカ連邦議会が在米フィリピン人についての集中的な審議をおこなった同年四月になると、在米フィリピン人への敬意や被害者の補償といった考え方はほぼ完全になくなっている。審議は、排斥法案の提出を受け、法的地位を大幅に変更せずにフィリピン人の移民を止められるか否かを中心に展開した。カリフォルニア州選出の下院議員リチャード・ウェルチと同州選出の上院議員サミュエル・ショートリッジがそれぞれ一月一六日と四月一六日に異なる排斥法案を提出している。[44] これらの法案は、一九二四年に施行されたジョンソン・リード法を改正することによりフィリピン人の排斥を求めた。ジョンソン・リード法とは、植民地出身者であるフィリピン人を除いて、アジア系の人々の移民を完全に禁止した包括的な移民法である。[45] これらの二法案は、結局可決されなかった。しかし、これらの法案がワトソンビル暴動がおきているさなか、または暴動の三カ月ほど後に提出されたことには、注目するべきであろう。つまり、反フィリピン人暴動は排斥運動を弱めるどころか、逆に強めた。その理由は、以下で見るように、フィリピン人排斥を求める人々が、フィリピン人が同化できない証拠として反フィリピン人暴動を利用しようとしたことにあった。

フィリピン人の法的地位

アメリカ連邦議会の下院・上院議員は、その後フィリピン人の法的地位をあらためて精査していく。[46] 市民権に関わる議論は大変複雑である。ここではアメリカ市民権と外国籍の明示的な境界のみに注目し、フィリピン人の法的地位を整理してみたい。[47] 米西戦争の終結をもたらした一八九八年一二月のパリ条約では、フィリピン人の「市民的権利と政治的地位」はアメリカ連邦議会の決定によると述べられている。そして、アメリカ大統領の承認を受け、一九〇二年七月一日に制定されたクーパー法（フィリピン組織法）によって、「フィリピン島嶼市民（citizens of the Philippine Islands）」という地位が創られた。「フィリピン島嶼市民」はアメリカに忠誠を誓うことが要請されたものの、アメリカ市民との関係でどのように位置づけられるのかは明確にされなかった。その後の移民法――一九一七年移民法および一九二四年のジョンソン・リード法――においても、「フィリピン島嶼市民」は「外国人（aliens）」ではないと規定されるのみだった。つまり、アメリカ植民地期を通して、「フィリピン島嶼市民」はアメリカ市民と同一なのか、そうではないのかが不明確のままだった。排斥運動は、この不明確さを取り除きフィリピン人を「外国人」とすることに向けられた。つまり、アジア系で「外国人」という法的地位を付与することにより、フィリピン人はいわゆる「帰化不能外国人」になり、アメリカ市民権やアメリカ本土への移住権が認められなくなるという論理を持っていた。下院議員ウェルチは、フィリピン人を含む「アジア人（Asiatics）」は同化できないので、排斥運動は人種差別ではなく、排斥は当然の措置だと強弁している。[48]

しかし、移民法改正によりフィリピン人移民を止めようという運動はそのものとしては達成されなかった。その大きな理由は、連邦議会内での審議過程で明らかになった「アメリカの旗の下」という考え方であった。この考え方をもっとも明確に示したのが、コネティカット州選出のヒラム・ビンガム上院議員だった。「彼らの旗はわれわれの旗だ。［中略］それとも、われわれは新しい政策を彼らに提示しようというのか。『われわれは君たちの国に行くことができる。しかし、君たちはわれわれの国に来てはいけない。なぜなら、本当のところ、君たちはアメリカ市民になることができないからだ』、と」。[49]「アメリカの旗の下」とは、フィリピンがアメリカの植民地であるかぎり、アメリカはフィリピン人のアメリカへの移民権を認める論理的な義務があるのだという論理だった。

批判の欠如

時間の経過とともに、排斥運動は独立法案内での移民制限条項へと収斂されていった。一九三〇年三月に、ミズーリ州選出のハリー・ホーズ上院議員が、最初の重要な独立法案を提出したが、この法案には移民制限条項はなかった。[50] この法案が再提出され改正された一九三二年二月の段階では、年間一〇〇名の「割り当て外(nonquota)」移民をフィリピンから受け入れるとの条項が示されている。[51] しかし、この法案が同年一二月にサウス・カロライナ選出の下院議員バトラー・ヘアの法案に組み込まれると「割り当て(quota)」移民となり、その数が年間五〇名に減らされている。[52] フィリピン議会で一九三三年に審議されたヘア・ホーズ・カッティング法案も、後にフィリピン独立法となるタイディングス・マクダフィー法案も、年間「割り当て」移民五〇名という同様の条項を有していた。[53] フィリピン議会はタイディングス・マクダフィー法を一九三四年五月一日に承認し、移民制限条項がこの時点から有効となった。

交渉過程において、フィリピン人エリートが移民制限条項を承諾していったことには、疑いの余地がない。一九三〇年四月の連邦議会における激しいやり取りのなかで、当時フィリピン議会下院議長だったマヌエル・ロハスは、アメリカがフィリピン人を排斥するのであればフィリピンに独立を付与しなければならないとする議論を展開している。[54] フィリピン議会も独立なしでのフィリピン人排斥は許しがたいとの決議を挙げている。[55] つまり、これらの主張は独立なくして排斥なしという「アメリカの旗の下」の論理を逆手に取ったもので、逆に独立があるなら移民制限も許容するという余地を残していた。

その後、フィリピン人エリートは、移民制限条項をともなった独立法案に対して賛同していった。一九三一年夏の国務長官ヘンリー・スティムソンとの会談において、ケソンは移民制限を受け入れる準備があることを言明している[56]。一九三二年一月には、セルヒオ・オスメーニャとマヌエル・ロハスらからなる使節団が、ケソンの同意を得て年間一〇〇名の「割り当て」移民という制限を受諾している[57]。一九三三年一二月の国務長官スティムソンとの会合においても、ケソンは年間五〇名に減らされた「割り当て」移民を問題にすることはなかった[58]。

それでは、なぜフィリピン人エリートは独立法案に条項を設け、移民を制限したいというアメリカの要求に応じたのだろうか。少なくとも一点に関しては、それまでの文脈からして移民制限は正当化できるものではなかった。フィリピンは一九四六年七月四日まで公式の独立をせず、コモンウェルス政府の樹立も一九三五年一一月一五日だった。しかし、移民制限は独立法がフィリピン議会に承認された日である一九三四年五月一日に施行された。言いかえれば、フィリピン人の法的地位が変わる前に移民制限が課されたことになる。これは「アメリカの旗の下」という論理に矛盾している。

さらには、なぜ移民制限という方法がアメリカでのフィリピン人差別に対する主たる措置となったのであろうか。アメリカ史を振り返ってみると人種やエスニシティを基にした差別は繰り返し起きている[59]。このような差別は、移民集団や特定の人種に帰される問題ではなく、アメリカのネイティビズムの問題である[60]。そうであるなら、なぜフィリピン人エリートは、この典型的なアメリカ社会の問題に対してより強く批判することができなかったのだろうか[61]。

これらの問いに答えるためには、フィリピン人エリートがアメリカ人為政者に対して、どのようなことばを使い、どのようなことを求め、どの点を譲歩したのかという微視的な分析が必要となる。

三　交渉過程の微視的分析

ワトソンビル暴動の余波

ワトソンビル暴動直後の一九三〇年一月二九日に下院でおこなわれたフィリピン議会駐米委員のカミロ・オシアスとアメリカ人議員のやり取りが対決の第一幕となった。(62) オシアスは、自らのスピーチのなかで反フィリピン人暴動が幅広く生じていることを論じる。そのうえで「私は、誰が問題を起こしているかを、論じるつもりはありません。〔中略〕ある人はフィリピン人のせいだと言い、他の人は労働者が加害者なのだと言います」。そのうえで、「アメリカの旗の下」の論理を援用し、「私たち〔フィリピン人〕が、アメリカの旗の下にいることがあり、市民権こそがアメリカの旗が与えうる最大の効用であるのに、私たちにはアメリカ市民権が適用されない。これが異常（anomaly）なのです」と述べる。

これに対して、カリフォルニア州選出の下院議員ヘンリー・バブアーが、「それでは、あなた方の旗を掲げるのであれば、あなたはフィリピン人を自分たちの土地に留めておくと言うのですか」と論難する。オシアスは、「（前略）私たちに独立が与えられるのであれば、フィリピン諸島はまさにそのことによって外国という区分に属することになります。その状況では、移民という問題については、私たちは他の外国の人々と同様に割り当ての対象となるでしょう」と答える。そして、「もし私たちがアメリカの旗の下にいるにもかかわらず、〔移民排斥〕法案が可決されるようなことがあれば、それは著しい不正義です。〔中略〕この問題やその他関連問題に対する唯一の正しい解決法は、私たちに完全な独立を与えるほかにはないのです」と結論づけている。

この暴動直後のやり取りは、フィリピン人エリートが排斥法案可決の可能性に対して危機感を覚えていたことを示している。また、アメリカ人議員の側でアメリカ白人の人種差別意識を問題視する態度がないことが明らかである。このようななかで、オシアスは、「アメリカの旗の下」の論理を援用し、在米フィリピン人の問題の解決は、政治独立へと帰結していくことを主張している。

移民排斥決議という危機

一九三〇年一一月から一九三一年二月にかけて、独立を与えずフィリピン人を排斥する措置がなされるのではとの危惧が高まった。ペンシルベニア州選出の上院議員デービッド・リードが、フィリピン人を含めた移民を二年間停止する決議案を準備していたからである。[63] 一一月二一日には、ケソンはゲバラに対してこの決議案に関連した議論に十分な注意を払うことを求めている。[64] そのうえで、一一月二五日付の前島嶼局局長のフランク・マッキンタイヤーへの書簡では、フィリピン人の移民停止には「論理が欠落している」「提案に含まれている不正義」といったことばを使い決議案に対する激しい反発の意を示している。[65]

オシアスは、同じく一一月二五日付のケソン宛ての書簡でこの決議が「広範な不況と失業のなかで、非常に人気のあるもの」となり新聞の社説の支持を受けていると報告している。[66] 一一月二七日には、ケソンは自らの私設秘書に電信を送っている。そのなかで、「フィリピン独立を改正案として提示するか、もしくは決議からフィリピン人を外すか、どちらかの措置がなされるように連邦議会の友人達に対して最大の働きかけをしなければならない。成功することを期待してはいないが」と記している。[67] その後、ケソンは、下院・上院議員十数名、国務長官スティムソン、島嶼局局長フランシス・パーカーに書簡を送り決議採択阻止の協力を要請している。[68]

このようなケソンの努力は奏功した。一九三一年二月がこの決議に関わる山場となった。フィリピン議会駐米委員ゲバラや島嶼局局長パーカーが、連邦議会で反論を展開している[69]。このうち、パーカーの反論が力強いものとなっている。それはおおむね以下の四点から構成されていた。（一）カリフォルニアのコモンウェルス・クラブの報告に参照し、フィリピン人は公衆衛生上の「脅威」ではないこと。（二）フィリピン人の性欲は、非常に誇張されて理解されていること。（三）移民統計は正確とは言えないので、フィリピン人と現地の白人のあいだで仕事の奪い合いが起きているという主張の是非を論ずるに十分な根拠がないこと。そして、（四）人口過剰な中国や日本と比べると、フィリピン人の移民はさほど深刻な問題ではないこと。結局、パーカーの演説も影響を及ぼしたと思われ、移民停止を求める連邦議会決議は採択されなかった。

このような展開はフィリピン人エリートのどうしようもない守勢を明らかにしている。彼らにとっては、移民権のない独立か、それとも移民権のある植民地関係の継続かという選択肢はなかった。むしろ、独立をともなう排斥か、それとも独立をともなわない排斥かという選択肢を突きつけられた。パーカーの反論にみるように、排斥運動に抗してフィリピン人の移民権を守るためには、フィリピン人エリートではなくむしろ地位の高いアメリカ白人支援者が連邦議会議員に対して、フィリピン人はアメリカ人に対する「脅威」ではないということを主張しなければならなかった。このような状況のなかで、フィリピン人エリートがフィリピン人に向けられた人種差別を根拠にアメリカ人・アメリカ社会を公けに非難し、フィリピン人は実質的な被害者であることを訴えることなど到底できなかった。

一九三一年の攻防

ケソンが、一九三一年秋にフィリピンに戻ったときには、彼の持っていた政策上の選択肢は非常に限られていた。フィリピンに向けて発つ前にケソンは、フィリピン独立の強力な支援者であるユタ選出の上院議員ウィリアム・キングと非公式の会談をおこなっている。[70] この時点で、ケソンは即時独立ではなく一定の準備期間をおいた独立を目指していた。フィリピン製品の対アメリカ輸出に関する優遇措置を勝ち取り、フィリピンに利益をもたらすことがより合理的であると考えていた。その反面、即時独立という主張を取り下げることの政治的なリスクも認識していた。

このようなケソンの方針に対してキングは、準備期間をともなう独立はアメリカ人の「小さくない反発」を生むだろうと述べた。これに対して、ケソンはフィリピンの経済的状況は「われわれに押しつけられたものであり、そのことに関して、われわれは賛同したわけでもなく、むしろ反対しました」と反論する。つまり、植民地支配がフィリピン人の望んだものではないことを暗に示している。そのうえで、「どういうことだか、言っておきたいと思います。もし選択肢が、自由なき豊かさか、飢餓状態をともなう自由かであるなら、われわれは後者を選択するでしょう。もっとも貧困なき自由を得ることができるのなら、われわれはそれを歓迎しないほどに愚か者ではないということです」と続ける。

キングは完全なる独立を主張する以外のいかなる立場に対しても、労働界、糖業、特定部門の農業関係者からの反発があるだろうと述べる。これに対しケソンは「彼らを満足させる方法があるのです。もし私たちが独立を今得るか、もしくは早い時期に得ることができるのであれば、私たちはフィリピン人移民をわれわれの側から管理することができるでしょう」と答えている。ケソンは、政治的独立と貿易による経済的利益の確保の両立という難しい路線を追求している。そして、この路線を守るためにはフィリピン人の移民権については譲歩する意志があることを示している。

一九三一年一一月のフィリピン議会への報告において、ケソンは独立準備期間をともなう自らの独立案を開示した。[71] この案は、各方面からの、とくに革命の領袖であったエミリオ・アギナルドからの厳しい批判にさらされた。[72] この状況について一九三一年の年末にケソンは「大衆はみな私に反対している。……私の立場に対する糾弾が生じていないのは、人々がいまだに私を信頼してくれており、私が国のために最善を尽くしていると信じてくれているからにすぎない」と述懐している。[73] コモンウェルスは完全な独立と植民地の中間点に置かれた、独立のための準備をおこなうとする曖昧な政体であり、ケソンの意思の申し子であった。しかし、この政体の曖昧さのみならず、そこにともなう移民制限に対してもフィリピン社会の反発があった。

移民制限はフィリピン人にとっての屈辱だと考えられた。もっとも明解な事例としては、フィリピン議会の独立法案拒否がある。一九三三年一〇月にフィリピン議会はヘア・ホーズ・カッティング法案を「受諾することを承認せず」としたが、その理由の一部は移民割り当てに対する反感から生じていた。移民割り当ては「フィリピン人にとって、好ましくないのみでなく不快である」と表現している。[74] また、アギナルドが率いた「革命退役軍人会（The Association of the Veterans of Revolution）」は、移民制限を独立との交換条件としたことに対して「当然とも言えようが、われわれフィリピン人の民族としてのもっとも敏感な感情を傷つけた」と表明している。[75] つまり、アメリカがフィリピンを植民地としておきながら、コモンウェルス政府ができていく過程で他のアジア系外国人と同様にフィリピン人を排斥の対象とすることにはフィリピン社会からの激しい反発があった。

エリートの発言の両義性

しかし、このような屈辱感にもかかわらず独立交渉そのものは継続した。政治エリートの発言を注意深く観察すると、移民制限に激しく反対するフィリピン社会と移民制限を当然と考えるアメリカ社会の双方をうまく懐柔していたことがわかる。

フィリピン国立図書館所蔵のケソン文書には、ケソンがヘア・ホーズ・カッティング法案について、一九三三年一月にアメリカのラジオ聴衆に対して演説した際の原稿が残されている。[76] 彼は同法案の賛成派も反対派も真摯に独立を望んでいるが、彼自身の考えでは、同法案は独立を約束しているだけであって実際に独立を付与するわけではないと述べる。そのうえで、ケソンは貿易上の不均衡には触れるものの移民制限にはまったく触れていない。

同じファイルには、日付の書いていない「我が同胞へ（My fellow countrymen）」と題された演説原稿がある。この原稿ではヘア・ホーズ・カッティング法案とジョーンズ法のあいだの矛盾やアメリカ軍の基地がフィリピンの領土的保全を侵しているとする非難を述べた後、「新しい法律ではフィリピン人の移民は制限され、その後禁止されるが、これは民族的な屈辱（national humiliation）である」と述べている。[77] この資料の所在と内容から、この演説は一九三三年におそらくフィリピンでラジオを通しておこなわれたと思われる。これら二編の演説が示すように、ケソンは状況に応じて力点を変えている。

また、ひとつの演説のなかでも移民制限の意義が弱められた事例もある。フィリピン議会上院の与党院内総務であったエルピディオ・キリノによって、一九三三年一二月二二日にシカゴでおこなわれた演説を取り上げてみよう。主旨はなぜフィリピン議会はヘア・ホーズ・カッティング法案を承認拒否したのかを説明することにあった。「フィリピン人は、独立準備期間中、真の意味での（bona fide）外国人として、割り当て移民制度の対象となります」、その後にはアメリカ本土からは「完全に排斥されます」と述べる。その反面、フィリピン在住アメリカ人の権利と財産は、「あたかも彼らが〔中略〕フィリピン人であるかのように」保護されることを指摘する。そして、「ただ良心から言えることは、〔中略〕なぜ私たちが好ましくない外国人として〔中略〕扱われなければならないのか理解できないということです」と続ける。しかし、演説の最後では、フィリピン人は「自由を愛する国としてのアメリカの偉大な伝統と理想、そして弱小な被支配民族を解放するというアメリカの使命が失敗ではなかったこと」に励まされてきたと結論づけている。[78] キリノは、移民制限について論じる演説であっても、アメリカの良い伝統を賞揚することによりアメリカ人聴衆が受け入れられるものとして提示している。

これらの演説に見るように、フィリピンにおいてはフィリピン人とアメリカ人のあいだの構造的な不平等は指摘された。しかし、アメリカ人聴衆に対しては、この不平等は指摘されないか、指摘される場合には非難の根拠とはされなかった。むしろ、不平等を是正できないこと自体が、アメリカ人と接するときに生じるフィリピン人の避けようもない深い痛みとして表現されたのである。

ここまで示してきた交渉戦略は、しかしエリートの保身や権力志向のみから生じたわけではなかった。ケソンは、たびたびフィリピン議会駐米委員のゲバラと親密な手紙のやり取りをしている。そのうちの一通では「私たちとアメリカ人のあいだには友好的な関係が維持されるべき」と述べている。「私たちは世界的で偉大な国家の精神的な支援を得ることができ、アメリカは極東の国家のひとつから感謝の気持ちを受け取ることができる」との見解を示している。[79] つまり、フィリピン人エリートにとっての独立交渉の目的は、ただ政治的独立を得ることではなく、独立後にもフィリピン人とアメリカ人が良好な関係を保ち続けられることにあった。

このフィリピン人排斥に対する政治エリートの両義的な姿勢に対応するように、在米フィリピン人に対するフィリピン社会の視線もさまざまな感情が入り混じったものだった。

四　屈辱と救済

「民族屈辱の日」

フィリピン社会は、当初は反フィリピン人暴動に対して非難を表明している。トベラが殺されるや否や、ワトソンビル暴動は、マニラおよびアメリカ西海岸州において幅広く語られる問題となった。マニラでは大学生による抗議行動がおこなわれている[80]。トベラが殺されてから九日後の二月二日は「民族屈辱の日（National Humiliation Day）」と定められた。当日の集会には一万五〇〇〇人が集まり、フランシスコ・バロナやトマス・コンフェソールといったフィリピン議会の政治家、ホセ・コラソン・デ・ヘスースやフロレンティノ・コランテスといったタガログ語詩人、著名な教育者であったホルヘ・ボコボが登壇している[81]。ロスアンジェルスにおいても、抗議集会が開かれ決議が採択されている[82]。

二月半ばには、「フィリピン独立議会（Philippine Independence Congress）」という著名人を集めた独立団体が、ワトソンビル暴動を批判する内容を団体の刊行文書に掲載している[83]。トベラの遺骸がバンクーバーからマニラに運ばれた際には、ハワイや横浜といった寄港先において追悼集会が開かれている[84]。マニラの埠頭に遺骸が到着すると、数千の労働者が出迎えた。遺骸はイロコス地方の彼の出身地に埋葬された[85]。この時期フィリピンの町議会や州議会さらには民間団体などが、反フィリピン人暴動を非難する決議を挙げている[86]。また、交渉にあたったフィリピン人エリートではなく、より過激な勢力はアメリカ社会を糾弾している。ワトソンビル暴動を描写するにあたり、アギナルド率いる「革命退役軍人会」は「無防備なフィリピン人が被った恐るべき屈辱[87]」、フィリピン議会議員のコンフェソールは「血に飢えたアメリカ人[88]」と激しい表現を使っている。

問題の矮小化

しかし、このような怒りの表明は、早々に消え去ってしまった。表7-1で示したように、トベラは不自然な死を遂げたフィリピン人の一人にすぎなかった。一九三〇年に絞っても、ホアキン・ソメラは暴動のなかで不可解な焼死体となって発見されたし、アリストン・ランプキーは白昼に殺害されている（事件番号9、11）。これら

出典：*PFP* 20 Sept. 1930, 32.

図版7-2『フィリピンズ・フリー・プレス』の記事

の状況とトベラ殺害の状況が大きく異なっているとは言えない。被害者はフィリピン人であり、殺害の容疑者は白人である。また、農業地域で事件が生じている。しかし、大衆を動員した抗議活動はおこなわれていないし、決議はわずかに挙げられているものの、同情や糾弾の表明はほとんど見られない[89]。同年に生じているにもかかわらず、これらの死がフィリピン人の屈辱感を強めたとは言えない。

反フィリピン人暴動に対する関心の低下は、フィリピン在住のアメリカ人によっても観察されている。植民地総督であったデービスは、一部の人々がワトソンビル暴動に関連して「反米感情を焚きつけようとした」が成功はしないだろう、と一九三〇年四月にマニラから島嶼局へ報告している[90]。オランダ系アメリカ人A・V・H・ハーテンドープは、デービスの見解を共有している。同年五月にフィリピン人に屈辱を与えることは問題であるが、フィリピン人移民の置かれた状況は「さして重要ではない」ので暴動はいずれ収まるだろうと論じている[91]。この見解は、『フィリピンズ・フリー・プレス』誌に掲載されたイラストにも反映されている。このイラストでは、フィリピン人に対する暴動や差別を指し示す見出しが羅列されており、反フィリピン人暴動が頻繁かつ広範に発生していることを明らかにしている。しかし、「このイラストには見出しは必要ない」という反語的な見出しと、「望むなら読んでください」との投げやりなキャプションは、反フィリピン人暴動にはもはやニュースとして取り上げる価値がないことを示唆している。これらの見解がマニラのアメリカ人の政治的立場を反映していることは言うまでもない。ただ、前述の観察やこのイラストは、フィリピン社会において在米フィリピン人の被った差別や暴力が矮小化されていったことを物語っている。

一九三六年に発行された権威ある著作においても、在米フィリピン人がおかれた状況の深刻さを伝えることには失敗している。アメリカ人でありながらフィリピン最高裁判所判事を務めたジョージ・マルコムが編者である『フィリピン・コモンウェルス』（*The Commonwealth of the Philippines*）には、「アメリカのピノイ」という章がある。[92] この章の著者は、オシアスの後を継ぎ、フィリピン議会駐米委員となったフランシスコ・デルガドである。[93] そこでのナラティブは、フィリピン人がアメリカに行きアラスカなどで大金を稼いだ、「金髪の妖婦（blond siren）」の虜となり貧困に陥った、船賃を支払う必要のない「慈善金旅客（charity passengers）」となりフィリピンに戻ってきた、というものである。そこには、反フィリピン人暴動や在米フィリピン人による犯罪行為はまったく記されていない。もっとも、この著作のゲラ版には「帰還した冒険者は、皆アメリカにはフィリピン人のいるべき場所はないということに同意している」という一文が記されている。[94] この一文には赤い一重線が引かれており、刊行された著作からは削除されている。[95]

在米フィリピン人のおかれた状況に対する関心の低下の主要な原因が、犯罪をおこなう在米フィリピン人というイメージにあったことは疑いの余地がない。『マニラ・デイリー・ブリテン』（*Manila Daily Bulletin: MDB*）の「犯罪と心情（Crime and Sentiment）」と題された社説では、「犯罪がカリフォルニアにおける反フィリピン人感情［の醸成］に大きな役割を果たしている」との見解を示している。[96] 同様に、一九三〇年夏にロスアンジェルスやその近郊を調査したボコボは、記名記事のなかで一部の在米フィリピン人の犯罪傾向が彼ら全体に対する蔑視につながっていると述べている。[97] これらの記事は、英語新聞の購読者層であったフィリピンの中間層の価値観を反映していると言えよう。つまり、中間層は在米フィリピン人は犯罪者というイメージゆえに、彼らの状況に対する関心を失い、反フィリピン人暴動を広い意味での脱植民地化ナショナリズムに結びつけようとはしなかった。

救済のための努力

フィリピン人エリートの独立に向けた交渉戦略の問題点は、アメリカ政府の責任を問うことをしなかったので、在米フィリピン人に向けられた継続的な暴力に対する同政府による是正措置を促さなかったことにある。在米フィリピン人からケソンに送られた手紙には、生々しく恐怖と苦難が描かれている。[98] 一九三一年一二月に書かれた手紙では、「もし私がアメリカのフィリピン市民が被っている酷い苦痛と悲惨さを明確に伝えられるとしたら、あなたは恐怖にみまわれ衝撃を受けるでしょう」と記している。[99] 一九三四年四月の手紙では、「フィリピン法［フィリピン独立法］が受け入れられると、また、反フィリピン人暴動、銃撃、殺害、暴行がカリフォルニアで起きるでしょう。私たちはいまだに餓死するほどの苦しみを受け続けているのです。もし誰かが助けてくれるのであれば、このような苦しみから逃れさせてください」と文法的とは言えない英語で訴えている。[100]

在米フィリピン人の苦しみをフィリピン人エリートは看過していたわけではなかった。むしろ、現実的な改善をもたらすべく努力をしていた。一九三〇年には少なくとも、三回の現地調査がおこなわれている。[101] この内、フィリピン議会上院議員ファン・スムロンの報告がもっとも鋭く建設的である。スムロンは西海岸州に「フィリピン人の労働問題担当委員（Filipino labor commissioner）」の職か、「法人化されたフィリピン人福祉団体」の創設を求めている。[102]「労働問題担当駐米委員」に関しては「フィリピンで、全国的に名前が知られて」おり、在米フィリピン人と当地の管轄当局に大きな影響を与えられる人物が就くべきであると進言している。ケソンの下に寄せられた手紙から、一九三〇年の秋にはすでに「労働問題担当委員」職への指名争いがなされていることが窺われる。[103]結局この役職は創設されなかった。また「フィリピン人福祉団体」も結成されていない。

これらの是正措置がなされないなかで、在米フィリピン人への暴力に対応したのはフィリピン議会駐米委員のゲバラとオシアスだった。一九三〇年の夏には、カリフォルニア中部で反フィリピン人暴動が頻発していた（事件番号9）。ゲバラとオシアスは、助けを求める現場のフィリピン人からのひとつひとつの手紙に誠実に対応し、警察による保護などの措置をカリフォルニア州知事に繰り返し求めている。[104]しかし、この夏の一連の暴動を防ぐことはできなかった。その結果、多数の傷害事件がおきソメラが死亡した（事件番号9）。アメリカにいたフィリピン人エリートは、在米フィリピン人に対する暴力を防ごうとさまざまな努力をおこなったが、彼ら自身には在米フィリピン人を保護する十分な権威と実行能力がなかった。

人種差別を公然と批判できずとも、弱者である在米フィリピン人を気遣う態度は、独立交渉を主導したケソンその人にも共有されていた。

五　脱植民地化と「恩恵の論理」

ケソンの対応

一九三〇年代末、ケソンは南カリフォルニアの町モンロビアの療養所で、肝炎の治療をおこなっていた。その間、彼は暴動の被害者となったフィリピン人に使者を送っている。ランプキーが死亡した事件（事件番号11）については、その前後関係はよくわからないが、ケソンは自分の使者が誤解を招いたことについて遺族である兄（弟）に謝罪文を送っている。[105] また、その後の手紙からは、ケソンが実質的に名前を貸し、ランプキーの遺骸をフィリピンに送還する必要費用を遺族が集めるのに協力したことが窺われる。[106]

ケソンは重大な犯罪をおこなったフィリピン人収監者に対しても、誠実な手紙を送っている。一九一九年のやり取りでは、殺人で有罪となった収監者がケソンに対して救済措置を求めている。裁判での英語がわからなかったので、正当な裁判が受けられなかったことや、弁護士の能力が低かったことを説明している。[107] ケソンは収監者がアメリカで罪を犯し、その犯罪に対して判決はすでに下されているので助けることはできないと返信する。しかし、収監者の事件について「大変注意深く」検討したことを述べたうえで、収監者が模範的な生活態度を保つことを願っていると記している。返信の終わりには「私自身があなたのために何かをできる地位にはないことを残念に思います。信じてください」と記している。[108]

虐げられた在米フィリピン人に対するケソンの気遣いは長期間にわたるものだった。一九三八年に、ケソンはマニラのマラカニアン宮殿にてアメリカ共産党の代表者と会談をもった。その際にも、在米フィリピン人のおかれた状況を改善すべくアメリカ共産党に協力を要請している。[109]

政治家ケソンの評伝においては、このような下層の在米フィリピン人に対する関与が十分に論じられてきたとは言えない。むしろ、フィリピン独立法を勝ち取った熟練の政治家として描かれてきた。[110] 熟練政治家としてのケソンは、アメリカ社会の人種差別を公的に批判することは在米フィリピン人のおかれた状況を改善するのではなく、アメリカ人の反フィリピン人感情を煽ることにより排斥運動が強まることにつながりかねないことを理解していたと言えよう。公的な批判をしたとしたら、少なくともケソンが連邦議会内に作り上げていたフィリピン独立にむけた人的ネットワークは機能不全に陥ったであろう。つまり、公的な批判の代わりに、ケソンは暴動の被害者や収監者となってしまった在米フィリピン人に個人的な気遣いを見せていたのである。

在米フィリピン人の見解

それでは、在米フィリピン人は、自らのおかれた状況と政治的独立をどのように捉えていたのであろうか。トベラの死から半月後に、M・ミエベラスという名のフィリピン人が、ワトソンビルからケソンに手紙を書いている。文法に則っておらずスペルも誤っている拙い英語で「リサール博士と兄弟トベラは、私にとってはそれぞれの時代における殉教者です」と書いている。リサールとトベラの名を並置することにより、革命を想起し、そこに自らの境遇を関連づけている。そのうえで、「今フィリピンは、トベラのためにも永遠の自由を手にいれるべきなのに、なぜできないのでしょうか」と訴えている。[111]一九三四年には、「フィリピン政治学協会（Philippine Political Science Association）」というサンフランシスコの団体が以下の内容の手紙をケソンに送っている。

私たちは、誇り高い人種（proud race）です。東洋からのよそ者（"Oriental Alliens" [sic]）として、人種差別を受け続けることは、ますます耐えがたくなってきています。〔中略〕われわれには、規律が足りません。〔中略〕なぜでしょうか。それは、私たちには覚悟が足りず、訓練されておらず、まとまりがないからです。〔中略〕同族意識や同情心に溢れた精神や、不屈で、無骨な愛国主義（patriotism）によってのみ、私たちは国民としての連帯（national solidarity）を手にすることができます。連帯によってのみ、私たちは自由を求めることができるのです。[112]

政治的独立を希求するにあたり、フィリピンのフィリピン人と比べると在米フィリピン人にはより切迫した理由があった。これらの手紙に見るように、脱植民地化のナショナリズムはフィリピンの政治的独立のみならず、自分たちが経験する頻発する暴力や日常的な差別、さらにはそれらに起因する屈辱感からの解放を意味していた。

引き続く「恩恵の論理」

巨視的な視点から比米関係を見るのであれば、反フィリピン人暴動はアメリカ植民地主義と同様に人種差別をともなっていた。教員制度における構造的な待遇差や、マニラの高校での差別発言といった具体事例の根底には、アメリカ人がフィリピン人よりも優れているとする価値観があった。この価値観があったからこそ、アメリカ人の「恩恵」ゆえに、フィリピンが独立できるという植民地主義のナラティブが成立した。反フィリピン人暴動は、このナラティブに危機をもたらした。アメリカ人の持つ差別意識や人種差別による暴力が前景化することは、明らかにアメリカ人の「恩恵」と矛盾したからだ。つまり、反フィリピン人暴動は、アメリカ人の「恩恵」とフィリピン人の「感謝」（序章第一節）から構成されていた植民地主義をめぐる公的な関係性に破綻をもたらす可能性があった。しかし、アメリカ人の人種差別は公けには論じられなかったため、この破綻は避けられた。

ただ、このような態度を取ることによって、フィリピン人エリートはアメリカ人の人種差別と対決することを避け続けたとも言えよう。また、フィリピン脱植民地化の過程で、フィリピン人からの強烈なナショナリズムの挑戦を受けなかったアメリカ社会も、自らの人種差別をあらためて振り返ることがなかったのである。強烈なナショナリズムも人種差別に対する省察もなかったという意味での二重の欠如は、その後の比米関係を拘束し続けた。親米国家の道を歩んでいくフィリピンと植民地帝国であった記憶を失っていくアメリカが、この二重の欠如を埋めることはなかった。より具体的に言うのであれば、「恩恵の論理」は保たれ、フィリピンとアメリカの双方においてアメリカ植民地主義を「恩恵」とする歴史認識が否定されずに残り続けることになるのである。

註

（1）移動の自由を制限するものとしての国家概念については、ジョン・トーピー著、藤川隆男監訳『パスポートの発明――監視・シティズンシップ・国家』法政大学出版局、二〇〇八年を参照のこと。

（2）フィリピン独立交渉史研究は、経済問題と国際関係における安全保障に注目してきた（Theodore Friend, *Between Two Empires: The Ordeal of the Philippines, 1929-1946*, New Haven: Yale University Press, 1965; Bernardita Reyes Churchill, *The Philippine Independence Missions to the United States, 1919-1934*, Manila: National Historical Institute, 1983; 中野聡『フィリピン独立問題史――独立法問題をめぐる米比関係史の研究（1929―46年）』龍溪書舎、一九九七年）。より最近の研究では、コモンウェルスという政体への変遷とその後の独立が、フィリピン人の市民権に及ぼした影響を論じている（Allan Punzalan Isaac, *American Tropics: Articulating Filipino America*, Minneapolis: University of Minnesota Press, 2006, Chapter 2; Filomeno Aguilar, Jr., "The Riddle of the Alien-Citizen: Filipino Migrants as US Nationals and the Anomalies of Citizenship, 1900s-1930s," *Asian and Pacific Migration Journal*, vol. 19, no. 2 (2010), pp. 203-236）。また、フィリピンとアメリカ合衆国の文化へどのような影響を及ぼしてきたかを論じた研究もある（Kimberly A. Alidio, "Between Civilizing Mission and Ethnic Assimilation: Racial Discourse, U.S. Colonial Education and Filipino Ethnicity, 1901-1946," Ph.D diss., University of Michigan, 2001; Paul A. Kramer, *The Blood of Government: Race, Empire, the United States, and the Philippines*, Chapel Hill: University of North Carolina Press, 2006, Chapter 6）。フィリピン系アメリカ人、またアジア系アメリカ人についての研究は、一九三〇年代のアメリカ本土、とくに西海岸州におけるフィリピン人の生活誌を描きだしてきた（Josefa M. Saniel, *The Filipino Exclusion Movement, 1927-1935*, Quezon City: University of the Philippines, Institute of Asian Studies, 1967; Howard A. DeWitt, *Anti-Filipino Movements in California: A History, Bibliography, and Study Guide*, San Francisco: R and E Research Associates, 1976, Chapter 9; Veltisezar B. Bautista, *The Filipino Americans, From 1763 to the Present: Their History, Culture, and Traditions*, Farmington Hills: Bookhaus Pub., 1998, Chapter 10; Barbara Mercedes Posadas, *The Filipino Americans*, Westport, Conn.: Greenwood Press, 1999, Chapter 2; Rick Bonus, *Locating Filipino Americans: Ethnicity and the Cultural Politics of Space*, Philadelphia: Temple University Press, 2000, Chapter 2; Mae M. Ngai, *Impossible Subjects: Illegal Aliens and the Making of Modern America*, Princeton: Princeton University Press, 2004, Chapter 3; Linda España-Maram, *Creating Masculinity in Los Angeles's Little Manila: Working-Class Filipinos and Popular Culture, 1920s-1950s*, New

York: Columbia University Press, 2006)。いくつかの研究は、在米のフィリピン人の歴史に触れることにより、彼らのマイノリティ集団としての特徴を顕わにしてきた。端的には、「忘れられた」マイノリティと位置づけている（Fred Cordova, *Filipinos, Forgotten Asian Americans: A Pictorial Essay, 1763-Circa 1963*, Dubuque, Iowa: Kendall/Hunt Pub. Co., 1983; Ngai, *Impossible Subjects*, p. 126)。この点については、オスカー・カンポマネスが示したアメリカ史からアメリカ帝国主義を消失させる歴史上の論理が参考になった（Antonio T. Tiongson, Jr., Edgardo V. Gutierrez and Ricardo V. Gutierrez, *Positively No Filipinos Allowed: Building Communities and Discourse*, Philadelphia: Temple University Press, 2006, Chapter 2)。最近の二つの研究は、在米フィリピン人の法的地位の変遷とそのような変遷が生活に与えた影響について論じている（Ngai, *Impossible Subjects*, Chapter 3; Erika Lee and Judy Yung, *Angel Island: Immigrant Gateway to America*, Oxford: Oxford University Press, 2010, Chapter 8)。

（3）Paul A. Kramer, “Race, Empire, and Transnational History,” *Colonial Crucible: Empire in the Making of the Modern American State*, edited by Alfred W. McCoy and Francisco A. Scarano, Madison: University of Wisconsin Press, 2009, p. 209.

（4）この事件は、Friend, Bonus, Lee and Yung の三点を除き、本章註（2）で示したすべてのアジア系アメリカ人、フィリピン系アメリカ人に関する文献で触れられている。

（5）この要約は以下の文献による。Emory Stephen Bogardus, “Anti-Filipino Race Riots,” *Anti-Filipino Movements in California*, pp. 88-111; Orignally Published in 1930; Department of Industrial Relations, State of California, *Facts about Filipino Immigration into California*, Speical Bulletin no. 3, 1930, pp. 73-76; Bruno Lasker, *Filipino Immigration to Continental United States and to Hawaii*, Chicago: University of Chicago, 1931, pp. 358-365; Howard A. DeWitt, *Anti-Filipino Movements in California: A History, Bibliography, and Study Guide*, San Francisco: R and E Research Associates, 1976, pp. 46-66; Howard A. DeWitt, *Violence in the Fields: California Filipino Farm Labor Unionization during the Great Depression*, Saratoga: Century Twenty One Pub., 1980, pp. 30-48 および一九二九年一二月から一九三〇年二月にかけての『パハロニアン』（*Watsonville Evening Pajaronian: WEP*）および同時期のその他の新聞の関連記事。

（6）この決議は次のファイルに保管されている。File “2:20 Resolutions,” pp. 85-87, Reel 4, JEW.

（7）*WEP*, 10 Jan. 1930, p. 1.

（8）タクシー・ダンスとは、男性のパトロンが女性のダンサーと数分一緒に踊るごとに、一〇セントのチケットを渡すというものだった（Paul Goalby Cressey, *The Taxi-Dance Hall: A Sociological Study in Commercialized Recreation and City Life*, New York: AMS Press, 1971, p. 27; First Edition Published by Chicago: University of Chicago Press, 1932)。つまり、非常に高価な娯楽と言え、フィリピン人労働者の搾取を意味した（España-Maram, *Creating Masculinity*, p. 115)。

(9) *WEP*, 20 Jan. 1930, pp. 1, 6; *WEP*, 21 Jan. 1930, p. 2.

(10) File 26671, Entry 5, RG 350, NARA に所収の手紙、報告、新聞記事などから作成。それらの多くは、現地在住のフィリピン人から送られてきている。Lasker, *Filipino Immigration to Continental United States and to Hawaii* に記載されている事件については、同書の頁番号を情報源として示した。

(11) File 26671 内の資料や新聞記事によると、事件1、3、4、8、12、14において、白人女性が関与している。

(12) *Manila Daily Bulletin* (*MDB*), 31 Mar. 1930, p. 1; *Los Angeles Times* (*LAT*), 22 Aug. 1930, p.9; *Tribune, The* (*TR*), 3 Jan. 1931, p. 2; *LAT*, 14 Feb. 1932, p. A3; *LAT*, 19 July 1935, p. A3.

(13) *LAT*, 18 Jan. 1931, p. 11.

(14) *LAT*, 16 June 1931, p. A8; *LAT*, 1 Sept. 1931, p. 1.

(15) *MDB*, 31 Mar. 1930, p. 1; *LAT*, 21 Aug. 1931, p. A18.

(16) *MDB*, 7 Dec. 1931, p. 10; *MDB*, 10 Dec. 1931, p. 1; *MDB*, 28 June 1932 in RG 350, Entry 5, File 26671-79. NARA.

(17) *TR*, 15 Jun. 1930, p. 1; *MDB*, 9 Mar. 1932, p. 14.

(18) *MDB*, 28 Jan. 1932, p. 1; *MDB*, 23 Mar. 1932, p. 1.

(19) *LAT*, 9 Aug. 1930, p. A14; *LAT*, 9 Jan. 1932, p. 4.

(20) *MDB*, 4 Apr. 1933, p. 1; *MDB*, 7 Apr. 1933, pp. 1, 5; *MDB*, 10 Apr. 1933, p. 6; *MDB*, 31 July 1933, p. 1.

(21) *MDB*, 15 June 1932, in RG 350, Entry 5, File 26671-79, NARA; *MDB*, 5 Apr. 1933, p. 1; *MDB*, 7 Apr. 1933, p. 1; *MDB*, 15 Apr. 1933, p. 1; *MDB*, 17 Apr. 1933, pp. 1, 8; *LAT*, 26 Nov. 1932, p. 3; Dorothy B. Fujita-Rony, *American Workers, Colonial Power: Philippine Seattle and the Transpacific West, 1919-1941*, Berkeley: University of California Press, 2003, pp. 142-143.

(22) Trinidad Rojo, "Social Maladjustment Among Filipinos in the U.S.," *Sociology and Social Research*, vol. 21, no. 5 (1937): p. 447.

(23) 一九二〇年代にサンフランシスコまたはロスアンジェルス経由で渡米した三万一〇九二人のうち、二万九〇一三人が男性であり、そのうち二万四五〇〇人ほどは三〇歳未満だった（Department of Industrial Relations, *Facts about Filipino Immigration into California*, pp. 18-22, 35-37）。

(24) この点についての考察としてつぎの論集がある。Tiongson, Gutierrez and Gutierrez, *Positively no Filipinos allowed*.

(25) 一九三三年にはカリフォルニア州議会が、白人と「マレー人種に属する者」の結婚を許可しないこと求める法案を審議している（Senate Bill, no. 176, File "3:1 U.S. Congress: Acts, Bills, Reports, etc.," pp. 110-150, Reel 4, JEW）。また、この点についての論文としては、Nellie Foster, "Legal Status of Filipino Intermarriages in California," *Sociology and Social Research*, vol. 16 (1932): pp. 441-454 がある。

(26) Barbara Mercedes Posadas, "Crossed Boundaries in Interracial Chicago: Pilipino American Families since 1925," *Amerasia*, vol. 8, no. 2 (1981): pp. 38-39.

(27) Lasker, *Filipino Immigration to Continental United States and to Hawaii*, p. 83; *Sacramento Bee* 5 Mar. 1930, p. 7, no folder name, Reel 3, JEW.

(28) American Federation of Labor（*The Philippine Herald* (*PH*), 13 Oct. 1933, File 26671-79, Entry 5, BIA Records, RG 350, NARA）や California State Federation of Labor (File 26671-94, Entry 5, BIA Records, RG 350, NARA) が排斥を望む決議を挙げている。

(29) Commonwealth Club of California in RG 350, Entry 5, File 26671, NARA; California State Legislature, "Assembly Joint Resolution No. 15, filed with Secretary of State, May 15, 1929," in File "3:1 U.S. Congress: Acts, Bills, Reports, etc.," pp. 110-150, Reel 4, JEW.

(30) Neil Larry Shumsky, "Tacit Acceptance: Respectable Americans and Segregated Prostitution, 1870-1910." *Journal of Social History*, vol. 19, no. 4 (1986): pp. 665-679.

(31) Cf. Lasker, *Filipino Immigration to Continental United States and to Hawaii*, pp. 258-62; Cordova, Filipinos, p. 123.

(32) この総数は、Lasker, *Filipino Immigration to Continental United States and to Hawaii*, p. 21 による。九〇五人が大学かカレッジに在籍しており、一五〇〇人ほどが何らかの学校に通っていたと推計されている（*MDB* 27 July 1931, pp. 1, 8）。

(33) Lasker, , *Filipino Immigration to Continental United States and to Hawaii*, pp. 131, 142-155.

(34) *Ibid.*, pp. 154-55.

(35) Trinidad Rojo, "Social Maladjustment Among Filipinos in the U.S.," *Sociology and Social Research*, vol. 21, no. 5 (1937): pp. 450-453.

(36) Cressey, *The Taxi-Dance Hall*, pp. 155-160; Ronald Takaki, *Strangers from a Different Shore: A History of Asian Americans*, Boston: Little, Brown, 1989, pp. 335-343; España-Maram, *Creating masculinity*, pp. 105-33.

(37) Norman S. Hayner, "Social Factors in Oriental Crime," *American Journal of Sociology*, vol. 43, no. 6 (1938): pp. 916.

(38) 一九二八年一二月二一日付のジェームズ・ドーランからMLQへの書簡、MLQ papers, Series VII, Box 134, File "L," FD, NLP.

(39) ワトソンビル暴動前後の『パハロニアン』には、フィリピン人は性欲過剰でコミュニティへの脅威であることを示唆する記事が掲載されている（cf. *WEP* 5 Dec. 1929, p. 1; *WEP* 10 Dec. 1929, p. 4; *WEP* 19 Dec. 1929, p. 1; *WEP* 22 Mar. 1930, p. 1）。

(40) 一九三四年六月一三日付のM・G・トマネンからMLQへの書簡、MLQ papers, Series VII, Box 136, File "T," FD, NLP.

(41) 71st Congress, 2nd sess. *Cong. Rec.* 72, daily ed., 24 Jan. 1930: H2323; *LAT* 25 Jan. 1930, 4.

(42) アメリカ連邦議会議員の出身選挙区などについては以下のウェブサイトで調査した。Biographical Directory of the United States Congress, 1774-Present, n.d. http://bioguide.congress.gov/biosearch/biosearch.asp（二〇一四年八月一日アクセス）。

(43) H. R. 10061, 71st Congress, 3rd sess. *Cong. Rec.* 74, daily ed., 4 Mar. 1931, H7381; *LAT* 19 Feb. 1930, p. 1.

(44) H. R. 8708, 71st Congress, 2nd sess., *Cong. Rec.* 72, daily ed., 16 Jan. 1930, H1761; S. 4183, 71st Congress, 2nd sess., *Cong. Rec.* 72, daily ed., 16 Apr. 1930, S7104.

(45) ウェルチは、ジョンソン・リード法の二八条b項による「外国人（alien）」条項を、フィリピン人に適用しようとした（“3:1 U.S. Congress: Acts, Bills, Reports, etc.,” pp. 110-150, Reel 4, JEW）。ショートリッジは、ジョンソン・リード法の二八条f項を援用し、フィリピンに渡航管理事務所を設けアメリカ渡航を許可制にしようとした（71st Congress, 2nd sess. *Cong. Rec.* 72, daily ed., 16 Apr. 1930, S7104）。

(46) cf. 71st Congress, 2nd sess. *Cong. Rec.* 72, daily ed., 9 June 1930, S10273-75.

(47) おおむねここでの議論は Aguilar, “The Riddle of the Alien-Citizen” に拠っている。

(48) 72nd Congress, 1st sess. *Cong. Rec.* 75, daily ed., 8 Apr. 1932, H7772-73.

(49) 72nd Congress, 1st sess. *Cong. Rec.* 75, daily ed., 29 June 1932, S14274-75.

(50) S. 3822, File “3:1 U.S. Congress: Acts, Bills, Reports, etc.,” pp. 110-150, Reel 4, JEW.

(51) S. 3377, Sec. 8, 72nd Congress, 1st sess. *Cong. Rec.* 75, daily ed., 8 Feb. 1932, S3514.

(52) H. R. 7233, Sec. 8a(1), 72nd Congress, 2nd sess. *Cong. Rec.* 76, daily ed., 22 Dec. 1932, S877-881.

(53) Sec. 8a(1) of the Tydings-McDuffie bill. タイディングス・マクダフィー法の条文は Casiano Pagdilao Coloma, “A Study of the Filipino Reparation Movement,” MA Thesis, University of Southern California, 1939; Reprinted by San Francisco: R and E Research Associate, 1974, pp. 80-90 に掲載されている。

(54) Churchill, *The Philippine Independence Missions to the United States*, pp. 236-37.

(55) 72nd Congress, 1st sess. *Cong. Rec.* 75, daily ed., 15 Dec. 1931, S591-592.

(56) Churchill, *The Philippine Independence Missions to the United States*, p. 250.

(57) *Ibid.*, p. 266.

(58) 中野聡『フィリピン独立問題史』七六頁。

(59) たとえば、アジア系で初めに排斥された中国系に対する法的措置については、貴堂嘉之「『帰化不能外人』の創造——一八八二年排華移民法制定過程」『アメリカ研究』二九巻、一九九五年、一七七—一九六頁、貴堂嘉之「〈アメリカ人〉の境界と『帰化不能外国人』」油井大三郎・遠藤泰生編『浸透するアメリカ、拒まれるアメリカ——世界史の中のアメリカニゼーション』東京大学出版会、二〇〇三年、五二—七一頁を参照のこと。カリフォルニア州南部においては、白人の入植が進むにつれ、白人がそもそも住んでいたメキシコ人や先住民に対して暴力を振るうことが頻発していった（Carey McWilliams, *Southern California: An Island on the Land*, Salt Lake City: Gibbs Smith Publisher, 1973, pp. 43, 60）。また一九世紀後半から二〇世紀にかけ、中国系、日系に対する排斥運動が高まった（Carey McWilliams, *Brothers Under the Skin*, Boston: Little, Brown and Company, 1944, pp. 233, 240）。

(60) ネイティビズムと白人性、または、ネイティビズムとアメリカのナショナリズムの関係については、John Higham, *Strangers in the Land: Patterns of American Nativism 1860-1925*, New York: Atheneum, 1963 を参照のこと。

(61) 別稿において、抗議文の分析や中国・日本との比較から強力な批判が成立しなかった背景を考察した（岡田泰平「フィリピン脱植民地化における暴力の軌跡——一九三〇年代の反フィリピン人暴動と暴力批判」『歴史評論』（七四四号）二〇一二年四月号、二八—四一頁）。

(62) 本段落および次段落のやり取りは、次の文献による。Camilo Osias, *The American-Philippine Problem in Relation to Labor and Immigration*, January 29, 1930, Washington: US Government Printing Office, 1930, MLQ papers, Series III, SS-Speeches, Box 40, File "1930 1) The American-Philippine problem…"

(63) *Washington Post* (*WP*), 24 Nov. 1931, p. 1; *MDB*, 7 May 1931, p. 12. この問題に関する新聞記事は多数ある（File 26671-79, Entry 5, RG 350, NARA）。

(64) 一九三〇年一一月二一日付のＭＬＱからペドロ・ゲバラへの書簡、MLQ papers, Series I, Reel 6. MS, NLP.

(65) 一九三〇年一一月二五日付のＭＬＱからフランク・マッキンタイアーへの書簡、MLQ papers, Series I, Reel 6. MS, NLP.

(66) 一九三〇年一一月二五日付のカミロ・オシアスからＭＬＱへと思われる書簡、MLQ papers, Series I, Reel 6. MS, NLP.

(67) 一九三〇年一一月二七日付のＭＬＱからファウスティノ・レイエスへの書簡、MLQ papers, Series I, Reel 6. MS, NLP.

(68) 一九三〇年一二月一〇日付のＭＬＱからロバート・ラフォレット・ジュニアへの書簡、MLQ papers, Series I, Reel 6. MS, NLP; 一九三〇年一二月一九日付のＭＬＱからフランシス・パーカーへの書簡、MLQ papers, Series I, Reel 6. MS, NLP; 一九三〇年一二月二二日付のヘンリー・スティムソンからＭＬＱへの書簡、MLQ papers, Series I, Reel 6, MS, NLP.

(69) ゲバラの演説については、*La Opinion*, 9 Feb. 1931, p. 31 in RG 350, Entry 5, File 26671-79, NARA を参照のこと。パーカーの演

説の詳細は *PH* 7 Feb. 1931, p. 4 に掲載されている。

(70) Memorandum of Conference, 18 Jun. 1931, MLQ papers, Series III, SS- Interview, Box 24, File "1931 Conferences...," FD, NLP.

(71) Churchill, *The Philippine Independence Missions to the United States*, pp. 257-258.

(72) *Ibid.*, p. 258.

(73) 一九三一年一二月二三日付のＭＬＱからウォルター・ロブへの書簡、MLQ papers, Series I, Reel 6. MS, NLP.

(74) Churchill, *The Philippine independence missions to the United States*, p. 290.

(75) 73rd Congress, 2nd sess. *Cong. Rec.* 78, daily ed.,21 Mar. 1934, S5016.

(76) "A message to the American people," 30 Jan. 1933, MLQ papers, Series III, SS-Interviews, Box 18, File "1933 MLQ Messages...," FD, NLP.

(77) 「その後、禁止されるが」との文言が赤いインクを用い手書きで書きこまれている（"My fellow countrymen," MLQ papers, Series III, SS-Interviews, Box 18, File "1933 MLQ Messages...," FD, NLP）。

(78) Elpidio Quirino, *In Pursuit of America's Noble Purpose*, December 20, 1933, Washington, DC.: US Government Printing Office, 1934. 上智大学マウロ・ガルシア・コレクション所蔵。

(79) 一九三一年三月二三日付のＭＬＱからペドロ・ゲバラへの書簡、MLQ papers, Series I, General Correspondence, Reel 6. MS, NLP.

(80) *La Vanguardia* (*LV*), 31 Jan. 1930, p. 9. この集会については Kramer, *The Blood of Government*, p. 429 にも掲載されている。

(81) *LAT*, 19 Feb. 1930, p. 1. ホルヘ・ボコボについては、セリア・ボコボ・オリバー著、鈴木邦子訳『フィリピンの貴重な遺産 ホルヘ・ボコボ伝——精神の貴族』彩流社、二〇〇二年がある。

(82) 一九三〇年一月二八日付のパブロ・マンラピットから島嶼局への書簡、RG 350, Entry 5, File 26671-114. NARA.

(83) Maximo M. Kalaw, ed. *Proceedings of the First Independence Congress, Held in the City of Manila, Philippine Islands, February 22-26*, 1930. Manila: Sugar News Press, 1930, p. 311. quod.lib.umich.edu/p/philamer/AFJ2098. 0001.001（二〇一四年八月一日アクセス）

(84) *MDB*, 11 Feb. 1930, pp. 1-2; *The Philippine Herald* (*PH*), 13 Mar. 1930, pp. 1, 3; *MDB*, 13 Mar. 1930, p. 9.

(85) *MDB*, 13 Mar. 1930, p. 9; *Philippines Free Press* (*PFP*), vol. 24, no. 11, 15 Mar. 1930, p. 28.

(86) 一九三〇年一月から三月にかけフィリピン商工会議所（Chamber of Commerce of the Philippine Islands）、フィリピン革命退役軍人会、および五つの町政府（南イロコス州マグシンガル、西ネグロス州シライ、ザンボアンガ、イロイロ州カリノッグ、イロイロ州カルレス）で反フィリピン人暴動を批判する決議が採択されている（RG 350, Entry 5, File 26671-114, NARA）。

（87）一九三〇年二月七日に採択されたフィリピン革命退役軍人会西ネグロス支部の決議（File 26671-114, Entry 5, RG 350, NARA）。マニラ支部も決議を採択している（*Chicago Daily Tribune*, 3 Feb. 1930, p. 28）。

（88）*WEP*, 25 Mar. 1930, p. 1.

（89）一九三〇年九月二八日には「ビザヤ人同郷会（Visayan Circle）」という団体が、ソメラの死に抗議する決議を挙げている（File 26671-114, Entry 5, RG 350, NARA）。

（90）一九三〇年四月一日付のドワイト・デービスからフランシス・パーカーへの書簡、File "Davis, Dwight F.," Box 149, Entry 21, PNIF, BIA Records, RG 350, NARA.

（91）*Philippine Magazine*, vol. 26, no. 12, May, 1930, pp. 784-785.

（92）George A. Malcolm, *The Commonwealth of the Philippines*, New York: D. Appleton-Century, 1936, pp. 380-381; M. R. Cornejo, *Commonwealth Directory of the Philippines*, Manila: M. R. Cornejo, 1939/1940, pp. 1985-1986.「ピノイ」とは「フィリピン人」という意味で、親近感を表わす語である。

（93）Cornejo, *Commonwealth Directory*, pp. 1667-1668.

（94）"Galley proof," 1936, MLQ papers, Series III, SS-Bookfile, Boxes 10-11, File "The Commonwealth of the Philippines," FD, NLP.

（95）Malcolm, *The Commonwealth of the Philippines*, p. 381.

（96）*MDB*, 22 Nov. 1930, p. 14.

（97）*MDB*, 17 July 1930, File 26671-79, Entry 5, RG 350, NARA.

（98）多数の同様の手紙が、フィリピン議会駐米委員のオシアスとゲバラに送られている（File 26671, Entry 5, RG 350, NARA）。

（99）一九三一年一二月一二日付のフェルナンド・アミスからＭＬＱへの書簡、MLQ papers, Series VII, Box 131, File A. FD, NLP.

（100）一九三四年四月七日付のフェリペ・バティカからＭＬＱへの書簡、MLQ papers, Series VII, Box 131, File B. FD, NLP.

（101）一九三〇年一二月一五日付のＡ・Ｂ・アブセデ・ジュニアからＭＬＱへの書簡、MLQ papers, Series I, Reel 6, MS, NLP; 一九三〇年九月一日付のアブドン・リョレンテからアントニオ・デ・ラス・アラスへの書簡、MLQ papers, Box 134, File L. FD, NLP; "Memorandum and recommendations on situation of the Filipinos in the United States, especially on the Pacific coast," Juan Sumulong, 15 Nov. 1930, MLQ papers, Series I, General Correspondence, Reel 6, MS, NLP.

（102）"Memorandum and recommendations on situation of the Filipinos in the United States, especially on the Pacific coast," Juan Sumulong, 15 Nov. 1930, MLQ papers, Series I, General Correspondence, Reel 6, MS, NLP.

(103) たとえば一九三〇年一一月二七日付のE・R・リワナッグからMLQへの書簡を参照。MLQ papers, Series VII, Box 133, File J. FD, NLP.

(104) これらのやりとりは、一九三〇年の七〜九月に送受された手紙に示されている(File 26671-79, Entry 5, RG 350, NARA)。

(105) 一九三一年三月二〇日付のMLQからアンドレス・アタデロへの書簡、MLQ papers, Series VII, Box 131, File "A," FS, NLP.

(106) 一九三〇年一二月一九日付の「関係者に向けて(To whom it may concern)」という書簡、MLQ papers, Series VII, Box 136, File "S," FD, NLP; 一九三一年五月一九日付のアンドレス・アタデロからMLQへの書簡、MLQ papers, Series VII, Box 134, File "L," FD, NLP.

(107) 一九一九年四月一八日付けナルシソ・ラクサマナからMLQへの書簡、MLQ papers, Series VII, Box 134, File "L," FD, NLP.

(108) 一九一九年五月一五日MLQからナルシソ・ラクサマナへの書簡、MLQ papers, Series VII, Box 134, File "L," FD, NLP.

(109) James S. Allen, *The Radical Left on the Eve of World War II*, Manila: Foundation for Nationalist Studies, 1993, p. 61.

(110) Sol H. Gwekoh, *Manuel L. Quezon, His Life and Career*, Manila: University Publishing Co., 1948; Carlos Quirino, *Quezon: Paladin of Philippine Freedom*, Manila: Philipiniana Book Guild, 1971; 中野聡「人物コラム　マヌエル・ケソン」和田春樹他編『岩波講座　東アジア近現代通史6　アジア太平洋戦争と「大東亜共栄圏」：1935―1945年』岩波書店、二〇一一年、三九〇―三九一頁。

(111) 一九三〇年二月一四日付けM・ミエベラスからMLQへの書簡、MLQ papers, Series VII, Box 134, File "M," FD, NLP.

(112) 一九三四年一月一一日付けパンフィロ・ベルナルデスからMLQへの書簡、MLQ papers, Series VII, Box 131, File "B," FD, NLP.

終章　植民地主義は継続しているか——二一世紀のフィリピン社会とフィリピン人

植民地教育は、フィリピンにおけるアメリカ植民地主義のもっとも優先度の高い政策のひとつであり、フィリピン社会の根本的な改革を目指した社会政策だった。しかし、植民地教育は、英語を広められない英語教育、十分には広がらない学校制度、民衆に市民性を植えつけられない「市民教育」、そしてアメリカ植民地主義の正当性を打ち立てられない地理・歴史教育といったものしか生みだせなかった。また、バロウズが掲げた、フィリピンのボス支配「カシキズム」の改革もなされなかった。一九三〇年代のフィリピン研究の成果が明らかにしたように、サクダル党の蜂起は、反米であるとともに、反「カシキズム」を掲げていた。サクダル党員の目には、フィリピン人エリートとアメリカ人為政者が癒着し、ボス支配を支え続けたと映ったのである。(1) つまり、「カシキズム」は、植民地初期と同様に植民地末期においても、民衆を抑圧するフィリピンの政治制度として残り続けた。社会政策としての植民地教育は失敗だった。

革新性と「伝統」

社会政策面での失敗の大きな要因としては、フィリピンの「伝統」をうまく植民地教育のなかに取り込めなかったことにあろう。序章で論じた蘭領東インドの私学教育運動やマレー半島のマレー人教育と比べると、アメリカ植民地主義の植民地教育では「伝統」の利用の欠落が明白である。「市民教育」においては改変されるべき「カシキズム」がフィリピンの「伝統」とされ、歴史教育においてはフィリピン革命が称賛されるべきフィリピンの「伝統」と認識されることはなかった。この「伝統」の欠落は三つのベクトルから説明できる。

第一のベクトルは、一九世紀末のフィリピン社会が非常に革新的であったということだ。この当時、東アジアにおいても、東南アジアにおいても、王権を中心とした国家か植民地しかなかった。そのなかで、ひとりフィリピンは共和制を目指した革命を起こした。[2] 西洋的な近代の枠組みから言っても、フィリピンは東アジア・東南アジアにおいて先駆者だった。[3] フィリピン革命のこの先駆的性格は、「伝統」という表現に内在する古さや安定と相容れなかった。

第二のベクトルは、二〇世紀初頭のアメリカ史が「革新主義」という語に示されるように、その当時のアメリカ人が自分たちの価値観の革新性について過剰ともいえる自負心を持っていたことにあろう。現在から見れば、植民地フィリピンのアメリカ人の価値観は、アメリカ社会に根差す負の「伝統」とも言うべき白人優位の人種観である。しかし、当時のアメリカ人は、白人のみが市民性を持ち、「民主主義」の礎を築くことができると考えていた。社会の改革をもたらすべくなされた植民地教育の下では、アメリカ人教員はフィリピン人に白人の革新的な価値観こそを教えなければならないという使命感を信じていたのである。だからこそ、フィリピンの「伝統」を尊重し、それを植民地教育に組み込むということはおこなわれなかった。

そして、第三のベクトルとしては、歴史認識としての「未完の革命」が内在的に持つ危険性である。この危険性は、アメリカ植民地主義が革命に介入したことにより、革命がフィリピン人による統治体制を創りだせなかったという歴史事実から生じている。アメリカの介入ゆえに、フィリピン革命はその歴史的使命を達成することなく、既存の体制に対する破壊運動のみで終わってしまった。このことは、「未完の革命」という思想が新たな制度の構築や統治思想の形成に寄与するのではなく、既存の制度や統治思想への対抗として存立することを意味した。フィリピン革命を倒すことによって成立したアメリカ植民地主義にとって、「未完の革命」は到底利用できる「伝統」ではなかった。

それでは人種間の平等といった高い倫理性を持ち、強力な影響力を持つ植民地教育がおこなわれる可能性はあったのだろうか。三つの理由からそれはありえなかった。第一には、アメリカの革新主義者は革新主義を時代の先端をなすものと認識していた。この革新主義の影響を多大に受けたアメリカ人教員が、自らの言語や価値観を敷衍するのではなく、フィリピン人の言語や価値観を尊重するような教育をおこなうことはありえなかっただろう。第二には、革新主義は普遍に対する志向性の高い運動であったことから、その派生形としてのアメリカ植民地主義においてもこの普遍への志向性は継承された。植民地教育において、アメリカ社会を固有と捉え、固有に対する固有として、フィリピン社会の固有性を承認し、フィリピン独自の価値観を評価し教育していく思考は生じなかった。そして、第三に、アメリカ植民地主義が継承した先端性や普遍に対する志向性は、中央集権的な教育行政を求めた。教育行政の分権化を認めることは多様な土着の価値を積極的に教育に含みこむことにつながる。よって、植民地における分権は、革新主義およびアメリカ植民地主義の基礎を成した先端性や普遍に対する志向性と両立しえなかった。だからこそ、中央集権的な教育行政の帰結として、想定するように学校制度が広がらないという規模上の問題は必然的に残り続けたのである（第二章）。

結局、自らを先端的かつ普遍的な価値の体現と見る植民地主義においては、現地人の教育に対してはまったくの無関心か、制度的な限界を持ちつつ、普遍的尺度から異人種を下に見るという教育しかありえないと言えよう。つまり、論理的には、公的な教育をおこなわないか、現地人とても教育によって宗主国人のようになれるのだという「温情主義」から「恩恵」を押しつける教育しか存立しないのである。この二項対立を越えた高い倫理性をともなった教育は、植民地主義とは背反する関係にならざるをえない。植民地主義が人種差別から切り離せないのと同様に、植民地教育は必然的に倫理性を欠き、限定的な影響力しか持ちえなかった。

植民地教育と「未完の革命」

それでは逆に、「未完の革命」は植民地社会を生きたフィリピン人の意識に深く根ざし、彼らの行動を規定し続けた「伝統」だったのであろうか。

社会政策としては失敗だったが、植民地教育が植民地社会フィリピンの秩序を築こうとした営為であったことは否定できない。「市民的理念」を拡げようとした「市民教育」やアメリカ植民地主義を「発展」の文脈で擁護しようとした地理・歴史教育は、秩序付与のための教育だった。しかし、それでは植民地教育は植民地社会に秩序を築けたかというと、そうはならなかった。植民地教育に対しても、この教育がもたらそうとした秩序に対しても、バリオ住民は無関心だった。また、植民地政府に対する民衆の挑戦は再帰的に生じ、そのうちの一部は「未完の革命」に自らの運動の思想的根拠を見いだしていた。

このような植民地社会の構造は、一見すると、植民地主義とナショナリズム、「上から」の植民地教育と「下から」の民衆文化、「市民的理念」を植えつけようとした植民地教育と革命の再来を望んだ社会運動、アメリカ人およびその協力者であるフィリピン人エリートとフィリピン人民衆というような二項対立として理解できる。フィリピン人著者の「フィリピン史」教科書とテオドロ・カラウの『フィリピン革命』というように、この二項対立が明確に成立している場合もある（第五章）。

しかし、「市民教育」、マニラ学校ストライキ、反フィリピン人暴動といった現場から見ると、フィリピン人の行動を二項対立の結果として理解することは困難である。フィリピン人教員ウマリは「社会的規律」の定着のために努力し、その当時の「未完の革命」を掲げる社会運動とはまったく異なる行動をフィリピン人に求めていた。それでも彼は、アメリカ植民地主義に賛同したわけではない。市民としての規律こそがフィリピン人のため、国民国家のためになると考えていた（第四章）。ブルミットの発言や生徒のリーダーに対する退学処分に抗議したマニラの高校生は「フィリピン民族」に対する侮辱に怒りはしたが、自らの抗議を植民地教育がもたらした秩序を否定するものとは考えなかった。共産主義者や民族主義者によるより過激な「民族」のナラティブにも同調しなかった。またデ・ヘスースの二編の詩において、リサールの犠牲に触れ、より印象的に革命を想起しているのは、生徒の抗議を礼賛する詩ではなく、生徒を学校に戻らせるための詩であった（第六章）。さらには、アメリカ西海岸のフィリピン人労働者は、アメリカとの妥協のうえで独立への一歩を勝ち取ろうとしたケソンに対して、妥協を非難するのではなく、革命を想起することにより、フィリピン独立を希求するとともに自らが置かれた悲惨な状況の改善を望んでいた。ケソンの妥協により強硬に反発したのはより安全な場所から「未完の革命」を掲げたアギナルドような人物だった（第七章）。

したがって、これらの人々の思想の断片からは、一方では植民地主義が虚偽意識を植えつけようとした、他方では革命に結実したナショナリズムがフィリピン人の本質的な意識であった、とは言えないのである。「未完の革命」は、時と状況に応じて参照されたにすぎず、異なる文脈で異なる行動を要請するものとして解釈された。「未完の革命」はフィリピン人にとって思想的な資源ではあったが、人々の行動を規定する強力な「伝統」ではなかった。

アメリカ植民地期のフィリピン社会は、一方ではそれまでのフィリピン人の革新的な歩みが、アメリカ人の革新的な自負心にもとづく政策と融合し成立した。社会政策としての植民地教育が失敗に終わったとしても、そもそものフィリピン人の革新性もあり、植民地教育はフィリピン社会にさまざまな遺制を残した。中央集権的な教育制度、学校内で実践される市民教育、英語を使用する中間層と現地語に頼って生活する民衆などを挙げられよう。他方では、アメリカ植民地政府は、歴史上の正当性も、さらには自らの理念を行政組織を通じて敷衍する手段も持たなかった。アメリカ植民地主義は、この弱い統治権力と弱い統合理念という遺制を残した。これらの遺制は、二一世紀の現時点から見て、否定的にみなされるものもあれば、肯定的と評価できるものも含んでいる。

ナショナリズムの変質

もっとも問題となるのは二一世紀の現時点という立ち位置である。ナショナリズムと近代植民地主義という密接に絡まりあった二つの概念を念頭におくと、現時点では一連のナショナリズム論の系譜の後という視座を意識せざるをえない。序章でも取り上げた土屋健治のナショナリズム論に触れることにより、この点が明らかになろう。

土屋のナショナリズム論がベネディクト・アンダーソンのそれに連なるものであることは明白であるが、[4] 土屋の独自性は二〇世紀前半と後半におけるナショナリズムの変質を非常に明晰に捉えているところにあろう。土屋によれば、二〇世紀前半期には二つの潮流がある。一方には、ナショナリズムがある。ナショナリズムは、多言語による思考と物理的・精神的な「旅」によりつむぎ出され、「あるネーション」を構想しこれを実現しさらにその発展をめざす、すべての思想と行動」と規定される。他方では、ネーション（Nation）を可能にする磁場が生じる。植民地主義によって引かれた境界線、その境界線のなかに作られる交通網や通信網、そして行政権力を下支えする官僚制度によってこの磁場が作りだされる。[5] このような二つの潮流から、脱植民地化を介して国民国家が生まれる。

ところが二〇世紀中葉後の「国民国家の時代」において、ナショナリズムは異なる特徴を帯びるようになる。この時代のナショナリズムは、「個別原理を強調」し、東南アジアの各国の「内向化」[6] を促すものになった。端的には、典型的な祖国を映し出す風景画や状況によって歌詞内容が変わる大衆音楽、さらには観光客誘致のためのキャッチ・コピーを作りだす一方、[7] 軍や警察による「力ずく」の安定の根拠や国家の統治理念を支える「公定の思想」となる。[8] このナショナリズムは、領域内に住む多様な人々には国民としての共通文化を醸成し、平均的な意識としての国家への従順さを強要し、そこから逸脱した人々には国家の暴力に対する予感を呼び起こす。[9]

当然、二一世紀においても、この「国民国家の時代」のナショナリズムがなくなったわけではない。しかし、この二〇世紀のナショナリズム論では、二一世紀型のグローバル化を十分に説明しきれない。土屋のナショナリズム論は、一九世紀末の革命期のフィリピン・ナショナリズム、アメリカ植民地期に整備されたネーションを可能にする磁場、そして独立後の国家の統治理念や軍の治安行動と、フィリピン史にもみごとに当てはまる。ところが、二一世紀の時代においては、史学史的にも、人々の意識からも、フィリピン史は「フィリピン」という地理的な区分のみを対象としているわけではない。フィリピン史と密接に関わりつづけているフィリピン・ナショナリズムにおいても、同様の傾向が見られる。現時点においてフィリピン史やフィリピン・ナショナリズムは、なにもフィリピンに在住しているフィリピン人にのみ適用されるものではなくなっている。還流し続ける移民としてのフィリピン人の意識や行動をも説明することが期待されるのである。つまり、アメリカ植民地主義の遺制は、現在のフィリピン国家の領域内と領域外におけるフィリピン人の意識と行動から考察されることが求められる。

ポストコロニアル社会としてのフィリピン

革命時に芽生えていたフィリピン人意識は、国民をまとめる、より強力な共通意識に発展する可能性があった。そのフィリピン人意識の代わりにアメリカ植民地主義が提供したのが「市民的理念」だった。しかし、この理念は、フィリピン人の土着性や固有性を賞賛するものではなかったし、民衆文化の要素を持たず学校外には浸透しなかった。植民地教育に「伝統」を組み込めなかったという点から、植民地主義の下で形成されたナショナリズムは弱いものとならざるをえなかった。アメリカ植民地政府は、その後も引き続く弱い中央政府の先行事例だった。

フィリピンでは、アメリカ植民地期から現在まで、一九六〇年代の「ラピアン・マラヤ（Lapian Malaya）」や一九八六年の「二月革命」といった「未完の革命」を根拠とした社会運動がある。[10] これらとは異なる位相で、地方勢力による実力行使が頻発している。植民地期のイスラーム教徒の蜂起、二〇世紀後半の毛沢東主義者の闘争やミンダナオにおける分離運動、そして二一世紀の「アブ・サヤフ（Abu Sayyaf）」によるテロや拉致事件、選挙における地方実力者による対立候補の襲撃事件などである。地方勢力の実力行使の事例は、国民としての連帯意識が醸成されておらず、中央政府が暴力を独占できていないことを表わしている。

また、この弱いナショナリズムの異なる側面として、最近の政治学研究の成果が挙げられよう。中間層と大衆のあいだには市民性をめぐる異なる価値観の対立があるとし、社会経済的な格差のみならず価値観の対立からもフィリピン社会の分裂が論じられている。[11] 歴史を振り返ると、市民性の受容をめぐるフィリピン社会の分裂は少なくともフィリピン人教員が植民地教育の大部分を担った一九二〇年代にまではさかのぼれる。つまり、この分裂の初発形態は、「市民的理念」を浸透させようとする町教員とそのような価値に関心を示さない民衆にあろう（第四章）。

ただし、ここで注目したいのは、地域的・階級的に分裂した状態がそれなりに安定しており、長期にわたり残り続けてきたという点である。本書での考察によると、それは出自が民衆的なものであっても、努力によって社会上昇をし、エリート文化を身につけていったフィリピン人中間層がそれなりに形成されたことによる。社会政策には失敗したとはいえ、アメリカ植民地期に広まった学校制度が、学歴による出世を可能にし、この中間層を創り上げていったのである。

政府に対する大衆動員の直接行動、地方勢力の実力行使、分裂した中間層と大衆は、アメリカ植民地期はもとより、現在にまで見られる。これらの遺制は、国民国家の持つ法治主義、平等性、一体性からすれば、否定的な評価の対象であろう。しかし、国民国家を越えた枠組みからは、アメリカ植民地主義の遺制が肯定的な側面も持つ場合もあるのである。

越境するフィリピン人

現在にいたるまでのフィリピン人を特徴づける論点として、彼らの移動、とくに海外への移動が論じられてきた。アメリカ植民地期には、一九〇三年以降アメリカに渡った公費留学生ペンシオナドや一九二〇年代、三〇年代前半のフィリピン人渡米移住労働者がいたが、それより前の十九世紀には、ホセ・リサールのようなヨーロッパに渡り知識人になった者のほかにも、東南アジア各地やオーストラリアに渡った漁業者や主には太平洋をまたがる船乗りとして活躍した「マニラマン」がいた。[12] この移民の系譜は、アメリカ植民地期以後には、アジア系では人口第二位となっているフィリピン系アメリカ人[13]や、二〇世紀末から二一世紀にかけてのヨーロッパや他のアジア諸国で働いている介護士、家事労働者までにいたっている。[14]

このようななかで、とくに二〇世紀末から二一世紀初期にかけては、フィリピン人の移民性とも呼びうる彼らの海外への移動が前景化されてきた。フィリピンはメキシコに次ぐ世界第二位の移民送出し国であり、[15] 移住労働者からの海外送金額が国民総生産（GNP）の六・六パーセントにいたっているというように、[16] フィリピン人やフィリピン社会を特徴づけるものとしての彼らの移民性が論じられている。もっとも、最近の移住労働者に関しては、アジアにおいて相対的に経済的低成長に苦しんできたフィリピン社会と海外に活路を見つめるフィリピン人という二一世紀の国際経済のなかでの説明もなされるべきであろうが、そうであるにしても、フィリピン人の移民性は歴史によって育まれてきたフィリピン文化の特徴でもある。たとえばフィリピン人の移住労働者が英語を話せることは、フィリピン人が海外での労働を希望する志向性を後押しするとともに、海外での苛酷な労働環境において彼らの自尊心を下支えしてきたと言われる。[17]

海外で働くフィリピン人教員についての話も珍しくもない。アメリカ東部やロンドンの貧困に窮した学区、さらには日本のインターナショナルスクールなどでフィリピン人教員が教えている。[18] グローバル化が進んでいる現在、英語で教える学校教育制度において学歴を積み、相対的に安い賃金で働くフィリピン人教員に対する需要は高い。[19] フィリピン人教員が英語を学び、普遍的とされる価値を身につけ、移動することによりキャリアの形成をおこなうという点では、植民地期も、二一世紀の現在も変わらないのである。

この点から、アメリカの植民地教育はグローバル化へと柔軟に対応している現在のフィリピンの教育制度へと引き継がれている。英語による教育は、人口の約一〇パーセントが海外で働いている移民送り出し国家フィリピンにおけるグローバル化に則した人材育成の重要な仕組みである。[20] また、その質や就学年数に対する議論はあろうが、人口に膾炙した初等教育は、不十分であろうとも英語を操る能力とこの言語に対する慣れを与え、外国認識や近代的な市民性、さらにはあまり拘束力のないナショナル・アイデンティティを醸成している。そしてまた、弱いナショナリズムで育まれた自己意識は、逆にナショナリズムや同胞意識に拘泥せず、弱者を気遣い、さまざまな場所に移動しても周りの人々と協調できるフィリピン人の一側面を作りだしている。[21]

歴史認識としてのアメリカ植民地主義

もっとも、近代植民地主義の遺制を肯定的に捉えるということは、それ自体として違和感があろう。アメリカの植民地としてのフィリピンも含め、植民地は宗主国の侵略戦争によって獲得されたものであり、近代植民地主義の起源と著しい暴力は切り離せるものではない。また、人種差別をその統治の基礎を置いた植民地体制は、少なくとも構成員間の平等性という点において国民国家に劣るものである。そうであればこそ、序章の主流研究が示す植民地教育への肯定的評価を歴史認識の問題として今一度考えたい。

植民地教育が提示したのは、革新主義時代アメリカのユートピア的な社会像だった。植民地教育が人種差別的な側面を持っていたとしても、この教育が示す社会像自体は人種を越えて想定されていた。ボス支配から解放された自作農が、順法意識に満ちた市民となり、国際的に通用する英語を用いて、「知的な世論」を形成することにより政治に参加していく。このような社会像を多くの教員が共有していたと言えよう。だからこそ、ブルミットのようなアメリカ人教員は、この基準に達しない人々としてフィリピン人を位置づけ、彼らへの蔑視を露呈した。またユートピア的であるからこそ、オシアスのようなフィリピン人エリート教育者は容易にこの教育とナショナリズムを重ね合わせたし、ウマリのようなフィリピン人教員はアメリカ植民地主義には賛同せずとも植民地教育に積極的に貢献した。

ただし、教育関係者が残した文章や行政文書を時代の証言として扱い、そこから植民地教育を論じることは、結局このユートピア的社会像から植民地教育を評価してしまう。それは実態とは切り離されたものとならざるをえない。この誤謬を避けるためには、植民地教育を、より幅広いテーマである近代植民地主義に関連づけ、アメリカ本土とフィリピンという空間的拡がりのなかで捉える必要があった。具体的には、教育が導入された戦争状況、学校の設置と維持、教員雇用制度、学校外の植民地社会、革命期にまでさかのぼるフィリピン史、教育における差別発言とそれに対する反発、反フィリピン人暴動と独立交渉といった歴史的文脈のなかに、植民地教育やそこに付随した「恩恵の論理」を位置づけなおした。

歴史的文脈のなかに植民地教育や「恩恵の論理」を置くと、植民地主義が持つ作為性が見えてくる。ブルミットの差別発言に起因した植民地教育批判は、規律を守れない生徒という文脈に置き換えられ封じ込められた。在米フィリピン人が差別や暴力を受けるなかでの独立交渉では、白人による迫害がいわゆる「帰化不能外国人」の問題にすり替えられ、アメリカ人の人種観や差別意識は問題とならなかった。アメリカ植民地主義は、植民地主義が内包した人種差別へと批判の矛先が向かないように歴史を構築するプロセスをともなっており、そのプロセスのなかで「恩恵の論理」は保ち続けられた。

その反面、この作為性を認識し、ナショナリズムの立場から植民地主義を批判することは、論理的破綻をもたらしてしまう。一九三〇年の学校ストライキを反植民地ナショナリズム運動として論じることは、生徒の秩序擁護の姿勢はもとより、彼らがストライキの意義をあっけなく撤回してしまったこととも矛盾してしまう。また、アメリカがいかに差別的で暴力的であったと主張しても、フィリピン人エリートがアメリカの「恩恵」に「感謝」を示すことにより、アメリカから独立を与えられたという独立交渉の歴史的成果を否定することはできない。さらには、フィリピン革命が旧体制に対する破壊運動のみで終わってしまったことは、樹立したであろう統治体制については仮定としてしか語ることを許さない。破壊運動としての革命の視点から統治体制としてのアメリカ植民地主義を批判することは、そもそも根本的性格が異なり比較不可能な事象を比較可能なものとして論じてしまう。それに、現在のフィリピン社会には、教授言語としての英語や、市民教育や、中央集権的な公立の学校制度といったアメリカ植民地主義の遺制が明白に残り続けており、アメリカ植民地主義の教育政策を否定することは現在のフィリピンの教育制度の否定につながってしまう。アメリカ植民地主義の作為性を論じたところで、この植民地主義に対して、その歴史的意義をも否定する根本的な批判を突きつけることはできない。

ただし、時折、フィリピン社会においてアメリカ植民地主義が幅広い非難の対象となる。一九八七年一一月に「傷ついた文化、新しいフィリピン?」というエッセーがアメリカの高級オピニオン誌に掲載された[22]。著者のアメリカのジャーナリストは、フィリピンはアメリカの植民地だったにもかかわらず、フィリピン人はマルコス時代に民主主義を維持できず、フィリピン社会はアジアのなかでも遅れていると述べ、その当時のフィリピン民主化運動に水を差した。アメリカ人の人種差別意識があらためて露呈したと、フィリピン社会からは感情的な反応が示された[23]。植民地教育という側面からアメリカ植民地主義を見たとき、アメリカ植民地主義の遺制はあまりにも大きく、植民地化以前のフィリピン革命の視点からも、独立後のフィリピン共和国の視点からも植民地主義の歴史的意義は否定しえない[24]。しかし、このエッセーとそれに対する反応が示すように、アメリカ植民地主義肯定の立場からアメリカ人がフィリピン社会を批判するとき、それは差別された者としての痛みをフィリピン人のなかに呼び起こすのである。

根本的な批判の対象とはなりえない植民地主義でも、その植民地主義の歴史は差別された者の痛みをともなう。時には目を覆うような暴力事件や法治を否定するかに見える祝祭的な大衆行動を起こすとしても[25]、ナショナリズムによって過去を美化するのではなく、過去がもたらす痛みに耐える現在のフィリピン人の姿をそこに見いだすことができる。アメリカ人を声高に糾弾するわけではないが彼らの差別意識や蔑視には敏感で、グローバル化のなかで他者に気遣いながら生きていく。アメリカ植民地期をも含むフィリピン史が作りだしたのはこのような人々である。

註

（1）Joseph Ralston Hayden, *The Philippines, A Study in National Development*, New York: The Macmillan Company, 1955, p. 400; First Edition Published in 1942.

（2）Benedict R. O'G. Anderson, *Under Three Flags: Anarchism and the Anti-Colonial Imagination*, London: Verso, 2005, p. 132; Benedict R. O'G. Anderson, "The First Filipino," *The Spectre of Comparisons: Nationalism, Southeast Asia, and the World*, New York: Verso: 1998, p. 227.〔ベネディクト・アンダーソン著、荒井幸康訳「最初のフィリピン人」糟谷啓介・高地薫ほか訳『比較の亡霊――ナショナリズム・東南アジア・世界』作品社、二〇〇五年、三六〇頁〕

（3）このようなフィリピン革命の先駆性は、中国史からも認識されはじめている（Rebecca E. Karl, *Staging the World: Chinese Nationalism at the Turn of the Twentieth Century*, Durham: Duke University Press, 2002, pp. 83-115）。

（4）土屋健治「〈想像の共同体〉としての国民国家」矢野暢編『東南アジア学の手法』弘文堂、一九九〇年、二六四―二八〇頁、桜井由躬雄『緑色の野帖――東南アジアの歴史を歩く』めこん、一九九七年、四三一―四三二頁。

（5）土屋健治「ナショナリズム」土屋健治編『東南アジアの思想』弘文堂、一九九〇年、一四八、一五一―一五六頁。

（6）土屋健治『カルティニの風景』めこん、一九九一年、二五―三一、一八三―二二四頁。

（7）土屋健治「ナショナリズム」一六八―一六九頁。

（8）同前、一六六頁、土屋健治「知識人論」土屋編『東南アジアの思想』三三〇―三三二頁。

（9）この視点は、冨山一郎『暴力の予感――伊波普猷における危機の問題』岩波書店、二〇〇二年から学んだ。

（10）Reynaldo Clemeña Ileto, *Pasyon and Revolution: Popular Movements in the Philippines, 1840-1910*, Quezon City: Ateneo de Manila University Press, 1979, pp. 1-2〔レイナルド・C・イレート著、清水展、永野善子監修『キリスト受難詩と革命――１８４０～１９１０年のフィリピン民衆運動』法政大学出版局、二〇〇五年、五―七頁〕; Reynaldo Clemeña Ileto, "The Past in the Present: Mourning the Martyr Ninoy," *Filipinos and Their Revolution: Event, Discourse, and Historiography*, Quezon City: Ateneo de Manila University Press, 1998, pp. 165-176; 清水展『文化のなかの政治――フィリピン「二月革命」の物語』弘文堂、一九九一年、七一―一一三頁。

（11）日下渉『反市民の政治学――フィリピンの民主主義と道徳』法政大学出版局、二〇一三年。

（12）Filomeno Aguilar, Jr., "*Filibustero*, Rizal, and the Manilamen of the Nineteenth Century," *Philippine Studies: Historical and Ethnographic Viewpoints*, vol. 59, no. 4 (2011): pp. 442-452; Filomeno Aguilar, Jr., "Nationhood and Transborder Labor Migrations: the Late Twentieth Century from a Late Nineteenth-Century Perspective," *Asian and Pacific Migration Journal*, vol. 9, no. 2 (2000): pp. 176-192; Reynaldo Clemeña Ileto, "The Revolution and the Diaspora in Austral-Asia," *Filipinos and Their Revolution: Event, Discourse, and Historiography*, Quezon City: Ateneo de Manila University Press, 1998, pp. 119-126.

（13）木下昭『エスニック学生組織に見る「祖国」――フィリピン系アメリカ人のナショナリズムと文化』不二出版、二〇〇九年、二二二頁。

（14）たとえば、伊藤るり、小ヶ谷千穂、ブレンダ・テネグラ、稲葉奈々子「いかにして『ケア上手なフィリピン人』はつくられるか？――ケアギバーと再生産労働の『国際商品』化」伊藤るり、足立眞理子編『国際移動と〈連鎖するジェンダー〉――再生産領域のグローバル化』作品社、二〇〇八年、一一七―一五三頁；高畑幸「在日フィリピン人介護者――一足先にやって来た

『外国人介護労働者』」『現代思想』三七巻二号、二〇〇九年、一〇六—一一八頁。

(15) 小ヶ谷千穂「フィリピンの海外雇用政策——その推移と『海外労働者の女性化』を中心に」小井土彰宏編『移民政策の国際比較』明石書店、二〇〇三年、三一四頁。

(16) Stella P. Go, "Filipino Diaspora," *Immigration and Asylum: From 1900 to the Present*, vol. 1, edited by Matthew J. Gibney and Randall Hansen, Santa Barbara: ABC-CLIO, 2005, p. 243.

(17) Epifanio San Juan, Jr., "The 'Field' of English in the Cartography of Globalization," *Philippine Studies*, vol. 52, no. 1 (2004): pp. 101-109.

(18) Volt Contreras, "Lone Asian Faculty Member in London Classroom is Pinoy," *Philippine Daily Inquirer*, 11 March 2007, A18; Maricar CP Hampton, "Filipino Teachers Join Washington DC Rally to Save Schools," *FilAm Star*, 6 August 2011. Globalnation.inquirer.net/8405/filipino-teachers-join-washington-dc-rally-to save-schools（二〇一四年八月一日アクセス）；二〇〇七年二月九日のテレサ・ベレス氏へのインタビュー。

(19) 二〇〇七年二月九日のテレサ・ベレス氏および二〇〇七年三月一七日のレティ・カンポアモール氏へのインタビュー。

(20) 長坂格『国境を越えるフィリピン村人の民族誌——トランスナショナリズムの人類学』明石書店、二〇〇九年、一五頁。

(21) この点について、フィリピン研究者の早瀬晋三は次のように描写している。「フィリピンのディアスポラ現象を代表する職業であるメイド、エンターテイナー、介護福祉士・看護師・医師は、人びとの生活の基本、安心、楽しさを与えてくれるものである。そして、弱者にかぎりなく優しいことである。フィリピン人ひとりひとりが、社会や家庭を安心できるものにする力をもっているといってもいいかもしれない。それは移動性のある人びとがもっている、どこへ行っても受け入れてもらえる技術や知識、人間性に源がある」（早瀬晋三『フィリピン近現代史のなかの日本人——植民地社会の形成と移民・商品』東京大学出版会、二〇一二年、二四七頁）。

(22) James Fallows, "A Damaged Culture: A New Philippines?," *The Atlantic Magazine*, November, 1987. www.theatlantic.com/technology/archive/1987/11/a-damaged-culture-a-new-philippines/7414/（二〇一四年八月一日アクセス）

(23) Eric San Juan, Jr., *After Postcolonialism: Remapping Philippines-United States Confrontations*, Lanham, Maryland: Rowman and Littlefield Publishers, 2000, p. 165.

(24) ただし、私的な会話において、植民地期にさかのぼったアメリカ批判は珍しくない。そこでは比米戦争時のアメリカ軍の暴力やアメリカ人による人種差別が語られる（中野聡『歴史経験としてのアメリカ帝国——米比関係史の群像』岩波書店、二〇〇七年、三九九—四〇〇頁；二〇〇七年三月六日のエレーナ・ミラノ氏へのインタビュー）。

（25）もっとも街頭での大衆行動は、フィリピン憲法が示す法治概念の重要な一部であるという見解も示されている（Alfred W. McCoy, *Policing America's Empire: The United States, the Philippines, and the Rise of the Surveillance State*, Madison: University of Wisconsin Press, 2009, p. 496）。

あとがき

ノーマ・フィールドが論じるように、書くという行為は書かれる対象を傷つけることである（「日本語版あとがき」『天皇の逝く国で』みすず書房）。外国人である私がフィリピン人を書き表すという本書の営為は、フィリピン人を傷つけるものであると感じている。あらゆる批判を受け止めていきたい。

私は一六歳の時に初めてフィリピンに行った。バブル絶頂期の東京を離れ、二月政変から一年後のニノイ・アキノ国際空港に降り立った。ドライバーの運転する車でマカティに着くまでの道のりは、私にとってはぬぐい去ることのできないフィリピンに関する原風景となった。おびただしくも秩序のない群衆、黒い空気、使い古した車、さびだらけのトタン屋根が目に入ってきた。

フィリピンに再度向き合うには、一九歳でフィリピンを離れてから一一年かかった。大学院修士課程でフィリピン研究を始めて、いつ、どのように達したのかは定かでないが、一つの決意を持つようになった。一六歳の時の原風景とは異なるフィリピン像を描きたいと思った。日本に流布したスラム、バナナ、エンターテイナーというようなイメージとは異なる角度からフィリピン社会に迫りたかった。近現代を共有している同時代人としてのフィリピン人の足跡をたどりたかった。成否は読者にゆだねたいが、本書はこの試みの結実である。

一〇代の経験からフィリピンという研究対象地域を得ることができたのに似て、私は二〇代の経験によって近代植民地主義という研究テーマを発見できた。二四歳でアメリカから日本に戻ってきた一九九五年は、今となっては時代の転換点であったように思える。隔世の感を禁じえないが、アジア・太平洋戦争終結後五〇年ということで、植民地主義を改めて考えようという空気が日本を包んでいた。そのとき以来、朝鮮人BC級戦犯者の支援運動に関わってきた。この運動の当事者李鶴来氏や支援組織メンバーとの数限りない対話こそが、現在まで研究を続ける原動力となった。

二九歳で遅ればせながら大学院に入ってからは、本当に様々な方にお世話になった。中でも、一橋大学で指導してくださった言語社会研究科のイ・ヨンスク先生、同研究科の糟谷啓介先生、社会学研究科の中野聡先生からは、研究の楽しさや厳しさと共に、基本的には研究というのは一人旅であることを学んだ。また、神奈川大学人間科学部の永野善子先生には、ことばで言い尽くしようもないほど、感謝している。永野先生はフィリピン研究に関する基本姿勢を教えてくださった。いずれの先生なくしても、とうてい研究者として生き残ることはできなかっただろう。

また、四年間の常勤職の勤め先となった成蹊大学文学部の諸先生にも感謝申し上げたい。同学部国際文化学科の諸先生、特に学科主任だった石剛先生、堀内正樹先生のご配慮ゆえに、研究時間が取れ、本書を完成させることができた。ほかにはフィリピン、日本、アメリカの図書館、公文書館の司書、図書館員、資料係の方にも謝意を述べたい。彼らのおかげで必要な資料を収集できた。改めて研究が様々な社会組織との関係のなかで、可能となることを実感している。

さらには、荒哲氏、岡田万里子氏、高木佑輔氏、牧田義也氏、南修平氏、宮脇聡史氏、矢野順子氏は著書原稿を読んでくださり、適切なコメントをくださった。「フィリピン研究会」を支えてきた玉置真紀子氏のおかげもあり、このような研究者のネットワークができた。フィリピン人に関しては数限りない人々から教えを受けた。その中でも、アレックス・ウマリ氏、ゴンザロ・カンポアモール氏、カール・チェン・チュア氏からは、本書に関連して助言をいただいた。編集者の勝康裕氏、高橋浩貴氏からは、本作りに関わるご指摘を数多くいただいた。

本にすることの難しさを教わった。

朝鮮人BC級戦犯者支援運動の関係者、諸先生方、司書・図書館員・資料係の方々、二人の編集者の方、さらに日本やフィリピンの友人には深く感謝している。どうもありがとうございました。もっとも、本書に関わるすべての誤り、誇張、誤謬が私一人に帰されるものであることは言うまでもない。

なお、本書は二〇〇八年七月に一橋大学言語社会研究科に提出した博士論文が基になっている。各章の初出となった論文は以下の通りである。いずれも大幅に加筆訂正している。序章と終章は書き下ろしである。

第一章　「植民地と英語――『言語帝国主義』論から見たアメリカ植民地期フィリピンにおける英語認識――」『言語社会』第三号、二六三～二七八頁、一橋大学言語社会研究科、二〇〇九年

第二章　「ナショナリズムへのアプローチと植民地教育――アメリカ植民地期フィリピンの教育に関する予備的考察――」『言語社会』第一号、三一～二八（四五四～四二九）頁、一橋大学言語社会研究科、二〇〇七年

「アメリカ植民地期フィリピンの公立学校教育における中央集権的性格――アメリカ人教育官僚の理念と教育行政組織を中心に――」『〈教育と社会〉研究』第一八号、四四～五二頁、〈教育と社会〉研究会、二〇〇八年

第三章　「アメリカ植民地期フィリピンにおける教職員待遇差の具体相」『一橋研究』三三巻二号、七九～八八頁、一橋研究編集委員会、二〇〇八年

「他者としてのフィリピン人の形成――フィリピン植民地教育をめぐる越境的な教育社会史の試み――」『歴史評論』二〇〇九年三月号（七〇七号）、六三～七八頁、歴史科学協議会、二〇〇九年

第四章　「ナショナリズムとアメリカ植民地期のフィリピン人教員層――植民地における公共圏とその限界に着目して――」『成蹊大学文学部紀要』第四七号、一三三〜一五五頁、成蹊大学文学部、二〇一二年

第五章　"Competing Histories: History Education under U.S. Colonialism" ディスカッション・ペーパー（未刊行）、フィリピン研究国際学会（ICOPHIL）、第九回大会、ミシガン州立大学、二〇一二年

第六章　「フィリピン学校ストライキ論――一九三〇年のマニラ高校ストライキを中心に」『東南アジア――歴史と文化』第四〇号、二七〜五三頁、東南アジア学会、二〇一一年

第七章　"Underside of Independence Politics: Filipino Reactions to Anti-Filipino Riots in the United States," *Philippine Studies: Historical and Ethnographic Viewpoints*, 60(3), pp. 307-335, Ateneo de Manila University Press, 2012.

最後に、本書の出版に際し、公益財団法人アメリカ研究振興会の出版助成を得た。記して謝意を表したい。

二〇一四年八月

岡田泰平

人名索引

ア行

アーンショウ、トマス（Tomas Earnshaw） 239, 241, 242, 244
アギナルド、エミリオ（Emilio Aguinaldo） 6, 194, 212-215, 217, 218, 221, 281, 282, 285, 307
アゴンシリョ、テオドロ（Teodoro Agoncillo） 193, 220, 224, 229, 234, 262
アタデロ、アンドレス（Andres Atadero） 301
アブセデ・ジュニア、A・B（A. B. Abcede, jr.） 300
アミス、フェルナンド（Fernando T. Amis） 300
有賀夏紀 37
アルベルト、アレハンドロ（Alejandro Albert） 199, 241-243, 245
アルマリオ、ロザウロ（Rosauro Almario） 244, 245
アンダーソン、ベネディクト（Benedict R. O'G. Anderson） 187, 189, 308
アンダル、ドミンゴ（Domingo Andal） 172, 173
イーガン、キャサリン（Katherine A. Egan） 143
池端雪浦 16
イレート、レイナルド（Reynaldo C. Ileto） 183, 194, 224, 229
インペリアル、ベネディクト（Benedicto Imperial） 162
ヴァルデス＝ヴェントゥーラ、マリー（Maria R. Valdez-Ventura） 201, 205
ヴァン・タイン、クロード（Claude H. Van Tyne） 200, 207-209, 211
ウィービー、ロバート（Robert Wiebe） 8, 37
ヴィクトリーノ、レオデガリオ（Leodegario Victorino） 161
ウィットニー、イーライ（Eli Whitney） 207
ヴィバール、サルスティアノ（Salustiano Vibar） 160
ヴィリア、マリア（Maria Villa） 159
ウェスリン、メグ（Meg Wesling） 225
ウェルチ、リチャード（Richard J. Welch） 274, 275, 297
ウッド、レナード（Leonard Wood） 231
ウマリ、アレックス（Alex Umali） 191, 262
ウマリ、ヒル（Gill Umali） 35, 178-180, 184, 191, 306, 313
エスカレール、ホセ（Jose Escaler） 124
エバンヘリスタ、クリサント（Crisanto Evangelisata） 28, 248, 260
遠藤泰生 38
オグルソープ、ジェームズ（James Oglethorpe） 207
オシアス、カミロ（Camilo Osias） 124, 135-138, 145, 153, 199, 278, 279, 287, 289, 298, 300, 313
オスメーニャ、セルヒオ（Sergio Osmeña） 277
オトイ（Otoy） 29

カ行

カーペンター、フランク（Frank G. Carpenter） 201, 202, 203
カールソン、マーベル（Mabel R. Carson） 238, 243, 246
カイコ、フロレンティノ（Cayco Florentino） 161
糟谷啓介 58
カバリー、エルウッド（Elwood P. Cubberly） 106-108
カバンバン、カタリノ（Catalino Cabangbang） 161
カプラン、エミー（Amy Kaplan） 12-15
カボラ、ペドロ（Pedro Kabola） 28
カラウ、テオドロ（Teodoro M. Kalaw） 220-

223, 306
カラウ、マキシモ（Maximo Kalaw） 175, 198, 200
カレオン、マヌエル（Manuel L. Carreon） 160
カレン、ホレス（Horace M. Kallen） 38
カンポアモール、ゴンザロ（Gonzalo II Campoamor） 262
カンポアモール、レティ（Letty Campoamor） 317
カンポマネス、オスカー（Oscar Campomanes） 294
キブイェン、フロロ（Floro Quibuyen） 194, 226
ギブズ、デービッド（David Gibbs） 198, 201, 204-206
キリノ、エルピディオ（Elpidio Quirino） 283
ギルバート、ニュートン（Newton W. Gilbert） 258
キング、ウィリアム（William H. King） 280, 281
グラムシ、アントニオ（Antonio Gramsci） 185
クレメンテ、ティト（Tito Clemente） 159
クローリー、ハーバート（Herbert Croly） 38
クローン、フランク（Frank L. Crone） 144, 258
ケイン、アンドリュー（Andrew W. Cain） 151
ケソン、マヌエル（Manuel L. Quezon） 4-7, 31, 35, 36, 45, 179, 244, 273, 277, 279-284, 288-291, 296, 298-301, 307
ゲバラ、ペドロ（Pedro Guevara） 273, 279, 280, 284, 289, 298-300
ゲルナー、アーネスト（Ernest Gellner） 43
コーヘン、ナンシー（Nancy Cohen） 37
コノリー、ジェームズ（James J. Connolly） 37
コバンバン、ホセ（Jose Cobangbang） 162
コランテス、フロレンティノ（Florentino T. Collantes） 250, 285
コルプス、オノフレ（Onofre D. Corpuz） 229
コロンブス、クリストファー（Christopher Columbus） 207
コンスタンティーノ、レナト（Renato Constantino） 25, 26, 46, 48, 75, 77, 229, 234
コンフェソール、トマス（Tomas Confesor） 285

サ行

斎藤眞 8, 37
サウロ、アルフレッド（Alfredo B. Saulo） 194
サカイ、マカリオ（Macario Sakay） 26, 29, 53
サバス、アドルフ（Adolf J. Sabas） 274
サラマンカ、ボニファシオ（Bonifacio S. Salamanca） 23, 24
サリービー、ナジーブ（Najeeb M. Saleeby） 64, 65, 71
サルバドール、セレドニオ（Celedonio Salvador） 100, 159
サルバドール、フェリペ（Felipe Salvador） 27, 29
サントス、パスクアル（Pascual Santos） 240, 241, 248
サントス、ビエンベニード（Bienvenido Santos） 149
ジオンゴ、グギ・ワ（Ngugi wa Thiong'o） 61, 62
ジャーニガン、プレスコット（Prescott F. Jernegan） 175, 198, 200, 212, 213, 217, 220
ジャクソン、アンドリュー（Andrew Jackson） 207
シャルチエ、ロジェ（Roger Chartier） 154
ショートリッジ、サミュエル（Samuel M. Shortridge） 274, 297
ジョージ、ウィリアム（William George） 190
スカラノ、フランシスコ（Francisco A. Scarano） 13
スコウロネック、ステファン（Stephen Skoroneck） 11
スティムソン、ヘンリー（Henry L. Stimson） 277, 279, 298
スミス、ジョン（Smith, John） 207
スムロン、フアン（Juan Sumulong） 288
セバリョス、フェリペ（Felipe O. Cevallos） 160
左右田直樹 19
ソメラ、ホアキン（Joaquin Somera） 285, 289,

300

タ行・ナ行

タイ、カタリナ（Catalina V. Ty） 198, 201, 205
ダウソン、ジェームズ（James D. Dawson） 147
タウンセンド、ヘンリー（Henry S. Townsend） 201, 205
タゴール、ラビンドラナート 18
ダグラス、チャールズ（Charles Douglas） 259
タフト、ウィリアム（William H. Taft） 14, 43, 81, 88, 96, 97, 110, 215
タブナール、ガビノ（Gabino Tabunar） 162
田中克彦 62, 65
土屋健治 18, 308, 309
デ・ヘスース、ホセ・コラソン（Jose Corazon de Jesus） 234, 248-250, 285, 307
デ・ラ・コスタ、ホラシオ（Horacio de la Costa） 21
デ・ラス・アラス、アントニオ（Antonio de las Alas） 300
ティロナ、ラモナ（Ramona S. Tirona） 160
デービス、ドワイト（Dwight F. Davis） 244, 249, 252-254, 256, 262, 263, 286, 300
デハフ、ジョン（John D. DeHuff） 143
デューイ、ジョン（John Dewey） 38
デルガド、フランシスコ（Francisco A. Delgado） 287
テンヘーゲン、ベルトラム（Bertram S. TenHagen） 152
ドーラン、ジェームズ（James E. A. Dolan） 296
トーレス、アントニオ（Antonio Torres） 239
トベラ、フェルミン（Fermin Tobera） 267, 274, 284-286, 291
トマネン、M・G（M. G. Tomaneng） 296
ドライヤー、チャールズ（Charles R. Dryer） 201, 203-205, 227
トリニダッド、ヴェナンシオ（Venancio Trinidad） 163
トリリョ、カリダッド（Caridad Trillo） 159
トレンティーノ、アルトゥロ（Arturo M. Tolentino） 250
ナヴァル、マカリオ（Macario Naval） 159
中野聡 36
ヌエノ、ホセ（Jose T. Nueno） 240-245

ハ行

パーカー、フランシス（Francis LeJ. Parker） 279, 280, 298, 300
バーク、エドマンド（Edmund Burke） 228
パーシング、ジョン（John J. Pershing） 141
ハーテンドープ、A・V・H（A. V. H. Hartendorp） 286
バーンハム、スミス（Smith Burnham） 198-200, 207-209, 211, 228
ハイアム、ジョン（John Higham） 8
パガン、ヘレミアス（Jeremias Pangan） 259
バグレー、ウィリアム（William C. Bagley） 198, 200
パスクアル、ラモン（Ramon Pascual） 238, 239, 241, 242, 246, 259
バティカ、フェリペ（Felipe R. Batica） 300
バトラー、ジョン（John H. M. Butler） 167
バブアー、ヘンリー（Henry E. Barbour） 278
ハマダ、シナイ（Sinai Hamada） 73
ハラ、ホセファ（Josefa Jara） 162
バラゴッド、ホセ（Jose Balagot） 198, 201, 205
ハリソン、フランシス（Francis B. Harrison） 129
パルド・デ・タベラ、トリニダッド（Trinidad H. Pardo de Tavera） 59, 74
バロウズ、デービッド（David P. Barrows） 14, 60, 61, 64, 65, 71, 75, 79-81, 85, 88, 91, 92, 96-100, 109, 184, 198, 200, 213-220, 303
バロナ、フランシスコ（Francisco Varona） 285
早瀬晋三 317
ビアード、チャールズ（Charles A. Beard） 198, 200
ヒースタンド、ドワイト（Dwight Hiestand） 147
ピット、ウィリアム（William Pitt） 228
ビューリー、ルーサー（Luther Bewley） 100,

115, 199, 237, 239-245, 249, 260, 263
ビンガム、ヒラム（Hiram Bingham） 275
ファーニヴァル、J・S（J. S. Furnivall） 186
フィー、メリー（Mary Fee） 139-143, 145, 151, 152
フィヒテ、ヨハン・ゴットリープ（Johann Gottlieb Fichte） 74
フィリップ王（King Philip） 207
フェルナンデス、レアンドロ（Leandro H. Fernández） 198, 200, 217-221, 223, 231, 232
フォーブス、キャメロン（W. Cameron Forbes） 83
ブガンテ、ファウスティノ（Faustino Bugante） 161
プノ、イアザク（Issac B. Puno） 259
プラサン、エディルベルト（Edilberto Pulasan） 248
プラット、スペンサー（E. Spencer Pratt） 218
フランクリン、ベンジャミン（Benjamin Franklin） 207
ブルミット、マーベル（Mabel Brummitt） 237-242, 249-252, 260, 307, 313
古矢旬 8
ブロサン、カルロス（Carlos Bulosan） 134
ヘア、バトラー（Butler B. Hare） 276
ヘイドン、ジョセフ（Joseph R. Hayden） 45
ベニテス、コンラド（Conrado Benitez） 138, 145, 150, 175, 198, 200, 217-220
ベニテス、フランシスコ（Francisco Benitez） 138, 145, 150, 171, 249
ヘネラル＝ウマリ、ビアトリス（Beatrice General=Umali） 191
ベルナルデス、パンフィロ（Panfilo Bernardes） 301
ベルメホ、フェルナンド（Fernando V. Bermejo） 161
ヘレーラ、マテオ（Mateo Herrera） 239, 240, 248
ベレス、テレサ（Teresa Veles） 317
ホーズ、ハリー（Harry B. Hawes） 276
ボードナー、ハーヴェイ（Harvey A. Bordner） 238
ホーフスタッター、リチャード（Richard Hofstadter） 8, 37
ポーリー、マリー（Mary E. Polley） 198, 201, 205
ボーン、ランドルフ（Randolf Bourne） 38
ボコボ、ホルヘ（Jorge Bocobo） 285, 287, 299
ホセ、エステバン（Jose L. Esteban） 159
ホッブス、トマス（Thomas Hobbes） 223
ボニファシオ、アンドレス（Andres Bonifacio） 4, 5, 21, 229
ホワイト、フランク（Frank R. White） 48, 83
ポンセ、ドミンゴ（Domingo Ponce） 248, 260

マ行

マーカート、ウォルター・W（Walter W. Marquardt） 115, 146, 148, 151, 254
マーティン、イザベル（Isabel P. Martin） 225
マーフィー、フランク（Frank Murphy） 5, 7, 31
マギー、チャールズ（Charles Magee） 258
マクラフリン、アンドリュー（Andrew C. McLaughlin） 200, 207-209, 211, 228, 229
マゼラン、フェルディナンド（Ferdinand Magellan） 203
松浦義弘 154, 155
マッカーサー、アーサー（Arthur MacArthur） 53, 54, 56, 57, 59, 74, 221, 222
マッキンタイヤー、フランク（Frank R. McIntyre） 151, 279, 298
マッキンリー、ウィリアム（William McKinley） 7, 14
マッコイ、アルフレッド（Alfred W. McCoy） 13
マビニ、アポリナリオ（Apolinario Mabini） 221, 222, 223
マラーリ、イスマエル（Ismael Mallari） 163
マルコム、ジョージ（George Malcolm） 175, 287
マルセリーノ、ジュリアン（Julian Marcelino） 270

マルバール、ミゲル（Miguel Malvar） 180
マンラピット、パブロ（Pablo Manlapit） 299
ミエベラス、M（M. Mieveras） 291, 301
ミラー、ヒューゴ（Hugo Miller） 198, 201, 205
ミラオル、ラザロ（Lazaro Milaor） 160
ミラノ、エレーナ（Elena Rivera Mirano） 317
ムーア、カール（Carl M. Moore） 143
メイ、グレン（Glenn A. May） 24, 26, 154, 231
メース、ウィリアム（William H. Mace） 200, 207-210, 228
メレンシオ、カルメン（Carmen A. Melencio） 198-200, 207, 208, 209, 211, 228
モーリス＝スズキ、テッサ（Tessa Morris-Suzuki） 225
モレンテ、ピュリフィカシオン（Purificacion Morente） 163
モンテッソリ 18
モントゴメリー、D・H（D. H. Montgomery） 200, 201, 207-210, 228, 229
モンロー、ポール（Paul Monroe） 90

ヤ・ラ行

ヤーコブ、イブラヒム（Ibrahim Haji Yaacob） 19
ラフォレット・ジュニア、ロバート（Robert M. La Follette, jr.） 298
ラクサマナ、ナルシソ（Narciso Lacsamana） 301
ラブ、エリック（Eric T. L. Love） 12, 42
ラモス、ベニグノ（Benigno Ramos） 234, 244, 248, 254
ラルディザバル、グレゴリオ（Gregorio Lardizabal） 162
ランカウオン、プルデンシオ（Prudencio Langcauon） 161
ランプキー、アリストン（Ariston E. Lampky） 285, 289, 290
リード、デービッド（David A. Reed） 279
リカルテ、アルテミオ（Artemio Ricarte） 27
リサール、ホセ（Jose Rizal） 4, 5, 21, 194, 214, 226, 251, 291, 307, 311
リョレンテ、アブドン（Abdon Llorente） 300
リワナッグ、E・R（E. R. Liuanag） 301
リンカー、ターナー（Turner O. Rinker） 143
リンカーン、エイブラハム（Abraham Lincoln） 134, 207
ルート、エリヒュー（Elihu Root） 57, 58
ルロイ、ジェームズ（James A. LeRoy） 80, 81, 97, 109, 184
ルンベラ、ビエンベニード（Bienvenido Lumbera） 25, 26, 48
レイエス、ファウスティノ（Faustino Reyes） 298
ローズヴェルト、セオドア（Theodore Roosevelt） 10, 12, 53, 97
ローゼンクランツ、ウィリアム（William Rosenkrants） 135, 149
ローバック、D・W（D. W. Rohrbach） 266, 267
ロス、ルエラ（Luella Roth） 148
ロック、ジョン（John Locke） 223
ロディ、ジャスティン（H. Justin Roddy） 199, 204-206
ロハス、マヌエル（Manuel Roxas） 36, 276, 277
ロブ、ウォルター（Walter Robb） 299
ロペス、エスタニスラオ（Estanislao R. Lopez） 162

事項索引

ア行

カ行

サ行

タ行

ナ行

ハ行

マ行

ヤ・ラ・ワ行

参考文献

未刊行資料

フィリピン共和国

Diliman Main Library, University of the Philippines, Quezon City, Metro Manila, The Philippines
  Micro Film Section
  Thesis Section
Library, Department of Education, Culture and Sports (DECS), Pasig City, Metro Manila, The Philippines
Library, Central Philippine University, Iloilo City, Iloilo, The Philippines
Library, College of Philosophy and Social Sciences, The University of the Philippines, Quezon City, Metro Manila, The Philippines
Library, Vargas Museum, The University of the Philippines, Quezon City, Metro Manila, The Philippines
  Jorge B. Vargas Papers
Philippine National Library, Manila, Metro Manila, The Philippines
  Historical Data Papers, Micro Film Section
  Manuel L. Quezon Papers
Rizal Library, Ateneo de Manila University, Quezon City, Metro Manila, The Philippines
  American Historical Collection
  Filipiniana Section
Personal collection, Alex Umali, Manila, Metro Manila, The Philippines
  Gil Umali Papers
San Francisco Elementary School, Quezon City, Metro Manila, The Philippines

アメリカ合衆国

Bancroft Library, University of California, Berkeley, California, USA
  David P. Barrows Papers
  Bernard Moses Papers
  James Earl Woods Papers
Bentley Library, University of Michigan, Ann Arbor, Michigan, USA
  W. W. Marquardt Papers
  Joseph Ralston Hayden Papers
U.S. National Archives, College Park, Maryland, USA
  RG 350: Records of the Bureau of Insular Affairs

修士論文・博士論文

Alidio, Kimberly A. "Between Civilizing Mission and Ethnic Assimilation: Racial Discourse, U.S. Colonial Education and Filipino Ethnicity, 1901-1946." Ph. D diss., University of Michigan, 2001.

Coloma, Casiano Pagdilao. "A Study of the Filipino Reparation Movement." MA Thesis, University of Southern California, 1939; Reprinted by San Francisco: R and E Research Associate, 1974.

Dado, Veronica Amarra. "Philippine Public Elementary School Buildings during the American Period, 1898-1941, Extant Structures in Manila." MA Thesis, Department of Art Studies, College of Arts and Letters, University of the Philippines, 1996.

Fernández, Leandro Heriberto. "The Philippine Republic." Ph. D diss., Political Science, Columbia University, 1926.

Maniago, Jo Anne Barker. "The First Peace Corps: The Work of the American Teachers in the Philippines, 1900-1910." Ph. D diss., Boston University, 1971.

May, Glenn Anthony. "America in the Philippines: The Shaping of Colonial Policy, 1898-1913." Ph. D diss., Yale University, 1975.

Soda, Naoki. "Indigenizing Colonial Knowledge: The Formation of Pan-Malayan Identity in British Malaya." Ph. D diss., Graduate School of Asian and African Area Studies, Kyoto University, 2008.

Terami-Wada, Motoe. "Ang Kilusan Sakdal, 1930-1945." Ph. D diss., Dalubhasaan ng Agham at Pilosopia, Pamantasan ng Pilipinas, 1992.

インタビュー

アントニオ・ティニオ（Antonio Tinio）：2006年12月1日

アレックス・ウマリ（Alex Umali）：2006年12月2日、2007年3月15日

テレサ・ベレス（Teresa Veles）：2007年2月9日

エレーナ・リベラ・ミラノ（Elena Rivera Mirano）：2007年3月6日

レティシア・R・コンスタンティーノ（Letizia R. Constantino）：2007年3月10日

レティ・カンポモール（Letty Campoamor）：2007年3月17日

パウリノ・ミサ・カピテュロ（Paulino Misa Capitulo）：2007年3月30日

政府関係資料

Annual Report of Philippine Civil Service Board. Philippine Islands, Bureau of Civil Service. Manila: Bureau of Printing, 1900-1930.

Annual Report of Director of Education. Manila: Bureau of Printing, 1905-1940.

Blue Book of the Inauguration of the Commonwealth of the Philippines. Manila: Bureau of Printing, 1935.

Bulletin. Bureau of Education. Manila: Bureau of Printing, 1904-1918.

Official Rosters of Officers and Employees in the Civil Service of the Philippine Islands. Civil Service Board. Manila: Bureau of Printing, 1902-1935.

Census of the Philippine Islands. Manila: Bureau of Printing, 1905, 1918, 1939.

Circular, Bureau of Education, Department of Public Instruction, 1901-1935.

Congressional Records, U.S. Congress. Washington D.C.: GPO, 1929-1936.
Facts about Filipino Immigration into California. Bulletin No. 3. Department of Industrial Relations, State of California, 1930.
Diario de Sesiones de Asemblea Filipina. Manila: Bureau of Printing.
General Instruction, Bureau of Education, Department of Public Instruction, 1901-1935.
"Manuscript Report of the Philippine Commission," 1914-1915.
Military Governor's Report. Washington, DC: GPO, 1900.
"Minutes of Public Sessions of the United States Philippine Commission," 1901.
Philippine Commission on Educational Reform. "PCER Emerges With Nine Doable Reform Proposals," 2004. http://members.tripod.com/pcer_ph/id19_m.htm.（2004年11月11日アクセス）
Report of the Philippine Commission. Washington, DC: GPO, 1900-1915.
Service Manual, Bureau of Education. Manila: Bureau of Printing, 1911, 1917, 1927.

ウェブサイト

The Atlantic（http://www.theatlantic.com）
Biographical Directory of the United States Congress, 1774-Present（http://bioguide.congress.gov/biosearch/biosearch.asp）
Bureau of Reclamation, U.S. Department of the Interior（http://www.usbr.gov/）
Internet Archive（http://archive.org/index.php）
Philippine Commission on Educational Reform（http://members.tripod.com/pcer_ph）
Philippine Daily Inquirer（http://www.inquirer.net/）
SIL International, The Philippipnes（http://www.sil.org/ethnologue/countries/phil.html）
The United States and its Territories, 1870-1925: The Age of Imperialism（http://quod.lib.umich.edu/p/philamer）
WorldCat（http://www.worldcat.org/）

法　文

Public Laws Enacted by the Philippine Commission with Amendments Indicated. Manila: United States Philippine Commission.
Dokumentasyon ng mga Batas Pangwika, Komisyon sa Wikang Filipino at Iba Pang Kaugnay ng Batas. Manila: Komisyong sa Wikang Filipino, 2001.

雑誌・新聞

Ang Manggagawa
Bulletin of American Historical Collection
Cablenews American, The
La Democracia / Ang Democracia
Filipino Student Magazine, The

Graphic
Los Angeles Times
Manila Daily Bulletin
Manila Times
New York Times
Philippine Craftsmen, The
Philippine Daily Inquirer
Philippine Education
Philippine Education Magazine, The（『フィリピン教育雑誌』）
Philippine Herald
Philippine Public Schools
Philippine Journal of Education, The（『フィリピン教育ジャーナル』）
Philippinestudents Magazine, The
Philippine Teacher, The
Philippines Free Press
School News Review, The
Teacher's Assembly Herald, The
Tribune, The
La Vanguardia
Watsonville Evening Pajaronian
Washington Post
Washington Star
『比律賓情報』

刊行文献

The Thomasites: A Century of Education for All. National Commission for Culture and the Arts, The Department of Education, Culture and Sports, Philippine American Educational Foundation, circa 2000.

A Century of Education in the Philippines, Journal of history, vol. 48, no. 1-2 (January- December 2002).

Abinales, Patricio N. *Making Mindanao: Cotabato and Davao in The Formation of The Philippine Nation-State.* Quezon City: Ateneo de Manila University Press, 2000.

Abinales, Patricio N. "An American Colonial State: Authority and Structure in Southern Mindanao." *Vestiges of War: The Philippine-American War and The Aftermath of An Imperial Dream, 1899-1999*, edited by Angel Velasco Shaw and Luis Francia, pp. 89-117. New York: New York University Press, 2002.

Abinales, Patricio N. "American Rule and the Formation of Filipino 'Colonial Nationalism.'"『東南アジア研究』vol. 39, no. 4 (2002): pp. 604-621.

Abinales, Patricio N. "Progressive-Machine Conflict in Early-Twentieth-Century U.S. Politics and Colonial-State Building in the Philippines." In *The American Colonial State in the Philippines: Global Perspectives*, edited by Julian Go and Anne L. Foster, pp. 148-181. Durham: Duke University Press,

2003.

Abinales, Patricio N. and Donna J. Amoroso. *State and Society in the Philippines*. Pasig City: Anvil Publishing, 2005.

Agoncillo, Teodoro A. *The Revolt of The Masses: The Story of Bonifacio and The Katipunan*. Quezon City: University of Philippines, 1956.

Agoncillo, Teodoro A. *Makata ng Bayan: Si Jose Corazon De Jesus At Ang Kanyang Panahon. Jornal ng Masaklaw na Edukasyon*. Quezon City: University of The Philippines Press, 1971.

Agoncillo, Teodoro A. *Malolos: The Crisis of The Republic*. Originally Published in 1960. Reprint. Quezon City: University of The Philippines Press, 1997.

Agoncillo, Teodoro A. *History and Culture, Language, and Literature: Selected Essays Of Teodoro A. Agoncillo*. Manila: University of Santo Tomas Pub. House, 2003.

Agoncillo, Teodoro A. and Milagros C. Guerrero. *History of the Filipino People*, 7th Edition. Quezon City: R. P. Garcia Pub. Co., 1986; First Edition Published in 1960.

Aguilar, Filomeno Jr. "Nationhood and Transborder Labor Migrations: the Late Twentieth Century from a Late Nineteenth-Century Perspective." *Asian and Pacific Migration Journal*, vol. 9, no. 2 (2000): pp. 171-198.

Aguilar, Filomeno Jr. "The Riddle of the Alien-Citizen: Filipino Migrants as US Nationals and the Anomalies of Citizenship, 1900s-1930s." *Asian and Pacific Migration Journal*, vol. 19, no. 2 (2010), pp. 203-236.

Aguilar, Filomeno Jr. "Filibustero, Rizal, and the Manilamen of the Nineteenth Century." *Philippine Studies: Historical and Ethnographic Viewpoints*, vol. 59, no. 4 (2011): pp. 429-469.

Aldana, Benigno V. "The Evolution of the Provincial Normal Curriculum." *Philippine Journal of Education*, vol. 14, no. 5 (October, 1931), pp. 163-164, 198-201.

Alegre, Edilberto N. and Doreen G. Fernandez. *Writers and Their Milieu: An Oral History of Second Generation Writers in English*. Manila: De La Salle University Press, 1987.

Allen, James S. *The Radical Left on the Eve of World War II*. Manila: Foundation for Nationalist Studies, 1993.

Alzona, Encarnacion. *A History of Education in the Philippines, 1565-1930*. Manila: University of the Philippines Press, 1932.

Anderson, Benedict R. O'G. *Imagined Communities: Reflections On the Origin and Spread of Nationalism*. London; New York: Verso, 1991.〔アンダーソン、ベネディクト著、白石さや、白石隆訳『想像の共同体――ナショナリズムの起源と流行』NTT 出版、1997 年〕

Anderson, Benedict R. O'G. "The First Filipino." In *The Spectre of Comparisons: Nationalism, Southeast Asia, and the World*, pp. 227-234. New York: Verso: 1998.〔アンダーソン、ベネディクト著、荒井幸康訳「最初のフィリピン人」糟谷啓介、高地薫ほか訳『比較の亡霊――ナショナリズム・東南アジア・世界』作品社、2005 年、360-372 頁〕

Anderson, Benedict R. O'G. *Under Three Flags: Anarchism and the Anti-Colonial Imagination*. London: Verso, 2005.

Anderson, Warwick. *Colonial Pathologies: American Tropical Medicine, Race, and Hygiene in the Philippines*. Quezon City: Ateneo de Manila University Press, 2007.

Bautista, Veltisezar B. *The Filipino Americans, From 1763 to the Present: Their History, Culture, and*

Traditions. Farmington Hills: Bookhaus Pub., 1998.

Balogh, Brian. *A Government out of Sight: The Mystery of National Authority in Nineteenth-Century America*. New York: Cambridge University Press, 2009.

Barrows, David P. *A History of the Philippines,* Revised Edition. New York: World Book Company, 1924; First Edition Published in 1905.

Bellah, Robert Neelly. *The Broken Covenant: American Civil Religion in Time of Trial.* Chicago: University of Chicago Press, 1992.〔ベラー、ロバート・ニーリー著、松本滋、中川徹子訳『破られた契約――アメリカ宗教思想の伝統と試練』未來社、1998 年〕

Benitez, Conrado. *A History of the Philippines, Economic, Social, Political.* Boston: Ginn and Company, 1926.

Benitez, Conrado. *Philippine Civics: How We Govern Ourselves*. Boston: Ginn and company, 1932.

Benitez, Conrado, Ramona Salud Tirona, et al. *Philippine Social Life and Progress*. Boston: Ginn and Company, 1937.

Bernabe, Emma J. Fonacier. *Language Policy Formulation, Programming, Implementation, and Evaluation in Philippine Education, 1565-1974*. Manila: Linguistic Society of the Philippines, 1987.

Blount, James H. *The American Occupation of the Philippines, 1898-1912*. New York and London: G. P. Putnam's Sons, 1913.

Board of Educational Survey, The. *A Survey of the Educational System of the Philippine Islands*. Manila: Bureau of Printing, 1925.

Bogardus, Emory Stephen. "Anti-Filipino Race Riots." In *Anti-Filipino Movements in California: A History, Bibliography, and Study Guide*, edited by Howard A. DeWitt, pp. 88-111. San Francisco: R and E Research Associates, 1976; Orignally Published in 1930.

Bonus, Rick. *Locating Filipino Americans: Ethnicity and the Cultural Politics of Space*. Philadelphia: Temple University Press, 2000.

Brands, H. W. *Bound to Empire: The United States and the Philippines*. New York: Oxford University Press, 1992.

Brown, Victoria B. *The Education of Jane Addams*. Philadelphia: University of Pennsylvania Press, 2004.

Bulosan, Carlos. *America is in the Heart: A Personal History*. Seattle: University of Washington Press, 1973.〔ブロサン、カルロス著、井田節子訳『我が心のアメリカ――フィリピン人移民の話』井村文化事業社、1984 年〕

Burnham, Smith. *Making of Our Country, A History of the United States for Schools*. Originally Published in 1920. Philadelphia: The John C. Winston Company, 1921.

Burnham, Smith and Carmen Aguinaldo Melencio. *A History of the United States*. Philadelphia: The John C. Winston Company, 1928.

Butte, George C. *Shall the Philippines Have a Common Language?* Manila: Bureau of Printing, 1931.

Calairo, Emmanuel Franco. *Edukasyong Pampubliko: Ang Karanasan ng Kabite, 1898-1913*. Cavite: Cavite Historical Society, 2005.

Callahan, Raymond E. *Education and the Cult of Efficiency: A Study of the Social Forces That Have Shaped the Administration of the Public Schools*. Chicago: The University of Chicago Press, 1962.

Capozzola, Christopher Joseph Nicodemus. *Uncle Sam Wants You: World War I and the Making of the Modern American Citizen*. New York: Oxford University Press, 2008.

Carpenter, Frank G. *Carpenter's Geographical Reader, Asia*. New York: American Book Company, 1911; First Edition Published in 1897.

Church, Robert L. and Michael W. Sedlak. *Education in the United States: An Interpretive History*. New York: Free Press, 1976.

Churchill, Bernardita Reyes. *The Philippine Independence Missions To the United States, 1919-1934*. Manila: National Historical Institute, 1983.

Clymer, Kenton J. "Humanitarian Imperialism: David Prescott Barrows and the White Man's Burden in the Philippines." *Pacific Historical Review*, vol. 45, no. 4 (1976): pp. 495-517.

Cohen, Nancy. *The Reconstruction of American Liberalism, 1865-1914*. Chapel Hill: University of North Carolina Press, 2002.

Cohn, Bernard S. *Colonialism and Its Forms of Knowledge: The British in India*. Princeton, N.J.: Princeton University Press, 1996.

Connolly, James J. *The Triumph of Ethnic Progressivism: Urban Political Culture in Boston, 1900-1925*. Cambridge: Harvard University Press, 1998.

Connor, Walker. *Ethnonationalism: The Quest For Understanding*. Princeton: Princeton University Press, 1994.

Constantino, Renato. "The Mis-Education of the Filipino." Originally Published in *Graphic*, 8 June 1966. In *Tribute to Renato Constantino*, edited by Peter Limqueco, 138-154. Manila: Journal of Contemporary Asia Publisher, 2000.〔コンスタンティーノ、レナト著「フィリピン人の受けたえせ教育」鶴見良行監訳『フィリピン・ナショナリズム論』井村文化事業社、1977年、78-109頁〕

Constantino, Renato. *The Philippines: A Past Revisited*. Quezon City: Private, 1975.〔コンスタンティーノ、レナト著、池端雪浦、永野善子（第1巻）、鶴見良行ほか（第2巻）訳『フィリピン民衆の歴史　往事再訪』（全2巻）、井村文化事業社、1978年〕

Cordova, Fred. *Filipinos, Forgotten Asian Americans: A Pictorial Essay, 1763-Circa 1963*. Dubuque, Iowa: Kendall/Hunt Pub. Co., 1983.

Cornejo, M. R. *Commonwealth Directory of the Philippines*. Manila: M. R. Cornejo, 1939/1940.

Corpuz, Onofre D. *The Bureaucracy in the Philippines*. Quezon City: Institute of Public Administration, University of the Philippines, 1957.

Corpuz, Onofre D. *The Roots of the Filipino Nation*. Quezon City: University of the Philippines Press, 2005; First Edition Published in 1989.

Cott, Nancy F. *Public Vows: A History of Marriage and the Nation*. Cambridge, Mass.: Harvard University Press, 2000.

Cortes, Rosario Mendoza, Celestina Puyal Boncan, and Ricardo Trota Jose. *The Filipino Saga: History as Social Change*. Quezon City: New Day Publishers, 2000.

Cremin, Lawrence A. *The Transformation of the School: Progressivism in American Education, 1876 - 1957*. New York: Vintage Books, 1964.

Cressey, Paul G. *The Taxi-Dance Hall: A Sociological Study in Commercialized Recreation and City Life*. Chicago: The University of Chicago Press, 1932.

Cubberley, Ellwood Patterson. *Public Education in the United States: A Study and Interpretation of American Educational History*. Boston: Houghton Mifflin Company, 1919.

Cubberley, Ellwood Patterson. "City Schools, Local Boards." In *A Cyclopedia of Education*, vol. 1, edited by Paul Monroe, pp. 23-24. New York: The Macmillan Company, 1925.

De Jesus, Jose Corazon. *Bayan Ko: Mga Tula ng Pulitika at Pakikisangkot*. Lungsod ng Quezon, Pilipinas: College of Arts and Letters Publications Office, University of the Philippines, 1995.

De la Costa, Horacio. *Readings in Philippine History*. Makati City: Bookmark, 1965.

De Laguna, Theodore. "Education in the Philippines." *Bearers of Benevolence: The Thomasites and Public Education in the Philippines*. Edited by Mary Racelis and Judy Celine A. Ick. Pasig City: Anvil Pub., 2001, pp. 145-154.

Del Mundo, Clodualdo A. *Native Resistance: Philippine Cinema and Colonialism, 1898-1941*. Manila: De La Salle University Press, 1998.

Delmendo, Sharon. *The Star-Entangled Banner: One Hundred Years of America in the Philippines*. New Brunswick, N.J.: Rutgers University Press, 2004.

Dewitt, Howard A. *Anti-Filipino Movements in California: A History, Bibliography, and Study Guide*. San Francisco: R and E Research Associates, 1976.

Dewitt, Howard A. *Violence in the Fields: California Filipino Farm Labor Unionization during the Great Depression*. Saratoga: Century Twenty One Pub., 1980.

Dizon, Lino L. *Mr. White: A 'Thomasite' History of Tarlac Province, 1901-1913*. Angeles City, The Philippines: Center For Tarlaqueño Studies and JDN Center for Kapanpangan Studies, 2002.

Doeppers, Daniel F. *Manila, 1900-1941: Social Change in a Late Colonial Metropolis*. New Haven: Yale University Southeast Asia Studies, 1984.

Dryer, Charles Redway. *High School Geography, Physical, Economic and Regional*. 1911. Reprint. New York: American Book Company, 1912.

España-Maram, Linda. *Creating Masculinity in Los Angeles's Little Manila: Working-Class Filipinos and Popular Culture, 1920s-1950s*. New York: Columbia University Press, 2006.

Espiritu, Clemencia. "Filipino Language in the Curriculum," National Commission for Culture and the Arts. http://www.ncca.gov.ph/about-culture-and-arts/articles-on-c-n-a/article.php?igm=3&i=216（2014 年 8 月 1 日にアクセス）

Espiritu, Yen Le. *Home Bound: Filipino American Lives Across Cultures, Communities, and Countries*. Berkeley: University of California Press, 2003.

Fabia, Aniceto. *The Development of the Teaching of History, Civics, and Current Events in Philippineschools*. Manila: By the author, 1928. quod.lib.umich.edu/p/philamer/ADR1320.0001.001?view=toc（2014 年 8 月 1 日アクセス）

Fabian, Johannes. *Time and the Other: How Anthropology Makes its Objects*. New York: Columbia University Press, 1983.

Fallows, James. "A Damaged Culture: A New Philippines?" *The Atlantic Magazine*. November, 1987. www.theatlantic.com/technology/archive/1987/11/a-damaged-culture-a-new-philippines/7414/（2012 年 9 月 21 日にアクセス）

Fee, Mary H. *A Woman's Impressions of the Philippines*, Second Edition. Chicago: A. C. Mcclurg & Co., 1912; First Edition Published in 1910.

Fenandez, Leandro Heriberto. *A Brief History of the Philippines*. Boston: Ginn and Company, 1919.

Foner, Eric. "Reconstruction." In *The Reader's Companion to American History*, edited by Eric Foner and

John A. Garraty, pp. 917-924. Boston: Houghton -Mifflin, 1991.
Foner, Eric and John A. Garraty eds. *The Reader's Companion to American History*. Boston: Houghton-Mifflin, 1991.
Foner, Eric and Lisa McGirr, eds. *American History Now*. Philadelphia: Temple University Press, 2011.
Forbes, William Cameron. *The Philippine Islands, Revised Edition*. Cambridge: Harvard University Press, 1945.
Foster, Nellie. "Legal Status of Filipino Intermarriages in California." *Sociology and Social Research*, vol. 16 (1932): pp. 441-454.
Francia, Luis H. *A History of the Philippines: From Indios Bravos to Filipinos*. New York: Overlook Press, 2010.
Friend, Theodore. *Between Two Empires: The Ordeal of the Philippines, 1929-1946*. New Haven: Yale University Press, 1965.
Fujita-Rony, Dorothy B. *American Workers, Colonial Power: Philippine Seattle and the Transpacific West, 1919-1941*. Berkeley: University of California Press, 2003.
Fujiwara, Kiichi and Yoshiko Nagano. *The Philippines and Japan in America's Shadow*. Singapore: NUS Press, 2011.
Gates, John Morgan. *Schoolbooks and Krags: The United States Army in the Philippines, 1898-1902*. Westport: Greenwood Press, 1973.
George, William R. *The Junior Republic: Its History and Ideals*. New York: D. Appleton & Company, 1910.〔ジョージ、W・R著、矢野静男訳『公民教育少年自治団』内外出版協会、1912年〕
Gellner, Ernest *Nations and Nationalism*. Ithaca: Cornell University Press, 1983.〔ゲルナー、アーネスト著、加藤節監訳『民族とナショナリズム』岩波書店、2000年〕
Gerstle, Gary. *American Crucible: Race and Nation in the Twentieth Century*. Princeton: Princeton University Press, 2001.
Gleeck, Lewis E. *The Manila Americans (1901-1964)*. Manila: Carmelo & Bauermann, 1977.
Glickman, Lawrence B. "The 'Cultural Turn.'" In *American History Now*, edited by Eric Foner and Lisa McGirr, pp. 221-241. Philadelphia: Temple University Press, 2011.
Go, Stella P. "Filipino Diaspora." In *Immigration and Asylum: From 1900 to the Present*, edited by Matthew J. Gibney and Randall Hansen, pp. 241-46. Santa Barbara, Calif.: ABC-CLIO, 2005.
Gonzalez, Andrew B. *Language and Nationalism: The Philippine Experience Thus Far*. Metro Manila: Ateneo de Manila University Press, 1980.
Goodman, Grant K. *Four Aspects of Philippine-Japanese Relations, 1930-1940*. New Haven: Southeast Asia Studies, Yale University, 1967.
Grimes, Barbara F. *Areas: Asia: Philippines. Ethnologue: Languages of the World, Fourteenth Edition*. SIL International, 2000. www.sil.org/ethnologue/countries/phil.html（2001年1月20日アクセス）
Guillermo, Artemio R. and May Kyi Win. *Historical Dictionary of the Philippines*. Lanham, Maryland: The Scarecrow Press, 1997.
Gwekoh, Sol H. *Manuel L. Quezon, His Life and Career*. Manila: University Publishing Co., 1948.
Hanks, Patrick, Kate Hardcastle, et al. *A Dictionary of First Names*. New York: Oxford University Press, 2006.
Harbaugh, William H. "Taft, William Howard." In *The Reader's Companion to American History*, edited

by Eric Foner, John A. Garraty and Society of American Historians, pp. 1056. Boston: Houghton-Mifflin, 1991.

Hayden, Joseph Ralston. *The Philippines, A Study in National Development*. New York: The Macmillan Company, 1955; First Edition Published in 1942.

Hayner, Norman S. "Social Factors in Oriental Crime." *American Journal of Sociology*, vol. 43, no. 6 (1938): pp. 908-919.

Higham, John. *Strangers in the Land: Patterns of American Nativism 1860-1925*. New York: Atheneum, 1963.

Hila, Antonio C. *The Historicism of Teodoro Agoncillo*. Manila: UST Pub. House, 2001.

Hofstadter, Richard. *The Age of Reform: From Bryan To F. D. R.* New York: Knopf, 1955.〔ホーフスタッター、リチャード著、清水知久ほか訳『改革の時代――農民神話からニューディールへ』みすず書房、1998年〕

Hoganson, Kristin L. *Fighting For American Manhood: How Gender Politics Provoked the Spanish-American and Philippine-American Wars*. New Haven: Yale University Press, 1998.

Hoganson, Kristin L. *Consumers' Imperium: The Global Production of American Domesticity, 1865-1920*. Chapel Hill: University of North Carolina Press, 2007.

Holl, Jack M. *Juvenile Reform in the Progressive Era: William R. George and the Junior Republic Movement*. Ithaca: Cornell University Press, 1971.

Huges, Ray Osgood. *Elementary Community Civics*. Boston: Allyn and Bacon, 1928; First Edition Published in 1922.

Hunt, Michael H. *Ideology and U.S. Foreign Policy*. New Haven: Yale University Press, 1987.

Ick, Judy Celine A. "La Escuela del Diablo, Iskul ng Tao, Revisiting Colonial Public Education." *Bearers of Benevolence: The Thomasites and Public Education in the Philippines*, edited by Mary Racelis and Judy Celine Ick, pp. 261-269. Pasig City: Anvil Pub., 2001.

Ignacio, Abraham Flores, Enrique de la Cruz, Jorge Emmanuel and Helen Toribio, eds. *The Forbidden Book: The Philippine-American War in Political Cartoons*. San Francisco: T'boli Publishing and Distribution, 2004.

Ileto, Reynaldo Clemeña. *Pasyon and Revolution: Popular Movements in the Philippines, 1840-1910*. Quezon City, Metro Manila: Ateneo de Manila University Press, 1979.〔イレート、レイナルド・C著、清水展、永野善子監訳『キリスト受難詩と革命―― 1840～1910年のフィリピン民衆運動』法政大学出版局、2005年〕

Ileto, Reynaldo Clemeña. "Cholera and the Origins of the American Sanitary Order." In *Discrepant Histories: Translocal Essays on Filipino Cultures*, edited by Vicente L. Rafael. Philadelphia: Temple University Press, 1995.

Ileto, Reynaldo Clemeña. "Orators and the Crowd: Independence Politics, 1910-1914." In *Filipinos and their Revolution: Event, Discourse, and Historiography*, pp. 135-163. Quezon City: Ateneo de Manila University Press, 1998.

Ileto, Reynaldo Clemeña. "Rural Life in a Time of Revolution." In *Filipinos and their Revolution: Event, Discourse, and Historiography*, pp. 79-98. Quezon City: Ateneo de Manila University Press, 1998.

Ileto, Reynaldo Clemeña. "The Past in the Present: Mourning the Martyr Ninoy." In *Filipinos and their Revolution: Event, Discourse, and Historiography*, pp. 165-176. Quezon City: Ateneo de Manila

University Press, 1998.

Ileto, Reynaldo Clemeña. "The Revolution and the Diaspora in Austral-Asia." In *Filipinos and Their Revolution: Event, Discourse, and Historiography*, pp. 117-34. Quezon City: Ateneo de Manila University Press, 1998.

Ileto, Reynaldo Clemeña. *Knowing America's Colony: A Hundred Years From the Philippine War*. Honolulu: Center for Philippine Studies, School of Hawaiian, Asian and Pacific Studies, University of Hawai'i At Manoa, 1999.

Ileto, Reynaldo Clemeña. "The Philippine-American War: Friendship and Forgetting." In *Vestiges of War: The Philippine: The Philippine-American War and the Aftermath of an Imperial Dream, 1899-1999*, edited by Angel Velasco Shaw and Luis H. Francia, pp. 3-21. New York: New York University Press, 2002.

Isaac, Allan Punzalan. *American Tropics: Articulating Filipino America*. Minneapolis: University of Minnesota Press, 2006.

Isidro, Antonio. *The Philippine Educational System*. Manila: Bookman, 1949.

Jernegan, Prescott Ford. *A Short History of the Philippines, for use in Philippine Schools*. Manila: Van Buskirk, Crook & Co., 1904.

Jernegan, Prescott Ford. *Philippine Citizen: A Text-Book of Civics, Describing the Nature of Government, The Philippine Government, and the Rights and Duties of Citizens of the Philippines*. Manila: Philippine Education Publisher, 1907.

Kalaw, Maximo. *An Introduction to Philippine Social Science*. Manila: Solidaridad Book Store, 1986; First Published by Manila: Solar Publishing Corporation, 1939.

Kalaw, Maximo M., ed. *Proceedings of the First Independence Congress, Held in the City of Manila, Philippine Islands, February 22-26, 1930*. Manila: Sugar News Press, 1930. quod.lib.umich.edu/p/philamer/AFJ2098.0001.001（2014年8月1日アクセス）

Kalaw, Teodoro M. *The Philippine Revolution*. Originally Published by Manila: Manila Book Company, 1925. Mandaluyong, Rizal: Jorge B. Vargas Filipiniana Foundation, 1969

Kaplan, Amy. "'Left Alone With America': The Absence of Empire in The Study of American Culture." In *Cultures of United States Imperialism*, edited by Amy Kaplan and Donald E. Pease, pp. 3-21. Durham: Duke University Press: 1993.

Kaplan, Amy. *The Anarchy of Empire in the Making of U.S. Culture*. Cambridge: Harvard University Press, 2002.〔カプラン、エイミー著、増田久美子、鈴木俊弘訳『帝国というアナーキー ――アメリカ文化の起源』青土社、2009年〕

Karl, Rebecca E. *Staging the World: Chinese Nationalism at the Turn of the Twentieth Century*. Durham: Duke University Press, 2002.

Katz, Michael B. *The Irony of Early School Reform: Educational Innovation in Mid-Nineteenth Century Massachusetts*. 1968. Reprint. New York: Teachers College Press, 2001.

Kaznelson, Ira and Margaret Weir. *Schooling for All: Class, Race, and the Decline of the Democratic Ideal*. Berkeley: University of California Press, 1988.

Kennedy, Kerry J., W. O. Lee, et al., eds. *Citizenship Pedagogies in Asia and the Pacific*. Hong Kong: Comparative Education Research Centre, University of Hong Kong, 2010.

Kerkvliet, Melinda Tria. *Manila Workers' Unions, 1900-1950*. Quezon City: New Day Publishers, 1992.

Kliebard, Herbert M. *The Struggle For the American Curriculum, 1893-1958*. New York: Routledge, 1995.

Kloppenberg, James T. *Uncertain Victory: Social Democracy and Progressivism in European and American Thought, 1870-1920*. New York: Oxford University Press, 1986.

Komisyon sa Wikang Filipino. *Dokumentasyon ng mga Batas Pangwika, Komisyon sa Wikang Filipino at iba pang Kaugnay ng Batas*. Manila: Komisyon sa Wikang Filipino, 2001.

Kramer, Paul A. *The Blood of Government: Race, Empire, the United States, and the Philippines*. Chapel Hill: University of North Carolina Press, 2006.

Kramer, Paul A. "Race, Empire, and Transnational History." In *Colonial Crucible: Empire in the Making of the Modern American State*, edited by Alfred W. McCoy and Francisco A. Scarano, pp. 199-209. Madison: University of Wisconsin Press, 2009.

LaFeber, Walter. *The New Empire, An Interpretation of American Expansion, 1860-1898*. Ithaca: Cornell University Press, 1963.

Lardizabal, Amparo S. *American Teachers and Philippine Education*. Quezon City: Phoenix Publishing House, 1991.

Larkin, John A. *The Pampangans: Colonial Society in a Philippine Province*. Berkeley: University of California Press, 1972.

Lasker, Bruno. *Filipino Immigration to Continental United States and to Hawaii*. Chicago: Published for the American council, Institute of Pacific relations, 1931.

Leavitt, Judith Walzer. "'Typhoid Mary' Strikes Back: Bacteriological Theory and Practice in Early 20th-Century." In *Sickness and Health in America: Readings in the History of Medicine and Public Health*, edited by Judith Walzer Leavitt and Ronald L. Numbers, pp. 555-574. Madison: The University of Wisconsin Press, 1997.

Lee, Erika, and Judy Yung. *Angel Island: Immigrant Gateway to America*. New York: Oxford University Press, 2010.

LeRoy, James Alfred. *Philippine Life in Town and Country*. New York: G. P. Putnam's Sons, 1905.

Lewis, Martin W. and Kären Wigen. *The Myth of Continents: A Critique of Metageography*. Berkeley: University of California Press, 1997.

Linn, Brian McAllister. *The Philippine War, 1899-1902*. Lawrence: University Press of Kansas, 2000.

Love, Eric Tyrone Lowery. *Race over Empire: Racism and U.S. Imperialism, 1865-1900*. Chapel Hill: University of North Carolina Press, 2004.

Lumbera, Bienvenido. "Ang Sentenaryo ng Imperyalismong Estados Unidos sa Pilipinas: Sanhi at Bunga ng Mahabang Pagkaalipin." *Philippine Social Sciences Review*. Special Issue "Philippine-American War" (January-December 1999): pp. 3-9.

Lumbera, Bienvenido. "From Colonizer To Liberator." In *Vestiges of War: The Philippine-American War and the Aftermath of an Imperial Dream, 1899-1999*, edited by Angel Velasco Shaw, Luis Francia and New York University, pp. 193-203. New York: New York University Press, 2002.

Mace, William H. *A School History of the United States*. 1904. Reprint. Chicago: Rand, McNally & Company, 1917.

Majul, Cesar Adib. *The Political and Constitutional Ideas of the Philippine Revolution*. Quezon City: University of the Philippines Press, 1967.

Majul, Cesar Adib. *Mabini and the Philippine Revolution*. Quezon City: University of the Philippines

Press, 1996; First Edition Published in 1960.

Malcolm, George A. *The Commonwealth of the Philippines*. New York: D. Appleton-Century, 1936.

Malcolm, George A. and Maximo Kalaw. *Philippine Civics: A Textbook for the Schools of the Philippines*. 1919. Reprint. New York: D. Appleton and Company, 1925.

Manalang, Priscila S. *A Philippine Rural School: Its Cultural Dimension*. Quezon City: University of the Philippines Press, 1977.

Manuel, E. Arsenio and Magdalena Avenir Manuel. *Dictionary of Philippine Biography*, vol. 4. Quezon City: Filipiniana Publications, 1995.

Margold, Jane A. "Egalitarian Ideals and Exclusionary Practices: U. S. Pedagogy in the Colonial Philippines." *Journal of Historical Sociology*, vol. 8, no. 4 (1995): pp. 375-394.

Marquardt, Frederic S. "Life with the Early American Teachers." In *Tales of the American Teachers in the Philippines*, edited by Geronima T. Pecson and Maria Racelis, pp. 1-6. Manila: Carmelo & Bauermann, 1959.

Martin, Isabel Pefianco. "Colonial Education and the Shaping of Philippine Literature in English." *Philippine English: Linguistic and Literary Perspectives*, edited by Maria Lourdes S. Bautista and Kingsley Bolton, pp. 245-260. Hong Kong: Hong Kong University Press, 2008.

Maslog, Crispin C. "A Brief History of Philippine Mass Communication: From Spanish Times To the Present." *Philippine Communication: An Introduction*, edited by Crispin C. Maslog, pp. 1-40. Los Baños: Philippine Association of Communication Educators, 1988.

May, Glenn Anthony. *Inventing a Hero: The Posthumous Re-Creation of Andres Bonifacio*. Quezon City: New Day Publishers, 1997.

May, Glenn Anthony. *Social Engineering in the Philippines: The Aims, Execution, and Impact of American Colonial Policy, 1900-1913*. Westport, Conn.: Greenwood Press, 1980.

McCoy, Alfred W. "Quezon's Commonwealth: The Emergence of Philippine Authoritarianism." *Philippine Colonial Democracy*, edited by Ruby R. Paredes, pp. 114-160. Quezon City: Ateneo de Manila University Press, 1989.

McCoy, Alfred W. *Policing America's Empire: the United States, the Philippines, and the Rise of the Surveillance State*. Madison: University of Wisconsin Press, 2009.

McCoy, Alfred W. and Alfredo R. Roces. *Philippine Cartoons: Political Caricature of the American Era, 1900-1941*. Quezon City: Vera-Reyes, 1985.

McCoy, Alfred W. and Francisco A. Scarano. *Colonial Crucible: Empire in the Making of the Modern American State*. Madison: University of Wisconsin Press, 2009.

McCoy, Alfred W., Francisco A. Scarano, and Courtney Johnson. "On the Tropic of Cancer: Transitions and Transformations in the U.S. Imperial State." In *The Colonial Crucible: Empire in the Making of the Modern American State*, edited by Alfred W. McCoy and Francisco A. Scarano, pp. 3-33. Madison: University of Wisconsin Press, 2009.

McLaughlin, Andrew C. and Claude Halstead Van Tyne. *A History of the United States for Schools*. New York: D. Appleton and Company, 1911.

McWilliams, Carey. *Brothers Under the Skin*. Boston: Little, Brown and Company, 1944.

McWilliams, Carey. *Southern California: An Island on the Land*. Salt Lake City: Gibbs Smith Publisher, 1973.

Miller, Herbert Adolphus. *The School and the Immigrant*. Cleveland: The Survey Committee of the Cleveland Foundation, 1916.

Miller, Hugo H. and Mary E. Polly. *Intermediate Geography, New Edition*. Boston: Ginn and Company, 1951.

Miller, Hugo H., Catalina Velasquez Ty and Jose Balagot. *Home Lands: Geography for the Fourth Grade of Philippine Schools*. Boston: Ginn and Company, 1932.

Miller, Stuart Creighton. *"Benevolent Assimilation": the American Conquest of the Philippines, 1899-1903*. New Haven: Yale University Press, 1982.

Mojares, Resil B. *The War Against the Americans: Resistance and Collaboration in Cebu, 1899-1906*. Quezon City: Ateneo de Manila University Press, 1999.

Montgomery, D. H. *The Beginner's American History*. Boston: Ginn & Company, 1898.

Nakano, Kotaro. "Preserving Distinctiveness: Language Loyalty and Americanization in Early Twentieth Century Chicago." *Proceedings of the Kyoto American Studies Summer Seminar 2000*, pp. 113-124.

Newlon, Jesse Homer. *Educational Administration As Social Policy*. New York, Chicago: C. Scribner' s Sons, 1934.

Ngai, Mae M. *Impossible Subjects: Illegal Aliens and the Making of Modern America*. Princeton: Princeton University Press, 2004.

Nugent, Walter T. K. *Progressivism: A Very Short Introduction*. New York: Oxford University Press, 2010.

Ofreneo, Rosalinda Pineda. *Renato Constantino: A Life Revisited*. Quezon City: Foundation for Nationalist Studies, 2001.

Osias, Camilo. *The Story of a Long Career of Varied Tasks*. Quezon City: Manlapaz Pub. Co., 1971.

Pecson, Geronima T. and Mary Racelis. *Tales of the American Teachers in the Philippines*. Manila: Carmelo & Bauermann, 1959.

Perez, Gilbert S. "From the Transport Thomas To Santo Tomas." In *Tales of the American Teachers in the Philippines*, edited by Geronima T. Pecson and Maria Racelis, pp. 22-43. Manila: Carmelo & Bauermann, 1959.

Posadas, Barbara Mercedes. *The Filipino Americans*. Westport, Conn.: Greenwood Press, 1999.

Posadas, Barbara Mercedes. "Crossed Boundaries in Interracial Chicago: Pilipino American Families since 1925." *Amerasia*, vol. 8, no. 2 (1981): pp. 31-52.

Pratt, Julius William. *Expansionists of 1898: the Acquisition of Hawaii and the Spanish Islands*. Chicago: Quadrangle Books, 1964; Originally published by Baltimore: Johns Hopkins Press, 1936.

Quibuyen, Floro C. *A Nation Aborted: Rizal, American Hegemony, and Philippine Nationalism*. Quezon City: Ateneo de Manila University Press, 1999.

Quirino, Carlos. *Quezon: Paladin of Philippine Freedom*. Manila: Philipiniana Book Guild, 1971.

Quirino, Carlos. "A Shipful of Teachers." In *Filipino Heritage: The Making of A Nation, Volume 9, the American Period (1900-1941), Under the School Bell*, edited by Carlos Romulo et al., pp. 2274-2277, Manila?: Lahing Pilipino Publishing Inc, 1978.

Quirino, Richie C. *Pinoy Jazz Traditions*. Pasig City: Anvil, 2004.

Racelis, Mary and Judy Celine A. Ick. *Bearers of Benevolence: The Thomasites and Public Education in the Philippines*. Pasig City: Anvil Pub., 2001.

Rafael, Vicente L. "Mimetic Subjects: Engendering Race at the Edge of the Empire." *differences: A Journal*

of Feminist Cultural Studies, vol. 7, no. 2 (1995): pp. 127-149.
Rafael, Vicente L. “White Love: Census and Melodrama in the U.S. Colonization of the Philippines,” *White love and Other Events in Filipino History*. Quezon City: Ateneo de Manila Unversity Press, 2000, pp. 19-51.〔ラファエル、ビセンテ・L著、辰巳頼子訳「白人の愛——アメリカのフィリピン植民地化とセンサス」永野善子編『フィリピン歴史研究と植民地言説』めこん、2004年、127-160頁〕
Rama, Vicente. *The Vicente Rama Reader: An Introduction For Modern Readers*. Quezon City: Ateneo de Manila University Press, 2003.
Reese, William J. *Power and the Promise of School Reform: Grassroots Movements during the Progressive Era*. New York: Teachers College Press, 2002.
Reid, Anthony. *Imperial Alchemy: Nationalism and Political Identity in Southeast Asia*. Cambridge: Cambridge University Press, 2010.
Roddy, H. Justin and David Gibbs. *Philippine School Geography*. New York: American Book Company, 1904.
Rodgers, Daniel T. “In Search of Progressivism.” *Reviews in American History*, vol. 10, no. 4 (1982): pp. 112-132.
Rodgers, Daniel T. *Contested Truths: Keywords in American Politics Since Independence*. New York: Basic Books, 1987.
Rodgers, Daniel T. *Atlantic Crossings: Social Politics in a Progressive Age*. Cambridge: Belknap Press of Harvard University Press, 1998.
Rojo, Trinidad. “Social Maladjustment among Filipinos in the U.S.” *Sociology and Social Research*, vol. 21, no. 5 (1937): pp. 447-457.
Rosenberg, Emily S. *Spreading the American Dream: American Economic and Cultural Expansion, 1890-1945*. New York: Hill and Wang, 1982.
Rosenstock, C. W. *Rosenstock's Manila City Directory*, 1917. Manila: By the author, 1917.
Roth, Russell. *Muddy Glory: America's “Indian Wars” in the Philippines, 1899-1935*. West Hanover: The Christopher Publishing House, 1981.
Salamanca, Bonifacio S. *The Filipino Reaction to American Rule, 1901-1913*. Quezon City: New Day Publishers, 1984; First Edition Published by Hamden: Shoe String Press, 1968.
Saleeby, Najeeb Mitry. *The Language of Education of the Philippine Islands*. Manila: By the author, 1924.
Salman, Michael. *The Embarrassment of Slavery: Controversies over Bondage and Nationalism in the American Colonial Philippines*. Quezon City: Ateneo de Manila University Press, 2001.
Salman, Michael. “‘The Prison That Makes Men Free’: The Iwahig Penal Colony and the Simulacra of the American State in the Philippines.” In *Colonial Crucible: Empire in the Making of the Modern American State*, edited by Alfred W. McCoy and Francisco A. Scarano, pp. 116-128. Madison: University of Wisconsin Press, 2009.
San Juan, jr., Eric. *After Postcolonialism: Remapping Philippines-United States Confrontations*. Lanham, Maryland: Rowman and Littlefield Publishers, 2000.
San Juan Jr., Epifanio. “The ‘Field’ of English in the Cartography of Globalization.” *Philippine Studies*, vol. 52, no. 1 (2004): pp. 94-118.
Saniel, Josefa M. *The Filipino Exclusion Movement, 1927-1935*. Quezon City: University of the

Philippines, Institute of Asian Studies, 1967.

Santos, Bienvenido S. "The Day the Dancers Came." *The Best Philippine Short Stories of the Twentieth Century*, edited by Isagani R. Cruz, pp. 287-302. Manila: Tanahan Books, 2000.

Saulo, Alfredo B. "The Philippine Revolution of 1896-1899: Our Ignorance, Indifference and Lack of National Pride." Originally Printed in *Rewriting Philippine History—The Truth About Aguinaldo and Other Heroes*. Quezon City: Phoenix Publishing House, 1987, pp. xviii-xxi, 75-86, 87-97, 99-111. Reprint. *The Making of the Filipino Nation and Republic: From Barangays, Tribes, Sultanates, and Colony*, edited by Jose Veloso Abueva, pp. 330-340. Quezon City: University of the Philippines Press, 1990.

Schirmer, Daniel B. and Stephen Rosskamm Shalom. *The Philippines Reader: A History of Colonialism, Neo-Colonialism, Dictatorship, and Resistance*. Boston: South End Press, 1987.

Scharlin, Craig and Lilia V. Villanueva. *Philip Vera Cruz: A Personal History of Filipino Immigrants and the Farmworkers Movement*. Pasig City: Anvil, 2000.

Shavit, David. *The United States in Asia: A Historical Dictionary*. New York: Greenwood Press, 1990.

Shiraishi, Takashi. *An Age in Motion: Popular Radicalism in Java, 1912-1926*. Ithaca: Cornell University Press, 1990.

Shumsky, Neil Larry. "Tacit Acceptance: Respectable Americans and Segregated Prostitution, 1870-1910." *Journal of Social History*, vol. 19, no. 4 (1986): pp. 664-679.

Skocpol, Theda. *Protecting Soldiers and Mothers: The Political Origins of Social Policy in the United States*. Cambridge: Belknap Press of Harvard University Press, 1992.

Skowronek, Stephen. *Building a New American State: The Expansion of National Administrative Capacities, 1877-1920*. New York: Cambridge University Press, 1982.

Smith, Rogers M. *Civic Ideals: Conflicting Visions of Citizenship in U.S. History*. New Haven: Yale University Press, 1997.

Soda, Naoki. "The Malay World in Textbooks: The Transmission of Colonial Knowledge in British Malaya." *Southeast Asian Studies*, vol. 39, no. 2 (2001): pp. 188-234.

Steiger, George Nye, Otley H. Beyer and Conrado O. Benitez. *A History of the Orient*. Boston: Ginn and Company, 1926.

Stephanson, Anders. *Manifest Destiny: American Expansionism and the Empire of Right*. New York: Hill and Wang, 1995.

Sturtevant, David R. *Popular Uprisings in the Philippines, 1840-1940*. Ithaca: Cornell University Press, 1976.

Sutherland, W. A. *Not by Might: The Epic of the Philippines*. Las Cruces, New Mexico: Southwest Publ. Co., 1953.

Taft, William H. "American Education in the Philippines." *Educational Review*, vol. 29 (1905): pp. 264-285; Originally Printed in *The Churchman*, 1 October 1904.

Takaki, Ronald T. *Strangers from a Different Shore: A History of Asian Americans*. Boston: Little, Brown, 1989.

Terami-Wada, Motoe. "The Sakdal Movement, 1930-34." *Philippine Studies*, vol. 36, no. 2 (1988): pp. 131-50.

Thiong'o, Ngugi Wa. *Decolonising the Mind: The Politics of Language in African Literature*. Portsmouth:

Heinemann, 1986.〔ジオンゴ、グギ・ワ著、宮本正興、楠瀬佳子訳『精神の非植民地化――アフリカのことばと文学のために』第三書館、1987年〕

Thiong'o, Ngugi Wa. "Foreword." *Black Linguistics: Language, Society, and Politics in Africa and the Americas*, edited by Sinfree Makoni, xi-xii. London: Routledge, 2003.

Tiongson, Antonio T., Jr., Edgardo V. Gutierrez, and Ricardo V. Gutierrez. *Positively No Filipinos Allowed: Building Communities and Discourse, Asian American History and Culture*. Philadelphia: Temple University Press, 2006.

Torres, Cristina Evangelista. *The Americanization of Manila, 1898-1921*. Diliman: University of the Philippines Press, 2010.

Totanes, Stephen Henry S. "American-Sponsored Public Schools in Colonial Kabikolan, 1901-1921." *Journal of History*, vol. 48, nos. 1-2 (January-December, 2002): pp. 63-82.

Townsend, Henry Schuler. *Primary Geography*. New York: American Book Company, 1917.

Tyack, David B. *The One Best System: A History of American Urban Education*. Cambridge: Harvard University Press, 1974.

Tyack, David B. "School for Citizens: The Politics of Civic Education from 1790 to 1990." *E Pluribus Unum?: Contemporary and Historical Perspectives on Immigrant Political Incorporation*, edited by Gary Gerstle and John H. Mollenkoph, pp. 331-370. New York: Russel Sage Foundation, 2001.

Tyack, David B. and Larry Cuban. *Tinkering Toward Utopia: A Century of Public School Reform*. Cambridge: Harvard University Press, 1995.

Tyrrell, Ian R. *Reforming the World: The Creation of America's Moral Empire*. Princeton: Princeton University Press, 2010.

Valdez-Ventura, Maria R. *Philippine Primary Geography*. Manila: Associated Publisherss, 1924.

Villareal, Corazon D., Thelma E. Arambulo, et al., Eds. *Back to the Future: Perspectives on the Thomasite Legacy to Philippine Education*. Manila: American Studies Association of the Philippines, 2003.

Wesling, Meg. *Empire's Proxy: American Literature and U.S. Imperialism in the Philippines*. New York: New York University Press, 2011.

Wiebe, Robert. *The Search of Order, 1877-1920*. New York: Hill and Wang, 1967.

Williams, William Appleman. *The Tragedy of American Diplomacy*. Cleveland: World Pub. Co., 1959.〔ウィリアムズ、ウィリアム・A著、高橋章・松田武・有賀貞訳『アメリカ外交の悲劇』御茶の水書房、1986年〕

Yabes, Leopoldo Y. *Let's Study the New Constitution: The Language Provision*. Quezon City: University of the Philippines, 1973.

Yamaguchi, Kiyoko. "The New 'American' Houses in the Colonial Philippines and the Rise of the Urban Filipino Elite." *Philippine Studies*, vol. 54, no. 3 (2006): pp. 412-451.

Yule, Emma Sarepta. *An Introduction to the Study of Colonial History, for Use in Secondary Schools*. Manila: Bureau of Printing, 1912.

Zolberg, Aristide R. *A Nation by Design: Immigration Policy in the Fashioning of America*. New York: Russell Sage Foundation, Harvard University Press, 2006.

「『韓国併合』100年を問う」『思想』（1029号）2010年1月号、2010年。

『比律賓の地理』上野福男訳、東亜研究所、1943年。

青山すみ子「革新主義時代の反トラスト政策」関西アメリカ史研究会編『アメリカ革新主義史

論』小川出版、1973年、131-142頁。

有賀夏紀『アメリカの20世紀（上）1890年～1945年』中央公論新社、2002年。

イ・ヨンスク『「国語」という思想――近代日本の言語認識』岩波書店、1996年。

池端雪浦『フィリピン革命とカトリシズム』勁草書房、1987年。

池端雪浦「フィリピン国民国家の創出」池端雪浦編『変わる東南アジア史像』山川出版社、1994年。

池本幸三「ウィルソン大統領の革新主義政治」関西アメリカ史研究会編『アメリカ革新主義史論』小川出版、1973年、89-110頁。

伊藤正子『エスニシティ「創生」と国民国家ベトナム――中越国境地域タイー族・ヌン族の近代』三元社、2003年。

伊藤るり、小ヶ谷千穂、ブレンダ・テネグラ、稲葉奈々子「いかにして『ケア上手なフィリピン人』はつくられるか？――ケアギバーと再生産労働の『国際商品』化」伊藤るり、足立眞理子編『国際移動と〈連鎖するジェンダー〉――再生産領域のグローバル化』作品社、2008年、117-153頁。

岩野一郎「都市政治と移民」阿部斉、有賀弘、本間長世、五十嵐武士編『世紀転換期のアメリカ――伝統と革新』東京大学出版会、1982年、91-128頁。

内山史子「フィリピンの国民形成についての一考察――一九三四年憲法制定議会における国語制定議論」『東南アジア――歴史と文化』29号、2000年、81-104頁。

遠藤泰生「多文化主義とアメリカの過去」油井大三郎、遠藤泰生編『多文化主義のアメリカ――揺らぐナショナル・アイデンティティ』東京大学出版会、1999年、21-58頁。

オースタハメル、ユルゲン著、石井良訳『植民地主義とは何か』論創社、2005年。

岡田泰平「多言語主義教授言語政策をめぐる学術形成問題――フィリピンのバイリンガル教育政策と言語社会思想」『ことばと社会』8号、2004年、153-174頁。

岡田泰平「ナショナリズムへのアプローチと植民地教育――アメリカ植民地期フィリピンの教育に関する予備的考察」『言語社会』第1号、2007年、429-454頁。

岡田泰平「アメリカ植民地期フィリピンにおける教職員待遇差の具体相」『一橋研究』33巻2号、2008年、79-88頁。

岡田泰平「フィリピン脱植民地化における暴力の軌跡――一九三〇年代の反フィリピン人暴動と暴力批判」『歴史評論』744号、2012年4月号、2012年、28-41頁。

小ヶ谷千穂「フィリピンの海外雇用政策――その推移と『海外労働者の女性化』を中心に」小井土彰宏編『移民政策の国際比較』明石書店、2003年、313-356頁。

小野原信善『フィリピンの言語政策と英語』窓映社、1998年。

オリバー、セリア・ボコボ著、鈴木邦子訳『フィリピンの貴重な遺産　ホルヘ・ボコボ伝――精神の貴族』彩流社、2002年。

糟谷啓介「言語ヘゲモニー――〈自発的同意〉を組織する権力」三浦信孝、糟谷啓介編『言語帝国主義とは何か』藤原書店、2000年、275-292頁。

萱野稔人『国家とはなにか』以文社、2005年。

カルヴェ、ルイ＝ジャン著、西山教行訳『言語政策とは何か』白水社、2000年。

関西アメリカ史研究会『アメリカの歴史――統合を求めて（下）』柳原書店、1982年。

菊地陽子「フランス植民地期、ラオス語正書法の確定――ラオスナショナリズムの一底流」『史滴』19巻、1997年、78-91頁。

菊地陽子「ラオスの国民国家形成――一九四〇年代を中心に」後藤乾一編『岩波講座　東南アジア史 8　国民国家形成の時代』岩波書店、2002 年、149-171 頁。

貴堂嘉之「「帰化不能外人」の創造―一八八二年排華移民法制定過程」『アメリカ研究』29 巻、1995 年、177-179 頁、277-278 頁。

貴堂嘉之「〈アメリカ人〉の境界と『帰化不能外国人』」油井大三郎、遠藤泰生編『浸透するアメリカ、拒まれるアメリカ――世界史の中のアメリカニゼーション』東京大学出版会、2003 年、52-71 頁。

紀平英作「自由の危機と革新主義者たち」今津晃編『第一次大戦下のアメリカ――市民的自由の危機』柳原書店、1981 年、155-195 頁。

紀平英作「革新主義的政治統合の軌跡」新川健三郎、高橋均編集担当『南北アメリカの 500 年　第 4 巻――危機と改革』青木書店、1993 年、160-190 頁。

木下昭『エスニック学生組織に見る「祖国」――フィリピン系アメリカ人のナショナリズムと文化』不二出版、2009 年。

金富子『植民地期朝鮮の教育とジェンダー――就学・不就学をめぐる権力関係』世織書房、2005 年。

金美兒「フィリピンの教授用語政策――多言語国家における効果的な教授用語に関する一考察」『国際開発研究フォーラム』25 巻、2004 年、99-112 頁。

日下渉『反市民の政治学――フィリピンの民主主義と道徳』法政大学出版局、2013 年。

駒込武『植民地帝国日本の文化統合』岩波書店、1996 年。

斎藤眞「あとがき」ホーフスタッター『改革の時代』みすず書房、1967 年、283-295 頁。

斎藤眞、古矢旬『アメリカ政治外交史　第二版』東京大学出版会、2012 年、第一版、1975 年。

桜井由躬雄『緑色の野帖――東南アジアの歴史を歩く』めこん、1997 年。

笹川秀夫『アンコールの近代――植民地カンボジアにおける文化と政治』中央公論新社、2006年。

篠崎香織「シンガポールの海峡華人と『追放令』――植民地秩序の構築と現地コミュニティの対応に関する一考察」『東南アジア――歴史と文化』第 30 巻、2001 年、72-97 頁。

篠崎香織「ペナン華人商業会議所の設立（1903 年）とその背景――前国民国家期における越境する人々と国家との関係」『アジア経済』46 巻 4 号、2005 年、2-20 頁。

柴田三千雄『近代世界と民衆運動』岩波書店、1983 年。

島田真杉「ウィルソン政権と市民的自由」今津晃編『第一次大戦下のアメリカ』柳原書店、1981 年、71-113 頁。

清水知久「帝国主義形成期の階級と民族」阿部斉、有賀弘、本間長世、五十嵐武士編『世紀転換期のアメリカ―伝統と革新』東京大学出版会、1982 年、61-90 頁。

清水展『文化のなかの政治――フィリピン「二月革命」の物語』弘文堂、1991 年。

シャルチエ、ロジェ著、松浦義弘訳『フランス革命の文化的起源』岩波書店、1994 年。

白石昌也『ベトナム民族運動と日本・アジア――ファン・ボイ・チャウの革命思想と対外認識』巌南堂出版社、1993 年。

新川健三郎「革新主義より『フーヴァー体制』へ――政府の企業規制と実業界」阿部斉、有賀弘、本間長世、五十嵐武士編『世紀転換期のアメリカ――伝統と革新』東京大学出版会、1982 年、259-288 頁。

鈴木静夫「訳者の現代フィリピン史メモ」ニック・ホアキン著『アキノ家三代――フィリピン民族主義の系譜』井村文化事業社、1986 年、i-xlviii 頁。

スミス、アントニー・D著、高柳先男訳『ナショナリズムの生命力』晶文社、1998年。

左右田直規「植民地教育とマレー民族意識の形成――戦前期の英領マラヤにおける師範学校教育に関する一考察」『東南アジア――歴史と文化』第34巻、2005年、3-39頁。

竹田有「合衆国メトロポリスとエスニシティ、人種、階級」野村達朗、松下洋編『南北アメリカの500年　第3巻　19世紀民衆の世界』青木書店、1993年、209-236頁。

高橋章「ローズヴェルト大統領の革新主義政治」関西アメリカ史研究会編『アメリカ革新主義史論』小川出版、1973年、61-88頁。

高橋章『アメリカ帝国主義成立史の研究』名古屋大学出版会、1999年。

高畑幸「在日フィリピン人介護者――一足先にやって来た『外国人介護労働者』」『現代思想』37巻2号、2009年、106-118頁。

田中克彦「言語と民族は切り離しえるという、言語帝国主義を支える言語理論」三浦信孝、糟谷啓介編『言語帝国主義とは何か』藤原書店、2000年、39-54頁。

田中智志『人格形成概念の誕生――近代アメリカの教育概念史』東信堂、2005年。

田中智志『社会性概念の構築――アメリカ進歩主義教育の概念史』東信堂、2009年。

土屋健治『インドネシア民族主義研究――タマン・シスワの成立と展開』創文社、1982年。

土屋健治「〈想像の共同体〉としての国民国家」矢野暢編『東南アジア学の手法』弘文堂、1990年、264-280頁。

土屋健治「ナショナリズム」土屋健治編『東南アジアの思想』弘文堂、1990年、147-172頁。

土屋健治「知識人論」土屋健治編『東南アジアの思想』弘文堂、1990年、308-334頁。

土屋健治『カルティニの風景』めこん、1991年。

坪井祐司「英領期マラヤにおける『マレー人』枠組みの形成と移民の位置づけ――スランゴル州のプンフルを事例に」『東南アジア――歴史と文化』第33巻、2004年、3-25頁。

トーピー、ジョン著、藤川隆男監訳『パスポートの発明――監視・シティズンシップ・国家』法政大学出版局、2008年。

冨山一郎『暴力の予感――伊波普猷における危機の問題』岩波書店、2002年。

長坂格『国境を越えるフィリピン村人の民族誌――トランスナショナリズムの人類学』明石書店、2009年。

永積昭『インドネシア民族意識の形成』東京大学出版会、1980年。

長沼秀世、新川健三郎『アメリカ現代史』岩波書店、1991年。

中野耕太郎「パブリック・スクールにおける移民の母語教育運動―― 20世紀初頭のシカゴ」『アメリカ史研究』第23巻、2000年、27-42頁。

中野聡『フィリピン独立問題史――独立法問題をめぐる米比関係史の研究（1929-46年）』龍溪書舎、1997年。

中野聡「米国植民地下のフィリピン国民国家形成」『岩波講座　東南アジア史7　植民地抵抗運動とナショナリズムの展開』岩波書店、2002年、135-160頁。

中野聡「日本占領の歴史的衝撃とフィリピン」『岩波講座　東南アジア史8　国民国家形成の時代』岩波書店、2002年、57-82頁。

中野聡『歴史経験としてのアメリカ帝国――米比関係史の群像』岩波書店、2007年。

中野聡「人物コラム　マヌエル・ケソン」和田春樹他編『岩波講座　東アジア近現代通史6　アジア太平洋戦争と「大東亜共栄圏」: 1935-1945年』岩波書店、2011年、390-391頁。

永野善子『フィリピン銀行史研究――植民地体制と金融』御茶の水書房、2003年。

永野善子「フィリピン革命史論争」池端雪浦、石井米雄、石澤良昭、加納啓良、後藤乾一、斎藤照子、桜井由躬雄、末廣昭、山本達郎『岩波講座　東南アジア史別巻　東南アジア史研究案内』岩波書店、2003年、92-96頁。

永野善子「抵抗の歴史としての反米ナショナリズム——レナト・コンスタンティーノを読む」永野善子編『植民地近代性の国際比較——アジア・アフリカ・ラテンアメリカの歴史経験』御茶の水書房、2013年、77-102頁。

永野善子編・監訳『フィリピン歴史研究と植民地言説』めこん、2004年。

永原陽子「序『植民地責任』論とは何か」永原陽子編『「植民地責任」論——脱植民地化の比較史』青木書店、2009年、9-37頁。

西芳実「東南アジアにおけるナショナリズム研究の課題と現状」『東南アジア——歴史と文化』第32巻、2003年、118-132頁。

西尾寛治「ムラユ語史料」池端雪浦、石井米雄、石澤良昭、加納啓良、後藤乾一、斎藤照子、桜井由躬雄、末廣昭、山本達郎『岩波講座　東南アジア史別巻　東南アジア史研究案内』岩波書店、2003年、150-155頁。

ニューロン、ジェス・H著、高木太郎、中谷彪訳『社会政策と教育行政』明治図書出版、1976年。

根本敬「ビルマのナショナリズム——中間層ナショナリスト・エリートたちの軌跡」池端雪浦編『岩波講座　東南アジア史7　植民地抵抗運動とナショナリズムの展開』岩波書店、2002年、213-240頁。

根本敬「ビルマの独立——日本占領期からウー・ヌ時代まで」後藤乾一編『岩波講座　東南アジア史8　国民国家形成の時代』岩波書店、2002年、173-202頁。

根本敬『抵抗と協力のはざま——近代ビルマ史のなかのイギリスと日本』岩波書店、2010年。

野村達朗『ユダヤ移民のニューヨーク——移民の生活と労働の世界』山川出版社、1995年。

野村達朗「ユダヤ移民とアメリカ社会」樺山紘一編『岩波講座　世界歴史19　移動と移民——地域を結ぶダイナミズム』岩波書店、1999年、65-86頁。

初瀬龍平「アメリカ帝国主義論の新展開」菅英輝編『アメリカの戦争と世界秩序』法政大学出版局、2008年、31-61頁。

早瀬晋三『フィリピン近現代史のなかの日本人——植民地社会の形成と移民・商品』東京大学出版会、2012年。

ファーニヴァル、J・S著、南太平洋研究会訳『蘭印経済史』実業之日本社、1942年。

フィヒテ、ヨハン・ゴットリープ著、細見和之、上野成利訳「ドイツ国民に告ぐ」、エルネスト・ルナン、ヨハン・ゴットリープ・フィヒテ、エチエンヌ・バリバール、ジョエル・ロマン、鵜飼哲著、鵜飼哲他訳『国民とは何か』インスクリプト、1997年、65-201頁。

フィリプソン、ロバート、平田雅博ほか訳『言語帝国主義——英語支配と英語教育』三元社、2013年。

フォーガチ、デイヴィド編、東京グラムシ研究会監修・訳『グラムシ・リーダー』御茶の水書房、1995年。

藤原帰一「政治変動の諸様相」矢野暢編『講座　東南アジア学七　東南アジアの政治』弘文堂、1992年、217-234頁。

藤原帰一、永野善子編『アメリカの影のもとで——日本とフィリピン』法政大学出版局、2011年。

松本悠子『創られるアメリカ国民と「他者」——「アメリカ化」時代のシティズンシップ』東京大学出版会、2007年。

松浦義弘「訳者あとがき」ロジェ・シャルチエ著、松浦義弘訳『フランス革命の文化的起源』岩波書店、1994年、365-383頁。

水野由美子『〈インディアン〉と〈市民〉のはざまで――合衆国南西部における先住社会の再編過程』名古屋大学出版会、2007年。

モーリス＝スズキ、テッサ著、田代泰子訳『過去は死なない――メディア・記憶・歴史』岩波書店、2004年。

矢野順子『国民語が「つくられる」とき――ラオスの言語ナショナリズムとタイ語』風響社、2008年。

矢野順子『国民語の形成と国家建設――内戦期ラオスの言語ナショナリズム』風響社、2013年。

矢野暢「総説『地域』像を求めて」矢野暢編『講座　東南アジア学一　東南アジア学の手法』弘文堂、1990年、1-30頁。

山田史郎「移民のための教育、地域のための学校」谷川稔編『規範としての文化――文化統合の近代史』ミネルヴァ書房、2003年、309-331頁。

山本信人「インドネシアのナショナリズム――ムラユ語・出版市場・政治」池端雪浦編『岩波講座　東南アジア史7　植民地抵抗運動とナショナリズムの展開』岩波書店、2002年、161-188頁。

山本博之『脱植民地化とナショナリズム――英領北ボルネオにおける民族形成』東京大学出版会、2006年。

尹海東著、藤井たけし訳「植民地認識の『グレーゾーン』――日帝下の『公共性』と規律権力」『現代思想』30巻6号、2002年、132-147頁。

歴史学研究会『世界史史料10 ――二〇世紀の世界I　ふたつの世界大戦』岩波書店、2006年。

歴史学研究会編『「韓国併合」100年と日本の歴史学――「植民地責任」論の視座から』青木書店、2011年。

レンジャー、テレンス著、中林伸浩、亀井哲也訳「植民地下のアフリカにおける創り出された伝統」エリック・ホブズボウム、テレンス・レンジャー編『創られた伝統』紀伊國屋書店、1992年、323-406頁。

岡田泰平（おかだ・たいへい）
1971年生まれ。一橋大学大学院言語社会研究科博士課程修了。現在、静岡大学大学院情報学研究科講師。フィリピン史、アメリカ史、近代植民地主義研究。論文に「朝鮮人ＢＣ級戦犯問題の現在」（和田春樹・内海愛子・金泳鎬・李泰鎮編『日韓歴史問題をどう解くか』岩波書店、2013年、所収）、「植民地期タガログ語短編小説にみる教育と近代――農村・学歴・植民地都市」（永野善子編『植民地近代性の国際比較――アジア・アフリカ・ラテンアメリカの歴史経験』御茶の水書房、2013年、所収）、「原爆文学と複数のアジア――N. V. M. GonzalezのThe Bamboo Dancersを読む」（大熊昭信・庄司宏子編『グローバル化の中のポストコロニアリズム』風間書房、2013年、所収）ほか。

「恩恵の論理」と植民地
――アメリカ植民地期フィリピンの教育とその遺制

2014年9月30日　初版第1刷発行

著　者　岡田泰平
発行所　一般財団法人　法政大学出版局
〒102-0071 東京都千代田区富士見2-17-1
電話 03(5214)5540 振替 00160-6-95814
組版：HUP　印刷：平文社　製本：誠製本
装幀：伊勢功治

Printed in Japan

ISBN978-4-588-37712-9

関連書

※表示価格は税別です

藤原帰一・永野善子編著
アメリカの影のもとで——日本とフィリピン　三二〇〇円

日下渉著　第35回発展途上国研究奨励賞・第30回大平正芳記念賞受賞
反市民の政治学——フィリピンの民主主義と道徳　四二〇〇円

R・C・イレート著／清水展・永野善子監修／川田牧人他訳
キリスト受難詩と革命——1840～1910年のフィリピン民衆運動　四八〇〇円

ジョン・トーピー著／藤川隆男監訳
パスポートの発明——監視・シティズンシップ・国家　三二〇〇円